国家社科基金后期资助项目

章太炎语源学思想及其现代意义：以《文始》为核心的考察

Zhang Taiyan's Etymological Theories and its Modern Significance：
Based on the Study of *Wen Shi*

张虹倩　著

商务印书馆
创于1897　The Commercial Press

国家社科基金后期资助项目
出版说明

后期资助项目是国家社科基金设立的一类重要项目，旨在鼓励广大社科研究者潜心治学，支持基础研究多出优秀成果。它是经过严格评审，从接近完成的科研成果中遴选立项的。为扩大后期资助项目的影响，更好地推动学术发展，促进成果转化，全国哲学社会科学工作办公室按照"统一设计、统一标识、统一版式、形成系列"的总体要求，组织出版国家社科基金后期资助项目成果。

全国哲学社会科学工作办公室

目　录

第一章　"语言文字之学"：章太炎著述体系和学术思想的基点 ……… 1

　　第一节　章太炎的生平及著述体系 ……………………………… 1

　　第二节　章太炎的语言文字之学 ……………………………… 15

第二章　《文始》：章太炎语言文字学研究的核心 ………………… 20

　　第一节　《文始》的成书 ……………………………………… 20

　　第二节　《文始》的声韵系统 ……………………………… 22

　　第三节　《文始》的理论基础 ……………………………… 28

　　第四节　《文始》的诸多争议 ……………………………… 33

　　第五节　重论《文始》的学术价值 ……………………… 45

第三章　《文始》之初文、准初文 …………………………………… 48

　　第一节　《文始》的版本择取 ……………………………… 48

　　第二节　初文、准初文的定义 ……………………………… 49

　　第三节　初文、准初文的总数 ……………………………… 54

　　第四节　初文、准初文的形体结构类型 ……………………… 76

　　第五节　《文始》初文、准初文表 ……………………… 86

第四章　《文始》之语源学检验 …………………………………… 133

　　第一节　《文始》语音语义检验体系之确立 ………………… 133

　　第二节　《文始》卷一语源学检验 ……………………… 142

　　第三节　《文始》卷二语源学检验 ……………………… 183

　　第四节　《文始》卷三语源学检验 ……………………… 216

　　第五节　《文始》卷四语源学检验 ……………………… 239

　　第六节　《文始》卷五语源学检验 ……………………… 261

　　第七节　《文始》卷六语源学检验 ……………………… 299

　　第八节　《文始》卷七语源学检验 ……………………… 323

　　第九节　《文始》卷八语源学检验 ……………………… 361

　　第十节　《文始》卷九语源学检验 ……………………… 384

第五章　《文始》之语义关系及派生类型 ························· 406

　第一节　《文始》语义关系研究 ····························· 406

　第二节　《文始》语义派生类型 ····························· 412

第六章　中国传统学术话语转型的可能：章太炎语源学思想价值及其

　　　　对现代学术的意义 ····································· 426

　第一节　《文始》语源学价值的再认识 ····················· 426

　第二节　章太炎语源学思想及其对现代学术的意义 ··········· 429

参考文献 ·· 437

第一章 "语言文字之学"：
章太炎著述体系和学术思想的基点

在中国传统社会向现代社会转换的历史时期，章太炎无疑是一个无法忽视的代表性人物。通常，人们首先以为他是一位革命家，其实他更是一位学者，而且是中国传统学术话语完成现代化转型的最关键的人物之一。他的学术遍涉政治、历史、社会、文学、语言等诸多领域。然而其学术思想的基点却是所谓"小学"，且他最先倡导将"小学"之三者（文字、音韵、训诂）合成"语言文字之学"，以此成功实现了中国传统语文学向语言学的转向，标志着现代汉语言文字学观念的确立。

第一节 章太炎的生平及著述体系

一、章太炎生平

章炳麟（1869年1月12日～1936年6月14日），浙江余杭人，因慕汉代枚乘，初名学乘，字枚叔。后因志在反清且慕顾绛（顾炎武）之为人而改名绛，号太炎，故世人以"太炎先生"称之。

1890年太炎先生之父章濬去世，先生遵父遗训，入杭州西湖之诂经精舍，师从朴学大师俞樾。先生于诂经精舍问学期间，"始分别古今文师说"（《太炎先生自定年谱》），著有《膏兰室札记》等。尝因慕汉代刘歆（刘子骏）而自号"刘子骏私淑弟子"，亦尝自号"膏兰室主人"。后因太炎先生反满革命，俞樾（俞曲园）尝言"曲园无是弟子"，太炎先生亦撰《谢本师》（收入《訄书》重订本），拜别俞门。然先生治学，实本于曲园，问学于"诂经精舍"七年，得传曲园衣钵，终成小学之殿军，又为现代"汉语言文字学"之鼻祖。

中日甲午之战后，章太炎投身变法，于1895年入强学会。翌年离诂经精舍，赴沪任《时务报》撰述。然因不满康有为倡立孔教，自封"教主"，且先生属古文经学派，而康、梁则为今文经学派，故不久分道扬镳，与宋恕、陈虬等创办"兴浙会"。1898 年受张之洞邀请，赴武昌筹办《正学报》，后赴沪主笔《昌言报》。翌年东渡扶桑，始结交孙文。1900 年义和团事件之后，严复、汪康年、唐才常筹建"中国议会"，以挽救时局，先生于会上割辫明志，与清廷决裂。1902 年章太炎避难日本，与秦力山等发起举行"支那亡国二百四十二年纪念会"。翌年重回上海，任教于蔡元培创办之爱国学社，并为邹容之《革命家》撰序，且于《苏报》发表《驳康有为论革命书》，拉开资产阶级革命派与改良派大论战之序幕。后因"苏报案"而入狱，轰动一时。先生虽陷囹圄，然反满光复之志弥坚，乃与蔡元培等人联络，成立光复会。1906 年章太炎出狱，旋赴东京，加入同盟会，主编《民报》。先生于东京留学生欢迎会上声言当前之急务，乃"用国粹激动种性，增进爱国的热肠"，遂成立国学讲习会。

1911 年武昌起义之后，章太炎离日返沪。翌年任袁世凯政府东三省筹边使。后因 1913 年宋教仁被刺，先生遂参与讨袁。同年 8 月，先生以大勋章为扇坠，大骂袁贼于新华门外，遂被袁世凯软禁于北京龙泉寺。1916 年袁世凯暴卒，先生旋获释，并于翌年 7 月随孙文南下护法，任护法军政府秘书长，然因护法军中矛盾重重，于 1918 年 10 月退隐上海，后迁苏州，设国学讲习会。

晚年的太炎先生渐趋保守，一度鼓吹"联省自治"，反对新文化运动，提倡发扬"国故"。尤为甚者，曾公开反对国共合作，并通电全国，反对北伐。虽有微瑕，然先生终不改爱国本色。"九一八"事变后，先生痛心疾首，力主抗日。章太炎幼年受祖父章鉴及外祖朱有虔熏陶，尝阅《东华录》《扬州十日记》，痛恨异族统治，贯穿始终。故不顾老迈之躯，北上面见张学良，又与马相伯发表"二老宣言"，疾呼抗日救亡。

太炎先生尝自许"上天以国粹付余"，"吾死以后，中夏文化亦亡矣"，毕生以恢弘国学为己任。即使晚年疾呼抗日图存，亦不忘著书讲学，传承国粹。1932 年先生于苏州组织国学会，1934 年又创章氏国学讲习会，主编《制言》。1936 年先生于章氏国学讲习会讲授《小学略说》《经学略说》等。夏，授完《尚书》，哲人遂萎，6 月 14 日，因鼻窦癌逝世于苏州锦帆路寓所。先生少慕南明大臣张苍水，遂葬于西湖张苍水墓侧。

太炎先生弟子鲁迅临终前尝撰写《关于太炎先生二三事》，据鲁迅回忆，"中华民国"的国号实"发源于"太炎先生发表于《民报》的《中华民国解》①，并高度赞扬太炎先生的卓绝风骨："考其生平，以大勋章作扇坠，临总统府之门，大诟袁世凯包藏祸心者，并世无第二人；七被追捕，三入牢狱，而革命之志终不屈挠者，并世亦无第二人。这才是先哲的精神，后生的楷模。"姜义华在《章炳麟评传》（2002：4）中评价道："章炳麟成为近代中国文化学术的巨人和宗师，在思想和学术上全面地开辟了一个新的时代……因为他是一位有学问的革命家，是一位革命的学问家，他的独立之精神和自由之思想方才特别突出。革命与学问在他身上融为一体。"

二、章太炎之著述体系

太炎先生一生撰著宏富，著作等身，在经学、史学、诸子学、文学、哲学、语言学、文化、西学、佛学乃至医学等诸多研究领域均有所建树，且不乏开创之功。先生治学涉猎之广，研究之精，令人感佩叹服，堪称近世鸿儒。

章太炎的撰述最早可追溯至早年读书期间。1890 年他进入杭州诂经精舍求学，第二年即开始撰写《膏兰室札记》，此后一直到 1936 年病逝（享年 69 岁），一生笔耕不辍，最终将自己的思想主张聚结成了一个庞大的著述体系。

太炎先生尝自定年谱，后皆收录于《章太炎先生自定年谱》（1986），其中包括《章太炎先生自定年谱初稿本》（手迹）、《章太炎先生自定年谱清稿本》（手迹）、《章太炎先生自定年谱章氏国学讲习会排印本》。后世关于太炎先生年谱的研究中，最具代表性的主要有汤志钧《章太炎年谱长编（增订本上下）》（2013）、姚奠中等《章太炎学术年谱》（2014）、马勇《章太炎年谱简编》（2015）、王小红《章太炎学术年谱》（2009）等。此外，传记类著作中较有影响的有姜义华《章炳麟评传》（2002）、许寿裳《章太炎传》（2004）、陈永忠《革命哲人：章太炎传》（2008）、章念驰《章太炎生平与学术（上下）》（2016）等。在此，基于前人研究，对太炎先生一生著述依照时序作简要梳理②，进而揭示其著述体系内部分布及结

---

① 据鲁迅《关于太炎先生二三事》回忆："至于今，惟我们的'中华民国'之称，尚系发源于先生的《中华民国解》（最早亦见《民报》），为巨大的记（纪）念而已，然而知道这一重公案者，恐怕也已经不多了。"（见《鲁迅全集》（第 6 卷），北京，人民文学出版社，1981 年，第 546 页）又，太炎先生的《中华民国解》发表于《民报》第十五号（1907 年 7 月），后来收入《太炎文录·别录》卷一。

② 此部分重点参考王小红《章太炎学术年谱》和姚奠中、董国炎《章太炎学术年谱》，同时辅以其他相关文献整理删改而成。

构关系。

1890 年，入诂经精舍学习。

1891 年，始撰《膏兰室札记》，"主要是对儒家经籍、周秦诸子以至汉代著作和一些史书的字义考释"①。

1893 年，完成《膏兰室札记》。另自 1890 至 1893 年所作读书"课艺"（即作业）有十七篇收入《诂经精舍课艺》七集，所论集中于"三礼"、《左传》以及《周易》《尚书》《诗经》。分别为《壮于頄解》《祖乙圮于耿解》《无酒酤我解》《春秋祭醐解》《高声硙解》《弓矢舞解》《比年小聘三年大聘五年一朝解》《躓席解》《梁曰芎其解》《八十曰耋九十曰耄解》《毋出门解》《昭十年不书冬说》《赵孟为客解》《鲁于是始尚羔解》《荆尸解》《虞幕考》《九貉解》。

1894 年，撰《独居记》。修改后题为《明独》，收入《訄书》。

1895 年，其师高学治去世，作《高先生传》（后收入《太炎文录》）。《诂经精舍课艺》七集刊发，为最早发表的著述文字。

1896 年，撰成《春秋左传读》（初名《春秋左传杂记》）。采用读书札记体例，"运用前人文字音韵学的成果，广泛地对《左传》和周秦、两汉典籍进行比较研究，因此在考订、诠释《春秋左氏传》古字古词、典章名物、微言大义等方面，提出了不少独到的见解"②。此书为章氏经学力作，也是读书期间完成的第一部专著。

1897 年，担任《实学报》《译书公会报》主要撰稿人。发表文章主要有《论亚洲宜自为唇齿》《论学会大有益于黄人亟宜保护》（刊于《时务报》）、《变法箴言》《平等难》《读管子书后》（后改为《喻侈靡》）、《东方盛衰论》（刊于《经世报》）、《后圣》《儒道》《儒兵》《儒法》《儒墨》《儒侠》《异术》《重设海军议》（刊于《实学报》）、《译书公会叙》《论民数聚增》（刊于《译书公会报》）。其中，《读管子书后》《儒道》《儒兵》《儒法》《儒墨》《儒侠》后经修改收入《訄书》。

1898 年，担任《昌言报》主笔，发表《书汉以来革政之狱》《商鞅》《蒙古盛衰记》（后二文后收入《訄书》）等。

1899 年，与康有为、梁启超等书信往来。在《清议报》（梁启超主编）发表《儒术真论》（连载）等诗文多篇。发表《〈翼教丛编〉书后》以批判王先谦门人苏舆的《翼教丛编》。发表《今古文辨义》（刊于《亚

---

① 《章太炎全集》（一）"编者说明"，上海，上海人民出版社，1982 年。
② 陈永忠：《革命哲人：章太炎传》，杭州，浙江人民出版社，2008 年，第 17 页。

东时报》），反对借学术分歧攻击政党。此外发表《答学究》《客帝论》《分镇》等文。

1900年，撰著名的《解辫发》，以示与清廷决裂。编辑出版《訄书》，收入文章五十篇（后补入《辨氏》《学隐》两篇）。另撰《客帝匡谬》《分镇匡谬》。

1901年，发表《正仇满论》，批判梁启超《中国积弱溯源论》。撰《征信论》，论治学治史首须信实。

1902年，在日流亡期间，发表《文学说例》（刊于《新民丛报》）。大量阅读日本和西方哲学、社会学书籍，翻译出版日本岸本能武太《社会学》一书。致书梁启超，论修《中国通史》事。删改修订《訄书》。撰《驳箴膏肓评》《砭后证》，驳难清代今文学家刘逢禄《左传》不传《春秋》之说。

1903年，为邹容《革命军》撰序，发表《驳康有为论革命书》。另撰有《论承用维新二字之荒谬》（刊于《国民日报》）、《与刘师培书一、二》《释真》（刊于《国粹学报》）、《狱中日记》等。

1904年，判刑三年，狱中始研读佛经，其学术思想尤其是哲学思想发生转变。《訄书》重订本在日本出版。

1905年，撰有《致黄宗仰论佛学书》（载于1912年《佛学丛报》创刊号和《学林月刊》第1期）。《国粹学报》第三号载《章太炎读佛典杂记》三则。章氏对西方哲学亦有深入研究，并致力于同佛学的比较融通。

1906年，出狱东渡日本，主办《民报》。在东京留学生欢迎会上发表演说[1]。成立国学讲习会，担任主讲人，作《论诸子学》等讲演[2]。此外撰有《俱分进化论》《建立宗教论》《人无我论》《无神论》《革命之道德》《箴新党论》《衡三老》《悲先戴》《哀后戴》《伤吴学》（刊于《民报》）、《与人论朴学报书》《古今音损益说》（刊于《国粹学报》）。出版《国学讲习会略说》，收入《论语言文字之学》《论文学》《论诸子学》三篇。

1907年，继续主笔《民报》。主要撰有《社会通诠商兑》《讨满洲檄》《中华民国解》《五无论》《定复仇之是非》《国家论》《官制索隐》《答铁铮》（刊于《民报》）、《春秋左传读叙录》（刊于《国粹学报》）。撰《新方言》，并开始在《国粹学报》连载。另有《古音娘日二纽归泥说》《古双声说》《国粹学报祝辞》《与刘师培书六》《某君与人论国粹学

---

[1] 《东京留学生欢迎会演说辞》发表于1906年7月的《民报》。
[2] 载于《国学讲习会略说》和1906年9、10月的《国粹学报》。

书一、二》等（均刊于次年出版的《国粹学报》）。

1908 年，为留学生开设讲座，讲授《说文》《庄子》《楚辞》《尔雅》《广雅疏证》等。后又为周树人、周作人、朱希祖、钱玄同等单独开班讲授。撰有《大乘佛教缘起说》《辨大乘起信论之真伪》《龙树菩萨生灭年月考》《排满平议》《驳神我宪政说》《驳中国用万国新语说》《四惑论》《五朝法律索隐》《马良请速开国会》（刊于《民报》）、《小足大足说（上、下）》《八卦释名》《六诗说》《原经》《毛公说字述》《刘子政左氏说》（刊于《国粹学报》）。另《新方言》在《国粹学报》续完。

1909 年，撰《伪民报检举状》，指斥汪精卫，攻击孙中山。编订《太炎集》，舍弃了一些曾发挥过重大政治影响的政论文，追求"俗或未之好"的"传世"之文。此外撰有《与刘光汉（师培）书七》《原经》《原儒》《原名》《致国粹学报社书二、三、四》《与简竹居书》《庄子解诂》（刊于《国粹学报》），出版《小学答问》《新方言》。

1910 年，是重要学术成果最多的一年。完成《国故论衡》《齐物论释》《文始》《小学答问》《新方言》。再次修订《訄书》。在《学林》（黄侃创办）发表《文始》《封建考》《五朝学》《信史》（批评今文经学派）、《释戴》《非黄》《思乡愿》《征信论》《秦政记》《秦献记》《医术平议》等文。在《国粹学报》发表《驳皮锡瑞三书》①和《与王鹤鸣书》（关于今古文）。

1911 年，继续在东京讲学。《光华日报》连续刊载章太炎政论《诛政党》。

1912 年，政治活动较多。中华民国联合会在上海成立，章太炎发表演说。孙中山函聘章太炎为枢密顾问。袁世凯篡夺总统职位后，被任命为东三省筹边使，旋辞去。学术活动方面，与蔡元培联名在《共和日报》发表《求刘申叔通信》，营救了刘师培。章门弟子成立国学会，章太炎担任会长。

1913 年，发表《驳建立孔教议》，从国情、学理等方面反对定孔教为国教。坚决反对袁世凯的倒行逆施。秋季后主要从事讲学著书活动，如在国学会讲学、修改旧作等，修改《小学答问》《文始》，出版《春秋左传读》，并撰写《自述学术次第》一文。

1914 年，由王静庵编辑的《章太炎文钞》出版。手定《章氏丛书》，先前见于期刊的政论时评多被收入。将《訄书》定名为《检论》，并作了

---

① 刊于《国粹学报》第二、三号，为批驳皮锡瑞所撰《王制笺》《经学历史》《春秋讲义》三书而作。

较大改动。

1915 年，钱须弥编《太炎最近文录》出版，收录辛亥以来章氏发表的宣言、函电、演说及发刊词等，章太炎对此书深为不满。《国故论衡》增订完毕。《检论》定稿。《章氏丛书》由上海右文社出版，收有《春秋左传读叙录》《刘子政左氏说》《文始》《新方言》《小学答问》《说文部首韵语》《庄子解诂》《管子余义》《齐物论释》《国故论衡》《检论》《太炎文录初编》12 种。吴承仕就学于章太炎，章为吴说内典及诸子学，兼及小学等，由吴承仕录为《菿汉微言》。

1916 年，《菿汉微言》出版。

1917 年，在上海发起成立亚洲古学会。与吴承仕的论学通信较多，其中《与吴承仕论宋明道学利病书》刊于《国学丛编》第一期第一册，余则见于 1982 年出版的《章炳麟论学集》。

1918 年，北洋政府教育部把 1913 年拟定的注音字母公布，注音字母采自章太炎。汪太冲编《太炎外纪》出版。

1919 年，《章氏丛书》浙江图书馆刊本问世，较上海右文社版新增《齐物论释》重定本、《太炎文录补编》《菿汉微言》三种，校勘颇精，并订正了不少错误。

1920 年，四川观鉴庐出版《太炎教育谈》。

1921 年，四川观鉴庐出版《太炎学说》上下卷。上卷为 1918 年在四川的讲演记录，下卷为一批书札。吴齐仁编《章太炎的白话文》出版，泰东图书馆铅字排印本。

1922 年，应江苏教育会之邀主讲国学，讲题为《国学大概》《治国学方法》《经学之派别》《哲学之派别》《文学之派别》《国学之进步》。讲演记录文本有三类：一是《申报》于每次讲学次日所发之报道及记录；一是曹聚仁整理的《国学概论》；一是张冥飞所编《章太炎先生国学讲演集》。另作《致柳翼谋书》（载于《史地学报》第一卷第四期），对柳诒徵批评其在《诸子学略说》中的"诋孔"观点表示接受。该文既论孔子及儒学，又论当代学者的学术观点，还明确述及自己学术思想之变迁。另《章太炎尺牍》和曹聚仁编《国学概论》出版。

1923 年，《华国月刊》在上海创刊，章太炎任社长。撰《新出三体石经考》，连载于《华国月刊》，并有多通书信论《三体石经》，考证《三体石经》古文的可信可贵。

1924 年，不断以通电、宣言、信函、谈话等方式发表政见。学术上主要探究明末清初历史、医学和《三体石经》等，在《华国月刊》上发表长文《救学弊论》。另《章氏丛书》由上海古书流通处出版。

1925 年，有《与吴承仕论尚书古今文书》多通，多收入《章炳麟论学集》中。发表论文《致知格物正义》《康成子雍为宋明心学导师说》《书秦蕙田〈五礼通考〉后》《书段若膺〈明世家非礼论〉后》《读〈论语〉小记》《疏证古文八事》《铜器铁器变迁考》《夏布说》（以上刊于《华国月刊》）、《与沈商耆论丧服书》（刊于《制言》第 27 期），还有医学论文数篇。

1926 年，担任上海法政大学校工，在国民大学讲授诸子学等多门课程，撰写多篇医学论文。

1927 年，"居同孚路赁寓，终日宴坐，兼治宋明儒学，借以惩忿"。有《与吴承仕书》（收入《章炳麟论学集》），此信论及宋明理学和佛学，有融令贯通之势，而且更重儒术，是了解章太炎思想变化的重要资料。

1928 年，写《自定年谱》。终年闭门杜客，对国事、学术俱保持缄默。

1929 年，作《答吴茧斋论丧服书》和《春秋左氏疑义答问》。在上海震旦大学讲演，题为《说我》（载《制言》第 48 期）。撰有多篇医学论文。

1930 年，撰成《春秋左氏疑义答问》。在《答黄季刚书》中，讨论《春秋》问题。

1931 年，论学书札较多，如《与黄季刚论大衍之数书》《与季刚论理学书》《与季刚论诗韵古文书》《与吴承仕书》（概述《汉儒识古文考》大意及论治"三礼"名物之途径）等，另有医学论文多篇。与友人通信中多次议论时事，主张抗日。

1932 年，在燕京大学演说，号召青年拯救国家的危亡。多通书信论其治《春秋》的体会。撰《丧服依开元礼议》（载《制言》第 2 期）。发表《汉儒识古文考》。此外，讲学活动较多，春季在北京各大学讲学，秋季在苏州讲学，均有较大反响。

1933 年，与马相伯联合发表宣言，反对日本帝国主义侵占我国东北领土。组织国学会，亲撰《国学会会刊宣言》，提倡国故，主张"范以四经"[1]。到苏州、无锡各校讲学，讲演稿有《历史之重要》《春秋三传之起源及得失》[2]《章太炎先生讲经学》[3]《章太炎先生讲史学》《记

---

① 载于《国学商兑》第 1 卷第 1 号。
② 载于《制言》第 56 期。
③ 载于《无锡国专季刊》1933 年第 1 册。

本师章公自述治学之功夫及志向》①《儒家之利病》②《适宜今日之理学》③《丧服概论》《儒行大意》④《述今古文之源流及其异同》《讲学大旨及孝经要义》⑤ 等等。发表论文《古文六例》⑥。另《与吴承仕书》中论古文经传。校定《章氏丛书续编》（由章太炎弟子吴承仕、钱玄同校刊，章太炎校勘），收录著作《广论语骈枝》《体撰录》《太史公古文尚书说》《古文尚书拾遗》《春秋左氏疑义答问》《新出三体石经考》《菿汉昌言》等七种。

1934 年，创章氏国学讲习会。学术论文及有关书信、序跋、墓志不少。《疑年拾遗》一文⑦对《尚书》《礼记》中的某些人物年寿提出质疑。撰有医学论文数篇。

1935 年，抱病著述讲学，成果丰硕。开办章氏星期讲演会，共九期，讲题为《说文解字序》《白话与文言之关系》《论读经有利而无弊》《论经史实录而不应无故怀疑》《再释读经之异议》《论经史儒之分合》等，一一有记录单行出版。于章氏国学讲习会授《小学略说》《经学略说》《史学略说》《诸子学略说》，俱有讲演记录刊行。另于《制言》刊发论文多篇，如《汉学论》（上、下）载于创刊号，《孟子大事考》载于第 7 期。与廖平弟子李源澄有多通论学书信，论《春秋》及《公羊》《左传》等（见《章太炎书札》），《制言》第 5 期刊有《答李源澄书》。与金祖同有四通书信讨论甲骨文。

1936 年，抱病讲学直至病逝。撰有《菿汉闲话》《二十五史别编序》《书洛阳续出三体石经后》《与人论读经书》《中学读经分年日程》《读太史公书》《论生命》《论中古哲学》等，刊于当年及后来的《制言》半月刊上。另有《与吴承仕论〈古文尚书〉》《与吴承仕论〈尚书孔传〉》（载《章炳麟论学集》）等多通论学书信。

关于章太炎作品的合集，先后出版有《章氏丛书》（1915 年右文社铅印本、1919 年浙江图书馆木刻本及 1924 年上海古书流通处木刻本）和

---

① 载于《制言》第 25 期。此文是了解章太炎晚年学术思想及其变迁的重要史料。
② 李希泌：《章太炎先生的两篇讲演记录》，《兰州大学学报》1980 年第 1 期。
③ 载于《制言》第 57 期。
④ 以上两文载于《国学商兑》第 1 卷第 1 号。
⑤ 以上两文载于《国学论衡》第 2 期。
⑥ 载于《中央大学文艺丛刊》第 1 卷第 1 期。
⑦ 载于《国学论衡》第 3 期，《制言》第 19 期。

《章氏丛书续编》（北平 1933 年刊刻本）①，以及《章氏丛书三编》（1939
年章氏国学讲习会铅印本）。

中华人民共和国成立后，上海人民出版社出版了首套《章太炎全
集》（1982 ～ 1999 年点校本）②，总八卷，收罗繁复齐备，成为长期以
来章氏研究的重要参考文献。近年，上海人民出版社又在原八卷的基础
上，收录了近二三十年以来新发现的章氏佚文、书信等诸多宝贵资料，
经章念驰、王仲荦、王宁、马勇、汤志钧、姜义华、朱维铮、蒋礼鸿等
多位名家一同整理校对，最终汇成最新版《章太炎全集》，总三辑十七
种二十册，680 余万言，于 2014 ～ 2017 年陆续出版，成为迄今章氏著
述收录最全最精的集子，具有极高的学术价值和历史文化价值。它既为
后人研究章太炎思想提供了最完备、最权威的资料库，同时也为中国近
现代学术史、思想史、政治史以及中国传统文化等方面的研究提供了相
当重要的参考资源。尤为值得一提的是，最新版《章太炎全集》不仅全
方位地向世人展现了章太炎一生治学论政的波澜壮阔，而且也较直观地
透射出章太炎著述体系及其学术格局的大气磅礴，其三辑十七种二十册
的编目体系即在整体上鲜明呈现了这一点（见表 1-1）。

表 1-1　最新版《章太炎全集》编目体系

	序号	书名	整理校点	基本内容（领域）
第一辑 2014 年版 共 8 种 8 册	1	《膏兰室札记 诂经札记 七略别录佚文徵》	沈延国 汤志钧	早年在诂经精舍读书期间研读古代文献的札记。
	2	《春秋左传读 春秋左传读叙录 驳箴膏肓评》	姜义华	对《左传》等古籍予以考订注释，承袭乾嘉汉学传统。
	3	《〈訄书〉初刻本〈訄书〉重订本 检论》	朱维铮	《訄书》为早期研究诸子学和儒学的代表作。从《訄书》到《检论》，反映了从维新、改良到革命各阶段的思想见解及其复杂的演变轨迹。

----

① 《章氏丛书续编》另有 1981 年台北世界书局本。

② 1978 年，"国务院古籍整理领导小组"成立，决定首先出版十个历史人物的全集，由
上海人民出版社出版，章太炎为其中之一。

（续表）

	序号	书名	整理校点	基本内容（领域）
第一辑 2014 年版 共 8 种 8 册	4	《新方言 岭外三州语 文始 小学答问 说文 部首均语 新出三体 石经考》	蒋礼鸿 殷孟伦 殷焕先 钱玄同	"小学"研究的力作。
	5	《齐物论释 齐物论释 定本 庄子解故 管子 余义 广论语骈枝 体 撰录 春秋左氏疑义 答问》	王仲荦 朱季海 陈行素 沈延国 崔富章	诸子研究的重要著作。
	6	《太炎文录初编》	钱玄 张芷 祁龙威等	收录大量诗文作品，承载太炎先生的文学观、史学观、哲学观和政治观等。
	7	《太炎文录续编》	黄耀先 饶钦农 贺庸	收录大量诗文作品，以晚年著述为主。
	8	《医论集》	潘文奎等	章氏医学论著汇编①。
第二辑 2015 年版 共 4 种 5 册	9	《演讲集》（上下）②	章念驰	三十年讲学记录。讲解中国传统学术，评析时政。
	10	《译文集》③	马勇	《斯宾塞尔文集》④《社会学》⑤《拜伦诗稿》⑥

---

① 医学是章太炎学术体系中的重要组成部分，被陆渊雷《章校长太炎先生医学遗著特辑》视为"发前古之奥义，开后学之坦途"。遗憾的是，章太炎的医学成就此前少有人知。

② 尽管《演讲集》大多数篇目由他人记录，文章质量无法保证统一，但作为章太炎学术和思想的缩影，依旧具有很高的研究价值。

③ 据章念驰先生所说，章太炎还翻译过《希腊罗马文学史》，弟子们曾亲见，后被章士钊收藏并传至后人。只是该书目前尚未得以整理并收入全集。（参见章念驰：《〈章太炎全集〉的出版历程和内容》，《中华读书报》2018 年 2 月 14 日）

④ 英国斯宾塞尔（Herbert Spencer）著，曾广铨、章太炎译《斯宾塞尔文集》，上海《昌言报》第 1～6、8 册，1898 年。

⑤ 日本岸本能武太著，章太炎译《社会学》，上海广智书局，1902 年铅印本，是近代中国思想史上第一部整本引进的外国社会学著作。

⑥ 由苏曼殊翻译、章太炎"增削"，含拜伦《去国行》《哀希腊》《赞大海》等诗章。

（续表）

	序号	书名	整理校点	基本内容（领域）
第二辑 2015年版 共4种5册	11	《说文解字授课笔记》	王宁主持	于东京讲授《说文解字》时朱希祖、钱玄同和鲁迅的听课笔记。是清以来最完整权威的《说文》诠释之作。
	12	《菿汉微言 菿汉昌言 菿汉雅言札记 刘子政左氏说 太史公古文尚书说 古文尚书拾遗定本 清建国别记 重订三字经》	虞云国 马勇	全面评说传统学术文化史；研究左传尚书、清建国史以及重订童蒙读物。内容涉玄学、小学、经学和史学等。
第三辑 2017年版 共5种7册	13	《国故论衡先校本、校定本》	王培年 马勇	从小学、文学、诸子学三方面对中国传统文化精义予以系统论述。
	14	《书信集》（上下）	马勇	收录章太炎一生发出的千封函电，涉及近三百人及单位，为章太炎一生交游的直接记录。
	15	《眉批集》①	罗志欢等	最大化搜罗章太炎就医学、史学、佛学、文学、哲学等方面的广泛批语，揭示读书心得。
	16	《太炎文录补编》（上下）	马勇	收录1894～1936年未曾结集的文字，含学术文、政论文、诗词、对联、谈话记录、宣言等400余篇，反映了一生的思想主张。

---

① 《眉批集》收录了《章太炎藏书题跋批注校录》《章太炎诗文题跋批注》《二程全书校评》等三部分。

（续表）

	序号	书名	整理校点	基本内容（领域）
第三辑 2017 年版 共 5 种 7 册	17	《附录》①		收录 1936 年逝世后社会各界的唁电、唁函、挽诗、挽联、祭文等，另收陈学然《章太炎研究文献书目初编》，含 1936 ～ 2016 年后人纪念性文章及研究性论著等 3000 余篇，较全面地呈现出世人关于章太炎的研究概貌。

从以上三辑十七种二十册的编目②，可以管窥章氏依据一以贯之的宗旨和基本理路③所建构起的一个庞大的著述体系。

正如姜义华（2002：4）所评价的，章太炎既是"一位有学问的革命家"，也是"一位革命的学问家"，"革命与学问在他身上融为一体"。"革命不忘治学，治学必须革命。"④ 由此章太炎的著述自然也就承载了他"治学"与"论政"这两大要旨。

论及治学，章太炎可谓"清学正统派的殿军"⑤，"清代学术史的压阵大将"⑥。许寿裳在《章太炎传》（2004：129 ～ 130）中这样评价道："先师学术之大，前无古人，以朴学立根基，以玄学致广大。批判文化，独具慧眼，凡古近政俗之消息，社会文野之情状，华梵圣哲之义谛，东西学人之所说，莫不察其利病，识其流变，观其会通，穷其指归。"

章太炎的国学研究跨越了小学、经学、史学、诸子学、文学、文化、

---

① 《附录》并非章太炎自己的作品。据章念驰先生（2018）介绍，原计划"十七种"有《佛学集》一书，但因手稿遗失未能如愿付梓，故而用《附录》代替，仍为"十七种"。

② 剔除了第十七种《附录》，以《佛学集》代之。

③ 1910 年黄侃创刊《学林》杂志，发刊词《学林缘起》中谈到章太炎的著述"章章有条牒"时指出，他的著述实际上主要针对当时这样一些倾向："今文诸师，背实徵，任臆说，舍人事，求鬼神"；"守文者或专寻琐细，大义不举，不能与妄者角"；"玄言久替，满而不蛊，则自谕适志者寡"；"学术既隐，款识声律之士，代匮以居上第，至乃钩稽岛客，趣以干誉，其言非碎，则浮文也。浮使人惑，碎使人厌，欲国学不亡无由"。（转引自姜义华：《章太炎与中国现代学术基础的奠定》，《史林》2016 年第 4 期）

④ 章太炎著，杨佩昌整理：《在苏州国学讲习会的讲稿》，北京，中国画报出版社，2010 年。

⑤ 梁启超说："在此清学蜕分与衰落期中，有一人焉能为正统派大张其军者，曰：余杭章炳麟。"（见梁启超：《清代学术概论》，上海，上海古籍出版社，2005 年，第 79 ～ 80 页）

⑥ 胡适：《五十年来中国之文学》，见《胡适文集（第 2 卷）》，合肥，安徽教育出版社，2003 年，第 297 页。

医学等诸多领域，可谓气象万千，恢宏大气。他的《国故论衡》更是从小学、文学、诸子学三个方面论述了中国传统文化的精义，精辟而充满新意，被称为五百年来第一巨作。与此同时，他广泛接受西学，努力吸收西学精华，汇通中西文化。故而他的著述体系既保留了以"经史子集"四部为代表的中国传统知识体系，同时又汇入了西学新知识，从而呈现为中西学共存共生的景观（图1-1）。

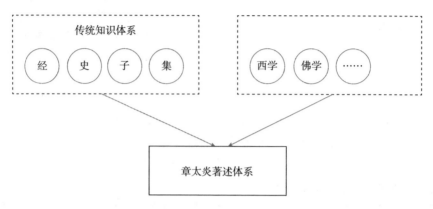

图1-1 章太炎著述体系建构（一）

这其中尤为值得一提的是"医学"。章太炎"一生最钟爱的是医学，他出生在三代世医之家，从小耳濡目染，对医学的爱好，对医学的钻研，贯穿一生。加上他小学功底深厚，决定他阅览历代医学文献，收获自然比一般人高。只是他深受传统文化熏陶，从小树立了'上医医国，下医医人''不为良相，即为良医'的影响，走上了救国道路，奋斗了一辈子，到了晚年发现国医不了了，退而医民，先后担任了三个国医学院院长，中医与西医双方阵营最有影响的代表人物，居然都出于他门下"①。而《医论集》的出版也让社会各界为其医学的精深博大感到震惊。

在传统知识体系中，"医学"著作被归入"子部"。古语云："不为良相，即为良医。"此为中华文化一大名言。"良相良医并列，皆为济世救人的高行之士。"②历来如范仲淹等胸怀大志的儒者，"把从医作为仅次于致仕的人生选择，正是因为医药的社会功能与儒家的经世致用（即治国平天下）的思想比较接近"③。即"儒医同道"。

不过，若从研究对象上区分，"儒"以及其余人文社会科学知识指向

---

① 章念驰：《〈章太炎全集〉的出版历程和内容》，《中华读书报》2018年2月14日。
② 南怀瑾：《中国文化泛言（增订本）》，北京，东方出版社，2016年，第371页。
③ 武斌：《中医与中国文化》，沈阳，辽海出版社，2012年，第199页。

的是国家和社会管理，而"医"则指向的是个体的生命管理。就此而言，章太炎的著述体系还可有另外一种划分，即"二分法"——以"个体的生命管理"为一端，以"国家和社会管理"为另一端（图1-2）。

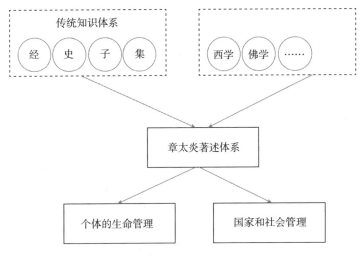

图1-2　章太炎著述体系建构（二）

"二分法"既为传统知识体系的划分提供了一种新认识，同时也为章太炎著述体系的理解提供了一种新可能。

尽管章太炎在多个研究领域均有所建树，而且他自认为他的学术成就是"医学第一，小学第二"，但受学界公认的学术成就最高的仍是"小学"（文字音韵训诂之学）。

"小学"是太炎先生国学研究的根基，更是他整个著述体系的基点。由早年读书期间的著述就可以看出"年轻的章太炎对古代文献的刻苦钻研，对群经的考证涉及之广，研究之深，这奠定了他一生的学术基础"，而且"他一生的许多重要著作，就是在这期间形成了雏形"。[1]

"小学"后来被转化为所谓的"语言文字之学"，这一转化是何时得以发生的，应该说是由章太炎最先倡导并完成的。

第二节　章太炎的语言文字之学

国学大师章太炎在语言文字学方面所取得的成就是举世瞩目的。他既

---

[1]　章念驰：《〈章太炎全集〉的出版历程和内容》，《中华读书报》2018年2月14日。

被视为清代古音学之殿军，又被视为现代"汉语言文字学"之鼻祖。

在语言学方面，章太炎的论著主要有《文始》《新方言》《国故论衡》（上卷）和《小学答问》等，被姜义华《章炳麟评传》（2002：424）称为"中国近代语言学的奠基性著作"。周谷城、胡裕树主编《中国学术名著提要·语言文字卷》（1992：131）评道："章炳麟是中国传统语言学的集大成者，继承段玉裁、王念孙等以音韵通文字、训诂的研究方法，注重探究语言文字的源流变化，不为细枝末节所限，其学说气象恢宏，蔚为大家。"

有清一代，传统的经学、史学、小学都取得了巨大成就，而尤以古音学成就最为耀目，王国维在《〈周代金石文韵读〉序》（1959：202～203）中说：

> 自汉以后，学术之盛，莫过于近三百年。此三百年中，经学、史学皆足以凌驾前代，然其尤卓绝者则曰小学。小学之中，如高邮王氏、栖霞郝氏之于训诂，歙县程氏之于名物，金坛段氏之于《说文》，皆足以上掩前哲。然其尤卓绝者则为韵学。古韵之学，自昆山顾氏而婺源江氏，而休宁戴氏，而金坛段氏，而曲阜孔氏，而高邮王氏，而歙县江氏，作者不过七人，然古音廿二部之目，遂令后世无可增损。故训故、名物、文字之学，有待于将来者甚多；至古韵之学，谓之前无古人后无来者可也。

清代古音学可谓蔚为大观，而能集清代三百年古音学之大成者，当推章太炎。其所著《成均图》《二十三部音准》《音理论》《古音娘日二母归泥说》《一字重音说》《古双声说》等集中体现了章太炎在古音学上的成就。

王国维认为，"自汉以后，学术之盛，莫过于近三百年"，而清代诸学之中"其尤卓绝者则为韵学"。他甚至断言"训故、名物、文字之学，有待于将来者甚多；至古韵之学，谓之前无古人后无来者可也"，认为"古音廿二部之目，遂令后世无可增损"。然而，就在清代古音学攀至顶峰，似乎再难有所作为之时，章太炎则发现《诗经》中脂部去入声之字皆独用，故从脂部独立出队部，从而将清代古音学成就推向新的高峰。他在《文始》中明确指出："队脂相近，同居互转，若聿、出、内、术、戾、骨、兀、鬱、勿、弗、卒诸声，谐韵则《诗》皆独用；而自、隹、靐或与脂同用。乃夫召、昧同言，氐、汐一体，造文之则已然，亦同门而异户也。"① 王力《清代古音学》（1990：597～598）特别指出章太炎在古韵分部上"最大的贡献是队部独立"，并且进一步指出，"队部独立是对的。最值得注意的是平上声也有队部字，如自声、隹声、靁声之类。这就启发我考证出一个微部来"。

关于脂微分部问题，最早由章太炎在《新方言》（1999：131）中提出。他说："脂、灰②昔本合为一部，今验以自、回、雷、夔等声，与脂部鸿纤有异，三百篇韵亦有分别。别有辩说，不暇悉录。或依旧义通言脂微齐皆灰，或以脂部称灰，或云脂、谆相转，不悉改也。"不过他并未对脂微二部的归字作具体的研究，在其二十三部中，脂微未及分立。依王力所说，"究其原因，大概是《诗经》中脂、微同用或合韵的事实遮蔽了章太炎的视线。古音脂、微不分的经验事实确实是大量存在的，上古典籍中更可找到多处例证"。所以"章太炎最终还是把队部中的平、上声字仍然归到脂部中去了"。③ 不过，章太炎的观点却为王力提供了很大启发，1937年王力正式提出了脂微分部说④，独立出了微部。

章太炎晚年时又吸收了严可均的意见，主张冬侵合为一部⑤，对此王力早年很是赞同⑥，直至他的二十九部仍是将冬部归入侵部（尽管王力晚年吸收孔广森冬部独立的意见，进一步指出《诗经》时代冬部当归入侵部，而至《楚辞》时代则冬侵分立）。

此外，章太炎还是"知道注重韵值的第一人"。"自从顾亭林以来，古韵学家只知道分析韵部，不知道研求各韵的音值。他们未尝不心知其意；尤其是江永，戴震，孔广森诸人，都是心里大致地猜定某韵古读某音，然后定下古韵的部居来的。但是，他们却不曾明白说出某韵古读某音。直到章太炎才用中国文字去描写二十三部的音值，虽没有国际音标那样正确，但我们由此可知他所假定的古代韵值的大概。"（姜亮夫、王力，1990：

---

① 章太炎：《章太炎全集（七）》，上海，上海人民出版社，1999年，第202页。

② 章太炎晚年主张改称灰部为微部。他在1934年与黄永镇书中说道："灰本咍部之字，不如改称微为当。"见黄永镇《古韵学源流·章太炎先生来书》。（转引自吴文祺：《上古音中的几个问题——评王力〈诗经韵读〉》，见复旦大学中文系编：《卿云集：复旦大学中文系七十五周年纪念论文集》，上海，上海古籍出版社，2002年，第278页）

③ 李开、顾涛编著：《汉语古音学史》，上海，上海古籍出版社，2015年，第107页。

④ 参见王力：《上古韵母系统研究》，《清华学报》1937年第3期。

⑤ 参见章炳麟：《音论》，见《中国语文学研究》（光华大学中国语文学会著），上海，中华书局，1935年。

⑥ 参见王力：《上古韵母系统研究》，《清华学报》1937年第3期。

777）"古音学从传统走向现代的显著标志就是由清儒古音分部的日益精密走向古音构拟的全面展开。""而章太炎《国故论衡·音理论》和《二十三部音准》（1915）则是这一转变处于过渡时期的代表作。"（李开、顾涛，2015：108）

在上古声纽方面，章太炎的贡献同样是瞩目的。他是中国古音史上第一个建立完整上古声类系统的学者，定古声为喉音、牙音、舌音、齿音、唇音等五类二十一纽。

相对于清代古音学里古韵的研究，古声的研究不论规模大小，还是成果数量似乎都显得相形见绌，加之缺乏一定的研究梯队以保传承，故而部分成就"隐而不彰、鲜为人知"。李葆嘉《清代古声纽学》（2012：8）探讨了上古声纽研究的源与流，通过考释梳理了有清一代对上古声纽做过研究的学者，有顾炎武、毛奇龄、李光地、江永、戴震、钱大昕、段玉裁、章太炎、黄侃等总十七位。尽管清代古音学家中钱大昕并非第一个研究上古声纽的学者，但他却是较早注意到古声纽问题并做出重大贡献的学者。他的雅音声系说是古声研究中继戴震古声流转模式之后建立的另一个理论框架。他在《十驾斋养新录》卷五"古无轻唇音"条（1935：101）提出："凡轻唇之音古读皆为重唇"，即"古无轻唇音说"。"舌音类隔之说不可信"条（1935：111）认为："古无舌头、舌上之分，知、彻、澄三母以今音读之，与照、穿、床无别也，求之古音，则与端、透、定无异。"即"古无舌头舌上之分说"。在该条中又提出："古人多舌音，不独知、彻、澄三母为然也。"即"古人多舌音说"。

这几条规律被古音学界奉为定论，影响十分深远。钱氏之后，清代古音学家邹汉勋对于上古声纽的考证也颇有创获。他在《五均论》中构设的古声二十纽奠定了黄侃古声十九纽的基础。但"系统的上古声母研究，则从章太炎开始"[1]。罗常培（1959）曾说："关于古声纽之考证，钱大昕、邹汉勋二氏贡献最多。……章炳麟承其余续，知娘、日两组古本归泥。"[2]对于钱大昕之说章太炎尤为推崇，他依从钱氏之论，定古声二十一纽，且在钱氏古无舌上音的基础上，正式提出古音娘日二纽归泥说这一创造性见解，并予以了充分论证。他在《古音娘日二纽归泥说》（1908）中指出："古音有舌头泥纽，其后支别，则舌上有娘纽，半舌半齿有日纽，于古皆

---

① 许良越：《章太炎〈文始〉研究》，北京，中国社会科学出版社，2015 年，第 40 页。
② 罗常培：《周秦古音研究述略》，见傅懋勣等主编：《罗常培纪念论文集》，北京，商务印书馆，1984 年，第 16 页。

泥纽也。"①"古音娘日二母归泥说"建立在对异文、重文、声训、谐声、读若等广泛依据之上，是对古音学的重大贡献。其中"古音娘纽归泥纽"已获得学界的公认，获得了王力《中国语言学史》（1981：126）、《清代古音学》（1990：600）的肯定，杨剑桥《汉语音韵学讲义》（2005：101）更是予以了高度评价。而章太炎提出的"古音日纽归泥"虽然还有争论（如王力《中国语言学史》认为"古日母与泥母同类"，杨剑桥则认为未必），但日母和泥母在上古相近则得到了普遍认可。

尤其值得一提的是，清末章太炎在《国粹学报》第 20、21 期上发表了题为《论语言文字之学》（1906）一文，指出文字、音韵、训诂三者之间的关系并非是三足鼎立，而是三位一体，故而"小学"之名有失妥帖，由此提出将传统"小学"易名为"语言文字之学"的主张。文中说道：

> 合此三者（即小学之文字、音韵、训诂），乃成语言文字之学。此固非童占毕所能尽者。然犹名小学，则以袭用古称，便于指示。其实当名语言文字之学，方为确切。此种学问，仅艺文志附入六艺。今日言小学者，皆似以此为经学之附属品。实则小学之用，非专以通经而已。

由"语言文字之学"取代传统意义上的"小学"，反映出晚清时期中国语言文字发展的历史性转变。殷寄明在《中国语源学史》（2002：246 ～ 247）中指出：这"不仅仅是名称的改变，而是关系到以文字为本位还是以语言为本位来进行对语言文字的研究，也就是关系到走语文学的还是走语言学的研究道路问题"，"这一理论倡导影响、感召了当时的许多学者，而使中国语言学的发展，由语文学转向了语言学"。

现代汉语言文字学学科观念的确立由章太炎开始，而伴随着这一观念的确立，汉语语源学也逐步走向了独立化和科学化的道路。

---

① 《古音娘日二纽归泥说》撰于 1907 年，刊于次年的《国粹学报》。另参见章太炎：《国故论衡》，北京，商务印书馆，2010 年，第 40 页。

第二章 《文始》：章太炎语言文字学研究的核心

第一节 《文始》的成书

章太炎的著述体系和学术思想立基于他对"小学"（"语言文字之学"）的探究，而章氏治小学的重中之重则是语源学，其语源学研究最重要的代表作为《文始》（图2-1）。

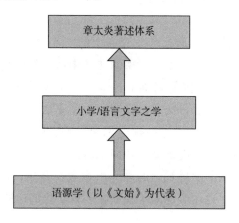

图 2-1《文始》于章太炎著述体系中的地位

《文始》作于章太炎流亡日本时期。1903 年章太炎因"苏报案"入狱，1906 年章太炎出狱后流亡日本，同年 10 月成立国学讲习会。1908 年章太炎为周树人、周作人、朱希祖、钱玄同等讲授《说文》。后来王宁将朱希祖、钱玄同、周树人的听课笔记整理成《章太炎说文解字授课笔记》，于 2008 年由中华书局出版，堪称许学盛事。

据《朱希祖日记》（北京图书馆藏稿本），《文始》始撰于 1908 年，李凡《章太炎在日本》（1983）、杨润陆《〈文始〉说略》（1989）、严修

《二十世纪的古汉语研究》（2001）均持此说。1910 年章太炎撰定《文始》①，同年夏，黄侃于东京创办《学林》杂志，陆续刊发《文始》。不过《文始》国内的刊印则晚于 1912 年，章太炎在 1912 年 5 月 25 日给朱希祖的信中（2003：290 ～ 291）说：

> 《文始》旧稿尚在杭州，一时既未能印行，今以五十元付逖先，求善书者移录两份。（二百钱一千字，原书十二万余字，需二十五元。五十元可钞两份。）为他日印行计，原稿仍觅妥人送来可也。

可见，截止到 1912 年 5 月，《文始》一书在国内尚未印行，且章太炎曾嘱朱希祖觅人录写两份《文始》。后 1913 年浙江图书馆据其手稿始出《文始》石印本。

章太炎在《国故论衡·小学略说》（1910）中曾自明《文始》主旨："余以寡昧，属兹衰乱，悼古今之沦丧，愍民言之未理，故作《文始》以明语原，次《小学答问》以见本字，述《新方言》以一萌俗。"而在《文始·叙例》中亦曾言道："余以颛固，粗闻德音，闵前修之未宏，伤肤受之多妄，独欲浚抒流别。"可见《文始》之成书主旨在于"明语原""浚抒流别"，以探寻汉语词汇内部的系统性与规律性。

且章太炎撰《文始》是基于他对文字语言关系的正确认识之上的。受西方语言学的影响，章太炎认识到先有语言后有文字。《訄书·订文第二十五》（1900）曰："吾闻斯宾塞尔之言曰：有语言然后有文字。"不仅如此，他还深刻认识到文字是语言的符号。他在《说新文化与旧文化》（1921）中说道："专从形体上去求，实太繁琐，应该从音训上去学（有些偏废）。文字原是言语的符号，未有文字以前，却已有了言语。"

此外，在《语言源起说》（1910）中章太炎还提出"诸言语皆有根"的重要思想。后《自述学术次第》（1936）中复言："学问之道，不当但求文字，文字用表语言，当进而求之语言。语言有所起，人仁天颠，义率有缘，由此寻索，觉语言统系秩然。……于是以声为部次造《文始》九卷。"章太炎不仅意识到"诸言语皆有根"，而且认为"语言有所起"且"义率有缘"，即语音与语义之间具有一定的关系，故"由此寻索，觉语言统系

---

① 姚奠中、董国炎也指出："本年（1910 年——引者注）是章太炎重要学术成果最多的一年。除众多论学文章和书信外，《文始》《国故论衡》《齐物论释》均在本年完成。"（见《章太炎学术年谱》，太原，三晋出版社，2014 年，第 148 页）

秩然"。而要探寻"言语"之根，章太炎在《文始·叙例》则认为应"形体声类，更相扶胥"。

可见《文始》的撰写正是建构在章太炎正确认识语言、文字关系及"诸言语皆有根""义率有缘"的基础之上的。全书以声韵为经纬，以初文、准初文为系联起点，将具有同源关系的字词系联起来，由此形成一个个同源词族，从而揭示了汉语词汇发展演变的系统性和规律性。其中"声韵"依据便是章太炎所定的上古二十一纽、二十三韵。

第二节　《文始》的声韵系统

齐佩瑢《训诂学概论》（1984：128）曾对章太炎音韵学类的著作予以扼要总结："《成均图》为韵部说；《音理论》《二十三部音准》为韵部之审音论；《一字重音说》《古音娘日二纽归泥说》《古双声说》为声纽之审音论。"正是在此基础上，章太炎建构了自己的古音体系：上古声母二十一纽，古韵二十三部。这便是《文始》的声韵系统。

一、章氏古声学说

"章氏的古声纽说是到日本以后，在研习梵文、遍览诸说并考核《说文》的基础上形成的，并贯穿在《新方言》和《文始》中。如果《古音娘日二纽归泥说》与《古双声说》可视为章氏古声说成熟的标志，那么章氏古声说当在 1907 年形成。"[1]

作为第一个建立完整的上古声类系统的学者，章太炎在《新方言·音表第十一》（1999：132）中首次提出古声为喉音、牙音、舌音、齿音、唇音等五类二十一纽。

喉音：见	溪	群	疑		
牙音：晓	匣	影喻			
舌音：端知	透彻	定澄	泥娘日	来	
齿音：照精	穿清	床从	审心	禅邪	
唇音：帮非	滂敷	并奉	明微		

---

① 李葆嘉：《清代古声纽学》，上海，上海古籍出版社，2012 年，第 256 页。

此组表后亦载于《文始·叙例·略例壬》（1999：166～167），尽管仍分五类，但名称稍有不同（见表2-1）。

表 2-1 章氏上古声类系统

深喉音	见	溪	群	疑	
浅喉音	晓	匣	影喻		
舌音	端知	透彻	定澄	泥娘日	来
齿音	照精	穿清	床从	审心	禅邪
唇音	帮非	滂敷	并奉	明微	

由上，章氏原定见组为喉音，晓组为牙音。至《文始》中则定见组为深喉音，晓组为浅喉音。李葆嘉（2012：257～258）认为此"殊为乖戾"，并推测"章氏之说盖据宋人晁公武（约1105～1180）之说，其《郡斋读书志》中把见溪群疑称为喉音，晓匣影喻称为牙音"。对此，王力（1956）亦提出过批评①。尽管如此，毋庸置疑的是，章太炎首次对上古声母展开系统研究，"对上古音声组系统的描写，对各声组个体的归类，基本上是由章太炎定型的"②。

章氏古声二十一组总体多依从钱大昕之说。他将"知、彻、澄、娘、日"旁注于"端、透、定、泥"，并注曰"诸旁注者，古音所无"③，可见其对钱氏"古无轻唇音说""古无舌头舌上之分说""古人多舌音说"等古声组研究成果的继承。他曾言"审组莫辩乎钱"④来评价钱氏，可见尊崇之盛。至于"古音娘日二母归泥说"则更是章氏自己的创见，在学界影响甚广，尤其是"上古娘母归泥"，在谐声、读若、声训等材料中有广泛的证据，得到了学界的一致公认，是章氏在古音学上的重大贡献。

继《古音娘日二纽归泥说》之后，章太炎同年撰写的《古双声说》亦于次年（1908年）刊于《国粹学报》，成为其声转理论的重要体现，尽管在这之前，章太炎在《新方言·音表第十一》中已对古声纽间的关系予以了一定的阐述。

---

① 王力：《汉语音韵学》，北京，中华书局，1956年，第404页。
② 殷寄明：《中国语源学史》，长春，吉林人民出版社，2002年，第248～249页。
③ 章太炎：《章太炎全集（七）》，上海，上海人民出版社，1999年，第167页。
④ 章太炎：《国故论衡》，北京，商务印书馆，2010年，第5页。

古双声说实为古声流转说，主张"今有九音，于古则六，曰：喉、牙、舌、齿、唇、半舌也"[1]，又定喉牙为声转的枢纽。旨在"谓古同部位之音，虽旁纽者皆为双声，以证古音声类转变之故"[2]。《文始·叙例·略例壬》（1999：167）纽表后即注道："诸同纽者为正纽双声，诸同类者为旁纽双声，深喉浅喉亦为同类，舌音齿音鸿细相变。"关于双声说的具体含义，李葆嘉（2012：270）指出："章氏的双声说包括四种含义：一、同纽双声，或正纽双声，两字声母相同。二、旁纽双声，声母不相同，但在同一组内，即发音方法不同但发音部位相同。三、大类双声，章氏将喉牙合为一大类，以为古'不有异'；又将舌齿合为一大类，以为'正齿、舌头虑有鸿细，古音不若是繁碎，大较不别'。凡在此大类之中，可视为双声。四、舒敛双声，或侈敛双声、通转双声，即喉牙分别与舌、齿、唇、半舌为双声。""前两种为音韵学界通行之双声，后两种情况则较为复杂。"

"如果说《段注》是原本继承了戴震转语理论的话，那么章太炎的古双声说则是对其理论的发挥与应用。"[3] 李葆嘉（2012：336，271）认为"章太炎本钱氏之法，定古声二十一纽；又依戴氏之论，创古双声说；融归并与流转于一炉"，从而成就了章氏古音学说的"独树一帜"。这种特点"一方面反映了钱氏归并模式的局限必须以戴氏的流转模式为补充，一方面则又与他古音研究的目的相一致。章氏的古音研究，一为讽典籍，一为明语源。而要达到如此目的，仅凭有定是不够的"。

二、章氏古韵学说

清代是上古韵部研究的鼎盛时期，先后出现的古韵学家有二三十家之多，其中最著名的有顾炎武、江永、段玉裁、戴震、孔广森、王念孙和江有诰等。先秦古韵的划分始于顾炎武。他开始将古韵分为十部（见《音学五书》）。后江永分为十三部，段玉裁十七部，戴震二十五部，孔广森十八部[4]，王念孙二十一部，江有诰二十一部。韵部越分越细，越分越精。"至

---

[1] 章太炎：《国故论衡》，上海，上海古籍出版社，2006 年，第 19 页。

[2] 章念驰编：《章太炎生平与学术（上）》，上海，上海人民出版社，2016 年，第 182 页。

[3] 张蒙蒙：《从〈说文解字授课笔记〉看太炎对古音学理论的应用》，见北京师范大学民俗典籍文字研究中心编：《民俗典籍文字研究（第 17 辑）》，北京，商务印书馆，2016 年，第 269 页。

[4] 十八部又分阴阳两类，阳类中从东部分出冬部。

章炳麟、黄侃……诸氏更集各家之大成，续有补匡。"①

　　章太炎早年定古韵为二十二部，即以王念孙二十一部、江有诰二十一部为基②，"采（孔广森——引者注）东冬分部之义"，"增冬则二十二"。③晚年时从脂部分出一个队部，终成章氏古韵二十三部④。

　　《新方言·音表第十一》（1999：130～131）中《韵目表》即列此二十三部（图2-2），后亦载于《国故论衡·成均图》⑤。

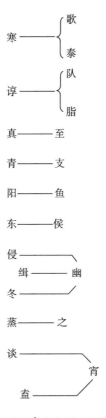

图 2-2　章氏古韵二十三部

　　李开、顾涛（2015：107）据此将"韵目表"重新加以排列（表2-2）：

①　罗常培：《周秦古音研究述略》，见傅懋勣等主编：《罗常培纪念论文集》，北京，商务印书馆，1984年，第16页。

②　江有诰二十一部基本与王念孙相同，区别在于他采用了孔氏的冬部，而未采纳王氏所发现的质部（至部）。

③　章太炎：《丙午与刘光汉书》（1906），见《章太炎全集（四）》，上海，上海人民出版社，1985年，第156页。

④　晚年合冬于侵，改为二十二部。参见《国学丛编》第一期第四册。

⑤　章太炎著，陈平原导读：《国故论衡》，上海，上海古籍出版社，2003年，第11页。

表 2-2 章氏韵目表

阳声 （含入声）	寒（元）		真	阳	侵		冬	谆（文）	青	东	蒸	谈
						缉						盍
阴声	歌	泰	至（术）	鱼		幽	队	脂	支	侯	之	宵

在古韵二十三部的基础上，章太炎继承了戴震《转语二十章》、孔广森的"阴阳对转"与严可均的"韵类旁通"学说等，发明了"对转""旁转""近转""次旁转""次对转""交纽转""隔越转"等概念，以专门考证古韵二十三部之间的远近通转关系。"这种将有定与无定、归并与流变相结合的方式，在他的古声研究与古韵研究中一以贯之。"①

在《新方言·音表第十一》（1999：131）中章氏首次提出了自己的韵转理论："右二十三部古韵凡目。横迤则为旁转，纵贯则为对转。惟冬部与侵部同对转。缉、盍近于侵、谈，月近灰、谆，质近脂、真，然皆非其入声，有时亦得相转。此四部为奇觚韵。今世方音流转，亦依是为准则。"又作《成均图》对韵转理论予以了系统阐述，最初载于《文始·叙例·略例癸》，后著成专论载于《国故论衡》。

关于《成均图》的得名，章太炎在《国故论衡·成均图》（2003：15）中交代说："《成均图》者，大司乐掌成均之法。郑司农以均为调，古之言韵曰均，如陶均之圆也。"罗常培在《周秦古音研究述略》（1984：24～25）中解释道："所绘之图，如陶均之圆，始终调融，故名成均图。"其中的"均"即"韵"之古字，《文选·啸赋》（1936：39）："音均不恒，曲无定制。"李善注："均，古韵字也。"

《成均图》是章太炎古音学上的重大发明，也是《文始》韵转的重要基础。它首先将古韵分为阴阳两界，阳部十二韵，阴部十一韵，区别在于有无鼻音韵尾。每界又分弇侈。鱼阳二部是轴音，鱼是阴轴，阳是阳轴。故古韵被分为阴侈、阳侈、阴弇、阳弇、阴轴、阳轴六类。古韵对转主要吸纳孔广森的"阴阳对转"说，古韵旁转则是吸纳了严可均"韵类旁通"说以及段玉裁等人的观点。基于对转和旁转又深化出"正对转""次对转""近旁转""次旁转"等概念，以说明韵部间的亲疏关系。《文始·叙例·略例癸》（1999：166）指出：

---

① 李葆嘉：《清代古声纽学》，上海，上海古籍出版社，2012 年，第 271 页。

阴弇与阴弇为同列，

阳弇与阳弇为同列，

阴侈与阴侈为同列，

阳侈与阳侈为同列，

凡二部同居为近转，

凡同列相比为近旁转，

凡同列相远为次旁转，

凡阴阳相对为正对转，

凡自旁转而成对转为次对转，

凡近转、近旁转、次旁转、正对转、次对转为正声，

凡双声相转不在五转之例为变声。

其中"同列"即阴阳、弇侈都相同。据此，古韵二十三部的关系在《成均图》中表现如下（图2-3）：

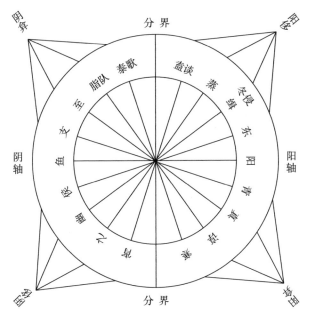

图 2-3　成均图

吴根友、孙邦金等（2015：976）指出："章氏的韵转理论较为充分地展现了上古汉语同源词之间错综复杂的语音关系"，且"章氏在研究古音的时候，已经注意到了'正声'与'变声'，并总结了变声的规律，对于

今天的音韵学研究仍然具有重要的借鉴意义"。

此外，需要说明的是，在后来推阐的《国故论衡·成均图》一文中，章太炎还提出了"交纽转""隔越转"等概念。《国故论衡·成均图》（2003：11）指出：

> 凡阴声、阳声虽非对转，而以比邻相出入者，为交纽转。
>
> 凡隔轴声音不得转；然有间以轴声隔五相转者，为隔越转。

另外，也指出："凡交纽转、隔越转为变声。"

对于"交纽转"和"隔越转"，学界质疑颇多，详见下文《关于章太炎上古韵部系统及韵转理论的争议》。

第三节　《文始》的理论基础

一、章太炎的转注假借理论

黄侃《声韵通例》（1964：186）曰："《文始》之为书也，所以说明假借、转注之理。"《黄侃论学杂著·声韵略说》（1980：94）亦曰："声义同条之理，清儒多能明之，而未有应用以完全解说造字之理者。侃以愚陋，盖尝陈说于我本师，本师采焉以造《文始》，于是转注、假借之义大明；令诸夏之文，少则九千，多或数万，皆可绳穿条贯，得其统纪。"可知《文始》是章太炎用以阐明转注假借理论的著作，以此揭示汉语同源字族滋生衍变的规律。

章太炎《国故论衡·语言缘起说》（2003：35）云："余以转注、假借，悉为造字之则。"关于转注，许慎《说文解字叙》界定为"建类一首，同意相授，考老是也"。对其认识历来聚讼纷纭。作为"转注互训说"的代表，戴震在《戴东原集·答江慎修先生论小学书》中云："震谓'考''老'二字属谐声、会意者，字之体，引之言转注者，字之用。转注之云，古人以其语言立为名类，通以今人语言，犹曰'互训'云尔。'转相为注''互相为训'，古今语也。《说文》於'考'字训之曰'老也'，於'老'字训之曰'考也'，是以《叙》中论转注举之。《尔雅·释诂》有多至四十字共一义，其六书转注之法与？……如'初''哉''首''基'之皆为始，'卬''吾''台''予'之皆为我，其义转相为注曰转注。"戴震弟子段玉裁亦力主此说。

对此，章太炎《小学略说》（1995：11～12）提出批评："余谓此说太泛，亦未全合。""若《尔雅》所释，同一训者，皆可谓同意相受，无乃太广泛乎？"与戴震不同，章太炎主张"转注同族说"，即从语源学角度来研究"转注"。

他在《小学略说》（1995：12）中指出："转注云者，当兼声讲，不仅以形义言。"认为研究转注不仅要从字形字义角度考虑，也要从声韵角度考虑。具体而言，"所谓同意相受者，义相近也。所谓建类一首者，同一语原之谓也"。《国故论衡·转注假借说》（2003：36～37）中亦云："盖字者孳乳而浸多，字之未造，语言先之矣，以文字代语言，各循其声，方语有殊，名义一也。其音或双声相转，叠韵相迤，则为更制一字，此所谓转注也。……何谓'建类一首'？类谓声类……以声韵为类……首者，今所谓语基。"以"考""老"二字为例。"考老同在幽类，其义相互容受，其音小变，按形体成枝别，审语言同本株，虽制殊文，其实公族也。"可见，章氏"所言类，则与戴、段诸君小异；彼则与形，此则与声"，其所谓"转注"是指音同或音近而义相类的同族字。

对于章太炎从语源学角度来界定"转注"，殷寄明《语源学概论》（2000：83）给予了高度评价："从语源学角度来观察、分析转注，并强调转注是出于同一语源的，这在汉语史上还是第一次，其所论也基本上是正确的。同时他也发现文字的增殖与转注密切相关，今天看来，也是一种真知灼见。"

关于假借，章太炎同样主张从汉字的形音义三方面来加以研究。许慎《说文解字叙》中云："假借者，本无其字，依声托事，令长是也。"对此，章太炎《国故论衡·语言缘起说》（2003：35）指出："最初声音，未有递衍之文，则以声音兼该馀义。自今日言，既有递衍者，还观古人之用声首，则谓之'本无其字，依声托事'。"《国故论衡·转注假借说》（2003：36）亦云："孳乳日繁，即又为之节制，故有意相引申、音相切合者，义虽少变，则不为更制一字，此所谓假借也。"靳华《〈国故论衡〉提要》（1992：131）阐释道："语言日益发展，文字也日益孳乳衍生，这时就需要加以节制，所以对于意义虽有引申但声音仍旧切合的情况不另造新字，这就是所谓'假借'。"可见章太炎所谓"假借"实乃引申。

章太炎《国学概论》（2014：91）中以许慎定义中所举"令、长"为例，指出："令之本义为号令，发号令者谓之令，古之令尹，后之县令，皆称为令，此由本义而引申者。长本长短之长，引申而为长幼之长。成人较小孩为长，故可引申，再引申而为官长之长，以长者在幼者之上，亦犹官长在人民之上也。所谓假借，引申之谓耳。……六书中之假借，乃引申之义。"

而这似与许慎所理解的"假借"相一致。尽管目前对于假借的具体指归，尤其是假借是否包含引申，学界尚有分歧，但一般认为许慎定义中"令、长"二字确与定义本身存在矛盾。殷寄明《〈说文〉研究》（2005：92～93）指出以"令""长"为假借，"显然是失当的"，"实则为词义引申"。又以"来""西""凤"三字为例，进一步指出"许慎的'假借'定义与书中对假借字的分析有不一致的地方"。从许慎的释义来看，"'来'（麦）与行来之来、鸟栖息与东西之西、神鸟名'凤'与朋党是有意义上的联系的，似乎是后世人所说的词义引申。就这些个案看，许慎所理解与后世学者所说的假借很不一致"。

关于转注和假借二者的关系，章太炎在《国学概论》（2014：91）中指出："假借之与转注，正如算术中之正负数。有转注，文字乃多；有假借，文字乃少。一义可造多字，字即多，转注之谓也；本无其字，依声托事，如令、长是，假借之类也。"

汪启明《章太炎的转注假借理论和他的字源学》（1990）曾就章太炎的转注假借理论高度肯定道："对同源字的定义、实质、产生原因等理论问题进行了严格的界说和精辟的分析，并运用转注假借理论贯穿《文始》，使汉语字源学第一次有了自己的研究对象、范围、方法、原则及理论。"王力《中国语言学史》（1981）也指出："初文的孳乳是建筑在古音系统之上的……这样，所谓'孳乳'，就不是乱来的，而是转而不出其类，或邻韵相转的……章氏这种做法，令人看见了词汇不是一盘散沙，词与词之间往往有某种联系，词汇也是有条理的。章氏这种做法，在原则上是词源的研究或词族的研究。"杨润陆《〈文始〉说略》（1989）认为《文始》的出现"标志着新训诂学的开始"，他指出："从声韵的通转来考证字义的通转，它以声音为线索展示了词汇的系统性，指出了训诂学发展的一个重要的历史方向。可以说，《文始》的问世，标志着新训诂学的开始。"

二、章太炎的变易孳乳学说

"变易与孳乳是章氏对其所系联的《说文》字族在义转关系上的规律

概括，也是其转注假借理论在汉语字族系联中的具体应用。"①

"变易"和"孳乳"是章太炎在《文始》中提出的一对重要概念。黄侃《声韵通例》（1964：186）曰："若其书（引者按：指《文始》）中要例，惟变易孳乳二条。"

关于概念的界定，《文始·叙例》（1999：160）指出："讨其类物，比其声均，音义相雠，谓之变易；即五帝、三王之世改易殊体者。义自音衍，谓之孳乳。"对此学界从不同角度给予了诠释。② 王力《中国语言学史》（1981：168）曾解释道："如果音义皆同，或音近义同，只是字形不同，叫作'变易'；如果转化为别的声音或别的意义，而有迹象可寻者，叫作'孳乳'。"许良越《章太炎〈文始〉研究》（2015：225～226）指出："变易指字形上有区别，但在字义和字音上相同相通的一组字；孳乳指字音上相近相通，但在字形和字义上有所区别的一组字。"

事实上，章太炎的变易孳乳学说与许慎的文字发展理论是一脉相承的。许慎《说文解字叙》曰："仓颉之初作书，盖依类象形，故谓之文；其后形声相益，即谓之字。文者，物象之本；字者，言孳乳而浸多也。箸于竹帛谓之书。书者，如也。以迄五帝三王之世，改易殊体。"殷寄明《〈说文〉研究》（2005：118）将许慎关于文字发展的理论高度概括为"孳乳说"和"改易殊体说"，认为："孳乳，指汉语词汇系统中新的语词不断增殖，于是导致了记录新语词的文字之增生；改易殊体，则指某个文字形体不断变化，产生多个异体字。"而《文始》的"变易""孳乳"实则是章太炎在许慎"孳乳说"和"改易殊体说"基础上，结合自己的转注假借理论发展而来，并由此成为《文始》展现汉语同源字族衍生的两大义转规律。

后黄侃继承发展了乃师的变易孳乳学说。他在《文字声韵训诂笔记》（1983：94）中认为："古今文字之变，不外二例：一曰变易，一曰孳乳。变易者，声义全同而别作一字。孳乳者，譬之生子，血脉相连，而子不可谓之父。中国字由孳乳而生者，皆可存之字。由变易而生之字，则多可废，虽《说文》中字亦然。"要言之，"所谓变易，谓声义俱通"，"所谓孳乳，谓声通义变"。在《说文略说·论变易、孳乳二大例》（1964）中他又进一步将"变易"和"孳乳"各分为三类："变易之例，约分为三：一

---

① 许良越：《章太炎〈文始〉研究》，北京，中国社会科学出版社，2015 年，第 227 页。
② 刘丽群曾撰文梳理了自黄侃至万献初等十几位学者对"变易"和"孳乳"这一对概念的不同角度的诠释。（见《章太炎〈文始〉研究综述》，《励耘学刊（语言卷）》2012 年第 1 期）

曰，字体小变；二曰，字形大变，而犹知其为同；三曰，字形既变，或同声，或声转，然皆两字，骤视之不知为同。"孳乳之例，亦分为三："一曰，所孳之字，声与本字同，或形由本字得，一见而可识者也；二曰，所孳之字，虽声形皆变，然由训诂展转寻求，尚可得其径路也；三曰，后出诸文，必为孳乳，然其词言之柢，难于寻求者也。"

关于"变易"和"孳乳"的纂例，黄娟娟（2011）曾撰文予以了梳理。前者如"……变易为……；……为……；为……之变易（字）；……或作……、……亦作……；后出字为……；……当（亦）即……、以……为之；盖一字、……声义受于……"等。后者如"……孳乳为……；……衍为……；由……孳乳……；为……；……曰……；又（亦）孳乳为……；亦（为）……孳乳字；以（由）……得名"等。

"'变易'与'孳乳'是《文始》展现汉语汉字发展演变及其内部关系的两大条例，是章太炎先生用以贯穿联缀汉语数千字词的桥梁。"[①]但在具体系联实践中，也存在概念运用混淆的情况，由此也间接反映出了语言文字现象的复杂性。何九盈（2005：517～518）曾指出："按照章氏自己下的定义，看他对'变易''孳乳'的具体运用，有些例子也很难讲得通。"黄娟娟（2011）指出："有的'音义相雠'，应为变易者，却归于孳乳名下；有的明为孳乳，却附以'变易'的标识。"在此之前，朱瑞平（1989）、汪启明（1990）等学者也有相关评述。

尽管章氏的孳乳、变易两大条例还有待完善，但其词源学价值仍然值得肯定。陆宗达、王宁（1994：358～359）指出："孳乳是一个很有价值的条例，它确实能够透过文字现象看到语言中词的演变"，而"变易其实就是文字字形的改易，它反映一种同词异形的现象。字形虽增多了，记录的词还是那一个"，"将孳乳与变易明确分开，在实践上又体现出了想使文字现象与语言现象泾渭分明的意图"。祝鸿熹（2003：112）认为："章黄所论述的'变易''孳乳'两个术语源于《说文》，却高于《说文》，无论在理论上还是在实践上，通过这两个术语深入探究了汉字产生、发展、演变的过程和汉字内部的有机联系。有关的论述有力地推动了汉字学、词义学、语源学的研究。"

---

① 刘丽群：《章太炎〈文始〉研究综述》，《励耘学刊（语言卷）》2012年第1期。

第四节　《文始》的诸多争议

对于《文始》，太炎先生期许颇高，甚至认为该书"千六百年来未有等匹"①、"可谓一字千金"②。黄侃《黄侃论学杂论》（1964：164）也曾指出："《文始》总集字学、音学之大成，譬之梵教，所谓最后了义。"然而学界对于《文始》学术价值和历史地位的评定却存在着较大的分歧。总体而言，又以负面评价居多。据考察，学界围绕《文始》"初文""准初文"的设立、方法论、章太炎上古音系统和音转理论等方面均存在较大争议。

一、初文、准初文的设立

"初文""准初文"的概念为章太炎在《文始》中首创。这既是《文始》中汉语同源字族变易孳乳的起点，也是理解《文始》的关键。

（一）对初文、准初文的质疑

许多学者均对《文始》中提出的初文和准初文提出质疑，认为文字不等同于语言，初文和准初文只是字源而非词源。

最早对《文始》进行研究的当为黄侃。虽然他对《文始》赞誉有加，但也并非全盘肯定。他在《文字声韵训诂笔记》（1983：199）中指出："近世章太炎《文始》，只能以言文字，不可以说语言。如羊、祥也。火，燬也。以文字论，先有羊、火；以语言论，而祥、燬实在羊、火之先。故《文始》所言，只为字形之根源，而非字音、字义之根源也。"

陆宗达、王宁《训诂方法论》（1983：13）也指出："初文，准初文只是文字造型的基础，它可以作为构件而产生新字，因此，即使说它是'根'，也只是'形根'，不是'义根'；说它是'源'，也只是'字源'，不是'词源'。"并且认为即使将初文、准初文视为字源，还是存在诸多问题："字源毕竟不等于词源：字源只能把源头追溯到文字产生时期，也就是有史时期，史前期的状况只能推测而无法考究。字源只能与单音词的词源直接联系，于双音词，特别是合成词，则仅能间接涉及到。"其《浅论传统字源学》（1984：369）则进一步指出："系源的起点仅仅是处理同源词的一种方法，它相当于一个可以自由选择的坐标点，而不是标志着历史

---

① 章太炎：《章太炎书札·致龚未生书》，见汤志钧编：《章太炎年谱长编》，北京，中华书局，1979年，第474页。

② 章太炎：《自述学术次第》，《制言》1936年第25期。

起源的根词。"

王力《中国语言学史》（1981：168）中质疑"初文"之说，批评章太炎"崇信《说文》，以为完全可以依从"。晚年在《同源字典·同源字论》（1982：40）中再次指出："章氏迷信说文，他所定的初文是不可靠的。由于迷信说文，章氏跟着许慎闹笑话。"他说"章氏的文始，实际上是语源的探讨"，但《文始》以说文的独体作为语源的根据，实为"拘牵形体"。"要知道，语言远在文字之先。可以想象，在原始社会千万年的漫长岁月中，有语言而无文字，何来初文？文字是人民群众创造的，并且是不同时期的积累，决不是有个仓颉独立创造出一整套文字来。许慎距离中国开始创造文字的时候至少有二三千年，他怎能知道哪些字是'初文'？"

任继昉《汉语语源学》（2004：232～233）也指出《文始》的研究方法是"以形（'初文、准初文'）设其源，而据音（'比其声韵'）沿其流，由'字根'之源往下梳理音义相关的同族词"，任继昉将这种研究方法归为音沿法中的以形设源式，并批评以形设源的做法是不可取的，他认为："这种以字形为源的做法，仍然带着其从中脱胎出来的传统'字源学'痕迹。"在他看来，《文始》的这种做法导致"设源既误，沿流就不能不受影响"，"沿流式方法所梳理串联的大词群，只是一个相对的单位，它有可能只是由原始语源孳衍出来的一个支派，是整个词族系统的一个部分。……而所设的'源'，并非整个词族系统在语言发生阶段的最初源头（即总源、语根）"。

此外，刘晓东《〈文始〉初探》（1985）、李恕豪《中国古代语言学简史》（2003）等均持类似观点。

（二）对初文、准初文的肯定

然而，亦有不少学者肯定了《文始》设立初文、准初文的合理性。

杨润陆《〈文始〉说略》（1989：44）虽然也认为初文、准初文是字源而非词源，但他指出："太炎先生把初文和准初文作为字源，一般来说是正确的。"杨文指出："从文字发展的历史来看，独体字在前，合体字在后，这是一般规律"；且"古代字少兼职多，文字的增多是派生词大量产生的结果，而新字的产生总是依据原有的文字材料"。故而设立初文、准初文具有一定的合理性。

对于王力《同源字典·同源字论》（1982：40）中提出的《文始》"拘牵形体"问题，杨润陆《〈文始〉说略》（1989：44）指出："照理说，太炎先生写作《文始》应该完全摆脱字形的束缚，专考语源。……为什么《文始》又要拘牵形体，把《说文》的独体字作为语根呢？这是因为《文始》是一部以古证古的著作，它研究的依据只能是先秦旧典两汉古籍等文献语言，只能是记录这些文献语言的文字。而《说文》就是汇集这些资料的专书。所以尽管字源不是语源，但在语源学的创始阶段，在缺乏其他依据的情况下，以汉字的发展规律作为语言发展的准绳，也还是可取的。"许良越《章太炎〈文始〉研究》（2015：125）同样强调："在史前汉语材料还十分匮乏的情况下，此类字源研究对汉语语源问题的揭示说明无疑具有很大的功用价值。"

此外，殷寄明、王贵元等对学界认为《文始》初文、准初文只是字源而非词源的问题提出了不同意见。

对于黄侃《文字声韵训诂笔记》以"羊"和"祥"为例来说明《文始》初文、准初文只是字源而非词源，殷寄明《中国语源学史》（2002）指出："认为合体文字所表语词的起源不一定比独体文字所表的起源晚，这在理论上是成立的；但不能以此定论《文始》所推寻的只是字源而非语源。一般说来或者说在多数情况下，独体文所表语词要早些。至'祥、爩实在羊、火之先'说，恐未谛。'爩'的产生具有方言色彩，它与'火'在语言中可能共存于同一时间平面上。'羊'谓畜，指称的是具体事物；'祥'指吉祥，为抽象性事物（羊是吉祥，此其理据），它的产生不可能早于'羊'。"

王贵元《〈说文解字〉与同源字探索》（1991）也认为《文始》以初文、准初文为根是存在一定理论根据的，并给出了四方面的理由：其一，章太炎在《国故论衡·语言源起说》首次提出了"语根"的概念，认为"诸言语皆有根"。其二，章太炎"讲明了语根与字根的差异，认为在语言中是表状态的名称最早，而从文字看来却是表实体的名称最早"[1]。其三，语根与字根可以统一。章太炎在《语言缘起说》中指出："一实之名，必与其德若，与其业相丽。"王贵元认为："既然'实'必与'德''业'相丽，那么从'文字可见者'显示的与语根的差异并不影响语言原始的认定，即语根与字根可以统一，这是他在《文始》中以初文、准初文为根的理论依据"。其四，章太炎在《语言缘起说》中曾有过"如立'为'字以为根……如立'乇'字以为根"等表述，王贵元认为："从这种表述中可以明显感觉到他的立根只是一种便于系联的方法，并不是分不清语言与文字差别的结果。"

---

① 章太炎《国故论衡·语言源起说》："语言之初，当先缘天官，然则表德之名最凤矣。然文字可见者，上世先有表实之名，以次桄充，而表德、表业之名因之。"（上海古籍出版社，2003年，第33页）

我们以为，《文始》以初文、准初文为根有其合理性。初文、准初文实质上是《文始》设立的系联起点，而非按照语言发展的实际源头来疏浚流别。相较而言，高本汉《汉语词类》（1937）及在此基础上所作的《汉文典》（1997），藤堂明保《汉字语源辞典》（1965）和王力《同源字典》（1982）等均不排词序，不立词根，只系词族。初文、准初文的设立则体现了章太炎试图疏浚同族词流别的宏愿。

至于论《文始》迷信说文，张世禄《黄侃论学杂著·前言》（1980）、何九盈《中国现代语言学史》（2008：575）中均持此观点。我们以为，此说似有待商榷。以《文始》案语为例，该书基本行文结构为每字条先引《说文》释义，继而附上章氏案语。这种结构或许容易令人以为章氏"绝对以许书为宗"。不过，细读章氏案语，则不难发现，其中实则包含了大量对许说的驳难批评。如①：

1. 卷一（1999：172）：《说文》："禾，嘉谷也。得时之中和，故谓之禾。从木，从𠂹省，𠂹象其穗。"案此合体象形，以丿象𠂹穗，非必从𠂹省也。

2. 卷一（1999：177）：《说文》："孑，无右臂也。从了乚。象形。"此本从子省，乃指事字，引申为独义。

3. 卷一（1999：177）：《说文》："孓，无左臂也。从了丿。象形。"此亦从子省，为指事字。

4. 卷一（1999：195）：《说文》："单，大也。从吅単，吅亦声。阙。"案彝器单字或作 丫、𩵋。彝器诚难尽信，然《绎山碑》战字左旁作单，明非从吅。或云丫象三辰，以觯、觵相变为证，说《诗》"其军三单"，以为三辰之旗，三辰之旗不可但言辰，说经既妄，丫可象辰，亦可象弹丸，徒以形声皮传，何不说为弹字？说字又以荒矣。寻《诗传》云："三单，相袭也。"袭为丫字本义，今作禅、嬗，皆借也。

5. 卷二（1999：204）：《说文》："曰，词也，从口乙声，亦象口气出也。"寻曰上实非乙字，口气出之说为合。

6. 卷二（1999：222）：《说文》："次，不前不精也。从欠二声。𣢑，古文次。"寻《春秋传》："一宿为舍，再宿为信，过信为次。"《春秋谷梁传》曰："次，止也。"古文象次舍之屋。

---

① 本书中凡引述《说文解字》时，一律简称为《说文》，与《文始》表述一致。

7. 卷三（1999：233）：《说文》："乙，象春草木冤曲而出。"寻乙当为履之初文。汤自称"予小子履"，《世本》言汤名天乙。乙、履一也。

8. 卷三（1999：239）：《说文》："七，阳之正也。从一，微阴从中邪出也。"案七但指事，非从一象阴邪出。

9. 卷八（1999：376）：《说文》："革，兽皮治去其毛革更之。象古文革之形。革，古文革。从三十，三十年为一世而道更也，臼声。"寻古文当为象形，象鸟全剥羽毛，下首上尾旁翼也。若本臼声，小篆无由改为革矣。

若根据章氏观点正确与否，可将"难许"类案语再细分为"许非章是"类与"许章皆非"类。前者即章氏驳斥许说，提出正解。如卷二"曰"字条。《说文》认为"曰，从口，乙声"。章太炎则认为"曰上实非乙字，口气出之说为合"。

我们以为，《说文》"从口，乙声"可商。▉当为合体指事字。从口，乚象气上出之形。乚不成文。王筠《说文释例》："钟鼎文曰字作▉……盖▉乃指事字，非乙声也。其所以作▉者，甘字古文有▉▉二形，故▉字以一记于口旁，不正在口上。许君作▉者，盖如大徐说▉，中一上曲，则字茂美。"饶炯《说文部首订》："从口，象气上出之形。与只下说语已词也。从口，象气下引之形。意同。"故章说可从。

"许章皆非"类，即章氏虽指出许说之误，然章训本身亦待商榷。如卷一"禾"字条（详见第三章第四节《初文、准初文的形体结构类型》）。

而无论章氏对《说文》的质疑对错与否，"难许"类案语都在一定程度上说明章氏并非泥于《说文》，甚至一味"迷信《说文》"。

二、关于方法论问题

（一）对《文始》方法论的质疑

王力《同源字典·同源字论》（1982：40）曾指出："章氏还有两个方法上的错误：第一，声音并不相近，勉强认为同源；第二，意义相差很远，勉强加以牵合。"甚至认为"《文始》所论，自然也有可采指出（如以'隧、术'为同源），但是，其中错误的东西比正确的东西多得多"。

对此，不少学者也对《文始》的系联提出过质疑。何九盈（2005：521～523）认为《文始》所用的"声义递衍"法"往往是变易复变易，孳乳又孳乳，任意驰骋，流连忘返"，致使《文始》"失之于过"。陆宗达、王宁（1994：360）指出："《文始》所排列的'甲孳乳乙'，也没有什么客观的先后标准，不能看作甲一定是乙的源词。"《浅论传统字源学》（1984）中甚至认为："《文始》系联过宽或证据不足之处也近十之三四。"

单就意义而言，王贵元《〈说文解字〉与同源字探索》（1991）认为："《文始》虽立足于意义，正确地把住了大方向，但由于没有完全明确同源意义关系的实质，意义联系中不可避免地存在随意性。"宋永培《古汉语词义系统研究》（2000）也认为："章氏阐说字词的相互联系时有时注重了字词的表面意义而忽视了词义特点，从而导致把一些表面意义相似而词义特点有别的字词也当作同源词。"并指出："章氏提出某字与某字有孳乳同源关系，但有时缺乏可以作为证明的文献语言材料。"

（二）对《文始》方法论的肯定

尽管对《文始》的具体系联实践有不少批评，但章太炎《章氏丛书·论汉字统一会》所倡导的"形音义三，皆得俞脉"，主张形音义三者互参以及《文始·叙例》中反对"拘牵形体"，提出"形体声类，更相扶胥"等观点，却是得到了学界的充分肯定。

黄侃在《文字声韵训诂笔记》（1983：48）中指出："小学必形声义三者同时相依，不可分离，举其一必有其二。清代小学家以声音、训诂打成一片，自王念孙始，外此则黄承吉。以文字、声音、训诂合而为一，自章太炎始。由章氏之说，文字、声韵始有系统条理之学。"

王力在《同源字典·同源字论》（1982：40）中也认可"章氏的文始，实际上是语源的探讨。他在叙例里说，研究文字应该依附声音，不要'拘牵形体'，这个原则无疑是正确的。"尽管同时也指出章太炎在实际操作中"违反了这个原则"。

事实上，早在 1947 年王力发表的《新训诂学》[①] 一文中，他将旧训诂学家分为了三派，即纂集派、注释派和发明派，并将王念孙和章太炎归入发明派。他（1990：169）说道：

> 发明派　这可说是比较新兴的学派。古人解释字义，往往只根据字形。直到王念孙、章炳麟等，才摆脱了字形的束缚，从声韵的通转去考

---

① 该文原载于《开明书店二十周年纪念文集》，后收入《王力文集（第 19 卷）》，济南，山东教育出版社，1990 年。

证字义的通转。本来，注释派①也可以有所发明，但为《说文》《尔雅》等书所拘囿，终不若王念孙、章炳麟的发明来得多，而且新颖。

王力高度肯定了王念孙、章炳麟"摆脱了字形的束缚，从声韵的通转去考证字义的通转"的贡献，并且认为"章氏从声韵的通转着眼，开阔了两条新路。其一是以古证古，这可以他所著的《文始》为代表；另一是以古证今，这可以他所著的《新方言》为代表"。又具体分析了《文始》中不拘形体的成功范例："《文始》里的字族的研究很有意思，例如'贯''关''环'等字，在字形上毫无相关的痕迹，而在字义上应该认为同一来源"，进而指出"章炳麟一部《文始》，其成功的部分就是突破了字形的束缚，从音义联系的观点上取得了成功"。

这一点在他之后的著述中也多番论及。如《中国语言学史》（1981：168）中强调："章氏实际上是应用了王念孙'以音求义，不限形体'的原则来做一种新的尝试。……章氏这种做法，令人看见了词汇不是一盘散沙，词与词之间往往有某种联系，词汇也是有条理的。章氏这种做法，在原则上是词源的研究或词族的研究。"可见对于章太炎尝试摆脱文字形体束缚方面的努力和成就还是予以高度肯定的。

此外，陆宗达、王宁、张博、殷寄明等诸多学者也持肯定态度。陆宗达、王宁《浅论传统字源学》（1984）表示："还是章太炎说得对，探求字义时，应当是'形体声类，更相扶胥'（《文始·叙例》）才是全面的……"《训诂与训诂学》（1994：342）又进一步肯定道：《文始》"将《说文》学由传统的形义系统现实平面研究发展为音义系统的历史源流研究"，从而将字源学推向了新的高度。殷寄明《中国语源学史》（2002：249～250）也指出："所谓'形音义三，皆得俞脉'，指兼从形义关系和音义关系角度对词义来由做出合理的发生学的说明，它是多维的研究方法，这一理论也是科学语言文字学的基石。"张博（2003：81～82）则是将《文始》归纳系联汉语词族的方法概括为"语根沿流法"，指出："由源及流的纵向考索，使人们看到，语根不一定是单线式地分化，也不一定是一次性地分化，它可以向不同的方向分化，多次辗转地分化。从而客观地显示了汉语词族形成过程的复杂性。"

---

① 王力所说的"注释派"是指"阐发或纠正前人的训诂，要想做古代文字学家的功臣或诤臣"的旧训诂学家，王力认为"《说文解字》的注家多半属于这一派。"（王力：《新训诂学》，见《王力文集（第19卷）》，济南，山东教育出版社，1990年，第167页）

我们以为，章太炎"形音义三，皆得俞脉"的方法论确实给予后人相当的启示。至于对《文始》中具体系联结果的评定，需要通过对《文始》进行全面研究，特别是对全书由初文、准初文所系联的上千个字词展开穷尽性的语源学检验之后，才能得出一个较为客观的结论。

三、章太炎上古音系统及音转理论

（一）关于章太炎上古声纽系统及声转理论的争议

作为第一个建立完整的上古声纽系统的古音学家，章太炎的古声学说主要见于《新方言·音表第十一》《文始》《古音娘日二纽归泥说》与《古双声说》等著述中。然而对于他的上古声纽系统及声转理论，学界却是褒贬不一。

首先，关于他的古音五类二十一纽，学界的争议主要集中于以下几个方面：

1. 关于章太炎定见组为喉音/深喉音，晓组为牙音/浅喉音的问题

章太炎于《新方言·音表第十一》定见组为喉音，晓组为牙音，后于《文始》中则又分别定为深喉音、浅喉音。对此李葆嘉（2012：257～258）认为"殊为乖戾"。王力（1956：404）亦批评道："章氏见溪群疑为喉音，晓匣影、喻为牙音，与普通的说法相反。后来在《文始》里，他把见溪群疑改称深喉音，晓匣影、喻改称为浅喉，仍不合于语音学原理，因见纽不比影纽更深。"郭晋稀（2012：419）亦指出："章氏所谓喉音，指见溪群疑四母；所谓牙音，指晓匣影喻四母。今以影母为元音，乃喉音。晓匣及喻三（或称为母，亦称于母）为软腭音，见溪群疑为硬颚音，七纽可称为牙音。至于喻四，非其族类，古当读定。"

2. 关于章太炎将喻组和影组合一的问题

关于章太炎将喻组和影组合一的做法，王力《清代古音学·章炳麟的古音学》（1990）认为："喻母有于余两类，于类古音归匣，余类则独立成类，有人以为归定（如曾运乾），有人以为是不送气的［d］（如高本汉），而我则以为是舌面的［ʎ］。总之，喻的古音决不会是归影的。"孟蓬生《上古汉语同源词语音关系研究》（2001）也认为："章太炎以为喻纽（云喻）和影组合一，从同源词的角度来看，也很难成立。"然而殷寄明在《上古喻纽字浅议》（1995）一文中则通过对汉语同源词的分析，证明了上古有的喻四字的读音与形见群疑晓匣等纽具有亲缘关系。

3. 关于章太炎将日组归入泥组的问题

章太炎在《国故论衡·古音娘日二纽归泥说》（2003）中提出了著名

的"古音娘日二纽归泥说"。其中古音娘纽归泥已经得到了学界的公认，但日纽归泥之说则遭到了学界的质疑。王力《清代古音学》（1990：600）指出："古无舌上，娘归泥没有问题；日归泥则大可商榷。我们认为日音近泥而不完全等于泥。如果娘日同母，都是泥母三等字，后来就没有分化的条件了。"何九盈《上古音》（2001）也指出："章太炎还把日母归入泥母。我们认为：这种归并也有问题，因为无法解释日母后来是凭什么条件从泥母分化出来的。"杨剑桥《汉语音韵学讲义》（2005：100）也认为："（日母和泥母）是否合并为一个声类，还存在些问题。"

关于日、泥二母的归并问题，确实不应归为一类，二者只是相近似的关系。王力《汉语音韵》（2003：189）指出："日母在上古可能是读 [n̠]，跟泥母读 [n] 很相近似。"何九盈《上古音》（2001）也认为："看来，日、泥的上古音值，也只是相近而已。"杨剑桥《汉语音韵学讲义》（2005：100）也说："至于日母和泥母，由章氏的证明，也可以看出它们在上古是相近的。"

虽然从音韵学角度来看上古日母不应并入泥母，但是从语源学角度来看，既然日、泥二纽古音相近，故二纽相通，故章太炎将日母归入泥母对《文始》同源词系联的正确性影响不大。

其次，关于章太炎的声转理论，尤其是他的古双声说，学界除肯定其基于前人研究有推进之功外，也存在质疑之声。

郭晋稀（2012：419）认为《古双声说》中谓"喉、牙二音，互有蜕化"，尽管章太炎所谓喉牙音与今不同，据今标准，牙音七纽即晓匣喻三和见溪群疑七纽可称为牙音。但"牙音七母，自可互相迻易"，故"章氏之说，斯为可信者也"。至于章氏又谓"喉牙足以衍百音，百音亦终转复喉音"，"以今考之，似未尽然；虽例举繁多，亦多不可为据"。

而对于章太炎"融归并与流转"（李葆嘉，2012：336），创古双声说与二十一纽相反相成，张蒙蒙（2016：269）在肯定其贡献的同时，也指出"这种整理模式的建立，实际上是建立在对牙喉音处于中心位置上的一种假设的基础上的。而实际上，章太炎的牙喉音一类范围很大，实际中声纽相转的情况也要复杂得多，不能以部分材料骤定孰为中心"，如"来母亦在特殊谐声关系中有广泛的分布，如果以之作为观察中心，或可能得出不同结论"。不过李葆嘉（2012：271）认为尽管章氏双声说"只是对谐音现象的一种肤浅、粗疏的解释，但是他较早发现了喉牙与舌齿唇及半舌的互谐现象，并对后世的研究产生了一定影响"。

（二）关于章太炎上古韵部系统及韵转理论的争议

章太炎的古韵分部和韵转理论主要见于《新方言·音表第十一》《二十三部音准》《文始》以及《国故论衡》中的《成均图》等著述中。其中《成均图》是最核心的体现，故而也就成为学界关于章太炎古韵学说争议的焦点所在。尽管它的学术价值得到了部分学者的肯定，但总体而言，学界的评价还是批评多于褒扬。

1. 关于《成均图》"无所不通，无所不转"的问题

早在 1936 年，王力在《中国音韵学》[①] 中就批评《成均图》是"无所不通，无所不转，近于取巧的办法"。此后他在 20 世纪 60 年代讲授、80 年代初重写的《清代古音学》（1990：597～598）中对章太炎的古韵学说作了详细的评述，一方面肯定"章氏最大的贡献是队部独立"，但同时也指出"章氏的'成均图'，是主观臆测的产物。韵部的次序和地位，都是以意为之的。因此，由成均图推出的结论往往是不可靠的"。"在弇侈问题上，章氏的错误很多。""在阴阳对转的问题上，章氏有错误。""所谓近旁转、次旁转、正对转、次对转，原则上是可以成立的。但在具体安排上，则有可议之处。"而"所谓交纽转和隔越转，更是荒唐的。……所谓'比邻相出入'，所谓'隔五相转'也是任意的，不可凭信的。有了交纽转和隔越转，则无所不通，无所不转，就失掉通转的意义了"。需要说明的是，对于"交纽转"和"隔越转"的问题，王力客观地指出章太炎在《文始》中已有所修正，"查《文始》里，章氏不是这样说的。他说：'凡近转、近旁转、次旁转、正旁转、次旁转为正声。凡双声相转，不在五转之例为变声。'这就对了。所谓交纽转、隔越转，其实只是双声的关系，不是叠韵的关系"。

王力关于《成均图》"无所不通，无所不转"的论断，在学界具有很强的代表性。罗常培《周秦古音研究述略》（1984：25）认为"案诸《成均图》所列"，"实亦不无可议"，"且'交纽''隔越'多歧滋迷，章氏后作《文始》删此二目，但以'双声相转为变声'，盖已自厌其烦细矣"。严修《二十世纪的古汉语研究》（2001）亦谓："《文始》的缺点是音转过于宽泛。《文始·叙例》说：'旁转对转，音理多涂，双声驰骤，其流无限。'强调'多涂''无限'的结果，'古音几乎无一部不可直接或间接转入他部'（林语堂语），'字字可通，无声不转，往往泛滥无涯'（齐佩瑢语）。"

---

① 1956 年重印时更名为《汉语音韵学》。

　　然而，对于《成均图》"无所不通，无所不转"的论断，部分学者则持有不同看法。杨润陆《〈文始〉说略》（1989）认为这实际上是对《成均图》的误解，他列出了两点理由："第一，'成均图'只是说明某韵与某韵邻近及对转的关系，它说明的是已然的结果，并不泯灭二十三部的界限；第二，'成均图'的根据不只在于韵理，而且在于训诂材料。"他区分了"语法音变"和"训诂音变"，认为："合乎韵理的是语法音变，这是无条件的，成批的变。不合乎韵理但事实上存在的是训诂音变，这是有条件的，一个一个的变，就是说，不是部与部之间可以随意通，而是某个字在某种条件下可以通。"赵振铎《论章太炎、黄季刚在中国语言学史上的地位》（2003）认为："他这样排列只是为了表明古韵某部与某部相近，可以如此转变，但是并不是说一定要如此转变，更不是说他无所不通，无所不转，没有一个界限。"赵振铎实际上是指出《成均图》提供的仅仅是一种韵转的可能性而非必然性。吴泽顺《汉语音转研究》（2005）认为章太炎只是就文献中存在的音转事实而言的，"并不是指一时一地存在的语音现象，我们不能因为章太炎列出了《成均图》，就认为所有的韵部都按此图无所不转"。刘艳梅《章炳麟〈成均图〉的重新分析》（2008）则指出："成均图大量的韵转有文献依据，有方言异质语言因素，以研究上古音得出的单一音系来探求复杂的语言声义之间的关系，给人'无所不通，无所不转'的印象，其实质却是一种复杂现象的形式化表达。"

　　2. 关于《成均图》"对转""旁转"的问题

　　"对转"之说早已得到学界普遍接受，不过章氏疏证较为粗略。黄侃在《声韵略说》中指出："对转之理，发明之者为戴氏，而孔氏遵用之；然所分配，尚多未合。即本师《成均图》，亦尚有待参者。"杨树达《古音对转疏证》（1983：96）亦云："古韵对转之说，发自孔君巽轩，其说至今渐成定论，顾孔君所为《诗声类》，例证无多。近日章太炎先生著《文始》，稍加疏证，仍嫌简略，承学之士或用此致疑，斯大负孔君矣。不揣梼昧，颇为疏通证明，韵部之分，取黄君季刚之说。盖古音之学，后胜于前，计亦孔君所默许尔。"

　　王力《清代古音学》（1990：598）曾具体指出《成均图》在对转方面的失误："在阴阳对转的问题上，章氏有错误。……他说队脂谆对转、至真对转，则不甚妥。应该说队谆对转、至脂真对转。他说侵冬缉与幽对转，亦不甚妥，应该说幽冬对转、缉侵对转。他说宵谈盍对转，更是错误的。应该说盍谈对转；宵部没有阳声对转，不能勉强。"张世禄《中国古音学》（1930）也曾对此批评道："夫侵、谈二部，本无其相配之阴声；故

43

缉、盍独承阳声，无阴声可承。章氏竟以侵、谈与缉、盍同居，而与幽、宵对转；此其失，较诸孔氏之以合类归入阴声而与谈类对转者，奚啻倍蓰。而章氏作《成均图》，犹自以为正孔氏之失。……而实则章氏配列之误，殆尤甚于孔氏也。"

相对于"对转"之说而言，"旁转"则遭到了学界的普遍质疑。胡以鲁《国语学草创》（1923）中尽管一方面肯定"章先生所谓对转旁转者，音声学理所应有，方音趋势所必至也"，但另一方面也认为"虽然，先生之图，作圜转之则，诚尽美也，然所谓音转果一如图序配列与否，犹不能无疑也。在对转也，撮唇之音转为唇内，弛唇之音转为舌内。此诚音声学之理也。然其他近旁转、次旁转得非顺序颠倒乎？"徐通锵《阴阳对转新论》（1996）也指出："对转这个概念虽然有点含糊和笼统，但毕竟仍有其重要的价值，但是'旁转'则是另外一件事了，这是一个没有什么实际意义的多余概念。"钱玄同《文字学音篇》（1988：37）在肯定"对转之说当然可以成立"的同时，也对"旁转"之说予了质疑："言古韵通转者，又有'旁转'之说，谓同为阴声，或同为阳声，或同为入声，彼此比邻，有时得相通转……然韵部之先后排列，言人人殊，未可偏据一家之说，以为一定不易之次第，故旁转之说，难于信从。窃谓古今语言之转变，由于双声者多，由于叠韵者少；不同韵之字，以同纽之故而得通转者往往有之。此本与韵无涉，未可便据以立'旁转'之名称也。"甚至章太炎的弟子黄侃也对"旁转"之说表示怀疑，黄侃《音略》（1964）云："古音通转之理，前人多立对转、旁对转之名，今谓对转于音理实有，其余名目皆可不立，以双声迭韵二理可赅括而无余也。"

但也有学者对"旁转"予以了肯定。何九盈《中国现代语言学史》（2008）认为："'旁转'属于'合韵'范围。"孟蓬生《上古汉语同源词语音关系研究》（2001）更是通过对同源词韵转关系的考察，证明旁转现象超过对转现象，且以大量事实论证歌脂微类与之类、幽宵侯类、侵谈类的音转关系，认为其他音转现象中并非所有的音转关系都像人们想象得那么疏远。

综上，我们以为，音转现象在同源词语音关系上是客观存在的。俞敏《〈国故论衡·成均图〉注》（1984）、徐复《章氏〈成韵图〉疏证》（1990）均为章炳麟在《成均图》中所列的韵转逐条补充文献书证，证明了《成均图》揭示的音转关系，有许多是合理的，如鱼阳、侯东、之蒸、歌寒、脂谆、支青等对转；东阳、真青、冬蒸、之幽等旁转，文献中均不乏其例。进而言之，对章太炎上古音系统及音转理论尤其是成均图的批评性评述似有必要结合具体的释例加以进一步论证。

此外，章太炎虽然注意到文字孳乳、方言差异与语音的内在关系，但受制于当时的学科发展水平，他对音变方式和方言差异的复杂性认识还不够，从而难免会影响结论的准确性。

第五节　重论《文始》的学术价值

尽管诸家围绕《文始》提出了不少质疑，且许多问题上存在着争议，但相较于《文始》的学术价值和贡献而言，依旧是瑕不掩瑜。

作为近代研究汉语语源的第一部专著，《文始》以声韵为经纬，以初文、准初文为系联起点，在章太炎转注假借理论的基础上，运用"变易""孳乳"两大原则，将具有同源关系的字词系联在一起，从而展示出汉语词汇系统的规律性演变。

由此，它在汉语语源研究上的"开创之功"得到了学界的公认。王力《同源字典·同源字论》（1982：39～40）肯定道："章氏的《文始》，实际上是语源的探讨。"并指出："对汉语同源字作全面的研究，是章炳麟的创举。"殷寄明《中国语源学史》（2002：250）高度肯定了《文始》在语源学史上的地位："章太炎先生的《文始》一书，完成了语转说完全科学化的使命。"此外，黄易青、李恕豪等诸多学者也对其"开创之功"予以充分的肯定。黄易青《上古汉语同源词意义系统研究》（2007：15）指出：《文始》"标志着汉语词源学脱离于传统训诂学而独立成为一门有系统理论、有全面实践的新学科"。李恕豪《中国古代语言学简史》（2003：406）认为："《文始》的成书虽然远在《释名》之后，但它却是第一部科学的、系统的汉语语源学著作。"

我们以为，《文始》作为现代语源学的奠基之作，其意义不仅在于"开创之功"，也在于它是中西学术思想交融的产物。

上文已论及章太炎的语源学理论是受到了西方语言学的深刻影响。周法高《论中国语言学的过去、现在和未来》（1980：5～6）则进一步指出章太炎不仅受到西方语言学的影响，同时也受到了日本的影响：

> 清末民初的国学大师章炳麟其语言学方面的研究更接受了外来的影响……他又著了一部《文始》，更发挥"语根"的学说，他所著的《语言缘起说》（《国故论衡》上卷）更利用"语根"的说法来推测语言的缘

起。这种学说分明是接受了 19 世纪西洋语言学的影响。此外他在《驳中国改用万国新语说》（见《太炎文录别录》卷二）一文里定的"纽文"和"韵文"虽然是采用篆文，实际上是受了日本"假名"的影响的。民国元年教育部召集读音统一会，次年正式开会，采用章炳麟所拟的"取古篆籀省之形"的原则，制定三十九个注音字母。[①] 由此看来中国语言学研究善于接受外来的影响，而加以融会贯通，从章炳麟的学风也可以看得出来。

对此何九盈《中国现代语言学史》（2008：584～585）也谈道："章炳麟的词源理论很明显具有中西合璧的特色。""引进西方的语根学说来建立汉语词族，这的确是一个创举。"严修《二十世纪的古汉语研究》（2001：147）更是肯定道："章氏引进西方的语根学说来建立汉语词族，开创了现代语源研究的新路，他摆脱了字形的束缚，从声韵的通转去考证字义的通转。"

此外，《文始》的突出贡献还在于它在确立语转说完全科学化的过程中发挥了决定性作用，即运用了科学的方法论，首次彻底完成了语转说完全科学化的历史使命。

尽管学界对《文始》研究方法的可行性和研究结论的可靠性尚存质疑，但陆宗达、王宁（1994：404～405）认为《文始》中运用的研究方法中，"相当一部分是有根据的，有科学价值的"，"也有一些受到时代和个人研究思想的限制，不尽完善和不尽合理。即使是后者，在科学史上也有它另一方面的价值，那就是给后人提供了失败的教训，激发起探讨新问题的兴趣和激情"。并特别肯定了"《文始》在实践上的价值不在一字一词系联的得失，而在这个设计方案的成功"。殷寄明（2002：256～257）也指出："《文始》虽然存在一些不太完善的地方（比如取材上只限于《说文》，同源词系联过宽），但各种发明与建树是举世瞩目的，而最值得称道的是将语转说完全纳入了科学化的轨道。"

综上，在中国传统社会向现代社会过渡的特殊历史时期，章太炎无疑是最为重要的标志性人物之一。他身兼多重社会角色，被誉为是"一位有学问的革命家"，也是"一位革命的学问家"。（姜义华，2002：4）而其学术思想之基点则是所谓"小学"。可惜，迄今为止关于章太炎的小学研究

① 参见黎锦熙：《国语运动史纲》，上海，商务印书馆，1934 年，第 75～93 页；张世禄：《中国音韵学史》，香港，泰兴书局，1963 年，第 335～336 页。

似乎并没有引起足够的关注，而他从"小学"向现代"语言文字之学"转换的最重要的结晶《文始》更是没有得到应有的重视，学界对其态度持批评居多，相关论著也很少，迄今仅有一部研究专著出版，且是近年才面世（许良越《章太炎〈文始〉研究》，2015）。此外，虽有若干专题研究的单篇论文，也多散见于各家论著中。近年来如黄娟娟（2011）、许良越（2012）、朱乐川（2014）等硕博士学位论文聚焦《文始》展开了进一步的探究，但仍未对《文始》展开全面系统的研究，尤其是未对著作中所涉及的同源字词系联情况予以全面验证。

我们以为，站在今天科学语源学的角度，对《文始》予以全景式的系统研究，特别是对由初文、准初文所系联的全部字词予以语源学上的穷尽性考察，才能得出较为客观的结论，如哪些系联是合理的，值得继承，而哪些系联存在失误，具体原因为何等，进而才能对《文始》的学术价值和地位给出客观中肯的综合性评判。如此不仅对于推动当下的汉语语源学发展具有重要的学科意义，同时对进一步深入了解章太炎的语源学思想及其整个学术思想体系更具有不可忽视的价值，即使对今日学术界构建中国现代学术话语体系而言也是不无裨益的。

第三章　《文始》之初文、准初文

第一节　《文始》的版本择取

在对《文始》展开全面研究之前，需要先就研究版本的择取作一说明。

关于《文始》的版本，先后主要有 1913 年浙江图书馆《文始》石印本、1914 年上海右文社《文始》石印本、1915 年上海右文社《章氏丛书》铅印本（收《文始》四册）、1919 年浙江图书馆《章氏丛书》木刻本（后称浙图校本，收《文始》三册）、1924 年上海古书流通处《章氏丛书》影印本（据浙图校本，收《文始》三册）、1958 年台北世界书局《章氏丛书》（正编据浙图校本，收《文始》；1982 年再版，上册收《文始》）、1970 年台北中华书局《中华国学丛书》（收手写稿本《文始》一册）、1981 年江苏广陵古籍刻印社《章氏丛书》（据浙图校本）、1999 年上海人民出版社《章太炎全集（七）》（收《文始》殷孟伦校本）以及 2014 年上海人民出版社《章太炎全集》（收《文始》殷孟伦校本）。

在《文始》的民国诸版本中，以 1919 年浙图校本为善。该版本由章见伊、沈维伯校刊而成，其中文始一至文始四为余杭章见伊校，文始五至文始九则为吴兴沈维伯校。后世所出《章氏丛书》多以此为底本。

1999 年上海人民出版社殷校本则属后出转精的版本。1999 年上海人民出版社出版《章太炎全集（七）》，所收《文始》由殷孟伦先生点校（下文简称"殷校本"）。相比浙图校本，殷校本对《文始》加以句读，统一了体例排印。其排印体例为每一字条单独成段，竖排右翻，每段开头均空两字，且引《说文》训释开头，成为当前研究《文始》最重要的版本。2014 年上海人民出版社出版的《章太炎全集》依旧采用殷校本，不过体例上改竖排为横排。

据此，本书研究以殷校本《文始》为基，适时参照浙图校本展开。

第二节　初文、准初文的定义

一、初文、准初文的来源与划分

（一）初文、准初文的来源

前文已论及，章太炎在看待文字与语言的关系上受到了西方语言学的深刻影响，正确认识到"有语言然后有文字"（《訄书·订文第二十五》，1900），文字是语言的符号。特别是在西方"语根"学说的影响下提出了"诸言语皆有根"（《语言源起说》，1910）。"初文"与"准初文"作为《文始》中首次提出的语源学重要术语，便是章太炎所确立的汉语词汇系统的"根"——系联起点。

他在《文始·叙例》（1999：160）给出的界定是：

> 于是刺取《说文》独体，命以初文，其诸省变，省者，如飞之省飞，木之省木是也。变者，如反人为𠤎，到人为匕①是也。此皆指事之文，若又之从彳而引之，天矢尢从大而诎之，亦皆变也。如上诸文，虽皆独体，然必以他文为依，非独立自在者也。及合体象形、指事，合体象形如果、如朵，合体指事如叉、如叉。与声具而形残，如氏从乁声，内从九声，乁九已自成文，匕、𠃌犹无其字，此类甚少，盖初有形声时所作，与后来形声皆成字者殊科。若同体复重者，二、三皆从"一"积画，屮艸茻皆从屮积书，此皆会意之原，其収字从中，又北字从𠤎，亦附此科，非若止戈，人言之伦，以两异字会意也。二、三既是初文，其余亦可比例。谓之准初文。都五百十字，集为四百五十七条。

由上可知，《文始》初文、准初文取自《说文》。据考察，大部分初文、准初文确实采自《说文》，其中包括《说文》中已有的独立形体以及少量的构件或偏旁。例如《文始》卷二"靁"字条中被章太炎指明为"独体初文"的"畾"在《说文》中并未单独收录：

> 《文始》卷二（1999：211）："靁，阴阳薄动靁雨生物者也。从雨，

---

① 殷校本此处有误，当为"到人为匕"。下文引述时将作更正。

晶象回转形。古文亦作▦、作▦。"此三皆准初文也。《说文》无晶而字多从晶声，此独体初文也。

这里明确指出了"《说文》无晶"，不过虽然《说文》未单独收录"晶"并加以解释，但在解释其他字时则云"……从晶声"。如《说文·土部》："垒，军壁也。从土晶声。"又如《说文·力部》："勰，推也。从力晶声。"且《说文》在解释"靁"时说："从雨，晶象回转形。"这等于变相解释了"晶"的音义，故虽《说文》无"晶"，但章太炎仍定其为独体初文。

另有一小部分初文、准初文取自《说文》以外。许良越（2015：114）曾指出："少量初文与准初文，章氏是根据《周礼》古文、石刻文字与彝器铭文来确定的。"例如卷二"非"字条（1999：225）："《三体石经》作兆，《说文》本形当如是。"卷五"白"字条（1999：304）："《绎山碑》作白，此盖独体初文，小篆所用。"二者采自石刻文字。再如初文"Ｙ"（单），是据彝器铭文确立的，尽管是全书唯一一处。卷一"单"字条（1999：195）："《说文》：'大也。从吅单，吅亦声。阙。'案彝器单字或作Ｙ、♀。彝器诚难尽信，然《绎山碑》战字左旁作单，明非从吅。……寻《诗传》云：'三单，相袭也。'袭为Ｙ字本义，……作Ｙ，于六书为指事，转变乃作♀、單、单。《诗》曰'三单'，犹《史记》言'三嬗'。"此处章太炎并不认同许说。尽管认为"彝器诚难尽信"，但结合《绎山碑》及毛传等加以考释后，最终仍确立了金文字形Ｙ为初文。可见章太炎对金文也并非全盘否定。

在此尤为值得一提的是，章太炎对彝器铭文的释读也是做出过一定贡献的。例如散氏盘铭中的"履"字便是他最早考释出来的。此字在散氏盘铭中多次出现，"旧或释作'竟''頁''莧''蒇'等字，显然都不可信。近人多从孙诒让释作'眉'，只有章太炎把它释作'履'"（裘锡圭，2012：30）。1922年5月5日章太炎与易培基书（2003：866）中写道：

▨字铭凡三见，阮氏释为竟。按形下乃从页，上似从止，古文履字作▨，此当是履字。传曰"赐我先君履"，义亦与竟相近，而文则非竟也。

对此，裘锡圭指出："章氏分析字形有错误，但是我们如果把卫鼎的

'履'字跟这个字比较一下，就可以相信章氏把它释作'履'是正确的。这个字从'页'，上加眉形，跟卫鼎'履'字相同。'页'下无趾形，又省'舟'为二短横，则跟大簋盖文'履'字相近。后者'页'下也没有趾形，并把'舟'省为一横。"另外，"从文义上看，把这个字释作'履'也是完全恰当的"。相较之下，孙诒让对这个字的意义的理解大致正确（但"他释作'眉'是错误的"），而王国维《散氏盘考释》、郭沫若《两周金文辞大系考释》则"认为这个字在盘铭里都用作地名，文义便扞格难通了"。

不过，关于出土文献，学界历来普遍认为章太炎是否定和抵制的。我们以为，章太炎的质疑既囿于历史条件所限，也是其一贯的治学态度使然。尽管如此，《文始》未借鉴出土文献成果也确给其研究带来局限。

（二）初文、准初文的划分

"初文"具体包括纯象形字与纯指事字，而"准初文"则由初文演变而来。黄侃在《说文略说》（1964：4）中对文字发展顺序的研究明显受到乃师章太炎的影响。黄侃认为文字的发展顺序第一是文，第二是半字，第三是字（会意、形声），第四是杂体。实际上黄侃所谓之"文"近似于章太炎所谓之"初文"，而"半字"则近似于章太炎所谓之"准初文"。章太炎在《文始·叙例》中具体划分了"准初文"的四种类型：

第一类是初文的省体、变体。

省体指由初文简省而来，"如孔之省飞，宋之省木"；变体则由初文变化而来，"如反人为冂，到人为匕"，即"变体"包括"反"（反置）和"到"（倒置）两类。

然章太炎所举的"冂"（匕）字，从形体结构上看，并非"反人"。甲骨文"匕"与"人"形近易混，屈万里曾区分二字形体差异甚详，此不赘述。"匕"金甲文皆用为祖妣字，当为"妣、牝"之初文，为纯象形字，即属初文，而并非准初文之变体（详见本章第四节《初文、准初文的形体结构类型》）。

第二类是合体象形、合体指事。

合体象形如"果""朵"，合体指事如"叉""叉"。章太炎在1934年"立夏后一日"写给吴承仕的《论说文书》①中对合体象形予以进一步的阐释：

———————

① 参见李希泌：《章太炎先生致吴承仕的六封论学书——兼正〈章炳麟论学集·释文〉之误》，《文献》1985年第1期。

> 凡字有独体象形者，亦有合体象形者。
>
> 合体象形又分二类：一所从之形本未成字者，如果朵胃眉是也；一所从之形本已成字，亦即其本字者，如鹏厷篦是也。要之，不出象形一科也。

他将合体象形分为两小类：一类是"所从之形本未成字者"，另一类是"所从之形本已成字"者。

对于"指事"，章太炎则在信中指出：

> 凡指事有原始以单文为之者，如上下是也。有后来继作仍是单文者，如尤矢天是也。有后来继作并非单文者，如司是也。要之，不出指事一科也。若不僚此，则六书不足以统摄，必分为七书八书矣。

即是将指事字分作三类："原始以单文为之者""后来继作仍是单文者"和"后来继作并非单文者"。

后在 1935 年 6 月 15 日写给吴承仕的《论象形与巾等》① 一信中对"指事"又有了新的认识：

> 若𡳿乌尤了等字，由象形字损减成文，祇当谓之指事，乌尤了则视而可识，𡳿则察而可见。大抵凡由它字增损成文者，皆为指事，非但由象形字转变者为然，即由形声字转变者亦然，无为通于元者是也。

在此章太炎总结出一个大致的规律，即"大抵凡由它字增损成文者，皆为指事"，并且认为"非但由象形字转变者为然，即由形声字转变者亦然"。

第三类是"声具而形残"的最初形声字。

章太炎列举了"氏""内"二字为例。需要指出的是，实际上"氏"和"内"均不属于"声具而形残"的最初形声字，故章太炎所谓的第三类准初文有较大问题。详见下文。

第四类是由初文及其变体同体复重而来。

如"二""三"由初文"一"同体复重而来，"艸""芔""茻"由初文"屮"同体复重而来。通常认为，"二""三"均属纯指事字，故当归入初文。不过章太炎在《文始》卷七（1999：355）对此有过专门解释：

---

① 参见李希泌：《章太炎先生致吴承仕的六封论学书——兼正〈章炳麟论学集·释文〉之误》，《文献》1985 年第 1 期。

"寻数名皆指事之字，二三三亦兼会意，然皆同字相重，未有和合两异字者。"可见将"二""三"归入初文中的纯指事和准初文中的同体复重为基于不同认知角度加以归类的结果。

同样，"晶""鱻""所"等字均由多个相同构件构成，然并未以实表虚，故从六书的角度看本当属纯象形字。但依照章太炎的划分标准，都将其归为"同体复重"，故《文始》中的第四类准初文实则包括了"二""三""四"等纯指事字，"晶""鱻""所"等纯象形字以及同体会意字如"北""収""艸""㠱""舜"等。

二、"声具而形残"类准初文质疑

《文始》中第三类准初文是"声具而形残"的最初形声字。《文始·叙例》特别指出："此类甚少，盖初有形声时所作，与后来形声皆成字者殊科。"通观《文始》，仅有"氏"和"内"属于这类，且章太炎均将其称之为"最初形声字"。

《文始》卷四"氏"字条（1999：259）：

> 《说文》："氏，巴蜀名山岸胁之自旁箸欲落墬者曰氏。象形，乁声。"此最初形声字，声成文字，形则但为画象而已。

《文始》卷七"丑"字条（1999：343）：

> 丑为初文，内则有声而形不具，为最初之形声字，乃准初文也。

值得注意的是，章太炎在《论说文书》中根据所从之字是否"本已成字"，将合体象形分为两类，而他划分出的"最初形声字"实际上也是这种思维作用的结果。在章太炎看来，"最初形声字"的特点是"声具而形残"（声成字而形不成字），其余形声字的特点则为"形声皆成字"。而实际上章太炎指出的"氏"和"内"均不属于"声具而形残"的形声字。

先看"氏"字。太炎先生在《文始》卷四"氏"字条（1999：259）中虽对"氏"本义提出过质疑，然因论据不足，存疑待考：

> 柢训木根，而氐为木本，字乃从氏。疑氐本即氏字，旁转异音异形耳。……终在存疑之域也。

今按：甲骨金文"氏"象木有根形。林义光《文源》："氏，不象山岸胁之形，本义当为根柢……姓氏之氏，亦由根柢之义引申。"殷寄明《〈说文〉研究》（2005：187）："许书此部有'氐'字，训'木本，从氏大于末'，亦可为佐证。"故"氏"当为合体指事字，并非"声具而形残"。

"内"字也不属于"声具而形残"的最初形声字。《文始》卷七"丑"字条（1999：343）：

> 丑为初文，内则有声而形不具，为最初之形声字，乃准初文也。

今按：《说文·内部》："内，兽足蹂地也。象形，九声。《尔疋》曰：'狐狸貛貉丑，其足蹯，其迹内。'凡内之属皆从内。"对于所谓"象形，九声"一说，殷寄明《〈说文〉研究》（2005：188）认为："'九声说'恐未当。"清代王筠《说文释例》（清道光刻本）卷十一则明确指出：

> 《说》曰"九声"似未然。内盖通体象形，许君引《尔疋》"其足蹯，其迹内"，蹯之古文作■，象兽掌也，以■而印于地，岂一■足以象之哉？其外必有匡郭，其内必有凹凸，故内之内以象其指迹，外以象其圻鄂，乃爪所攫画也。

故"内"当为纯象形字而非"声具而形残"之准初文。

综上，《文始》中划分的第三类准初文，即"声具而形残"的形声字存在较大问题。一则通观全书，此类甚少，仅有"氏"和"内"被章太炎指明属于这类（均被章太炎称之为"最初形声字"）。二则"氏"和"内"都不属于形声字，其中"氏"为合体指事字，而"内"为纯象形字。

第三节　初文、准初文的总数

一、初文、准初文总数之论争

太炎先生在《文始·叙例》（1999：160）中明确指出初文与准初文"都五百十字"，即已明确指出《文始》中的初文、准初文总数为510。然而迄今为止，学界尚未找出并找准这510个初文、准初文。何九盈《中国现代语言学史》（2008）中统计出的初文、准初文总数为460个；杨润陆

《〈文始〉说略》（1989）统计为462个；刘智锋《〈文始·一〉同族词词源意义系统研究》（2010）一文中得出的结论是463个。据考察，浙图校本《文始》和1999年的殷校本《文始》均为463个字条，这大概就是前贤时彦认为只有四百六十余初文、准初文的原因。

近年出版的许良越《章太炎〈文始〉研究》可谓《文始》研究的最新成果。书中（2015：104）统计得出《文始》463个字条中共计514个初文、准初文。继而又指出有重出者10个（即章氏将同形但不同音者归为不同字条）应予以剔除，故《文始》实际所收为504个。对此我们不敢苟同。仅举一例，如书中所列《〈文始〉各卷初文准初文数表》中卷二收有69个，但据该书前文《〈文始〉初文准初文一览表》（2015：88～91），此69个实包含了2个被章太炎指为"疑非初文、准初文"的字头，另"回""鬵"两字头仅古文为初文、准初文，加之漏收"比"字，故卷二当实收66个。详见下文。

在许之前，田野《〈文始〉初文考》（2006）所列《〈文始〉初文数据库》虽说已找齐了510个初文，但部分字头也有待商榷。

关于《文始》中初文、准初文总数的问题，我们将分为两个层面来考察。

其一是章太炎认定的初文、准初文究竟为哪510个？

其二是实际上真正符合初文、准初文标准的有哪些？

既然章太炎在《文始·叙例》（1999：160）中明确指出初文与准初文"都五百十字"，那么在章太炎眼中，《文始》中必然存在510个初文、准初文。然而如果用初文、准初文的标准对其逐一检验，则会发现其中有部分并不属于初文、准初文。基于这样的认识，我们认为首先应当找出章太炎《文始》中认定的510个初文、准初文，而后再对其予以检验，以确定最终符合初文、准初文标准的有哪些。

二、初文、准初文总数考

据考察，浙图校本和殷校本所呈现的463个字条的字头绝大多数均为初文、准初文，只有《文始》卷二中的两个字条的字头（"豐"和"盾"）被章太炎指明为"非初文、准初文"，故除此之外剩余461个字条的字头均为初文、准初文。这461个字条的字头中，大部分《说文》所列小篆即为初文、准初文，但据我们考察，其中有40个字条字头的古文、籀文方为初文、准初文，另有1个字条字头的金文方为初文。

除这461个初文、准初文之外，还有44处被章太炎指明为"初文"

或"准初文"，也就是说有 505 个初文、准初文是可以确定无疑的。其余 5 个初文章太炎恰好均采用字条开头连引两个字的《说文》训释的体例（即《说文》："A，……"，"B，……"），且均指明 A 与 B"盖为一字""同一字"，即将其处理为初文异体，故再补上这 5 个初文，共计 510 个初文，详述于后。

（一）字条字头为初文、准初文

据考察，殷校本《文始》共 463 个字条（表 3-1）。

表 3-1《文始》463 个字条字头

卷数	字条数	字条中字头楷体
卷一	88	屰、戈、屮、冎、果、瓦、乀、也、乚、为、七、禾、巫、它、多、丽、十、又、惢、乙、丿、乓、巜、子、孑、半、由、黄、乂、央、贵、月、乙、自、旡、岁、爀、戉、绝、弖、大、少、叕、率、带、堇、四、卤、毳、末、贝、朩、尚、市、爪、く、冊、干、肩、犬、厂、卵、焉、叩、幻、亘、岗、旦、丹、单、咼、孖、仒、叓、玨、朋、山、泉、乔、蕘、芔、采、片、覓、爪、面、反、夬
卷二	60	兀、由、虫、曰、端、替、厷、丨、夂、秋、入、出、衰、豖、乁、勿、自、隹、靁、几、禾、气、口、回、癸、火、焱、攵、耑、二、矢、尸、示、水、齐、弜、鬲、次、厶、匕、飞、非、未、米、眉、豐、斤、乚、云、屯、珍、舛、舜、寸、川、本、文、门、豕、盾
卷三	32	一、乙、中、至、日、瑟、所、七、卩、黍、丿、八、血、巾、臣、玄、乏、申、尹、渊、田、刃、人、丨、囟、西、卂、丏、宀、民、帀、木
卷四	34	圭、卒、厂、氏、匚、嗌、易、儿、厂、彳、厽、高、秝、豸、希、庶、束、冊、只、厄、辰、冖、糸、芈、门、开、覨、壬、丁、霝、正、井、生、晶
卷五	79	瓜、车、吕、爪、巨、笪、父、矞、兆、凵、谷、明、五、午、牙、鱼、乌、亚、虍、而、禹、亏、羽、与、予、雨、亦、户、丁、朿、土、毛、兔、宁、旅、卤、女、昍、灥、石、夕、鸟、龰、鼠、且、巴、白、夫、马、步、巫、舜、毌、磺、京、畕、亢、囜、允、弜、卯、羊、永、王、亯、皀、行、从、良、上、象、爪、功、皿、龟、匸、方、丙、网

（续表）

卷数	字条数	字条中字头楷体
卷六	36	菁、角、口、谷、曲、玉、旱、瓜、后、斗、鬥、豆、鬹、丶、主、朱、丁、豕、彝、录、鹿、几、蜀、举、耳、卜、木、厢、工、収、共、稾、凶、从、卤、丰
卷七	62	丂、丑、手、叉、九、裘、臼、韭、丩、幺、亝、酉、粤、竹、卤、畴、舟、州、百、未、肉、六、隹、艸、牟、矛、勹、缶、卯、戼、月、目、自、邕、中、牟、终、癶、似、卣、林、壬、羊、先、三、彡、心、品、甲、柙、及、邑、十、入、廿、罍、立、厶、卅、畕、帀、躅
卷八	40	己、久、克、龟、棘、革、丘、箕、丌、牛、弋、巳、亥、子、臣、又、而、耳、来、力、之、才、止、齿、畱、巛、囟、丝、矢、不、北、富、皀、母、弓、厷、乃、升、凤、夊
卷九	32	高、悬、爻、交、乐、夭、刀、鸟、龟、袅、了、巢、爪、勺、爵、小、枣、兒、毛、广、凵、炎、马、函、甘、西、寻、夾、夒、耴、鼠、乏

在以上463个字条中，有三个问题特别值得注意：

1. 两字条字头被指为"非初文、准初文"

章太炎在《文始》中明确指出其中两个字条的字头为"非初文、准初文"：

其一为《文始》卷二（1999：227）"豐"字条。章氏云："豐当从豆从山丯声，并二丯。"即章太炎认为"豐"当为形声字，且该字条右一行字云："左文一，疑非初文、准初文。""左文一"即指"豐"字。

其二为《文始》卷二（1999：232）"盾"字条。章氏云："盾即戟字，象形以外又增形声，非初文、准初文也。"明确指出"盾"非初文、准初文，且"盾"字条右一行字云："左文一，疑非初文、准初文。"此处"左文一"即指"盾"。

可见，殷校本《文始》所列的463个字条中，有2个字条的字头并非初文、准初文，其余461个字条的字头则均为初文、准初文。

2. 七字头各出现了两次

据考察，在463个字条中有7个字头较为特殊，因为有多种读音的关系，它们分别在《文始》的不同卷数中重复出现（表3-2）。

表3-2《文始》中重复出现的7个字条字头

重复出现的字头	《文始》分布	
丣	卷一阴声泰部乙	卷九阳声谈部乙
皀	卷五阳声阳部乙	卷八阴声之部甲
畕	卷五阴声鱼部甲	卷七阳声缉部丁
丨	卷二阴声队部甲	卷三阳声真部乙
入	卷二阴声队部甲	卷七阳声缉部丁
亯	卷五阴声鱼部甲	卷六阳声东部乙
囟	卷三阳声真部乙	卷八阴声之部甲

这7个字头共涉及14个字条，每2个字条共用1个字头。具体如下：

（1）"丣"

《文始》卷一阴声泰部乙（1999：187）：

  《说文》："丣，舌貌。从谷省。象形。古文作𠧪，读若三年导服之导。一曰竹上皮，读若沾。一曰读若誓。"读若誓者，变易为舌。

《文始》卷九阳声谈部乙（1999：409）：

  《说文》："丣，舌皃。从谷省。象形。古文作𠧪。读若三年导服之导。一曰竹上皮。读若沾。一曰读若誓。"沾在谈，导即禫在侵，本出入二部也。"

  今按：《说文·谷部》："丣，舌皃。从谷省。象形。𠧪，古文丣。读若三年导服之导。一曰竹上皮。读若沾。一曰读若誓。弼字从此。他念切。"故《文始》据"丣"字"读若誓"和"读若沾"将其分别归入卷一阴声泰部乙和卷九阳声谈部乙。

（2）"皀"

《文始》卷五阳声阳部乙（1999：312）：

  《说文》："皀，谷之馨香也。象嘉谷在裹中之形，匕所以扱之。或说：'皀，一粒也。'又读若香。"变易为香，芳也。

《文始》卷八阴声之部甲（1999：391）：

> 《说文》："皀，谷之馨香也。象嘉谷在裹中之形，匕所以扱之。或说：'皀，一粒也。'"鵖鸥字从皀声，故《通俗文》皀音方力反，与读若香者分。

今按：《说文·皀部》："皀，谷之馨香也。象嘉谷在裹中之形。匕，所以扱之。或说，皀，一粒也。又读若香。皮及切。"《文始》据其"读若香"而将"皀"归入卷五阳声阳部乙，又据"《通俗文》皀音方力反"将其归入卷八阴声之部甲。

（3）"㗊"

《文始》卷五阴声鱼部甲（1999：298）：

> 《说文》："㗊，众口也。又读若呓。"

《文始》卷七阳声缉部丁（1999：372）：

> 《说文》："㗊，众口也。从四口。读若戢。"

今按：《说文·㗊部》："㗊，众口也。从四口。读若戢。又读若呓。阻立切。"《文始》据其"读若戢。又读若呓"而分别将其归入卷七阳声缉部丁和卷五阴声鱼部甲。

（4）"丨"

《文始》卷二阴声队部甲（1999：206）：

> 《说文》："丨，上下通也。引而下行读若退。"

《文始》卷三阳声真部乙（1999：250）：

> 《说文》："丨，上下通也。引而上行读若囟。"

今按：《说文·丨部》："丨，上下通也。引而上行读若囟，引而下行读若退。凡丨之属皆从丨。古本切。"《文始》据其"引而上行读若囟，引而下行读若退"而将"丨"分别归入卷三阳声真部乙和卷二阴声队部甲。

（5）入

《文始》卷二阴声队部甲（1999：207）：

　　《说文》："入，内也"；"内，入也"。古文本以入为内。入者象从上俱下，为初文，内乃变易字也。入本在缉部，转入队。……古无弹舌日纽，入本作奴叶切，故转为内。

《文始》卷七阳声缉部丁（1999：369）：

　　《说文》："入，内也。象从上俱下也。"此有两读，如内者既入队部，依本音近转侵孽乳为扏，……

据此，《文始》将"入"分别归入卷二阴声队部甲和卷七阳声缉部丁。

（6）𩫖

《文始》卷五阴声鱼部甲（1999：281）：

　　《说文》："𩫖（郭），度也。民所度居也。从回，象城郭之重，两亭相对也。"

《文始》卷六阳声东部乙（1999：336）：

　　《说文》："𩫖，度也。民所度居也。从回，象城𩫖之重，两亭相对也。""墉，城垣也。古文亦作𩫖。"则𩫖有两读也。

据此，《文始》将"𩫖"分别归入卷五阴声鱼部甲和卷六阳声东部乙。

（7）囟

《文始》卷三阳声真部乙（1999：251）：

　　《说文》："囟，头会脑盖也。象形。"古文或作𡇁。此二皆初文，象形有详略也。或字作䯏，乃转入之。

《文始》卷八阴声之部甲（1999：388）：

　　《说文》："囟，头会脑盖也。象形。古文作𡇁，或字作䯏。"囟本在至部，音转从宰声，亦在之部。

据此，《文始》将“囟”分别归入卷三阳声真部乙和卷八阴声之部甲。

综上，章太炎根据字头的不同读音，将其归入不同卷数之中，这恰恰说明了《文始》不拘形体，而从声和义两方面考求系联。

3. 字条字头之古文、籀文为初文、准初文者

上文指出，在《文始》463 个字条中，有 2 个字条的字头被章太炎明确指出为“非初文、准初文”。据我们考察，剩余的 461 个字条中，除大多数字条中《说文》所列小篆即为初文、准初文外，有 40 个字条的字头其古文、籀文字形方为初文、准初文（见表 3-3），大致可分为以下三类：

第一类是《说文》所列字头为形声字，古文、籀文为独体字。如：《说文·艸部》：“蒉，草器也。从艸貴声。”《文始》卷一“蒉”字条（1999：178）：“（蒉）古文作，此初文也。”又如《说文·贝部》：“贵，物不贱也。从贝臾声。臾，古文蒉。”《文始》卷一“贵”字条（1999：179）：“肖，古文贵。此独体之文。”再如《说文·木部》：“櫱，伐木余也。从木献声。”《文始》卷一“櫱”字条（1999：183）：“（櫱）古文作，从木无头，指事。”

第二类是《说文》所列字头与古文均为独体字，但章太炎认为古文方为初文，其往往采用“A，古文作 B，纯象形”的表述，如《文始》卷二“回”字条（1999：214）：“（回）古文作，纯象回转。此初文也。”再如《文始》卷五“雨”字条（1999：291）：“（雨）古文作，纯象形。”又如《文始》卷八“齿”字条（1999：388）：“（齿）古文作，此纯象形也。”

第三类是虽然《说文》所列字头与古文均为象形字，但古文为“最初古文”。《说文·云部》：“云，山川气也。从雨，云象云回转形。”《文始》卷二“云”字条（1999：228）：“古文作云作。者，最初古文，纯象回转。”《说文·竹部》：“笠，可以收绳也。从竹象形，中象人手所推握也。”《文始》卷五“笠”字条（1999：280）：“互，笠或省。或省者，最初古文也。”

表 3-3《文始》中字条字头之古籀文方为初文、准初文者

卷数	序号	《文始》字条字头	《说文》小篆	《文始》出处及训释	初文应改字头
卷一	1	为	爲	页171：（为）古文作𤔝，象母猴相对，此纯象形也。	𤔝
	2	丽	丽	页174：（丽）古文作𠨺，篆文作丽。𠨺、丽皆独体指事，盖丽亦初文也。	𠨺
	3	黄	黄	页178：（黄）古文作𤯳，此初文也。	𤯳
	4	贵	贵	页179：臾，古文贵。此独体之文。	臾
	5	櫗	櫗	页183：（櫗）古文作巿，从木无头，指事。	巿
	6	绝	絕	页184：（绝）古文作𢇍，此初文也。	𢇍
	7	叀	叀	页197：（叀）古文作𠃟，𠃟非形声相益之字，乃初文也。	𠃟
卷二	8	秫	秫	页207：（秫）或省作朮，朮，古文也。	朮
	9	衰	衰	页208：（衰）古文作𧝏，纯象形，此初文也。	𧝏
	10	回	回	页214：（回）古文作𐾦，纯象回转，此初文也。	𐾦
	11	黹	黹	页219：希当为黹之古文。从巾，爻象刺文，此合体象形字也。希变作黹已近会意。	希
	12	次	次	页222：（次）从欠二声。𣢲，古文次。古文象次舍之屋。	𣢲
	13	云	雲	页228：（云）古文作云作𩂹。𩂹者，最初古文，纯象回转。	𩂹
	14	殄	殄	页229：（殄）古文作𠂣，此初文也。	𠂣
卷三	15	瑟	瑟	页239：（瑟）古文作𤼈，象形。	𤼈
	16	渊	渊	页249：（渊）或作囦。囦字最初亦但准初文。	𣶒

（续表）

卷数	序号	《文始》字条字头	《说文》小篆	《文始》出处及训释	初文应改字头
卷四	17	嗌	（篆）	页261：（嗌）籀文作（字），盖本古初文……此象形，象颈脉理。	（字）
卷五	18	笪	（篆）	页280：互，笪或省。或省者，最初古文也。	互
	19	雨	（篆）	页291：（雨）古文作（字），纯象形。	（字）
	20	旅	（篆）	页295：（字），古文旅。此最初古文也。	（字）
	21	磺	（篆）	页307：（磺）古文作卝。案卝盖象磺脉从横，犹卜象龟兆从横，此初文纯象形也。	卝
	22	良	（篆）	页313：（良）古文作目及（字）、（字）。目当为最初古文。	目
卷六	23	豆	（篆）	页325：（豆）古文作（字），纯象形。	（字）
	24	钘	（篆）	页326：（钘）或作㠝。㠝者，最初古文。	（字）
	25	共	（篆）	页335：（共）古文作（字），则似四手，此初文也。	（字）
卷七	26	裘	（篆）	页346：（裘）古文作（字），此纯象形也。	（字）
	27	粤	（篆）	页352：寻古文粤作由，犹云（雲）作云，㫃作㫃，渊作㷋，恒作亘之比。	由
	28	畴	（篆）	页353：（畴）或省作㽙。㽙者，最初古文。	（字）
	29	邕	（篆）	页359：（邕）籀文作㕻，从巛，象形。	（字）
	30	终	（篆）	页361：（终）古文作（字）。此初文纯象形。	（字）
	31	柙	（篆）	页367：（柙）古文作（字）。此初文也。	（字）
	32	及	（篆）	页368：（及）古文（字）。（字）初文。	（字）
	33	邑	（篆）	页369：《三体石经》邦字作（字），此则古文邑字作（字），从重邑，此准初文也。	（字）

63

（续表）

卷数	序号	《文始》字条字头	《说文》小篆	《文始》出处及训释	初文应改字头
卷八	34	箕	箕	页 377：（箕）古文作□及□。□、□为最初古文。	□
	35	亥	亥	页 381：（亥）古文作□，以豕为亥。此初文也。	□
	36	齿	齿	页 388：（齿）古文作□，此纯象形也。	□
	37	厷	厷	页 392：（厷）古文作□。此初文纯象形也。	□
	38	凤	凤	页 393：（凤）古文作□（朋），象形。□者，最初古文。	□
卷九	39	巛	巛	页 400：（巛）古文作兆。兆者，初文也。	□
	40	爵	爵	页 402：（爵）古文作□。此独体象形也。	□

4. 字条字头之金文为初文者

除以上所列 40 个字条字头的古文、籀文字形方为初文、准初文外，还有 1 个字条字头的金文字形方为初文，即卷一"阳声寒部丙"（1999：195）中的初文"丫"（单）是章太炎据彝器铭文并结合相关考释加以确立，上文已论及，此不赘述。

（二）字条字头外被指明的初文、准初文

除去 461 个字条的字头为初文、准初文之外，还有 44 字被章太炎指明为"初文"或"准初文"（表 3-4）。具体包括以下三类：

第一类为初文、准初文异体字。章太炎在《文始》卷一"丽"字条（1999：174）中说："（丽）古文作□，篆文作□。丽、□皆独体指事，盖□亦初文也。初文亦不必一体，如籀文为史籀所制，亦有一字两体者。"明确指出"初文不必一体"。此外，《文始》中大量使用"初文异体""初文变体""初文异形""初文殊体"等表述来指称初文、准初文的异体字，如《文始》卷五"五"字条（1999：284）："（五）古文作Ⅹ，纯象交午，然五亦初文异体。"卷五"鸟"字条（1999：286）："（鸟）古文作□，或省作□。皆初文变体也。"卷七"及"字条（1999：368）："（及）古文作乚。古文亦作弓。乚、弓皆初文，初文亦有异形也。"卷八"克"字条（1999：375）："（克）古文亦作𣏢。此但多为诎曲，亦作𣏤，纯象刻木，则初文本有殊体也。"

第二类为变易、孳乳之字亦为初文、准初文。如《文始》卷一"乞"字条（1999：180）："（乞）对转寒变易为燕，玄鸟也，籋口布翄枝尾，象形。此二皆初文。"即字条字头"乞"与其变易的"燕"均为初文。又如卷二"乚"字条（1999：227）："上古先知蔽前，后知蔽后，其后有衣，故乚对转脂孳乳为衣。衣亦准初文。"即"乚"与其孳乳的"衣"均为初文、准初文。

第三类为小篆与古文、籀文均为初文、准初文。如卷二"舃"字条（1999：222）："（舃）古文作𦐇。舃为初文，𦐇为准初文。"即"舃"与古文"𦐇"均为初文、准初文。再如卷三"玄"字条（1999：245）："（玄）古文作𢆶。𢆶者，初文。玄者，准初文也。"也是篆体与古文均为初文、准初文。

表3-4《文始》各卷除字条字头外被指明的初文、准初文

卷数	序号	《文始》所属字条	《文始》训释	应增字头
卷一	1	巫	页173：（巫）古文作𤕐，案小篆从最初古文也。又变易为朵，树木巫朵朵也。从木，象形。此亦准初文也。	朵
	2	丽	页174：（丽）古文作𠀙，篆文作丽。丽、丽皆独体指事，盖丽亦初文也。① 初文亦不必一体，如籀文为史籀所制，亦有一字两体者。	丽
	3	乞	页180：（乞）对转寒变易为燕，玄鸟也，籋口布翄枝尾，象形。此二皆初文，语有阴阳，画有疏密，遂若二文。	燕
	4	采	页200：（采）古文亦作𥝌。变易为𥝋，兽足也。	𥝌
	5	采	亦作番，从采，田象其掌。米、𥝌、𥝋本古文殊体，皆仓颉初文。番亦准初文也。	𥝋
	6	采		番
	7	覓	页200：（覓）或作𦥏，从収上，亦象形。籀文作	𦥏
	8	覓	𦥔，亦从収上，象形。此三皆准初文。	𦥔

① 章太炎此处指出篆文丽和古文𠀙均为初文，丽已为"麗"字条初文字头，故𠀙补为初文。

（续表）

卷数	序号	《文始》所属字条	《文始》训释	应增字头
卷二	9	畾	页211：畾 畾 古文亦作㘓、作㗊。此三皆准初文也。《说文》无畾而字多从畾声，此独体初文也。	㘓
	10	畾		㗊
	11	畾		晶
	12	乁	页218：古音如氏，变易为氏，至也。乁者初文，氏者准初文。	氏
	13	示	页220：古文作𠔏，示者合体指事，𠔏者纯指事。	𠔏
	14	舃	页222：古文作兜。舃为初文，兜为准初文。	兜
	15	乚	页227：上古先知蔽前，后知蔽后，其后有衣，故乚对转脂孳乳为衣。衣亦准初文。	衣
卷三	16	八	页241：变易为公……此二皆仓颉所造。八，初文；公，准初文也。	公
	17	玄	页245：古文作𢆶。𢆶者，初文。玄者，准初文也。	𢆶
	18	申	页247：籀文作𤰔，古文作𦥔，虹旁籀文复作𤱿。𦥔、𤱿皆纯指事，二皆初文。𤰔、申为准初文。	𦥔
	19	申		𤱿
	20	申		𤰔
	21	囟	页251：古文或作𡆧。此二皆初文，象形有详略也。	𡆧
	22	西	页252：𠧶古文亦作𠧻，籀文作𠧬，此皆初文，一字异体也。①	𠧻
	23	西		𠧬
卷四	24	生	页277：鱻，新鱼精也。此虽准初文，犹为生所孳乳。	鱻

---

① 章太炎此处指出𠧶与其古文𠧻、籀文𠧬均为初文，𠧶为"西"字头之初文字头，故补其古文、籀文为初文。

（续表）

卷数	序号	《文始》所属字条	《文始》训释	应增字头
卷五	25	五	页284：古文作✕，纯象交午，然五亦初文异体。	✕
	26	牙	页286：古文作𡘹。……㲃亦古文牙字。牙、㲃皆初文相变，𡘹从古文齿，则准初文也。	㲃
	27	牙		𡘹
	28	鸟	页286：古文作𦅫，或省作𠣵。皆初文变体也。①	𦅫
	29	鸟		𠣵
	30	禹	页288：古文作𠂤。此皆合体象形字也。	𠂤
	31	且	页301：𠀠，古文以为且。𠀠、且皆准初文。	𠀠
	32	马	页305：古文、籀文皆作影。然马、影皆初文。	影
	33	匚	页315：籀文作𠥓。匚即今方圆字，籀文与曲形有纵横，然皆象折榘刻识之形。②	𠥓
卷六	34	曲	页320：𦥑古文作𠃊。𠃊、𦥑皆古文异体，犹匚、𠥓皆古文异体，此并初文。	𠃊
	35	工	页333：古文作𢒇。工者初文，𢒇者准初文。	𢒇
卷七	36	丑	页343：变易作臼……此则丑为初文，臼为准初文。……丑为初文，内则有声而形不具，为最初之形声字，乃准初文也。	臼
	37	丑		内
	38	甲	页366：𠙴古文亦作𠂤，始一见于十。案甲字古文或作十，彝器多然，诚难尽信。……其作𠙴，作𠂤者，固皆初文。	𠂤
	39	及	页368：古文作🄤。古文亦作𢎘。🄤、𢎘皆初文，初文亦有异形也。	𢎘

---

① 章太炎此处指出𦅫与其古文𠣵𦅫均为初文，而𠣵为"鸟"字条初文字头，故补其二古文为初文。

② 《文始》卷六"曲"字条（1999：320）指出："𦥑古文作𠃊、𠃊、𦥑皆古文异体，犹匚、𠥓皆古文异体，此并初文。"由此可知匚与𠥓均为初文，而"匚"为"匚"字条之初文字头，故补𠥓为初文。

（续表）

卷数	序号	《文始》所属字条	《文始》训释	应增字头
卷八	40	克	页375：古文亦作𠧘。此但多为诎曲，亦作𣏟，纯象刻木，则初文本有殊体也①。	𠧘
	41	克		𣏟
	42	箕	页377：古文作𠀠及𠀠，又作𠔋，籀文作𠀠及𠀠、𠀠、𠀠为最初古文②。	𠀠
卷九	43	高	页395：（高、𡉹）此二同字。高当象重台，字本当作𪫧形，古文笔迹小异。……𪫧为初文，𡉹为准初文。	𡉹
	44	凵	页406：（凵）变易为𣥂（欠），象气从人上出之形。凵者，初文。欠者，准初文。	𣥂

（三）据同一体例而增补的初文、准初文

由上，除《文始》九卷中461个字条中的字头为初文、准初文（其中40个字条字头应换为古文、籀文字形，1个字条字头应换成金文字形）之外，章太炎还特别指明44个初文、准初文，即共有505个初文、准初文，此均可确定无疑。关键在于找到余下的5个。经考察，我们发现《文始》中有6个字条的体例比较特殊。《文始》中字条的一般体例为：

《说文》："A，……。"

而这6个字条的体例均为：

《说文》："A，……。""B，……。"

其他字条的体例均为开头只引《说文》某个字的训释，而这6个字条其体例均为开头连引《说文》两个字的训释，且两个字的训释中间未再出现"《说文》"。这六个字条分别为：

（1）《文始》卷一（1999：186）：

《说文》："蠆，毒虫也。象形。""万（萬），虫也。从内，象形。"万（萬）盖蠆之或字。

---

① 章太炎指出𠧘与其古文𠧘、𣏟均为初文，𠧘已为"克"字条初文字头，故补其余二古文为初文。

② 章太炎指出𠀠、𠀠均为初文，而𠀠已为"箕"字之初文字头，故补𠀠为初文。

（2）《文始》卷二（1999：224）：

《说文》："匕，相与比叙也。从反人。""比，密也。二人为从，反为比。古文作牀。"案匕、比当为一字。

（3）《文始》卷五（1999：286）：

《说文》："鱼，水虫也。象形。""鱻，二鱼也。"此盖一字。

（4）《文始》卷五（1999：287）：

《说文》："虍，虎文也。象形。""虎，山兽之君，虎足象人足，象形。"虍、虎盖一字。

（5）《文始》卷五（1999：308）：

《说文》："畕，比田也。从二田。""畺，畍也。从畕、三，其介画也。"畕、畺同字，声义受诸清部之𠁁。

（6）《文始》卷九（1999：395）：

《说文》："高，崇也。象台观高之形。从冂口。与仓、舍同意。""垚，土之高也。从三土。"此二同字。台即筑土四方而高者也。高当象重台，字本当作髙形，古文笔迹小异。……髙为初文，垚为准初文。

特别值得注意的是，以上6个字条的体例完全相同，且章太炎在这6个字条引《说文》训释之后均指出连引的两个字"盖一字""同字"，即认为其均属于同字异体的关系，可见章太炎认为这6个字条属于同一类情况。我们注意到上文第（6）例章太炎明确指出《文始》卷九"高"字条中连引《说文》的"高""垚"，"此二同字"且分别为初文、准初文（"髙为初文，垚为准初文"）。可见其余5例中《说文》连引的两字也均为初文、准初文。故可增加例（1）到例（5）中《说文》连引两字中的第二字（即卷一"堇"字条的"万（萬）"，卷二"匕"字条的"比"，卷五"鱼"字条的"鱻"，卷五"虍"字条的"虎"，卷五"畕"字条的"畺"）为初文、准初文，恰为5字。

综上，章太炎所谓510个初文、准初文，实则包括461个字条的字头（其中40个字条字头的古文、籀文字形方为初文、准初文，1个字条字头的金文字形方为初文），加上44个被章太炎指明为初文、准初文者，以及与《文始》卷九"高"字条属于同一类情况的5个初文、准初文（"万（萬）""比""鱻""虎""畺"），恰为510个。

三、五百一十字完整分布

至此，我们集全了章太炎所谓510个初文、准初文（表3-5）①。

表3-5《文始》510个初文、准初文的完整分布

《文始》卷一 歌泰寒类 初文、准初文共计97个		
韵部	初文、准初文	小计
阴声 歌部甲	午（乎）、戈（戈）、十（丫）、冄（丹）、果（果）、瓦（瓦）、（乁）、也（也）、乁（乚）、为之古文）、匕（七）、禾（禾）、巫（巫）、朵（朵）、它（它）、多（多）、丽（丽）、丽（丽之古文）、十（冄）、叉（叉）、蕊（蕊）	21
阴声 泰部乙	屮（屮）、丿（丿）、乑（乑）、川（巛）、子（子）、了（了）、丰（丰）、凷（凷）、黄（黄之古文）、乂（乂）、夬（夬）、贵（贵之古文）、月（月）、乙（乙）、燕（燕）、自（自）、旡（旡）、歺（歺）、槲（槲之古文）、戉（戉）、绝（绝之古文）、乩（乩）、大（大）、少（少）、叕（叕）、率（率）、带（带）、董（董）、万（万）、四（四）、西（西）、毳（毳）、末（末）、贝（贝）、宋（宋）、㕚（㕚）、市（市）、㞢（㞢）	38
阳声 寒部丙	〈（〈）、册（册）、干（干）、肩（肩）、犬（犬）、厂（厂）、卵（卵）、焉（焉）、叩（叩）、幻（幻）、亘（亘之古文）、崇（崇）、旦（旦）、丹（丹）、单（单）、㠱（㠱）、扱（扱）、分（分）、叀（叀之古文）、珏（珏）、卵（卵）、山（山）、泉（泉）、弄（弄）、彝（彝）、华（华）、采（采）、采（采之古文）、采（采之古文）、番（番）、片（片）、见（见）、见（见之异体字）、见（见之籀文）、㸚（㸚）、面（面）、反（反）、㚒（㚒）	38

---

① 表中各字体后圆括号中无特殊说明则默认为小篆字体。

（续表）

《文始》卷二 队脂谆类 初文、准初文共计66个		
阴声 队部甲	（兀）、（由）、（虫）、（曰）、（芔）、（叀）、（去）、（丨）、（夊）、（秝之古文）、（入）、（出）、（衰之古文）、（豖）、（乀）、（勿）、（𠂤）、（隹）、（靁）、（靁之古文）、（靁之古文）、（畾）	22
阴声 脂部乙	（几）、（禾）、（气）、（口）、（回之古文）、（癸）、（火）、（燚）、（夂）、（氐）、（箾之古文）、（二）、（矢）、（尸）、（示）、（示之古文）、（水）、（齐）、（弟）、（舄）、（舄之古文）、（次之古文）、（厶）、（匕）、（比）、（飞）、（非之古文）、（未）、（米）、（眉）	30
阳声 谆部丙	（斤）、（乚）、（衣）、（云之古文）、（屯）、（殄之古文）、（舛）、（舜）、（寸）、（川）、（本）、（文）、（门）、（豩）	14
《文始》卷三 至真类 初文、准初文共计40个		
阴声 至部甲	（一）、（乙）、（中）、（至）、（日）、（瑟之古文）、（所）、（七）、（卩）、（桼）、（丿）、（八）、（穴）、（血）	14
阳声 真部乙	（巾）、（臣）、（玄）、（玄之古文）、（廴）、（申）、（申之籀文）、（申之古文）、（申之籀文）、（尹）、（渊之古文）、（田）、（刃）、（人）、（丨）、（囟）、（囟之古文）、（西）、（西之古文）、（西之籀文）、（卂）、（丏）、（宀）、（民）、（市）、（朩）	26

（续表）

	《文始》卷四 支清类 初文、准初文共计 35 个	
阴声支部甲	圭（圭）、半（芈）、厂（厂）、氏（氏）、乚（乚）、某（嗌之古文）、易（易）、儿（儿）、广（扩）、彳（彳）、丝（丝）、高（啇）、林（秝）、豸（豸）、希（希）、鹰（鹰）、束（束）、册（册）、只（只）、厄（厄）、辰（辰）、冂（冖）、糸（糸）、芈（芈）	24
阳声清部乙	门（门）、开（开）、赗（赗）、壬（壬）、丁（丁）、霝（霝）、正（正）、井（井）、生（生）、鱻（鱻）、晶（晶）	11
	《文始》卷五 鱼阳类 初文、准初文共计 91 个	
阴声鱼部甲	瓜（瓜）、车（车）、吕（吕）、丮（丮）、巨（巨）、互（筐之古文）、父（父）、啇（啇）、兆（兆）、山（山）、谷（谷）、明（眀）、五（五）、乂（五之古文）、午（午）、牙（牙）、丝（牙之古文）、𩒲（牙之古文）、鱼（鱼）、鱻（鱻）、乌（乌）、雒（乌之古文）、於（乌之古文）、亚（亚）、虍（虍）、虎（虎）、而（而）、禹（禹）、离（禹之古文）、亏（亏）、羽（羽）、与（与）、予（予）、𩂣（雨之古文）、亦（亦）、户（户）、丁（丁）、茶（茶）、土（土）、毛（毛）、兔（兔）、宁（宁）、𣎳（旅之古文）、卤（卤）、女（女）、明（眀）、叕（叕）、石（石）、夕（夕）、鸟（鸟）、疋（疋）、鼠（鼠）、且（且）、且（且之古文）、巴（巴）、白（白）、夫（夫）、马（马）、彩（马之古文、籀文）、步（步）、巫（巫）、舛（舛）、毋（毋）	63
阳声阳部乙	卝（磺之古文）、京（京）、畕（畕）、畺（畺）、亢（亢）、囗（囦）、允（允）、弜（弜）、卵（卵）、羊（羊）、永（永）、王（王）、言（言）、皀（皀）、行（行）、从（从）、目（良之古文）、上（上）、象（象）、爪（爪）、叕（叕）、皿（皿）、龟（龟）、匚（匚）、𠥓（匚之籀文）、方（方）、丙（丙）、网（网）	28

（续表）

《文始》卷六 侯东类 初文、准初文共计38个		
阴声 侯部甲	菁（菁）、角（角）、凵（口）、谷（谷）、曲（曲）、乚（曲之古文）、王（玉）、昦（昦）、瓜（瓜）、后（后）、斗（斗）、門（門）、豆（豆之古文）、亞（鏂之古文）、丶（丶）、主（主）、朱（朱）、丁（丁）、豕（豕）、舞（舞）、录（录）、鹿（鹿）、几（几）、蜀（蜀）、幸（幸）、丩（丩）、卜（卜）、木（木）、厣（厣）	29
阳声 东部乙	工（工）、工（工之古文）、收（收）、共（共之古文）、㐭（㐭）、凶（凶）、从（从）、囟（囟）、丰（丰）	9
《文始》卷七 幽冬侵缉类 初文、准初文共计66个		
阴声 幽部甲	丂（丂）、丑（丑）、臼（臼）、内（内）、手（手）、叉（叉）、九（九）、裘（裘之古文）、臼（臼）、韭（韭）、丩（丩）、幺（幺）、卯（卯）、酉（酉）、卣（卣之古文）、竹（竹）、鹵（鹵）、畴（畴之古文）、舟（舟）、州（州）、百（百）、赤（赤）、肉（肉）、六（六）、雔（雔）、艸（艸）、牟（牟）、矛（矛）、勹（勹）、缶（缶）、卯（卯）、冂（冂）、月（月）、目（目）、自（自）	35
阳声 冬部乙	邕（邕）、中（中）、夆（夆）、终（终之古文）	4
阳声 侵部丙	玞（玞）、似（似）、宣（宣）、林（林）、壬（壬）、羊（羊）、先（先）、三（三）、彡（彡）、心（心）、品（品）	11
阳声 缉部丁	甲（甲）、甲（甲之古文）、㭉（㭉之古文）、乛（及之古文）、乛（及之古文）、邑（邑之古文）、十（十）、入（入）、廿（廿）、帚（帚）、立（立）、亼（亼）、卅（卅）、晶（晶）、帀（帀）、翜（翜）	16

73

（续表）

《文始》卷八 之蒸类 初文、准初文共计43个		
阴声 之部甲	𢀈（己）、𠂆（久）、𣅼（克）、𣂪（克之古文）、𣓤（克之古文）、𤰲（龟）、𣛙（棘）、革（革）、𠀉（丘）、𠦒（箕之古文）、𠥩（箕之古文）、𠀠（丌）、半（牛）、𠂤（弋）、𠁥（巳）、𠫔（亥之古文）、𠃠（子）、𦣞（臣）、𠬝（又）、𠀤（而）、𦣝（耳）、𣐽（来）、𠠃（力）、𣎵（之）、𣎴（才）、𣥚（止）、𣦵（齿之古文）、𢆶（甾）、𣲏（巛）、𠚤（凶）、絲（丝）、�（矢）、𠀚（不）、𠤎（北）、富（富）、𣊸（皀）、𣎆（母）	37
阳声 蒸部乙	弓（弓）、𠃟（厷之古文）、𠄎（乃）、𦫖（升）、𠃌（凤之古文）、𠔏（仌）	6
《文始》卷九 宵谈盍类 初文、准初文共计34个		
阴声 宵部甲	高（高）、𡉀（垚）、鼎（鼎）、爻（爻）、交（交）、樂（乐）、夭（夭）、刀（刀）、鳥（鸟）、𥅉（龟）、𣲤（𣱵之古文）、了（了）、巢（巢）、爪（爪）、勺（勺）、爵（爵之古文）、川（小）、棗（枣）、兒（兒）、毛（毛）	20
阳声 谈部乙	广（广）、山（山）、欠（欠）、炎（炎）、马（马）、甬（甬）、甘（甘）、西（西）、冄（冄）、夾（夾）、夋（夋）	11
阳声 盍部丙	耴（耴）、鼠（鼠）、乏（乏）	3
		初文、准初文总计510个

综上，章太炎所谓510个初文、准初文在《文始》九卷中的具体统计情况如下（表3-6）：

表3-6《文始》初文、准初文在各卷中的具体分布

卷数	类别		初文、准初文数		比例
文始一	歌泰寒类	阴声歌部甲	21	97	19.0%
		阴声泰部乙	38		
		阳声寒部丙	38		
文始二	队脂谆类	阴声队部甲	22	66	12.9%
		阴声脂部乙	30		
		阳声谆部丙	14		
文始三	至真类	阴声至部甲	14	40	7.8%
		阳声真部乙	26		
文始四	支清类	阴声支部甲	24	35	6.9%
		阳声清部乙	11		
文始五	鱼阳类	阴声鱼部甲	63	91	17.8%
		阳声阳部乙	28		
文始六	侯东类	阴声侯部甲	29	38	7.5%
		阳声东部乙	9		
文始七	幽冬侵缉类	阴声幽部甲	35	66	12.9%
		阳声冬部乙	4		
		阳声侵部丙	11		
		阳声缉部丁	16		
文始八	之蒸类	阴声之部甲	37	43	8.4%
		阳声蒸部乙	6		
文始九	宵谈盍类	阴声宵部甲	20	34	6.7%
		阳声谈部乙	11		
		阳声盍部丙	3		
总计			510		100%

第四节　初文、准初文的形体结构类型

一、非初文、准初文的辨识问题

（一）因属会意形声而当去除者

据我们考证，章太炎所谓510个初文、准初文中，有8个（其中包括"及"的两个古文字形）或是一般的会意字（即除同体会意之外的会意字），或是形声字。它们实则并不属于章太炎所提出的初文、准初文范畴，故似应去除。

1. 为

《文始》卷一"为"字条（1999：171）：

> 《说文》："为，母猴也。其为禽好爪。爪，母猴象也，下复为母猴形①。"古文作🐒，象母猴相对，此纯象形也。

今按：许氏所训为语源义。"为"字卜辞作🐘。罗振玉《增订殷墟书契考释》："为字古金文及石鼓文并从🐘，从爪，从象，绝不见母猴之状，卜辞作手牵象形，知金文及石鼓文从🐘者乃🐘之象形，非训覆手之爪字也。意古者役象以助劳，其事或尚在服牛乘马前。"《甲骨文字诂林》"为"字姚孝遂（1999：1610）按："甲骨文为字从手牵象，故有作为之义，乃会意字。许慎以为象猕猴形，盖小篆形体讹变，非其初朔，以致误解。"故"为"当去。

2. 旦

《文始》卷一"旦"字条（1999：195）：

> 《说文》："旦，明也。从日见一上。一，地也。"此合体指事也。

今按：许慎此处分析的篆文"旦"已非本形。卜辞作🔶、🔶、🔶等形。金文旦字作🔶、🔶、🔶、🔶、🔶、🔶等形。于省吾《殷契骈枝·释旦》："古文虚匡与填实同。契文下不填实者，契刻之便也。其上从日或无点者，文

---

① 《说文》："下腹为母猴形。"

之省也。惟絜文二体分离，金文多上下相连。""（旦）古文无从一者，许说失之。絜文旦字当係从日，丁声。丁、旦双声，并端母字。絜文丁字作 ⬜、◇，与旦字下从之虚匡形同。……金文丁字作 ●、●，与旦字下从之填实形同，此旦字演变之证谳也。"要之，"旦"为形声字。

3. 壬

《文始》卷四"壬"字条（1999：270～271）：

> 《说文》："壬，善也。从人士。士，事也。一曰：象物出地挺生也。"案挺生为本义，上象其题，下象土，声义与耑、中皆相近。

今按：许氏字形结构分析与本义训释皆误。"壬"，甲骨文字形作 ⑂、⑂，不当从人、士。徐灏《说文解字注笺》曰："一曰象物出地，则当从土，壬盖古挺字。鼎臣云：'人在土上，壬然而立也。'是也。"朱骏声《说文通训定声·鼎部第十七》："此字从人立土上，会意。挺立也，与立同谊。望、廷皆从此为义。"李孝定《甲骨文字集释》："字从人立地上，与立意同。一象正面，一象侧面为异耳。下一，地也。地、土意近。故或又从土，人在土上，壬然而立。……许云从士，土之误也。金文望字偏旁从此作 ⑂ 或 ⑂，作 ⑂ 者，与卜辞一体同。"《甲骨文字诂林》"壬"字姚孝遂（1999：13～14）按："卜辞望字作 ⑂，或作 ⑂，人立土上之形益显。……壬字本身即象人挺立有所企求、希企之义。"

要之，"壬"的本义为挺立。从人、土，象人挺立于地面之形。属会意字。

4. 旅

《文始》卷五"旅"字条（1999：295）：

> 《说文》："军之五百人为旅。从㫃，从从。从，俱也。古文作 ᾬ。""者"字说解曰："𣛤，古文旅。"此最初古文也。

今按："旅"字卜辞作 ⿰. 罗振玉《增订殷墟书契考释》："《说文解字》旅古文作 ᾬ，从止。古金文皆从 ⼂，从 ⼏，亦有从 ⼬ 者，与许书略近。其卜辞从 ⼞ 从 ⼏，许书从 ⼬ 者，皆㫃之变体。卜辞又作 ⿰，象人执旗。古者有事以旗致民，故作执旗形，亦得知旅谊矣。许书从 ⼂，即 ⼏ 之讹。"《甲骨文字诂林》"旅"字姚孝遂（1999：3063）按："《说文系传》旅之古文作𣃉，大徐本古文作𣃈，当以系传本为是。……其作𣃈者，乃传写之误，非许书原本如此。"且肯定"李氏（即李孝定《甲骨文字集释》）谓'旅'字象'旗下聚众之形'，则是"。

要之，"旅"古字形从𣃉，从�，为会意字。

5. 后

《文始》卷六"后"字条（1999：322）：

> 《说文》："后，继体君也。象人之形。施令以告四方，故从口。"①此合体象形字也。

今按：此处形体结构及本义皆误。"后"甲骨文作𦎫、𦎫、𦎫等，为会意字。本义当为生育。王国维之说最为精确。

王国维《戬寿堂所藏殷虚文字考释》："此字变体甚多从女从𠕋（倒子形即说文之㐬字），或从母从𠕋，象产子之形，其从𠈃、𠈃、𠈃者，则象产子时之有水液也。从人与从母从女之意同。以字形言，此字即《说文》育字之或体毓字。毓从每（即母字）从㐬（即倒子）与此正同，其作𠈃、𠈃者，从肉从子即育之初字……故产子为此字之本谊。又𠈃、𠈃、𠈃诸形皆象倒子在人后，故引申为先后之后，又引申为继体君之后。"

《说文》："（后），……故厂之，从一、口。"王国维《戬寿堂所藏殷虚文字考释》："后字去象人形，厂当即𡆥之讹变，口则倒子形之讹变也。后字之谊，本从毓谊引申，其后产子之字，专用毓育二形，继体君之字，专用𠈃形，遂成二字，又讹𠈃为后，而先后之后又别用一字，《说文》遂分入三部，其实毓、后、后（後）三字本一字。"

6～7. 🤖、🤖（及）

《文始》卷七"及"字条（1999：368）：

> 《说文》："及，逮也。从又人。古文作🤖。《秦刻石》及如此。古文亦作🤖。"🤖、🤖皆初文，初文亦有异形也。

---

① 《说文》："后，继体君也。象人之形。施令以告四方，故厂之，从一、口。发号者，君后也。"

今按："及"甲骨文作🝓、🝓，从又从人，当为会意字。孙诒让《契文举例》："🝓当是及字。《说文》又部及，逮也。从又人。是也。"罗振玉《增订殷墟书契考释》："石鼓文作🝓，与卜辞同。象人前行而又及之。"《甲骨文字诂林》"及"字姚孝遂（1999：110）按："甲骨文及字从又从人。戴侗《六书故》谓'从人而又属其后，追及前人也'。其说与古文字体合。"

8. 邑

《文始》卷七"邑"字条（1999：369）：

> 《说文》："邑，国也。从口从卪。"① 《三体石经》邦字作🝓，此则古文邑字作🝓，从重卪，此准初文也。

今按：此处字形结构分析失当。罗振玉《增订殷墟书契考释》："《说文解字》邑从口从卪。案凡许书所谓卪字，考之卜辞及古金文，皆作🝓，象人跽形。邑为人所居，故从口从人。"叶玉森《铁云藏龟拾遗》："卜辞邑作🝓、🝓，从口象畺域，从🝓、🝓象人跽形，乃人之变体，即指人民，有土有人，斯成一邑。许君从卪说未塙。"

要之，"邑"古字形当为从口从人，为会意字。

（二）因属非字而当去除者

《文始》中有个不容回避的问题，即章太炎所谓的 510 个初文、准初文中有部分属于非字的情况。王力《同源字典·同源字论》（1982：40）已提出质疑：

> 何况最简单的笔画也不一定是初文，像丨、丿、丨之类，是不是独体字还成问题。

关于《说文》中存在"非字"的问题，王筠《说文释例》中已加以研究，殷寄明《〈说文〉研究》（2005：75）分析《说文》540 部时也指出："丨丿丨、等属于非字。"此外，《康熙字典·子集上·丿字部》：

> ㇏，《唐韵》弋支切《集韵》余支切，并音移。《说文》流也。从反厂。

---

① 《说文》："邑，国也。从口；先王之制，尊卑有大小，从卪。"

《字汇》阙乀不载。《正字通》丿乀厂乀见《说文》。赵古则定为擎拂捯迒四字，魏校、吴元满诸家各有解诂，独戴侗《六书》统释曰："古今书传未常用此文，凡书方圜曲直，左右捯引，皆因其形势之自然，初不成文，岂有定名？"按此说，四文与丨、同类，备偏旁画母也，故《正韵》并削之。

按：戴侗所撰为《六书故》，且《康熙字典》引文有节略，据清代倪涛《六艺之一录》（清文渊阁四库全书本）卷一百九十八所录《六书故》则为：

> 按古今书传皆未尝有用此九文①者，凡书方曲直，中又捯引，皆因其形势之自然初不成文岂有定名，予无取焉。

《字汇》未收录乀，《正字通》指出丿乀厂乀只见于《说文》。宋戴侗则认为《说文》中的九文（丨凵丿乀乁厂乚丨乚）"古今书传未常用此文"，即未见任何书证，质疑其"初不成文"，《康熙字典》此处按语也认为"四文（丿乀厂乀）与丨、同类，备偏旁画母也"，不过是构字部件而非字，故"《正韵》并削之"。

值得一提的是，"凵"，《说文·凵部》："凵，张口也。象形。"杨树达《积微居小学述林》："凵，象坎陷之形，乃坎之初文。"今按："凵"本义为"坑，地面低陷的地方"。许氏所训为造意，古籍中有唐李隆基《求言诏》："五品以上官乃许其廷争。若轻肆凵语，潜行诽谤，委御史大夫已下严加察访。"然仅此一例，无法证明"凵"本义即为"张口"。

我们将章太炎所谓510个初文、准初文中那些实为最简单笔画且无书证者归入非字，予以剔除（表3-7）。

表3-7 《文始》中因属非字而应剔除的初文、准初文

卷数	因属非字而应剔除者及《文始》出处	数量
卷一	"乀"（1999：170）、"乚"（1999：176）、"丨"（1999：176）	3
卷二	"丨"（1999：206）、"乀"（1999：209）、"乚"（1999：227）	3
卷三	"丿"（1999：240）、"丨"（1999：250）	2
卷四	"厂"（1999：258）	1
卷六	"丶"（1999：326）	1
总计		10

---

① 指其前文所引的《说文》中的九文：丨凵丿乀乁厂丨丨乚。

二、初文、准初文的归类问题

《文始》中太炎先生特别指明了部分初文、准初文的形体结构类型，据我们考察，其大半是正确的，然也有失当之处。《文始》九卷中计有以下 11 处初文、准初文类型分析有误，兹胪列于下：

1. 也

《文始》卷一"也"字条（1999：170）：

> 《说文》："也，女阴也。从乁，象形，乁亦声。"此合体象形也。

今按："也"当同"匜"。《正字通·乙部》："也，盥器。即古文匜字。"清王筠《文字蒙求·象形》："也，古匜字，沃盥器也。""匜"字甲骨文作🜚，金文作🜚、🜚，象盛水、酒之器具，形状似瓢。故"也"为纯象形字，当属初文之纯象形，而非准初文之"合体象形"。

2. 禾

《文始》卷一"禾"字条（1999：172）：

> 《说文》："禾，嘉谷也。得时之中和，故谓之禾。从木，从巫省。巫象其穗。"案此合体象形，以丿象巫穗，非必从巫省也。

今按：此处章太炎道出许训"从巫省"之误，然"以丿象巫穗"，认为"禾"为合体象形，其说亦不当。"禾"甲骨文作🜚、🜚，罗振玉《增订殷墟书契考释》："禾，上象穗与叶，下象茎与根。许君云'从木，从巫省'，误以象形为会意矣。"故"禾"当为纯象形字，即属初文之纯象形，而非准初文之"合体象形"。尽管章训有误，但至少知其并非一味泥于许说。

3. 戌

《文始》卷一"戌"字条（1999：183）：

> 《说文》："戌，灭也。"[①] 字从戌，即矛字。从一，象矛所伤。此合

[①] 《说文》："戌，灭也。九月，阳气微，万物毕成，阳下入地也。五行，土生於戌，盛於戌。从戊含一。"

体象形字也。

今按："从戌从一"说不确。"戌"字甲骨文作𢦏、𢦏，金文作𢦏、𢦏，均象广刃兵器形，与戈、戊、戚形制大同小异，与今之斧形相近。故"戌"为纯象形字，当为初文之纯象形，而非准初文之"合体象形"。罗振玉《增订殷墟书契考释》："卜辞中戌字象戉形，与戉殆是一字，古金文戌字亦多作戉，仍未失戉形，《说文解字》作戌，云：'从戊含一'，于是与戉乃离为二矣。"《甲骨文字诂林》"戌"字姚孝遂（1999：2411）按："契文戌字作𢦏、𢦏、𢦏诸形，要皆象斧钺类之兵器。"

4. 干

《文始》卷一"干"字条（1999：190）：

《说文》："干，犯也。从反入，从一。"案干头与戈头同，云从反入，实未成字，此合体指事也。

今按："干"当为纯象形字，本义为"盾"。李孝定《读契识小录》："契文有𤘈字，亦作𤙻……契文上出诸形，即为盾之象形字，上从𠂢，其饰也，金文作𤓶，亦由𤙻所衍变。""干当以训盾为本义，训犯则其引申义。"故"干"当为初文之纯象形，而非准初文之"合体指事"。

5. 匕

《文始》卷二"匕"字条（1999：224）：

《说文》："匕，相与比叙也。从反人。"

章太炎在《文始·叙例》（1999：160）中明确将"匕"归入变体类准初文。今按：《说文·匕部》："相与比叙也。从反人。匕，亦所以用比取饭，一名柶。"许氏本义训释有误。王筠《说文释例》卷十八云："反人则会意，柶则象形，断不能反人而为柶也，乃许君合为一者。"林义光《文源》也指出："反人无相比叙之义。""匕"金甲文皆用为祖妣字，当为"妣、牝"之初文，为纯象形字。罗振玉《增订殷虚书契考释》："（妣）卜辞多作匕，与古金文同，多不从女。""匕"可表古代似汤勺的取食器具，然非其本义。郭沫若《释祖妣》指出："匕乃匕柶字引申。盖以牝器似匕，故以匕为妣若牝也。"即认为"妣"在甲骨卜辞中象女性生殖器之形，义指母亲。

6. 衣

《文始》卷二"乚"字条（1999：227）：

> 衣亦准初文，犹为乚之孳乳。

今按：《说文·衣部》："衣，依也。上曰衣，下曰裳。象覆二人之形。"《说文》此处以声训推源，"依"并非本义。"衣"字甲骨文作▽、▽，罗振玉《增订殷墟书契考释》："衣无覆二人之理，段先生谓覆二人则贵贱皆覆。其言亦纡回不可通，此盖象襟衽左右掩覆之形。古金文正与此同。"林义光《文源》："衣一覆之下不得有二人。制字之始……象领襟袖之形。"可知"衣"当为纯象形字，属初文而非准初文。

7. 巾

《文始》卷三"巾"字条（1999：243）：

> 《说文》："巾，佩巾也。从冂，丨象糸也。"此合体象形字也。

今按："巾"甲骨文作▓，为纯象形字，属初文，并非准初文之合体象形。林义光《文源》："巾，象佩巾下垂形。"且"冂"为都邑之远郊，与佩巾义无涉。"从冂"说失当。

8. 氏

《文始》卷四"氏"字条（1999：259）：

> 《说文》："氏，巴蜀名山岸胁之自旁箸欲落墮者曰氏。象形，乀声。"此最初形声字，声成文字，形则但为画象而已。

章太炎在《文始·叙例》（1999：160）中明确将"氏"归入第三类准初文即所谓"声具而形残"的形声字。实则"氏"当为合体指事字，本义为"根柢"。

9. 亯

《文始》卷五"亯"字条（1999：312）：

> 《说文》："亯（享），献也。从高省，曰象进熟物形。《孝经》曰：

'祭则鬼享之。'"此合体指事字也。

今按：其本义为"进献"不假，然字形结构分析有误。"宫"字甲骨文、金文均作 ，吴大澂《说文古籀补》认为其"象宗庙之形"。罗振玉《增订殷墟书契考释》亦赞同吴说，故"宫"当为初文之纯象形，并非"合体指事字"。宫为享之本字。徐灏《说文解字注笺》云："享即宫字，小篆作 ，因变为享，又变为亨，又加火为烹，实一字也。"

10. 网

《文始》卷五"网"字条（1999：316）：

> 《说文》："网，庖牺氏所结绳以渔也。从冂，下象网交文。"此合体象形字也。

今按："网"字甲骨文作 、，许慎此字字形结构分析有误，"从冂"说不确。商承祚《殷虚文字类编》谓"网"之甲骨文"象张网形"。王筠《说文释例》卷十七："网字全体象形，说曰从冂，非也。"故"网"为纯象形字，本义当为用绳线织成的捕鱼或鸟兽的工具。故此字当属初文之纯象形，而非"合体象形字"。《甲骨文字诂林》"网"字姚孝遂（1999：2832）按："《广韵》及《太平御览》引《说文》'网，庖牺所结绳以田以渔也，从冂，下象网交文也'。今本说文佚'以田'二字。……《易·系辞》：'古者庖羲之王天下也，作结绳而为罔罟，以佃以渔。'"

11. 内

《文始》卷七"丑"字条（1999：343）：

> 丑为初文，内则有声而形不具，为最初之形声字，乃准初文也。

章太炎在《文始·叙例》（1999：160）中明确将"内"归入第三类准初文即"声具而形残"之最初形声字。实则"内"当为纯象形字。

综上，在章太炎所谓510个初文、准初文中，有8个因属于会意字或形声字而应剔除（表3-8）。

表 3-8《文始》中因类型误归而应剔除的非初文、准初文

卷数	字头	《文始》误归类型	实际类型	字数
卷一	为	纯象形	会意字	2
	旦	合体指事	形声字	
卷四	壬	初文	会意字	1
卷五	旅（桼）	初文	会意字	1
卷六	后	合体象形	会意字	1
卷七	及（乁）	初文	会意字	3
	及（弓）	初文	会意字	
	邑（为）	准初文	会意字	
共计				8

在剩余 502 个初文、准初文中，有 10 个（"乁""丨""丿""丨""乀""乚""丿""丨""厂""丶"）属于非字笔画，应予剔除，故符合标准者实为 492 个。

此外，在《文始》明确指出所属类型的初文、准初文中，有 11 个分析有误（表 3-9）。

表 3-9《文始》中归类有误的初文、准初文

卷数	初文、准初文	《文始》误归类型	实际类型	数目
卷一	也	准初文之合体象形	初文之纯象形	4
	禾	准初文之合体象形	初文之纯象形	
	戌	准初文之合体象形	初文之纯象形	
	干	准初文之合体指事	初文之纯象形	
卷二	匕	准初文之变体	初文之纯象形	2
	衣	准初文	初文之纯象形	
卷三	巾	准初文之合体象形	初文之纯象形	1
卷四	氏	准初文之声具而形残	准初文之合体指事	1
卷五	亯	准初文之合体指事	初文之纯象形	2
	网	准初文之合体象形	初文之纯象形	
卷七	内	准初文之声具而形残	初文之纯象形	1
总计				11

第五节　《文始》初文、准初文表

由上，我们制成了《〈文始〉初文、准初文表》（表3-10）。需要说明的是：

1. 尽管实际上《文始》只有492个初文、准初文，但考虑到呈现《文始》原貌，下表仍依照章氏510个初文、准初文加以排列。对于不属于初文、准初文者，将在表中"形体结构类型"一栏中加以标示（如"会意字""形声字"或"非字"）。而对于符合标准的492个初文、准初文，同样对其形体结构类型予以全面分析并作标注，其中包括对章太炎分析有误的11处初文、准初文类型予以更正。

2. 针对《文始》中存在7个字头重复出现的情况，即"丙""皀""晶""丨""人""高""囟"因其不同的古音而被归入不同的卷目，据此我们将对其《说文》训释部分作相应的删节。

3. 下表《说文》所据版本为大徐本（1963年中华书局出版之徐铉校订本）。

表3-10　《文始》初文、准初文表

序号	字头	楷体	《说文》训释	形体结构类型
			《文始》卷一 歌泰寒类之阴声歌部甲	
1		冄	《说文·夊部》：跨步也。从反夊。鲢从此。苦瓦切。	准初文之变体
2		戈	《说文·戈部》：平头戟也。从弋，一横之。象形。凡戈之属皆从戈。古禾切。	准初文之合体象形
3		丫	《说文·丫部》：羊角也。象形。凡丫之属皆从丫。读若乖。工瓦切。	初文之纯象形
4		冎	《说文·冎部》：剔人肉置其骨也。象形。头隆骨也。凡冎之属皆从冎。古瓦切。	初文之纯象形
5		果	《说文·木部》：木实也。从木，象果形在木之上。古火切。	准初文之合体象形

（续表）

序号	字头	楷体	《说文》训释	形体结构类型
6	（字形）	瓦	《说文·瓦部》：土器已烧之总名。象形。凡瓦之属皆从瓦。五寡切。	初文之纯象形
7	（字形）	乀	《说文·乀部》：流也。从反厂。读若移。凡乀之属皆从乀。弋支切。	非字
8	（字形）	也	《说文·乀部》：女阴也。象形。羊者切。廿秦刻石也字。	初文之纯象形
9	（字形）	丂	《说文·丂部》：反丂也。读若呵。虎何切。	准初文之变体
10	（字形）①	为	《说文·爪部》：母猴也。其为禽好爪。爪，母猴象也。下腹为母猴形。王育曰："爪，象形也。"薳支切。	会意字
11	（字形）	七②	《说文·七部》：变也。从到人。凡七之属皆从七。呼跨切。	准初文之变体
12	（字形）	禾	《说文·禾部》：嘉谷也。二月始生，八月而孰，得时之中，故谓之禾。禾，木也。木王而生，金王而死。从木，从巫省。巫象其穗。凡禾之属皆从禾。户戈切。	初文之纯象形
13	（字形）	巫	《说文·巫部》：草木华叶巫。象形。凡巫之属皆从巫。是为切。（字形）古文。	初文之纯象形
14	（字形）	朵	《说文·木部》：树木垂朵朵也。从木，象形。此与采同意。丁果切。	准初文之合体象形
15	（字形）	它	《说文·它部》：虫也。从虫而长，象冤曲垂尾形。上古草居患它，故相问无它乎。凡它之属皆从它。託何切。	初文之纯象形
16	（字形）	多	《说文·多部》：重也。从重夕。夕者，相绎也，故为多。重夕为多，重日为叠。凡多之属皆从多。得何切。（字形）古文多。	准初文之同体复重

---

① 为之篆文为（字形），古文为（字形），章太炎认为古文为初文。
② 《文始》卷一（1999：171）中将此字条字头误作"匕"。"七"与"匕"二者迥异。殷校本 2014 年新版（2014：189）中仍沿袭此讹误。今正。

（续表）

序号	字头	楷体	《说文》训释	形体结构类型
17		丽	《说文·鹿部》：旅行也。鹿之性，见食急则必旅行。从鹿丽声。《礼》："丽皮纳聘。"盖鹿皮也。㲋，古文，丽，篆文丽字。郎计切。	初文之纯指事
18	①			初文之纯指事
19		ナ	《说文·ナ部》：手也。象形。凡ナ之属皆从ナ。臧可切。	初文之纯象形
20		叉	《说文·又部》：手指相错也。从又，象叉之形。初牙切。	准初文之合体指事
21		惢	《说文·惢部》：心疑也。从三心。凡惢之属皆从惢。读若《易》"旅琐琐"。才规切。又，才累切。	准初文之同体复重
《文始》卷一歌泰寒类之阴声泰部乙				
22		亅	《说文·亅部》：钩识也。从反亅。读若捕鸟罬。居月切。	非字
23		亅	《说文·亅部》：钩逆者谓之亅。象形。凡亅之属皆从亅。读若橜。衢月切。	非字
24		氐	《说文·氐部》：木本。从氏。大于末。读若厥。居月切。	准初文之合体指事
25		巜	《说文·巜部》：水流浍浍也。方百里为巜，广二寻，深二仞。凡巜之属皆从巜。古外切。	初文之纯象形
26		孑	《说文·了部》：无右臂也。从了，乚象形。居桀切。	准初文之省体
27		孓	《说文·了部》：无左臂也。从了，亅象形。居月切。	准初文之省体
28		丯	《说文·丯部》：草蔡也。象草生之散乱也。凡丯之属皆从丯。读若介。古拜切。	初文之纯象形
29		由	《说文·土部》：墣也。从土，一屈象形。塊，由或从鬼。苦对切。	准初文之合体象形

① 丽之古文为㲋，古文亦为初文。

（续表）

序号	字头	楷体	《说文》训释	形体结构类型
30	臾①	臾	《说文·艸部》：草器也。从艸臾声。臾古文臾。象形。《论语》曰："有荷臾而过孔氏之门。"求位切。	初文之纯象形
31	乂	乂	《说文·丿部》：芟草也。从丿从乀，相交。刈，乂或从刀。鱼废切。	初文之纯象形
32	夬	夬	《说文·又部》：分决也。从又，中象决形。徐锴曰："彐，物也。丨，所以决之。古卖切。"	准初文之合体指事
33	臾②	贵	《说文·贝部》：物不贱也。从贝臾声。臾，古文臾。居胃切。	初文之纯象形
34	月	月	《说文·月部》：阙也。大阴之精。象形。凡月之属皆从月。鱼厥切。	初文之纯象形
35	乙	乙	《说文·乚部》：玄鸟也。齐鲁谓之乙。取其鸣自呼。象形。乌辖切。	初文之纯象形
36	燕	燕	《说文·燕部》：玄鸟也。籋口，布翄，枝尾。象形。凡燕之属皆从燕。於甸切。	初文之纯象形
37	自	自	《说文·自部》：鼻也。象鼻形。凡自之属皆从自。𦣹，古文自。疾二切。	初文之纯象形
38	旡	旡	《说文·旡部》：饮食气逆不得息曰旡。从反欠。凡旡之属皆从旡。居未切。	准初文之变体
39	歺	歺	《说文·歺部》：列骨之残也。从半冎。凡歺之属皆从歺。读若蘖岸之蘖。𣦻，古文歺。五割切。徐锴曰："冎，剔肉置骨也。歺，残骨也。故从半冎。"臣铉等曰："义不应有中一，秦刻石文有之。"	准初文之省体

---

① 臾之篆文为饕，古文为臾，古文为初文。
② 贵之篆文为饗，古文为臾，古文为初文。

（续表）

序号	字头	楷体	《说文》训释	形体结构类型
40	⺍①	櫱	《说文·木部》：伐木余也。从木献声。《商书》曰："若颠木之有由櫱。"蘖，櫱或从木辥声。⺍古文櫱从木无头。栽，亦古文櫱。五葛切。	准初文之省体
41	戌	戌	《说文·戌部》：灭也。九月，阳气微，万物毕成，阳下入地也。五行，土生于戌，盛于戌。从戊含一。凡戌之属皆从戌。辛聿切。	初文之纯象形
42	𢇍②	绝	《说文·糸部》：断丝也。从糸从刀从卩。𢇍古文绝。象不连体，绝二丝。情雪切。	初文之纯象形
43	𠃬	𠃬	《说文·𠃬部》：豕之头。象其锐，而上见也。凡𠃬之属皆从𠃬。读若罽。居例切。	初文之纯象形
44	大	大	《说文·大部》：天大，地大，人亦大。故大象人形。古文大（他达切）也。凡大之属皆从大。徒盖切。	初文之纯象形
45	屮	少	《说文·止部》：蹈也。从反止。读若挞。他达切。	准初文之变体
46	𣦵	叕	《说文·叕部》：缀联也。象形。凡叕之属皆从叕。陟劣切。	初文之纯象形
47	率	率	《说文·率部》：捕鸟毕也。象丝网，上下其竿柄也。凡率之属皆从率。所律切。	初文之纯象形
48	帯	带	《说文·巾部》：绅也。男子鞶带，妇人带丝。象系佩之形。佩必有巾，从巾。当盖切。	准初文之合体象形
49	𧓕	蛊	《说文·虫部》：毒虫也。象形。蟁，蛊或从蚰。丑芥切。	初文之纯象形

---

① 櫱之篆文为𣝓，古文为⺍，古文为初文。
② 绝之篆文为絕，古文为𢇍，古文为初文。

（续表）

序号	字头	楷体	《说文》训释	形体结构类型
50		万（萬）	《说文·内部》：虫也。从厹，象形。无贩切。	初文之纯象形
51		四	《说文·四部》：阴数也。象四分之形。凡四之属皆从四。𠃢，古文四。三，籀文四。息利切。	准初文之同体复重
52		丙	《说文·谷部》：舌皃。从谷省。象形。囪，古文丙，读若三年导服之导。一曰读若誓。弼字从此。	准初文之合体象形
53		毳	《说文·毳部》：兽细毛也。从三毛。凡毳之属皆从毳。此芮切。	准初文之同体复重
54		末	《说文·木部》：木上曰末。从木，一在其上。莫拨切。	准初文之合体指事
55		贝	《说文·贝部》：海介虫也。居陆名飙，在水名蜬。象形。古者货贝而宝龟，周而有泉，至秦废贝行钱。凡贝之属皆从贝。博盖切。	初文之纯象形
56		宋	《说文·宋部》：草木盛宋宋然。象形，八声。凡宋之属皆从宋。读若辈。普活切。	初文之纯象形
57		㡀	《说文·㡀部》：败衣也。从巾，象衣败之形。凡㡀之属皆从㡀。毗祭切。	准初文之合体象形
58		市	《说文·市部》：韠也。上古衣蔽前而已，市以象之。天子朱市，诸侯赤市，大夫葱衡。从巾，象连带之形。凡市之属皆从市。分勿切。	准初文之合体象形
59		癶	《说文·癶部》：足剌癶也。从止、少。凡癶之属皆从癶。读若拨。北末切。	准初文之同体复重
			《文始》卷一 歌泰寒类之阳声寒部丙	
60		〈	《说文·〈部》：水小流也。《周礼》："匠人为沟洫，耜广五寸，二耜为耦。一耦之伐，广尺深尺，谓之〈。"倍〈谓之遂，倍遂曰沟，倍沟曰洫，倍洫曰巜。凡〈之属皆从〈。姑泫切。𤰳，古文〈。从田，从川。畎，篆文〈。从田，犬声。六畎为一亩。	初文之纯象形

（续表）

序号	字头	楷体	《说文》训释	形体结构类型
61	毌	毌	《说文·毌部》：穿物持之也。从一横贯，象宝货之形。凡毌之属皆从毌。读若冠。古丸切。	准初文之合体象形
62	干	干	《说文·干部》：犯也。从反入，从一。凡干之属皆从干。古寒切。	初文之纯象形
63	肩	肩	《说文·肉部》：髆也。从肉，象形。古贤切。肩俗肩从户。	准初文之合体象形
64	犬	犬	《说文·犬部》：狗之有县蹄者也。象形。孔子曰："视犬之字如画狗也。"凡犬之属皆从犬。苦泫切。	初文之纯象形
65	厂	厂	《说文·厂部》：山石之厓岩，人可居。象形凡厂之属皆从厂。厈，籀文从干。呼旱切。	初文之纯象形
66	卵	卵	《说文·卵部》：凡物无乳者卵生。象形。凡卵之属皆从卵。卢管切。	初文之纯象形
67	焉	焉	《说文·乌部》：焉鸟，黄色，出于江淮。象形。凡字：朋者，羽虫之属；乌者，日中之禽；舄者，知太岁之所在；燕者，请子之候，作巢避戊己。所贵者故皆象形。焉亦是也。有乾切。	初文之纯象形
68	吅	吅	《说文·吅部》：惊呼也。从二口。凡吅之属皆从吅。读若讙。臣铉等曰："或通用讙，今俗别作喧，非是。况袁切。"	准初文之同体复重
69	幻	幻	《说文·予部》：相诈惑也。从反予。《周书》曰："无或诪张为幻。"胡办切。	准初文之变体
70	亘	亘	《说文·二部》：求亘也。从二从囘。囘，古文回，象亘回形。上下，所求物也。须缘切。徐锴曰："回，风回转，所以宣阴阳也。"	初文之纯指事
71	屮	屮	《说文·屮部》：物初生之题也。上象生形，下象其根也。凡屮之属皆从屮。臣铉等曰："中，地也。丑官切。"	初文之纯象形

序号	字头	楷体	《说文》训释	形体结构类型
72	旦	旦	《说文·旦部》：明也。从日见一上。一，地也。凡旦之属皆从旦。得案切。	形声字
73	丹	丹	《说文·丹部》：巴越之赤石也。象采丹井，一象丹形。凡丹之属皆从丹。㲋，古文丹。彤，亦古文丹。都寒切。	准初文之合体象形
74	丫	单	《说文·吅部》：大也。从吅、甲，吅亦声。阙。都寒切。	初文之纯象形
75	睊	睊	《说文·睊部》：目围也。从明、冂。读若书卷之卷。古文以为丑字。居倦切。	准初文之合体象形
76	㫃	㫃	《说文·㫃部》：旌旗之游，㫃蹇之皃。从中，曲而下，垂㫃相出入也。读若偃。古人名㫃，字子游。凡㫃之属皆从㫃。於巘切。㫃，古文㫃字。象形及象旌旗之游。	初文之纯象形
77	甾	甾	《说文·口部》：山间陷泥地。从口，从水败皃。读若沇州之沇。九州之渥地也，故以沇名焉。甾古文。以转切。	准初文之合体象形
78	叀①	叀	《说文·叀部》：专小谨也。从幺省；屮，财见也；屮亦声。凡叀之属皆从叀。职缘切。	初文之纯象形
79	琞	琞	《说文·琞部》：极巧视之也。从四工。凡琞之属皆从琞。知衍切。	准初文之同体复重
80	卯	卯	《说文·卩部》：二卩也。巽从此。阙。士恋切。	准初文之同体复重
81	山	山	《说文·山部》：宣也。宣气散，生万物，有石而高。象形。凡山之属皆从山。所闲切。	初文之纯象形
82	泉	泉	《说文·泉部》：水原也。象水流出成川形。凡泉之属皆从泉。疾缘切。	初文之纯象形

---

① 叀之篆文为叀，古文为叀，古文为初文。

（续表）

序号	字头	楷体	《说文》训释	形体结构类型
83	孨	孨	《说文·孨部》：谨也。从三子。凡孨之属皆从孨。读若翦。旨兖切。	准初文之同体复重
84	羴	羴	《说文·羴部》：羊臭也。从三羊。凡羴之属皆从羴。式连切。羶，羴或从亶。	准初文之同体复重
85	華	華	《说文·華部》：箕属。所以推弃之器也。象形。凡華之属皆从華。官溥说。北潘切。	初文之纯象形
86	釆	釆	《说文·釆部》：辨别也。象兽指爪分别也。凡釆之属皆从釆。读若辨。蒲苋切。	初文之纯象形
87	釆①			初文之纯象形
88	釆②			初文之纯象形
89	番	番	《说文·釆部》：兽足谓之番。从釆、田，象其掌。附袁切。	准初文之合体象形
90	片	片	《说文·片部》：判木也。从半木。凡片之属皆从片。匹见切。	准初文之省体
91	兜		《说文·兜部》：冕也。周曰兜，殷曰吁，夏曰收。从兜，象形。皮变切。	准初文之合体象形
92	兜③	兜		准初文之合体象形
93	兜④			准初文之合体象形
94	廾	廾	《说文·廾部》：引也。从反収。凡廾之属皆从廾。今变隶作大。普班切。攀，廾或从手、从樊。	准初文之变体
95	面	面	《说文·面部》：颜前也。从百，象人面形。凡面之属皆从面。弥箭切。	准初文之合体象形
96	反	反	《说文·又部》：覆也。从又，厂反形。府远切。反，古文。	准初文之合体指事

---

① 釆之古文。
② 釆之古文。
③ 兜之异体字。
④ 兜之籀文。

（续表）

序号	字头	楷体	《说文》训释	形体结构类型
97	夶	夶	《说文·夫部》：并行也。从二夫。辇字从此。读若伴侣之伴。薄旱切。	准初文之同体复重
《文始》卷二队脂谆类阴声队部甲				
98	兀	兀	《说文·儿部》：高而上平也。从一在人上。读若夐。茂陵有兀桑里。五忽切。	准初文之合体指事
99	甶	甶	《说文·甶部》：鬼头也。象形。凡甶之属皆从甶。敷勿切。	初文之纯象形
100	虫	虫	《说文·虫部》：一名蝮，博三寸，首大如擘指。象其卧形。物之微细，或行，或毛，或蠃，或介，或鳞，以虫为象。凡虫之属皆从虫。许伟切。	初文之纯象形
101	曰	曰	《说文·曰部》：词也。从口乙声。亦象口气出也。凡曰之属皆从曰。王代切。	准初文之合体指事
102	艸	艸	《说文·艸部》：草之总名也。从屮、屮。许伟切。	准初文之同体复重
103	軎	軎	《说文·车部》：车轴端也。从车，象形。杜林说，軎或从彗。于岁切。	准初文之合体象形
104	去	去	《说文·去部》：不顺忽出也。从到子。《易》曰："突如其来如。"不孝子突出，不容于内也。凡去之属皆从去。他骨切。去，或从到古文子，即《易》突字。	准初文之变体
105	丨	丨	《说文·丨部》：上下通也。引而下行读若退。凡丨之属皆从丨。	非字
106	夊	夊	《说文·夊部》：行迟曳夊夊，象人两胫有所躧也。凡夊之属皆从夊。楚危切。	准初文之变体
107	秫①	秫	《说文·禾部》：稷之黏者。从禾；术，象形。食聿切。秫，秫或省禾。	初文之纯象形

① 秫之篆文为𪎭，古文为秫，古文为初文。

95

（续表）

序号	字头	楷体	《说文》训释	形体结构类型
108	𠆢	入	《说文·入部》：内也。象从上俱下也。凡入之属皆从入。	初文之纯指事
109	屮	出	《说文·出部》：进也。象草木益滋，上出达也。凡出之属皆从出。尺律切。	准初文之合体指事
110	衺①	衰	《说文·衣部》：草雨衣。秦谓之萆。从衣，象形。稣禾切。衺，古文衰。	初文之纯象形
111	豸	豕	《说文·豕部》：彘也。竭其尾，故谓之豕。象毛足而后有尾。读与豨同。凡豕之属皆从豕。式视切。㒸，古文。	初文之纯象形
112	乀	乀	《说文·丿部》：左戾也。从反丿。读与弗同。分勿切。	非字
113	勿	勿	《说文·勿部》：州里所建旗。象其柄，有三游。杂帛，幅半异。所以趣民，故遽，称勿勿。凡勿之属皆从勿。文弗切。㫗，勿或从於。	初文之纯象形
114	𠂤	自	《说文·自部》：小自也。象形。凡自之属皆从自。臣铉等曰："今俗作堆。都回切。"	初文之纯象形
115	隹	隹	《说文·隹部》：鸟之短尾总名也。象形。凡隹之属皆从隹。职追切。	初文之纯象形
116	靁	靁	《说文·雨部》：阴阳薄动靁雨生物者也。从雨，畾象回转形。鲁回切。䨓，古文靁，𗊊，古文靁。𗊊，籒文靁。间有回。回，靁声也。	准初文之合体象形
117	𗊊②			准初文之合体象形
118	𗊊③			准初文之合体象形
119	畾	畾		初文之纯象形

---

① 衰之篆文为𧞑，古文为衺，古文为初文。
② 靁之古文。
③ 靁之古文。

（续表）

序号	字头	楷体	《说文》训释	形体结构类型
			《文始》卷二 队脂谆类阴声脂部乙	
120	几	几	《说文·几部》：踞几也。象形。《周礼》五几：玉几、雕几、彤几、漆几、素几。凡几之属皆从几。居履切。	初文之纯象形
121	禾	禾	《说文·禾部》：木之曲头止不能上也。凡禾之属皆从禾。古兮切。	准初文之合体指事
122	气	气	《说文·气部》：云气也。象形。凡气之属皆从气。去既切。	初文之纯象形
123	囗	囗	《说文·囗部》：回也。象回帀之形。凡囗之属皆从囗。羽非切。	初文之纯指事
124	回①	回	《说文·囗部》：转也。从囗，中象回转形。户恢切。回，古文。	初文之纯指事
125	癸	癸	《说文·癸部》：冬时，水土平，可揆度也。象水从四方流入地中之形。癸承壬，象人足。凡癸之属皆从癸。居诔切。	初文之纯象形
126	火	火	《说文·火部》：毁也。南方之行，炎而上。象形。凡火之属皆从火。呼果切。	初文之纯象形
127	炎	炎	《说文·炎部》：二火也。凡炎之属皆从炎。力几切。	初文之纯象形
128	夂	夂	《说文·夂部》：从后至也。象人两胫后有致之者。凡夂之属皆从夂。读若黹。陟侈切。	初文之纯指事
129	氐	氐	《说文·氐部》：至也。从氏下箸一。一，地也。凡氐之属皆从氐。丁礼切。	准初文之合体指事
130	黹②	黹	《说文·黹部》：箴缕所紩衣。从㡀，丵省。凡黹之属皆从黹。陟几切。章氏案：希为黹之古文。从巾，爻象刺文。希变作黹已近会意。	初文之纯象形

① 回之篆文为回，古文为回，古文为初文。
② 黹之古文。

（续表）

序号	字头	楷体	《说文》训释	形体结构类型
131	二	二	《说文·二部》：地之数也。从偶一。凡二之属皆从二。而至切。弍，古文。	准初文之同体复重
132	介	矢①	《说文·矢部》：弓弩矢也。从入，象镝栝羽之形。古者夷牟初作矢。凡矢之属皆从矢。式视切。	初文之纯象形
133	尸	尸	《说文·尸部》：陈也。象卧之形。凡尸之属皆从尸。式脂切。	初文之纯象形
134	示	示	《说文·示部》：天垂象，见吉凶，所以示人也。从二。三垂，日月星也。观乎天文，以察时变。示，神事也。凡示之属皆从示。神至切。	准初文之合体指事
135	川②			初文之纯指事
136	水	水	《说文·水部》：准也。北方之行。象众水并流，中有微阳之气也。凡水之属皆从水。式轨切。	初文之纯象形
137	齐	齐	《说文·齐部》：禾麦吐穗上平也。象形。凡齐之属皆从齐。徐锴曰："生而齐者莫若禾麦。二，地也。两傍在低处也。徂兮切。"	初文之纯象形
138	朮	朮	《说文·朮部》：止也。从朮盛而一横止之也。即里切。	准初文之合体指事
139	骂	骂	《说文·骂部》：如野牛而青。象形。与禽、离头同。凡骂之属皆从骂。徐姊切。	初文之纯象形
140	兜③	兜		准初文之合体象形
141	次	次④	《说文·欠部》：不前，不精也。从欠二声。七四切。次，古文次。	初文之纯象形

---

① 《文始》卷二（1999：220）中该字头误作"尖"，此似受"矢"小篆影响。新版（2014：242）中已更正。

② 示之古文。

③ 骂古文。

④ 次之篆文为次，古文为次，古文为初文。

（续表）

序号	字头	楷体	《说文》训释	形体结构类型
142	ㄥ	ㄥ	《说文·厶部》：奸邪也。韩非曰："仓颉作字，自营为厶。"凡厶之属皆从厶。息夷切。	初文之纯指事
143	ㅠ	匕	《说文·匕部》：相与比叙也。从反人。匕，亦所以用比取饭，一名柶。凡匕之属皆从匕。卑履切。	初文之纯象形
144	ㅠㅠ	比	密也。二人为从，反从为比。凡比之属皆从比。𣬉，古文比。毗至切。	准初文之同体复重
145	飛	飞	《说文·飞部》：鸟翥也。象形。凡飞之属皆从飞。甫微切。	初文之纯象形
146	非	非	《说文·非部》：违也。从飞下翄，取其相背。凡非之属皆从非。甫微切。	准初文之同体复重
147	未	未	《说文·未部》：味也。六月，滋味也。五行，木老于未。象木重枝叶也。凡未之属皆从未。无沸切。	初文之纯象形
148	米	米	《说文·米部》：粟实也。象禾实之形。凡米之属皆从米。莫礼切。	初文之纯象形
149	眉	眉	《说文·眉部》：目上毛也。从目，象眉之形，上象额理也。凡眉之属皆从眉。武悲切。	准初文之合体象形
			《文始》卷二 队脂谆类之阳声谆部丙	
150	斤	斤	《说文·斤部》：斫木也。象形。凡斤之属皆从斤。举欣切。	初文之纯象形
151	ㄴ	ㄴ	《说文·ㄴ部》：匿也，象迟曲隐蔽形。凡ㄴ之属皆从ㄴ。读若隐。於谨切。	非字
152	衣	衣	《说文·衣部》：依也。上曰衣，下曰裳。象覆二人之形。凡衣之属皆从衣。於稀切。	初文之纯象形

（续表）

序号	字头	楷体	《说文》训释	形体结构类型
153	⊘①	云（雲）	《说文·云部》：山川气也。从雨，云象云回转形。凡云之属皆从云。王分切。云，古文省雨。	初文之纯象形
154	屯	屯	《说文·屮部》：难也。象草木之初生。屯然而难。从屮贯一。一，地也。尾曲。《易》曰："屯，刚柔始交而难生。"陟伦切。	准初文之合体指事
155	⊘②	殄	《说文·歺部》：尽也。从歺㐱声。徒典切。⊘，古文殄如此。	准初文之变体
156	舛	舛	《说文·舛部》：对卧也。从夕㐄相背。凡舛之属皆从舛。昌兖切。	准初文之同体复重
157	舜	舜	《说文·舜部》：草也。楚谓之葍，秦谓之蔓。蔓地连华。象形。从舛，舛亦声。凡舜之属皆从舜。今隶变作舜。舒闰切。	准初文之合体象形
158	寸	寸	《说文·寸部》：十分也。人手却一寸，动脉，谓之寸口。从又从一。凡寸之属皆从寸。仓困切。	准初文之合体指事
159	川	川	《说文·川部》：贯穿通流水也。《虞书》曰："浚く巜，距川。"言深く巜之水会为川也。凡川之属皆从川。昌缘切。	初文之纯象形
160	本	本	《说文·木部》：木下曰本。从木，一在其下。布忖切。	准初文之合体指事
161	文	文	《说文·文部》：错画也。象交文。凡文之属皆从文。无分切。	初文之纯象形
162	門	门	《说文·门部》：闻也。从二户。象形。凡门之属皆从门。莫奔切。	初文之纯象形

---

① 云（雲）之篆文为雲，古文为⊘，古文为初文。

② 殄之篆文为殄，古文为⊘，古文为初文。

（续表）

序号	字头	楷体	《说文》训释	形体结构类型
163		豲	《说文·豕部》：二豕也。豳从此。阙。伯贫切。呼关切。	准初文之同体复重
			《文始》卷三 至真类之阴声至部甲	
164	一	一	《说文·一部》：惟初太始，道立于一，造分天地，化成万物。凡一之属皆从一。于悉切。	初文之纯指事
165		乙	《说文·乙部》：象春草木冤曲而出，阴气尚强，其出乙乙也。与丨同意。乙承甲，象人颈。凡乙之属皆从乙。於笔切。	初文之纯象形
166	屮	屮	《说文·屮部》：草木初生也。象丨出形，有枝茎也。古文或以为艸字。读若彻。凡屮之属皆从屮。尹彤说。臣铉等曰："丨，上下通也，象草木萌芽，通彻地上也。丑列切。"	初文之纯象形
167		至	《说文·至部》：鸟飞从高下至地也。从一，一犹地也。象形。不，上去；而至，下来也。凡至之属皆从至。脂利切。	准初文之合体指事
168	日	日	《说文·日部》：实也。太阳之精不亏。从口一。象形。凡日之属皆从日。人质切。	初文之纯象形
169	①	瑟	《说文·珡部》：庖牺所作弦乐也。从珡必声。所栉切。，古文瑟。	初文之纯象形
170		所	《说文·斤部》：二斤也。从二斤。语斤切。	准初文之同体复重
171	七	七	《说文·七部》：阳之正也。从一，微阴从中邪出也。凡七之属皆从七。亲吉切。	初文之纯指事
172		卩	《说文·卩部》：瑞信也。守国者用玉卩，守都鄙者用角卩，使山邦者用虎卩，士邦者用人卩，泽邦者用龙卩，门关者用符卩，货贿用玺卩，道路用旌卩。象相合之形。凡卩之属皆从卩。子结切。	初文之纯象形

① 瑟之篆文为，古文为，古文为初文。

（续表）

序号	字头	楷体	《说文》训释	形体结构类型
173	𣏑	桼	《说文·桼部》：木汁。可以鬃物。象形。桼如水滴而下。凡桼之属皆从桼。亲吉切。	初文之纯象形
174	丿	丿	《说文·丿部》：右戾也。象左引之形。凡丿之属皆从丿。徐锴曰："其为文举首而申体也。房密切。"	非字
175	八	八	《说文·八部》：别也。象分别相背之形。凡八之属皆从八。博拔切。	初文之纯指事
176	州	仈	《说文·八部》：分也。从重八。八，别也。亦声。《孝经说》曰："故上下有别。"兵列切。	准初文之同体复重
177	血	血	《说文·血部》：祭所荐牲血也。从皿，一象血形。凡血之属皆从血。呼决切。	准初文之合体象形
《文始》卷三 至真类之阳声真部乙				
178	巾	巾	《说文·巾部》：佩巾也。从冂，丨象糸也。凡巾之属皆从巾。居银切。	初文之纯象形
179	𦥔	臣	《说文·臣部》：牵也。事君也。象屈服之形。凡臣之属皆从臣。植邻切。	初文之纯象形
180	玄	玄	《说文·玄部》：幽远也。黑而有赤色者为玄。象幽而入覆之也。凡玄之属皆从玄。胡涓切。	初文之纯象形
181	𢆲①			初文之纯象形
182	𡍬	廴	《说文·廴部》：长行也。从彳引之。凡廴之属皆从廴。余忍切。	准初文之变体
183	𠃊	申	《说文·申部》：神也。七月，阴气成，体自申束。从臼，自持也。吏臣餔时听事，申旦政也。凡申之属皆从申。失人切。	准初文之合体象形
184	𢇒②	申		准初文之合体象形
185	𢆉③	申		初文之纯象形
186	𢆖④	申		初文之纯象形

---

① 玄之古文。
② 申之籀文。
③ 申之古文。
④ 申之籀文。

（续表）

序号	字头	楷体	《说文》训释	形体结构类型
187	尹	尹	《说文·又部》：治也。从又、丿，握事者也。余准切。	准初文之合体指事
188	淵①	渊	《说文·水部》：回水也。从水，象形。左右，岸也。中象水皃。乌玄切。淵，渊或省水。淵，古文从囗、水。	准初文之合体象形
189	田	田	《说文·田部》：陈也。树谷曰田。象四口。十，阡陌之制也。凡田之属皆从田。待年切。	初文之纯象形
190	刃	刃	《说文·刃部》：刀坚也。象刀有刃之形。凡刃之属皆从刃。而振切。	准初文之合体指事
191	人	人	《说文·人部》：天地之性最贵者也。此籀文。象臂胫之形。凡人之属皆从人。如邻切。	初文之纯象形
192	丨	丨	《说文·丨部》：上下通也。引而上行读若囟。凡丨之属皆从丨。	非字
193	囟	囟	《说文·囟部》：头会，脑盖也。象形。凡囟之属皆从囟。𡇈，古文囟字。𦞼，或从肉、宰。	初文之纯象形
194	𡇈②			初文之纯象形
195	西	西	《说文·西部》：鸟在巢上。象形。日在西方而鸟栖，故因以为东西之西。凡西之属皆从西。先稽切。𠧾，古文西。𣔌，西或从木、妻。𠧴，籀文西。	初文之纯象形
196	𠧾③			初文之纯象形
197	𠧴④			初文之纯象形
198	乙	乙	《说文·乙部》：疾飞也。从飞而羽不见。凡乙之属皆从乙。息晋切。	准初文之省体

---

① 渊之篆文为𣶒，古文为淵，古文为初文。
② 囟之古文。
③ 西之古文。
④ 西之籀文。

（续表）

序号	字头	楷体	《说文》训释	形体结构类型
199	丏	丏	《说文·丏部》：不见也。象雍蔽之形。凡丏之属皆从丏。弥兖切。	初文之纯指事
200	宀	宀	《说文·宀部》：交覆深屋也。象形。凡宀之属皆从宀。武延切。	初文之纯象形
201	民	民	《说文·民部》：众萌也。从古文之象。凡民之属皆从民。弥邻切。𡇃，古文民。	准初文之合体指事
202	芇	芇	《说文·丩部》：相当也。阙。读若宀。母官切。	准初文之合体指事
203	朮	朮	《说文·朮部》：分枲茎皮也。从屮，八象枲之皮茎也。凡朮之属皆从朮。读若髌。匹刃切。	准初文之合体象形
《文始》卷四 支清类之阴声支部甲				
204	圭	圭	《说文·土部》：瑞玉也。上圜下方。公执桓圭，九寸，侯执信圭，伯执躬圭，皆七寸；子执谷璧，男执蒲璧，皆五寸。以封诸侯。从重土。楚爵有执圭。古畦切。	准初文之同体复重
205	㐁	㐁	《说文·㐁部》：背吕也。象胁肋也。凡㐁之属皆从㐁。古怀切。	初文之纯象形
206	丿	厂	《说文·厂部》：抴也。明也。象抴引之形。凡厂之属皆从厂。虒字从此。徐锴曰："象丿而不举首。余制切。"	非字
207	氏	氏	《说文·氏部》：巴蜀山名岸胁之㫃箸欲落堕者曰氏，氏崩，闻数百里。象形，乁声。凡氏之属皆从氏。杨雄赋："响若氏隤。"承旨切。	准初文之合体指事
208	乚	匸	《说文·匸部》：邪徯，有所侠藏也。从乚，上有一覆之。凡匸之属皆从匸。读与傒同。胡礼切。	准初文之合体指事
209	嗌①	嗌	《说文·口部》：咽也。从口益声。伊昔切。嗌，籀文嗌上象口，下象颈脉理也。	初文之纯象形

---

① 嗌之篆文为嗌，古文为嗌，古文为初文。

序号	字头	楷体	《说文》训释	形体结构类型
210	易	易	《说文·易部》：蜥易，蝘蜓，守宫也。象形。《秘书》说："日月为易，象阴阳也。"一曰从勿。凡易之属皆从易。羊益切。	初文之纯象形
211	兒	兒	《说文·儿部》：孺子也。从儿，象小儿头囟未合。汝移切。	准初文之合体象形
212	疒	疒	《说文·疒部》：倚也。人有疾病，象倚箸之形。凡疒之属皆从疒。女戹切。	准初文之合体指事
213	彳	彳	《说文·彳部》：小步也。象人胫三属相连也。凡彳之属皆从彳。丑亦切。	初文之纯象形
214	厽	厽	《说文·厽部》：累坺土为墙壁。象形。凡厽之属皆从厽。力轨切。	初文之纯象形
215	鬲	鬲	《说文·鬲部》：鼎属。实五觳。斗二升曰觳。象腹交文，三足。凡鬲之属皆从鬲。郎激切。䰛，或从瓦。䰜，汉令鬲从瓦麻声。	初文之纯象形
216	秝	秝	《说文·秝部》：稀疏适也。从二禾。凡秝之属皆从秝。读若历。郎击切。	准初文之同体复重
217	豸	豸	《说文·豸部》：兽长脊，行豸豸然，欲有所司杀形。凡豸之属皆从豸。池尔切。司杀读若伺候之伺。	初文之纯象形
218	希	希	《说文·希部》：修豪兽。一曰河内名豕也。从彑，下象毛足。凡希之属皆从希。读若弟。羊至切。彖，古文。豯，籀文。	初文之纯象形
219	廌	廌	《说文·廌部》：解廌，兽也，似山牛，一角。古者决讼，令触不直。象形，从豸省。凡廌之属皆从廌。宅买切。	初文之纯象形
220	朿	朿	《说文·朿部》：木芒也。象形。凡朿之属皆从朿。读若刺。七赐切。	准初文之合体象形
221	册	册	《说文·册部》：符命也。诸侯进受于王也。象其札一长一短，中有二编之形。凡册之属皆从册。楚革切。𥴞，古文册从竹。	初文之纯象形

（续表）

序号	字头	楷体	《说文》训释	形体结构类型
222	只	只	《说文·只部》：语巳词也。从口，象气下引之形。凡只之属皆从只。诸氏切。	准初文之合体指事
223	卮	卮	《说文·卮部》：圜器也。一名觛。所以节饮食。象人，卪在其下也。《易》曰："君子节饮食。"凡卮之属皆从卮。章移切。	准初文之合体象形
224	辰	辰	《说文·辰部》：水之邪流，别也。从反永。凡辰之属皆从辰。读若稗县。徐锴曰："永，长流也。反即分也。匹卦切。"	准初文之变体
225	冂	冖	《说文·冖部》：覆也。从一下垂也。凡冖之属皆从冖。臣铉等曰："今俗作幂，同。莫狄切。"	初文之纯象形
226	糸	糸	《说文·糸部》：细丝也。象束丝之形。凡糸之属皆从糸。读若覛。徐锴曰："一蚕所吐为忽，十忽为丝。糸，五忽也。莫狄切。"古文糸。	初文之纯象形
227	芈	芈	《说文·羊部》：羊鸣也。从羊，象声气上出。与牟同意。绵婢切。	准初文之合体指事

《文始》卷四 支清类之阳声清部乙

序号	字头	楷体	《说文》训释	形体结构类型
228	冂	冂	《说文·冂部》：邑外谓之郊，郊外谓之野，野外谓之林，林外谓之冂。象远界也。凡冂之属皆从冂。古荧切。同，古文冂从口，象国邑。坰，同或从土。	准初文之合体指事
229	开	开	《说文·开部》：平也。象二干对构，上平也。凡开之属皆从开。徐铉曰："开但象物平，无音义也。古贤切。"	初文之纯象形
230	賏	賏	《说文·贝部》：颈饰也。从二贝。乌茎切。	准初文之同体复重
231	壬	壬	《说文·壬部》：善也。从人、士。士，事也。一曰象物出地挺生也。凡壬之属皆从壬。他鼎切。	会意字

（续表）

序号	字头	楷体	《说文》训释	形体结构类型
232	个	丁	《说文·丁部》：夏时万物皆丁实。象形。丁承丙，象人心。凡丁之属皆从丁。当经切。	初文之纯指事
233	霝	霝	《说文·雨部》：雨零也。从雨，吅象零形。《诗》曰："霝雨其蒙。"郎丁切。	准初文之合体象形
234	疋	正	《说文·正部》：是也。从止，一以止。凡正之属皆从正。徐锴曰："守一以止也。之盛切。"疋，古文正从二。二，古上字。疋，古文正从一、足。足者亦止也。	准初文之合体指事
235	井	井	《说文·井部》：八家一井，象构韩形。丶，罋之象也。古者伯益初作井。凡井之属皆从井。子郢切。	初文之纯象形
236	生	生	《说文·生部》：进也。象草木生出土上。凡生之属皆从生。所庚切。	准初文之合体指事
237	鱻	鱻	《说文·鱼部》：新鱼精也。从三鱼。不变鱼。徐锴曰："三，众也。众而不变，是鱻也。相然切。"	准初文之同体复重
238	晶	晶	《说文·晶部》：精光也。从三日。凡晶之属皆从晶。子盈切。	准初文之同体复重
			《文始》卷五 鱼阳类之阴声鱼部甲	
239	瓜	瓜	《说文·瓜部》：㼌也。象形。凡瓜之属皆从瓜。古华切。	准初文之合体象形
240	車	车	《说文·车部》：舆轮之总名。夏后时奚仲所造。象形。凡车之属皆从车。尺遮切。鞍，籀文车。	初文之纯象形
241	吕	吕	《说文·吕部》：脊骨也。象形。昔太岳为禹心吕之臣，故封吕侯。凡吕之属皆从吕。力举切。膂，籀文吕，从肉从旅。	初文之纯象形
242	丮	丮	《说文·丮部》：持也。象手有所丮据也。凡丮之属皆从丮。读若戟。几剧切。	初文之纯象形

（续表）

序号	字头	楷体	《说文》训释	形体结构类型
243	叵	巨	《说文·工部》：规巨也。从工，象手持之。其吕切。𢀓，古文巨。榘，巨或从木、矢。矢者，其中正也。	准初文之合体象形
244	互①	互	《说文·竹部》：筁，可以收绳也。从竹，象形，中象人手所推握也。胡误切。互，筁或省。	初文之纯象形
245	彐	父	《说文·又部》：矩也。家长率教者。从又举杖。扶雨切。	准初文之合体象形
246	𩫕	稟	《说文·稟部》：度也，民所度居也。从回，象城稟之重，两亭相对也。或但从口。凡稟之属皆从稟。	初文之纯象形
247	𣎼	兆	《说文·兆部》：雝蔽也。从人，象左右皆蔽形。凡兆之属皆从兆。读若瞽。公户切。	准初文之合体指事
248	凵	△	《说文·△部》：△卢，饭器，以柳为之。象形。凡△之属皆从△。去鱼切。筥，△或从竹去声。	初文之纯象形
249	谷	谷	《说文·谷部》：口上阿也。从口，上象其理。凡谷之属皆从谷。其虐切。嗋或如此。𧮫或从肉从䖼。	准初文之合体象形
250	朙	朏	《说文·朏部》：左右视也。从二目。凡朏之属皆从朏。读若拘。又若良士瞿瞿。九遇切。	准初文之同体复重
251	㐅	五	《说文·五部》：五行也。从二，阴阳在天地间交午也。凡五之属皆从五。疑古切。臣铉等曰："二，天地也。"	初文之纯指事
252	✕②			初文之纯指事
253	午	午	《说文·午部》：牾也。五月，阴气午逆阳。冒地而出。此予矢同意。凡午之属皆从午。疑古切。	初文之纯指事

---

① 筁之篆文为𥯓，古文为互，古文为初文。
② 五之古文。

（续表）

序号	字头	楷体	《说文》训释	形体结构类型
254			《说文·牙部》：牡齿也。象上下相错之形。凡牙之属皆从牙。五加切。古文牙。	初文之纯象形
255	①	牙		初文之纯象形
256	②			准初文之合体象形
257		鱼	《说文·鱼部》：水虫也。象形。鱼尾与燕尾相似。凡鱼之属皆从鱼。语居切。	准初文之同体复重
258		鱻	二鱼也。凡鱻之属皆从鱻。语居切。	初文之纯象形
259			《说文·乌部》：孝鸟也。象形。孔子曰："乌，盱呼也。"取其助气，故以为乌呼。凡乌之属皆从乌。臣铉等曰："今俗作鸣，非是。哀都切。"	初文之纯象形
260	③	乌		初文之纯象形
261	④			初文之纯象形
262	亞	亚	《说文·亚部》：丑也。象人局背之形。贾侍中说："以为次弟也。"凡亚之属皆从亚。衣驾切。	初文之纯象形
263		虍	《说文·虍部》：虎文也。象形。凡虍之属皆从虍。徐锴曰："象其文章屈曲也。荒乌切。"	初文之纯象形
264		虎	《说文·虎部》：山兽之君。从虍，虎足象人足。象形。凡虎之属皆从虎。古文虎。亦古文虎。呼古切。	初文之纯象形
265	两	两	《说文·两部》：覆也。从冂，上下覆之。凡两之属皆从两。读若晋。呼讶切。	准初文之合体指事
266		禹	《说文·内部》：虫也。从厹，象形。王矩切。	准初文之合体象形
267	⑤			准初文之合体象形

---

① 牙之古文。
② 牙之古文。
③ 乌之古文。
④ 乌之古文省。
⑤ 禹之古文。

（续表）

序号	字头	楷体	《说文》训释	形体结构类型
268	丂	亏①	《说文·亏部》：于也。象气之舒亏。从丂从一。一者，其气平之也。凡亏之属皆从亏。今变隶作于。羽俱切。	准初文之合体指事
269	羽	羽	《说文·羽部》：鸟长毛也。象形。凡羽之属皆从羽。王矩切。	初文之纯象形
270	与	与	《说文·勺部》：赐予也。一勺为与。此与與同。余吕切。	准初文之合体指事
271	予	予	《说文·予部》：推予也。象相予之形。凡予之属皆从予。余吕切。	初文之纯象形
272	雨②	雨	《说文·雨部》：水从云下也。一象天，冂象云，水霝其间也。凡雨之属皆从雨。王矩切。雨古文雨。	初文之纯象形
273	亦	亦	《说文·亦部》：人之臂亦也。从大，象两亦之形。凡亦之属皆从亦。羊益切。	准初文之合体指事
274	户	户	《说文·户部》：护也。半门曰户。象形。凡户之属皆从户。侯古切。戻，古文户从木。	初文之纯象形
275	丅	丅	《说文·丄部》：底也。指事。胡雅切。下，篆文下。	初文之纯指事
276	朱	枺	《说文·木部》：两刃臿也。从木；绤，象形。宋魏曰枺也。互瓜切。釪或从金从于。	初文之纯象形
277	土	土	《说文·土部》：地之吐生物者也。二象地之下、地之中，物出形也。凡土之属皆从土。它鲁切。	初文之纯象形
278	屯	屯	《说文·屯部》：草叶也。从垂穗，上贯一，下有根。象形。凡屯之属皆从屯。陟格切。	初文之纯象形

---

① 《文始》卷五（1999：288；2014：320）中此字头写作"于"，似为不妥。据《说文·亏部》原文，当写作"亏"。且徐铉注曰："亏，今变隶作于"，故此处更作"亏"。

② 雨之篆文为雨，古文为靊，古文为初文。

序号	字头	楷体	《说文》训释	形体结构类型
279		兔	《说文·兔部》：兽名。象踞，后其尾形。兔头与㲋头同。凡兔之属皆从兔。汤故切。	初文之纯象形
280		宁	《说文·宁部》：辨积物也。象形。凡宁之属皆从宁。直吕切。	初文之纯象形
281	①	旅	《说文·㫃部》：军之五百人为旅。从㫃从从。从，俱也。力举切。　，古文旅。古文以为鲁卫之鲁。	会意字
282		卤	《说文·卤部》：西方咸地也。从西省，象盐形。安定有卤县。东方谓之㡿，西方谓之卤。凡卤之属皆从卤。郎古切。	准初文之合体象形
283		女	《说文·女部》：妇人也。象形。王育说。凡女之属皆从女。尼吕切。	初文之纯象形
284		㗊	《说文·㗊部》：众口也。从四口。凡㗊之属皆从㗊。读若戢。	准初文之同体复重
285		叒	《说文·叒部》：日初出东方汤谷，所登榑桑，叒木也。象形。凡叒之属皆从叒。而灼切。　，籀文。	初文之纯象形
286		石	《说文·石部》：山石也。在厂之下；口，象形。凡石之属皆从石。常只切。	准初文之合体象形
287		夕	《说文·夕部》：莫也。从月半见。凡夕之属皆从夕。祥易切。	初文之纯象形
288		鸟	《说文·鸟部》：雏也。象形。七雀切。雏，籀文鸟，从隹、酋。	初文之纯象形
289		疋	《说文·疋部》：足也。上象腓肠，下从止。《弟子职》曰："问疋何止。"古文以为《诗·大疋》字。亦以为足字。或曰胥字。一曰疋，记也。凡疋之属皆从疋。所菹切。	准初文之合体象形

① 旅之篆文为㫃，古文为　，古文为初文。

111

（续表）

序号	字头	楷体	《说文》训释	形体结构类型
290	鼠	鼠	《说文·鼠部》：穴虫之总名也。象形。凡鼠之属皆从鼠。书吕切。	初文之纯象形
291	且	且	《说文·且部》：荐也。从几，足有二横，一其下地也。凡且之属皆从且。子余切。又，千也切。	初文之纯象形
292	𠁥①			初文之纯象形
293	巴	巴	《说文·巴部》：虫也。或曰食象蛇。象形。凡巴之属皆从巴。徐锴曰："一，所吞也。指事。伯加切。"	初文之纯象形
294	白	白	《说文·白部》：西方色也。阴用事，物色白。从入合二。二，阴数。凡白之属皆从白。旁陌切。𦥸古文白。	准初文之合体指事
295	夫	夫	《说文·夫部》：丈夫也。从大，一以象簪也。周制以八寸为尺，十尺为丈。人长八尺，故曰丈夫。凡夫之属皆从夫。甫无切。	准初文之合体象形
296	馬	马	《说文·马部》：怒也。武也。象马头髦尾四足之形。凡马之属皆从马。莫下切。影，古文。影，籀文马，与影同，有髦。	初文之纯象形
297	影②			初文之纯象形
298	步	步	《说文·步部》：行也。从止少相背。凡步之属皆从步。薄故切。	准初文之同体复重
299	巫	巫	《说文·巫部》：祝也。女能事无形，以舞降神者也。象人两袖舞形。与工同意。古者巫咸初作巫。凡巫之属皆从巫。武扶切。覡，古文巫。	准初文之同体复重
300	艸	艸	《说文·艸部》：众草也。从四中。凡艸之属皆从艸。读与冈同。模朗切。	准初文之同体复重
301	毋	毋	《说文·毋部》：止之也。从女，有奸之者。凡毋之属皆从毋。武扶切。	准初文之合体指事

① 且之古文。
② 马之古文、籀文。

序号	字头	楷体	《说文》训释	形体结构类型
			《文始》卷五 鱼阳类之阳声阳部乙	
302	艸①	磺	《说文·石部》：磺，铜铁朴石也。从石黄声。读若矿。古猛切。	初文之纯象形
303	京	京	《说文·京部》：人所为绝高丘也。从高省，丨象高形。凡京之属皆从京。举卿切。	准初文之合体指事
304	畕	畕	《说文·畕部》：比田也。从二田。凡畕之属皆从畕。居良切。	准初文之同体复重
305	畺	畺	《说文·畕部》：界也。从畕；三，其界画也。疆，畺或从彊土。居良切。	准初文之合体指事
306	亢	亢	《说文·亢部》：人颈也。从大省，象颈脉形。凡亢之属皆从亢。古郎切。頏，亢或从页。	准初文之变体
307	囧	囧	《说文·囧部》：窗牖丽廔闿明。象形。凡囧之属皆从囧。读若犷。贾侍中说："读与明同。"俱永切。	初文之纯象形
308	尢	尢	《说文·尢部》：𡯭，曲胫也。从大，象偏曲之形。凡尢之属皆从尢。乌光切。尳，古文从坒。	准初文之变体
309	弜	弜	《说文·弜部》：强也。从二弓。凡弜之属皆从弜。其两切。	准初文之同体复重
310	卯	卯	《说文·卯部》：事之制也。从卩、卪。凡卯之属皆从卯。阙。去京切。	准初文之同体复重
311	羊	羊	《说文·羊部》：祥也。从丷，象头角足尾之形。孔子曰："牛羊之字以形举也。"凡羊之属皆从羊。与章切。	初文之纯象形
312	永	永	《说文·永部》：长也。象水𩽹理之长。《诗》曰："江之永矣。"凡永之属皆从永。于憬切。	初文之纯象形

---

① 磺之篆文为礦，古文为艸，古文为初文。

（续表）

序号	字头	楷体	《说文》训释	形体结构类型
313	王	王	《说文·王部》：天下所归往也。董仲舒曰："古之造文者，三画而连其中谓之王。三者，天、地、人也，而参通之者王也。"孔子曰："一贯三为王。"凡王之属皆从王。李阳冰曰："中画近上。王者，则天之义。"雨方切。古文王。	初文之纯指事
314	亯	亯	《说文·亯部》：献也。从高省，曰象进孰物形。《孝经》曰："祭则鬼亯之。"凡亯之属皆从亯。许两切。又，普庚切。又，许庚切。篆文亯。	初文之纯象形
315	皀	皀	《说文·皀部》：谷之馨香也。象嘉谷在裹中之形。匕，所以扱之。或说，皀，一粒也。凡皀之属皆从皀。又读若香。	初文之纯象形
316	行	行	《说文·行部》：人之步趋也。从彳从亍。凡行之属皆从行。户庚切。	准初文之同体复重
317	从	从	《说文·从部》：二人也。两从此。阙。良奖切。	准初文之同体复重
318	良①	良	《说文·富部》：善也。从富省，亡声。吕张切。	初文之纯指事
319	丄	上	《说文·丄部》：高也。此古文上，指事也。凡丄之属皆从丄。时掌切。篆文上。	初文之纯指事
320	象	象	《说文·象部》：长鼻牙，南越大兽，三年一乳，象耳牙四足之形。凡象之属皆从象。徐两切。	初文之纯象形
321	爪	爪	《说文·爪部》：亦𠃨也。从反爪。阙。诸两切。	准初文之变体
322	刅	刅	《说文·刅部》：伤也。从刃从一。楚良切。鬠，或从刀仓声。臣铉等曰："今俗别作疮，非是也。"	准初文之合体指事

---

① 良之篆文为良，古文为良，古文为初文。

序号	字头	楷体	《说文》训释	形体结构类型
323	皿	皿	《说文·皿部》：饭食之用器也。象形。与豆同意。凡皿之属皆从皿。读若猛。武永切。	初文之纯象形
324	黽	黽	《说文·黽部》：鼃黽也。从它，象形。黽头与它头同。臣铉等曰："色，其腹也。"凡黽之属皆从黽。莫杏切。 籀文。	初文之纯象形
325	匚	匚	《说文·匚部》：受物之器。象形。凡匚之属皆从匚。读若方。府良切。 籀文匚。	初文之纯象形
326	匚①			初文之纯象形
327	方	方	《说文·方部》：并船也。象两舟省总头形。凡方之属皆从方。府良切。 方或从水。	初文之纯象形
328	丙	丙	《说文·丙部》：位南方，万物成，炳然。阴气初起，阳气将亏。从一入门。一者，阳也。丙承乙，象人肩。凡丙之属皆从丙。徐锴曰："阳功成，入于门。门，门也，天地阴阳之门也。兵永切。"	初文之纯象形
329	网	网	《说文·网部》：庖牺所结绳以渔。从门，下象网交文。凡网之属皆从网。今经典变隶作罒。文纺切。 网或从亡。 网或从糸。 古文网。 籀文网。	初文之纯象形
			《文始》卷六 侯东类之阴声侯部甲	
330	冓	冓	《说文·冓部》：交积材也。象对交之形。凡冓之属皆从冓。古候切。	初文之纯象形
331	角	角	《说文·角部》：兽角也。象形，角与刀、鱼相似。凡角之属皆从角。古岳切。	初文之纯象形
332	口	口	《说文·口部》：人所以言食也。象形。凡口之属皆从口。苦后切。	初文之纯象形
333	谷	谷	《说文·谷部》：泉出通川为谷。从水半见，出于口。凡谷之属皆从谷。古禄切。	准初文之合体象形

---

① 匚之籀文。

（续表）

序号	字头	楷体	《说文》训释	形体结构类型
334	曲	曲	《说文·曲部》：象器曲受物之形。或说曲，蚕薄也。凡曲之属皆从曲。丘玉切。	初文之纯象形
335	ℒ①			初文之纯象形
336	王	玉	《说文·玉部》：石之美。有五德：润泽以温，仁之方也；鰓理自外，可以知中，义之方也；其声舒扬，尃以远闻，智之方也；不桡而折，勇之方也；锐廉而不技，絜之方也。象三玉之连。丨，其贯也。凡玉之属皆从玉。阳冰曰："三画正均如贯玉也。"鱼欲切。𤣥，古文玉。	初文之纯象形
337	𦫷	𦫷	《说文·𦫷部》：厚也。从反亯。凡𦫷之属皆从𦫷。徐锴曰："亯者，进土也。以进上之具，反之于下则厚也。胡口切。"	准初文之变体
338	㼌	㼌	《说文·瓜部》：本不胜末，微弱也。从二瓜。读若庾。以主切。	准初文之同体复重
339	后	后	《说文·后部》：继体君也。象人之形。施令以告四方，故厂之。从一、口。发号者，君后也。凡后之属皆从后。胡口切。	会意字
340	斗	斗	《说文·斗部》：十升也。象形，有柄。凡斗之属皆从斗。当口切。	初文之纯象形
341	鬥	鬥	《说文·鬥部》：两士相对，兵杖在后，象鬥之形。凡鬥之属皆从鬥。都豆切。	准初文之同体复重
342	豆②	豆	《说文·豆部》：古食肉器也。从口，象形。凡豆之属皆从豆。徒候切。𲂣，古文豆。	初文之纯象形
343	鎠③	鎠	《说文·金部》：酒器也。从金，器象器形。大口切。	初文之纯象形

---

① 曲之古文。

② 豆之篆文为豆，古文为𲂣，古文为初文。

③ 鎠之篆文为鎠，古文为鎠，古文为初文。

序号	字头	楷体	《说文》训释	形体结构类型
344	◗	丶	《说文·丶部》：有所绝止，丶而识之也。凡丶之属皆从丶。知庾切。	非字
345	坣	主	《说文·丶部》：镫中火主也。从坣，象形。从丶，丶亦声。臣铉等曰："今俗别作炷，非是。之庾切。"	准初文之合体象形
346	朱	朱	《说文·木部》：赤心木。松柏属。从木，一在其中。章俱切。	准初文之合体指事
347	彳	亍	《说文·彳部》：步止也。从反彳。读若畜。丑玉切。	准初文之变体
348	豖	豖	《说文·豖部》：豖绊足行豖豖。从豕，系二足。丑六切。	准初文之合体指事
349	馵	馵	《说文·马部》：马后左足白也。从马，二其足。读若注。之戍切。	准初文之合体指事
350	彔	彔	《说文·彔部》：刻木彔彔也。象形。凡彔之属皆从彔。卢谷切。	初文之纯象形
351	鹿	鹿	《说文·鹿部》：兽也。象头角四足之形。鸟鹿足相似，从匕。凡鹿之属皆从鹿。卢谷切。	初文之纯象形
352	几	几	《说文·几部》：鸟之短羽飞几几也。象形。凡几之属皆从几。读若殊。市朱切。	初文之纯指事
353	蜀	蜀	《说文·虫部》：葵中蚕也。从虫，上目象蜀头形，中象其身蜎蜎。《诗》曰："蜎蜎者蜀。"市玉切。	准初文之合体象形
354	丵	丵	《说文·丵部》：丛生草也。象丵岳相并出也。凡丵之属皆从丵。读若浞。士角切。	初文之纯象形
355	卩	卪	《说文·卩部》：卪也。阙。则候切。	准初文之变体
356	卜	卜	《说文·卜部》：灼剥龟也，象灸龟之形。一曰象龟兆之从横也。凡卜之属皆从卜。博木切。卜，古文卜。	初文之纯象形

（续表）

序号	字头	楷体	《说文》训释	形体结构类型
357	米	木	《说文·木部》：冒也。冒地而生。东方之行。从中，下象其根。凡木之属皆从木。徐锴曰："中者，木始甲拆，万物皆始于微。故木从中。莫卜切。"	初文之纯象形
358	𠬜	厞	《说文·丮部》：拖持也。从反丮。阙。居玉切。	准初文之变体

《文始》卷六 侯东类之阳声东部乙

序号	字头	楷体	《说文》训释	形体结构类型
359	工	工	《说文·工部》：巧饰也。象人有规榘也。与巫同意。凡工之属皆从工。徐锴曰："为巧必遵规矩、法度，然后为工。否则，目巧也。巫事无形，失在于诡，亦当遵规榘。故曰与巫同意。古红切。"𢒑，古文工，从彡。	初文之纯象形
360	𢒑①			准初文之合体指事
361	𠬞	収	《说文·収部》：竦手也。从ナ从又。凡廾之属皆从廾。居竦切。今变隶作廾。𢪒，杨雄说："廾从两手。"	准初文之同体复重
362	共②	共	《说文·共部》：同也。从廿、廾。凡共之属皆从共。渠用切。𦥑，古文共。	准初文之合体指事
363	𩫖	𩫖	《说文·𩫖部》：度也，民所度居也。从回，象城𩫖之重，两亭相对也。或但从口。凡𩫖之属皆从𩫖。	初文之纯象形
364	凶	凶	《说文·凶部》：恶也。象地穿交陷其中也。凡凶之属皆从凶。许容切。	准初文之合体指事
365	从	从	《说文·从部》：相听也。从二人。凡从之属皆从从。疾容切。	准初文之同体复重
366	囱	囱	《说文·囱部》：在墙曰牖，在屋曰囱。象形。凡囱之属皆从囱。楚江切。古文囱，或从穴。	初文之纯象形

---

① 工之古文。
② 共之篆文为𦥔，古文为𦥑，古文为初文。

（续表）

序号	字头	楷体	《说文》训释	形体结构类型
367	半	丰	《说文·生部》：草盛丰丰也。从生，上下达也。敷容切。	准初文之合体指事
			《文始》卷七 幽冬侵缉类之阴声幽部甲	
368	丁	丂	《说文·丂部》：气欲舒出。勹上碍于一也。丂，古文以为亏字，又以为巧字。凡丂之属皆从丂。苦浩切。	初文之纯指事
369	丑	丑	《说文·丑部》：纽也。十二月，万物动，用事。象手之形。时加丑，亦举手时也。凡丑之属皆从丑。敕九切。	初文之纯象形
370	臼	臼	《说文·臼部》：叉手也。从𦣞、彐。凡臼之属皆从臼。居玉切。	准初文之同体复重
371	厹	厹	《说文·厹部》：兽足蹂地也。象形，九声。《尔疋》曰："狐狸貛貉丑，其足蹞，其迹厹。"凡厹之属皆从厹。人九切。蹂，籀文，从足柔声。	初文之纯象形
372	手	手	《说文·手部》：拳也。象形。凡手之属皆从手。书九切。𠂿，古文手。	初文之纯象形
373	叉	叉	《说文·又部》：手足甲也。从又，象叉形。侧狡切。	准初文之合体指事
374	九	九	《说文·九部》：阳之变也。象其屈曲究尽之形。凡九之属皆从九。举有切。	初文之纯象形
375	裘①	裘	《说文·裘部》：皮衣也。从衣求声。一曰象形，与衰同意。凡裘之属皆从裘。巨鸠切。裘，古文省衣。	初文之纯象形
376	臼	臼	《说文·臼部》：舂也。古者掘地为臼，其后穿木石。象形。中，米也。凡臼之属皆从臼。其九切。	初文之纯象形
377	韭	韭	《说文·韭部》：菜名。一种而久者，故谓之韭。象形，在一之上；一，地也。此与耑同意。凡韭之属皆从韭。举友切。	初文之纯象形

① 裘之篆文为裘，古文为裘，古文为初文。

（续表）

序号	字头	楷体	《说文》训释	形体结构类型
378	丩	丩	《说文·丩部》：相纠缭也。一曰瓜瓠结丩起。象形。凡丩之属皆从丩。居虬切。	初文之纯指事
379	幺	幺	《说文·幺部》：小也。象子初生之形。凡幺之属皆从幺。於尧切。	初文之纯象形
380	丣	丣	古文酉。从丣。丣为春门，万物已出。丣为秋门，万物已入。一，闭门象也。	初文之纯象形
381	酉	酉	《说文·酉部》：就也。八月黍成，可为酎酒。象古文酉之形。凡酉之属皆从酉。與久切。	初文之纯象形
382	由①	粤	《说文·马部》：木生条也。从马由声。《商书》曰："若颠木之有甹枿。"古文言"由枿"。徐错曰："说文无由字。今《尚书》只作'由枿'，盖古文省马，而后人因省之，通用为因由等字。从马上象枝条华甬之形。"臣铉等案："孔安国注《尚书》，直训'由'作'用'也。用枿之语不通。以州切。"	初文之纯象形
383	竹	竹	《说文·竹部》：冬生草也。象形。下垂者，箁箬也。凡竹之属皆从竹。陟玉切。	初文之纯象形
384	卤	卤	《说文·卤部》：草木实垂卤卤然。象形。凡卤之属皆从卤。读若调。徒辽切。𣘗，籀文，三卤为卤。	初文之纯象形
385	甾②	畴	《说文·田部》：耕治之田也。从田，象耕屈之形。直由切。	初文之纯象形
386	舟	舟	《说文·舟部》：船也。古者，共鼓、货狄，刳木为舟，剡木为楫，以济不通。象形。凡舟之属皆从舟。职流切。	初文之纯象形

---

① 粤之篆文为甹，古文为由，古文为初文。
② 畴之篆文为𤲬，古文为甾，古文为初文。

（续表）

序号	字头	楷体	《说文》训释	形体结构类型
387	州	州	《说文·川部》：水中可居曰州，周遶其旁，从重川。昔尧遭洪水，民居水中高土，或曰九州。《诗》曰："在河之州。"一曰州，畴也。各畴其土而生之。臣铉等曰："今别作洲，非是。职流切。" ，古文州。	准初文之合体象形
388	百	百	《说文·百部》：头也。象形。凡百之属皆从百。书九切。	初文之纯象形
389	未	未	《说文·未部》：豆也。象未豆生之形也。凡未之属皆从未。式竹切。	初文之纯象形
390	肉	肉	《说文·肉部》：胾肉。象形。凡肉之属皆从肉。如六切。	初文之纯象形
391	六	六	《说文·六部》：《易》之数，阴变于六，正于八。从入从八。凡六之属皆从六。力竹切。	初文之纯象形
392	雔	雔	《说文·雔部》：双鸟也。从二隹。凡雔之属皆从雔。读若酬。市流切。	准初文之同体复重
393	艸	艸	《说文·艸部》：百卉也。从二屮。凡艸之属皆从艸。仓老切。	准初文之同体复重
394	牟	牟	《说文·牛部》：牛鸣也。从牛，象其声气从口出。莫浮切。	准初文之合体指事
395	矛	矛	《说文·矛部》：酋矛也。建于兵车，长二丈。象形。凡矛之属皆从矛。莫浮切。 ，古文矛从戈。	初文之纯象形
396	勹	勹	《说文·勹部》：裹也。象人曲形，有所包裹。凡勹之属皆从勹。布交切。	初文之纯指事
397	缶	缶	《说文·缶部》：瓦器。所以盛酒浆。秦人鼓之以节歌。象形。凡缶之属皆从缶。方九切。	初文之纯象形
398	卯	卯	《说文·卯部》：冒也。二月，万物冒地而出。象开门之形。故二月为天门。凡卯之属皆从卯。莫饱切。 ，古文卯。	初文之纯象形

（续表）

序号	字头	楷体	《说文》训释	形体结构类型
399	闩	闩	《说文·闩部》：重覆也。从门、一。凡闩之属皆从闩。读若艸苺苺。莫保切。	准初文之合体指事
400	冃	冃①	《说文·冃部》：小儿蛮夷头衣也。从门；二，其饰也。凡冃之属皆从冃。莫报切。	准初文之合体指事
401	目	目	《说文·目部》：人眼。象形。重童子也。凡目之属皆从目。莫六切。𥃦，古文目。	初文之纯象形
402	𠂤	𠂤	《说文·𠂤部》：大陆，山无石者。象形。凡𠂤之属皆从𠂤。房九切。𠂤，古文。	初文之纯象形
《文始》卷七 幽冬侵缉类之阳声冬部乙				
403	邕②	邕	《说文·川部》：四方有水，自邕城池者。从川从邑。於容切。邕，籀文邕。	准初文之合体象形
404	中	中	《说文·丨部》：内也。从口。丨，上下通。陟弓切。中，古文中。中，籀文中。	初文之纯指事
405	夆	夆	《说文·夂部》：服也。从夂、牛，相承不敢并也。下江切。	准初文之同体复重
406	終③	终	《说文·糸部》：絿丝也。从糸冬声。职戎切。終，古文终。	初文之纯象形
《文始》卷七 幽冬侵缉类之阳声侵部丙				
407	珡	珡	《说文·珡部》：禁也。神农所作。洞越，练朱五弦，周加二弦。象形。凡珡之属皆从珡。巨今切。𤫜，古文珡从金。	初文之纯象形
408	乑	仈	《说文·乑部》：众立也。从三人。凡乑之属皆从乑。读若钦崟。鱼音切。	准初文之同体复重
409	㐭	㐭	《说文·㐭部》：谷所振入。宗庙粢盛，仓黄㐭而取之，故谓之㐭。从入，回象屋形，中有户牖。凡㐭之属皆从㐭。力甚切。廩，㐭或从广从禾。	初文之纯象形

---

① 《文始》（1999：358）中此字头误作"日"，新版（2014：400）已更为"冃"。

② 邕之篆文为邕，籀文为邕，籀文为初文。

③ 终之篆文为緕，古文为終，古文为初文。

（续表）

序号	字头	楷体	《说文》训释	形体结构类型
410	𣏟	林	《说文·林部》：平土有丛木曰林。从二木。凡林之属皆从林。力寻切。	准初文之同体复重
411	壬	壬	《说文·壬部》：位北方也。阴极阳生，故《易》曰："龙战于野。"战者，接也。象人裹妊之形。承亥壬以子，生之叙也。与巫同意。壬承辛，象人胫。胫，任体也。凡壬之属皆从壬。如林切。	初文之纯象形
412	羊	羊	《说文·干部》：掫也。从干。入一为干，入二为羊。读若能。言稍甚也。如审切。	准初文之合体指事
413	先	先	《说文·先部》：首笄也。从人，匕象簪形。凡先之属皆从先。侧岑切。𥬠，俗先从竹从簪。	准初文之合体象形
414	三	三	《说文·三部》：天地人之道也。从三数。凡三之属皆从三。稣甘切。弎，古文三从弋。	准初文之同体复重
415	彡	彡	《说文·彡部》：毛饰画文也。象形。凡彡之属皆从彡。所衔切。	初文之纯指事
416	心	心	《说文·心部》：人心，土藏，在身之中。象形。博士说以为火藏。凡心之属皆从心。息林切。	初文之纯象形
417	品	品	《说文·品部》：众庶也。从三口。凡品之属皆从品。丕饮切。	准初文之同体复重
			《文始》卷七 幽冬侵缉类之阳声缉部丁	
418	甲	甲	《说文·甲部》：东方之孟，阳气萌动，从木戴孚甲之象。一曰：人头宜为甲，甲象人头。凡甲之属皆从甲。古狎切。	准初文之合体象形
419	命①			准初文之合体象形

① 甲之古文。

123

（续表）

序号	字头	楷体	《说文》训释	形体结构类型
420	（图）①	柙	《说文·木部》：槛也。以藏虎兕。从木甲声。乌匣切。（图），古文柙。	准初文之合体象形
421	㇆②	及	《说文·又部》：逮也。从又从人。徐锴曰："及前人也。巨立切。"㇆，古文及。《秦刻石》及如此。ㄋ，亦古文及。（图），亦古文及。	会意字
422	ㄋ③			会意字
423	（图）	邑	《说文·邑部》：国也。从囗；先王之制，尊卑有大小，从卪。凡邑之属皆从邑。於汲切。	会意字
424	十	十	《说文·十部》：数之具也。一为东西，丨为南北，则四方中央备矣。凡十之属皆从十。是执切。	初文之纯指事
425	∩	入	《说文·入部》：内也。象从上俱下也。凡入之属皆从入。	初文之纯象形
426	廿	廿	《说文·十部》：二十并也。古文省。人汁切。	准初文之同体复重
427	（图）	馽	《说文·马部》：绊马也。从马，口其足。《春秋传》曰："韩厥执馽前。"读若辄。陟立切。（图），馽或从系执声。	准初文之合体指事
428	（图）	立	《说文·立部》：住也。从大立一之上。臣铉等曰："大，人也。一，地也。会意。"凡立之属皆从立。力入切。	准初文之合体指事
429	A	亼	《说文·亼部》：三合也。从入、一，象三合之形。凡亼之属皆从亼。读若集。秦入切。	纯象形

---

① 柙之篆文为㭓，古文为（图），古文为初文。
② 及之篆文为（图），古文为㇆，古文为初文。
③ 及之古文。

（续表）

序号	字头	楷体	《说文》训释	形体结构类型
430	卅	卅	《说文·卅部》：三十并也。古文省。凡卅之属皆从卅。苏沓切。	准初文之同体复重
431	㗊	㗊	《说文·㗊部》：众口也。从四口。凡㗊之属皆从㗊。读若戢。	准初文之同体复重
432	帀	帀	《说文·帀部》：周也。从反之而帀也。凡帀之属皆从帀。周盛说。子苔切。	准初文之合体指事
433	歰	歰	《说文·止部》：不滑也。从四止。色立切。	准初文之同体复重
			《文始》卷八 之蒸类之阴声之部甲	
434	己	己	《说文·己部》：中宫也。象万物辟藏诎形也。己承戊，象人腹。凡己之属皆从己。居拟切。𢀒，古文己。	初文之纯象形
435	久	久	《说文·久部》：从后灸之，象人两胫后有距也。《周礼》曰："久诸墙以观其桡。"凡久之属皆从久。举友切。	准初文之合体指事
436	克	克	《说文·克部》：肩也。象屋下刻木之形。凡克之属皆从克。徐锴曰："肩，任也。负何之名也。与人肩膊之义通，能胜此物谓之克。苦得切。"	准初文之合体象形
437	克①			准初文之合体象形
438	㱾②			准初文之合体象形
439	龟	龟	《说文·龟部》：旧也。外骨内肉者也。从它，龟头与它头同。天地之性，广肩无雄；龟鳖之类，以它为雄。象足甲尾之形。凡龟之属皆从龟。居追切。𪓑，古文龟。	初文之纯象形
440	棘	棘	《说文·束部》：小枣丛生者。从并束。己力切。	准初文之同体复重
441	革	革	《说文·革部》：兽皮治去其毛，革更之。象古文革之形。凡革之属皆从革。古覈切。革，古文革从三十。三十年为一世，而道更也。臼声。	准初文之合体象形

---

① 克之古文。
② 克之古文。

（续表）

序号	字头	楷体	《说文》训释	形体结构类型
442	丠	丘	《说文·丘部》：土之高也，非人所为也。从北从一。一，地也，人居在丘南，故从北。中邦之居，在昆仑东南。一曰四方高，中央下为丘。象形。凡丘之属皆从丘。今隶变作丘。去鸠切。坓，古文从土。	初文之纯象形
443	𠔹①	箕	《说文·箕部》：簸也。从竹；𠕋，象形；下其丌也。凡箕之属皆从箕。居之切。𠔹，古文箕省。𠥩，亦古文箕。𠥓，籀文箕。𠥫，籀文箕。	初文之纯象形
444	𠥩②			初文之纯象形
445	丌	丌	《说文·丌部》：下基也。荐物之丌。象形。凡丌之属皆从丌。读若箕同。居之切。	初文之纯象形
446	牛	牛	《说文·牛部》：大牲也。牛，件也；件，事理也。象角头三、封尾之形。凡牛之属皆从牛。徐锴曰："件，若言物一件、二件也。封，高起也。语求切。"	初文之纯象形
447	弋	弋	《说文·厂部》：橜也。象折木邪锐著形。从厂，象物挂之也。與职切。	准初文之合体象形
448	巳	巳	《说文·巳部》：巳也。四月，阳气巳出，阴气巳藏，万物见，成文章，故巳为蛇，象形。凡巳之属皆从巳。详里切。	初文之纯象形
449	亥③	亥	《说文·亥部》：荄也。十月，微阳起，接盛阴。从二，二，古文上字。一人男，一人女也。从乚，象裹子咳咳之形。《春秋传》曰："亥有二首六身。"凡亥之属皆从亥。胡改切。𡘴，古文亥为豕，与豕同。亥而生子，复从一起。	初文之纯象形

---

① 箕之篆文为𥫗，古文为𠔹，古文为初文。
② 箕之古文。
③ 亥之篆文为𡆼，古文为亥，古文为初文。

（续表）

序号	字头	楷体	《说文》训释	形体结构类型
450	𗊎	子	《说文·子部》：十一月，阳气动，万物滋，人以为称。象形。凡子之属皆从子。李阳冰曰："子在襁褓中，足并也。即里切。"𗊎，古文子，从巜，象发也。𗊎，籀文子，囟有发，臂胫在几上也。	初文之纯象形
451	𗊎	臣	《说文·臣部》：顚也。象形。凡臣之属皆从臣。與之切。𗊎，篆文臣。𗊎，籀文从首。	初文之纯象形
452	𗊎	又	《说文·又部》：手也。象形。三指者，手之剡多略不过三也。凡又之属皆从又。于救切。	初文之纯象形
453	𗊎	而	《说文·而部》：颊毛也。象毛之形。《周礼》曰："作其鳞之而。"凡而之属皆从而。臣铉等曰："今俗别作𗊎，非是。如之切。"	初文之纯象形
454	𗊎	耳	《说文·耳部》：主听也。象形。凡耳之属皆从耳。而止切。	初文之纯象形
455	𗊎	来	《说文·来部》：周所受瑞麦来麰。一来二缝，象芒束之形。天所来也，故为行来之来。《诗》曰："诒我来麰。"凡来之属皆从来。洛哀切。	初文之纯象形
456	𗊎	力	《说文·力部》：筋也。象人筋之形。治功曰力，能圉大灾。凡力之属皆从力。林直切。	初文之纯象形
457	𗊎	之	《说文·之部》：出也。象草过中，枝茎益大，有所之。一者，地也。凡之之属皆从之。止而切。	准初文之合体指事
458	𗊎	才	《说文·才部》：草木之初也。从丨上贯一，将生枝叶。一，地也。凡才之属皆从才。徐锴曰："上一，初生歧枝也。下一，地也。昨哉切。"	准初文之合体指事

（续表）

序号	字头	楷体	《说文》训释	形体结构类型
459	止	止	《说文·止部》：下基也。象草木出有址，故以止为足。凡止之属皆从止。诸市切。	初文之纯象形
460	①	齿	《说文·齿部》：口龂骨也。象口齿之形，止声。凡齿之属皆从齿。昌里切。䶒，古文齿字。	初文之纯象形
461	甾	甾	《说文·甾部》：东楚名缶曰甾。象形。凡甾之属皆从甾。侧词切。𠿤，古文。	初文之纯象形
462	巜	巜	《说文·川部》：害也。从一雝川。《春秋传》曰："川雝为泽，凶。"祖才切。	准初文之合体指事
463	囟	囟	《说文·囟部》：头会，脑盖也。象形。凡囟之属皆从囟。𦥑，古文囟字。𦡊，或从肉、宰。	初文之纯象形
464	丝	丝	《说文·丝部》：蚕所吐也。从二糸。凡丝之属皆从丝。息兹切。	准初文之同体复重
465	夨	夨	《说文·夨部》：倾头也。从大，象形。凡夨之属皆从夨。阻力切。	准初文之变体
466	不	不	《说文·不部》：鸟飞上翔不下来也。从一，一犹天也。象形。凡不之属皆从不。方久切。	准初文之合体指事
467	北	北	《说文·北部》：菲也。从二人相背。凡北之属皆从北。博墨切。	准初文之同体复重
468	富	富	《说文·富部》：满也。从高省，象高厚之形。凡富之属皆从富。读若伏。芳逼切。	准初文之合体象形
469	皀	皀	《说文·皀部》：谷之馨香也。象嘉谷在裹中之形。匕，所以扱之。或说，皀，一粒也。凡皀之属皆从皀。	初文之纯象形
470	母	母	《说文·女部》：牧也。从女，象怀子形。一曰象乳子也。莫后切。	准初文之合体象形

① 齿之篆文为𪘁，古文为䶒，古文为初文。

128

（续表）

序号	字头	楷体	《说文》训释	形体结构类型
			《文始》卷八 之蒸类之阳声蒸部乙	
471	弓	弓	《说文·弓部》：以近穷远。象形。古者挥作弓。《周礼》六弓：王弓、弧弓以射甲革甚质；夹弓、庾弓以射干侯鸟兽；唐弓、大弓以授学射者。凡弓之属皆从弓。居戎切。	初文之纯象形
472	①	厷	《说文·又部》：臂上也。从又，从古文厷。古薨切。厶，古文厷，象形。肱，厷或从肉。	初文之纯象形
473	𠄎	乃	《说文·乃部》：曳词之难也。象气之出难。凡乃之属皆从乃。奴亥切。臣铉等曰："今隶书作乃。"弓，古文乃。𠄏，籀文乃。	初文之纯象形
474	升	升	《说文·斗部》：十龠也。从斗，亦象形。识蒸切。	准初文之合体指事
475	②	凤	《说文·鸟部》：神鸟也。天老曰："凤之象也，鸿前麐后，蛇颈鱼尾，鹳颡鸳思，龙文虎背，燕颔鸡喙，五色备举。出于东方君子之国，翱翔四海之外，过昆仑，饮砥柱，濯羽弱水，莫宿风穴。见则天下大安宁。"从鸟凡声。冯贡切。朋，古文凤。象形。凤飞，群鸟从以万数，故以为朋党字。鹏，亦古文凤。	初文之纯象形
476	仌	仌	《说文·仌部》：冻也。象水凝之形。凡仌之属皆从仌。笔陵切。	初文之纯象形
			《文始》卷九 宵谈盍类之阴声宵部甲	
477	高	高	《说文·高部》：崇也。象台观高之形。从冂、口。与仓、舍同意。凡高之属皆从高。古牢切。	初文之纯象形

① 厷之篆文为肱，古文为厶，古文为初文。
② 凤之篆文为鹏，古文为朋，古文为初文。

（续表）

序号	字头	楷体	《说文》训释	形体结构类型
478	垚	垚	《说文·垚部》：土高也。从三土。凡垚之属皆从垚。吾聊切。	准初文之同体复重
479	県	県	《说文·県部》：到首也。贾侍中说："此断首以县県字。"凡県之属皆从県。古尧切。	准初文之变体
480	爻	爻	《说文·爻部》：交也。象《易》六爻头交也。凡爻之属皆从爻。胡茅切。	初文之纯象形
481	交	交	《说文·交部》：交胫也。从大，象交形。凡交之属皆从交。古爻切。	初文之纯象形
482	樂	乐	《说文·木部》：五声八音总名。象鼓鞞木，虡也。玉角切。	准初文之合体象形
483	夭	夭	《说文·夭部》：屈也。从大，象形。凡夭之属皆从夭。於兆切。	准初文之变体
484	刀	刀	《说文·刀部》：兵也。象形。凡刀之属皆从刀。都牢切。	初文之纯象形
485	鳥	鸟	《说文·鸟部》：长尾禽总名也。象形。鸟之足似匕，从匕。凡鸟之属皆从鸟。都了切。	初文之纯象形
486	兔	兔	《说文·兔部》：兽也。似兔，青色而大。象形。头与兔同，足与鹿同。凡兔之属皆从兔。丑略切。兔，篆文。	初文之纯象形
487	兆①	兆	《说文·卜部》：灼龟坼也。从卜；兆，象形。治小切。兆，古文兆省。	初文之纯象形
488	了	了	《说文·了部》：㐆也。从子无臂。象形。凡了之属皆从了。卢鸟切。	准初文之省体
489	巢	巢	《说文·巢部》：鸟在木上曰巢，在穴曰窠。从木，象形。凡巢之属皆从巢。鉏交切。	准初文之合体象形

---

① 兆之篆文为 𠨮，古文为 兆，古文为初文。

（续表）

序号	字头	楷体	《说文》训释	形体结构类型
490	爪	爪	《说文·爪部》：丮也。覆手曰爪。象形。凡爪之属皆从爪。侧狡切。	初文之纯象形
491	勺	勺	《说文·勺部》：挹取也。象形，中有实，与包同意。凡勺之属皆从勺。之若切。	初文之纯象形
492	爵①	爵	《说文·鬯部》：礼器也。象爵之形，中有鬯酒，又持之也。所以饮。器象爵者，取其鸣节节足足也。即略切。爵，古文爵，象形。	初文之纯象形
493	小	小	《说文·小部》：物之微也。从八，丨见而分之。凡小之属皆从小。私兆切。	初文之纯指事
494	枣	枣	《说文·束部》：羊枣也。从重束。子皓切。	准初文之同体复重
495	兒	兒	《说文·兒部》：兒，颂仪也。从人，白象人面形。凡兒之属皆从兒。莫教切。貌，兒或从页，豹省声。貌，籀文兒从豹省。	准初文之合体象形
496	毛	毛	《说文·毛部》：眉发之属及兽毛也。象形。凡毛之属皆从毛。莫袍切。	初文之纯象形
			《文始》卷九 宵谈盍类之阳声谈部乙	
497	广	广	《说文·广部》：因厂为屋，象对剌高屋之形。凡广之属皆从广。读若俨然之俨。鱼俭切。	初文之纯象形
498	凵	凵	《说文·凵部》：张口也。象形。凡凵之属皆从凵。口犯切。	初文之纯象形
499	欠	欠	《说文·欠部》：张口气悟也。象气从人上出之形。凡欠之属皆从欠。去剑切。	准初文之合体象形
500	炎	炎	《说文·炎部》：火光上也。从重火。凡炎之属皆从炎。于廉切。	准初文之同体复重
501	马	马	《说文·马部》：嘾也。草木之华未发函然。象形。凡马之属皆从马。读若含。乎感切。	初文之纯象形
502	函	函	《说文·马部》：舌也。象形。舌体马马。从马，马亦声。胡男切。肣，俗函从肉、今。	准初文之合体象形

① 爵之篆文为鬻，古文为鬲，古文为初文。

（续表）

序号	字头	楷体	《说文》训释	形体结构类型
503	甘	甘	《说文·甘部》：美也。从口含一。一，道也。凡甘之属皆从甘。古三切。	准初文之合体指事
504	丙	丙	《说文·谷部》：舌皃。从谷省。象形。他念切。丙，古文丙。读若三年导服之导。一曰竹上皮。读若沾。	初文之纯象形
505	丹	丹	《说文·丹部》：毛丹丹也。象形。凡丹之属皆从丹。而玦切。	初文之纯象形
506	夾	夾	《说文·亦部》：盗窃怀物也。从亦，有所持。俗谓蔽人俜夹是也。弘农陕字从此。失丹切。	准初文之合体指事
507	妥	妥	《说文·夊部》：瑠盖也。象皮包覆瑠，下有两臂，而夊在下。读若范。亡范切。	准初文之合体象形
《文始》卷九 宵谈盍类之阳声盍部丙				
508	耴	耴	《说文·耳部》：耳垂也。从耳下垂。象形。《春秋传》曰"秦公子辄"者，其耳下垂，故以为名。陟叶切。	准初文之合体象形
509	鬣	鬣	《说文·囟部》：毛鬣也。象发在囟上及毛发鬣鬣之形。此与籀文子字同。良涉切。	准初文之合体象形
510	乏	乏	《说文·正部》：《春秋传》曰："反正为乏。"房法切。	准初文之变体

第四章 《文始》之语源学检验

　　本章将对《文始》九卷中510个初文、准初文所系联的所有字词展开穷尽性的语源学检验。所谓"语源学检验"，具体而言，即是依据王力上古音体系和音转理论以及《说文》语义系统对《文始》九卷中初文、准初文所系联的全部字词予以双重检验，以期考察由此衍生而来的字词究竟是否具有同源关系。

第一节 《文始》语音语义检验体系之确立

一、《文始》语音检验体系的确立

　　在确立《文始》语音检验体系上，首先面临的一大问题就是采取何种语音体系对《文始》同源字词加以检验。当前除王力构拟的上古音体系之外，学界还存在多家。章太炎本人也曾构拟过，就此而言，以章验章是一种方便的进路。然而考虑到章太炎《文始》即是基于其本人的古音学说而完成的，以章验章在很大程度上有助于揭示其内部的自洽性，但却很难让我们借此把握《文始》从方案设计到实践操作的整个体系的合理性问题，进而对学界的质疑做出回应。从这个角度而言，我们更需要导入其他语音系统加入检验，对此，最佳的选择是目前认可度最广的王力上古音体系。

　　作为20世纪中国最有成就的语言学家之一，也是20世纪影响最为深远的古音学家之一，王力的古音学说具有较强的解释力，在当代中国语言学界具有相当的代表性。

　　王力定上古三十三声纽，三十韵部。他的上古音拟音系统以及语音通转理论主要见于《汉语史稿》《同源字典》《汉语语音史》《古代汉语》等著作中，前后经历了一个发展演变、不断完善的过程。在《汉语史稿》（1957年初版、1980年修订本）中王力定上古声纽为三十二，后《同源字典·同源字论》（1982）中根据李荣的考证①增加了一个俟母，凡三十三组（表4-1）。

表4-1 王力上古声纽表

	喉	影○						
	牙	见 k	溪 kh	群 g	疑 ng		晓 x	匣 h
舌	舌头	端 t	透 th	定 d	泥 n	来 l		
	舌面	照 tj	穿 thj	神 dj	日 nj	喻 j	审 sj	禅 zj
齿	正齿	庄 tzh	初 tsh	床 dzh			山 sh	俟 zh
	齿头	精 tz	清 ts	从 dz			心 s	邪 z
	唇	帮 p	滂 ph	并 b	明 m			

至于上古韵部体系，同样经历了一个演变过程。早在《上古韵母系统研究》（1937）一文中，他受到章太炎脂、队（即王力所谓物部）分部的启示，提出了脂、微分部的主张，且同意章太炎晚年并冬部于侵部，分古韵为十一系二十三部（之蒸、幽、宵、侯东、鱼阳、歌曷寒、支耕、脂质真、微术谆、侵缉、谈盍），认为"凡同系者其主要元音即相同"。后在《汉语史稿》（1957）中，他同意黄侃阴阳入三分相配的主张，将原来分别归入相应阴声的入声六部（职、觉、药、屋、铎、锡）独立，从而形成了一个十一类二十九部阴、阳、入三声对应的古韵系统。直至晚年的《汉语语音史》（1985）中又将侵部的合口标为冬部，增加了一个冬部（但同时也说明"《诗经》时代与侵部合用"），最终形成三十部。即王力定先秦古韵二十九部，战国时代三十部（表4-2）。

表4-2 王力上古韵表

	之 ə	支 e	鱼 a	侯 ɔ	宵 o	幽 u
甲类	职 ək	锡 ek	铎 ak	屋 ɔk	沃 ok	觉 uk
	蒸 əŋ	耕 eŋ	阳 aŋ	东 ɔŋ		[冬] uŋ
乙类	微 əi	脂 ei	歌 ai			
	物 ət	质 et	月 at			
	文 ən	真 en	元 an			
丙类	缉 əp		盍 ap			
	侵 əm		谈 am			

---

① 李荣：《切韵音系》，北京，科学出版社，1956年，第92～93页。

关于古音通转理论，王力在《同源字典·同源字论》（1982：12～20）中也有详细的阐释。他将古韵二十九部列成韵表，指出凡同韵部者为叠韵，同类同直行者为对转，同类同横行者为旁转，旁转而后对转者为旁对转，不同类而同直行者为通转，虽不同元音，但是韵尾同属塞音或同属鼻音者，也算通转（罕见）。又将古声三十三纽列成纽表，凡同纽者为双声，同类同直行，或舌齿同直行者为准双声，同类同横行者为旁纽，同类不同横行者为准旁纽，喉与牙，舌与齿为邻纽，鼻音与鼻音，鼻音与边音，也算邻纽。

需要指出的是，尽管王力的学术思想与章太炎存在相当的区别，却也存在相当的联系。作为现代中国语言学的奠基者之一，王力的语言学研究尤其是他所建构的上古音拟音系统以及语音通转理论在一定程度上反映了"现代语言学家在新的历史条件下对传统语言学的继承与超越"（吴根友、孙邦金等，2015：1052）。而章太炎作为清代古音学殿军和现代"汉语言文字学"鼻祖，他的古音学研究无疑对王力产生了十分重要的影响。可以说，王力对章太炎是批判性地继承，也是继承性地批判。

古声方面，殷寄明《中国语源学史》（2002：248～249）曾指出："王力的《纽表》，学界公认是全面汲取前人研究成果的，如果与章太炎的声纽表作一比较，会发现虽有一定差异但无本质区别。"古韵方面，王力"脂微分部说"是受到章太炎队部独立的启发，"脂、微分部的意义在于解决了以-n、-t 作韵尾的脂、质、真，微、物、文，歌、月、元等韵部三声相配的配搭系统，无疑对古韵分部是有贡献的"。（郭锡良，2010：6）至于王力早年的古韵二十三部乃至晚年的二十九部，均采纳了章太炎"冬侵合并"的主张，尽管之后吸收了孔氏冬部独立的意见，指出战国时代冬侵当分立，从而有了古韵三十部。

而王力的古音通转理论同样也是基于对前人阴阳入相配和阴阳对转理论的批判性继承和创造性发展。李开在《汉语语言研究史》（1993：244）中指出："用阴、阳、入的观念去分析古音，顾炎武、江永、戴震、孔广森都不同程度地采用过，戴震在《答段若膺论韵》中提出阴阳入相配及其'正转''旁转'法式后，被孔广森阐扬精微。戴、孔的学说到清末民元为章太炎（1869～1936）所发展，在他的《国故论衡·小学集说》和《文始》中形成了完整的古音通转体系。到王力《同源字典》中，以王氏古韵二十九部和古纽三十三类为基础，提出了新的古音通转体系，作为探求同源字的理论基础。"他对王力的古音通转说予以了高度肯定："在上古韵表和纽表中观之，此说十分明确。王力的通转说，可谓集江永、戴震以来的通转说之大成，对理解清儒和晚近章、黄的通转说都有重要作用。"之后在《戴震评传》（2011：309）中李开再度肯定了戴震的功绩，并强调了其研究对后世的启发："后世古音学的研究，直至章太炎、黄侃、王力无不从中汲取智慧。"

由上，鉴于王力古音学说的代表性以及王力与章太炎之间的"继承与超越"关系，我们最终决定采用王力上古音体系及音转理论来作为本书分析判定《文始》同源字词语音关系的依据。

在具体的操作上，我们选取的是郭锡良编著的《汉字古音手册（增订本）》（2010）。关于该书所依据的古音系统和拟音体系，《例言》（2010：4～5）中指出："本手册的古音系统和拟音采用王力先生《汉语史稿》上册修订本的意见。上古音的韵类和拟音，经了一师同意，有某些补充。"《增订本前言》（2010：27）也指出："《手册》的编写和增订是根据了一师的古音系统和拟音体系进行的，至于古音系统和拟音体系内部的一些补充或调整以及具体字的归部、拟音，则是编写者个人的认识。"需要说明的是，增订本结合王力20世纪80年代以后的观点作了一定的修改，如上古韵部由《汉语史稿》的二十九部增至三十部。"全浊声母没有吐气不吐气的对立，依王力先生的八十年代以后的意见，一律改为不吐气。"此外也更改了个别声母的拟音等等。

王力1982年为初版所写的序中曾说道："古音系统还没有定论，古音拟测更没有定论"，"各家的古音学说虽不尽相同，毕竟有价值的几家也只是大同小异。这一部书的参考价值还是很大的"。

关于收字，《汉字古音手册·例言》中作了说明："增订本比初版增收单字四千四百多个，单字总数在一万一千七百字左右。初版只收秦汉以前古籍中的常用字。增订本首先把《说文解字》中的九千多字全收了，再根据《王力古汉语字典》《汉语大字典》中凡东汉以前有用例的字也都收了。"

至于一小部分在《汉字古音手册（增订本）》（2010）中检索不到的字，则根据《广韵》记载的反切上下字来拟测上古音，这也是音韵学家们通用的一种基本方法。

此外，还需交代几个对等的概念：沃、药上古音同部，盍、叶上古音同部；章纽为照纽三等，昌纽为穿纽三等，船纽为床纽三等，余纽为喻纽四等，书纽为审纽三等，崇纽为床纽二等。关于个别声韵的通转，诸家观点多有异议。如认为定纽字亦可与牙音字有同源关系，对此本书暂不考虑。

二、《文始》语义检验体系的确立

《文始》取材于《说文》，是章太炎在《说文》讲授基础上写就，故而我们采用《说文》意义训释系统来确立在章太炎所构建的语义链条中，各字词是基于何种意义而得以系联的。

《说文》虽以训释本义为宗旨，然其意义系统实际上涵盖了本义、引申义、假借义、语源义、形体造意以及文化意义等六大类。其中本义、引申义、假借义属显性语义，而语源义为隐性语义。形体造意为造字意图且无书证者。文化意义则多因许慎采用阴阳五行学说和谶纬学说解释数目字和天干地支字而产生，在许慎看来属于本义，实则为附加义。跟前四类不同，词的形体造意和文化意义属于《说文》意义系统中较为特殊的两类，即非语义范畴。考虑到其在一定条件下也会变易孳乳出新的字词，故亦考虑在内。

我们以《文始》所引《说文》字例对这六大类分别加以说明。

（一）本义

"一个词在其初产生时所具有的意义，就是该词的'本义'。"（张世禄，2015：89）当然，我们所谈的是有上古文献史料佐证的本义。本义具有统率性，它能衍生并贯穿所有引申义。《说文》所训大部分为本义。例如："儿"，繁体作"兒"，本义为小孩。《说文·儿部》："孺子也。从儿，象小儿头囟未合。"清段玉裁注："儿，《杂记》（按：《礼记》篇名）谓之婴儿，《女部》谓之婴婗（见《说文》'婗'下）。"李孝定《甲骨文字集释》："契、金文儿字皆象总角之形。"《释名·释长幼》："人始生曰婴儿，或曰婴婗。"《汉书·张汤传》："汤为儿守舍。"颜师古注："称为儿者，言其尚幼小也。"《聊斋志异·罗刹海市》："见两儿坐浮水面，拍流嬉笑，不动亦不沉。"

再如"而"，本义为颊毛。《说文·而部》："颊毛也。象毛之形。"徐锴系传："而，象颊毛连属而下也。"《周礼·考工记·梓人》曰："必深其爪，出其目，作其鳞之而。"郑玄注："之而，颊颔也。"戴震补注："颊侧上出者曰之，下垂者曰而，须鬣属也。"

（二）引申义

引申义是指由本义推演、派生而来的意义。《说文》所训部分为引申义。例如："十"，《说文·十部》："数之具也。一为东西，丨为南北，则四方中央备矣。"此处形体分析失当。于省吾《甲骨文字释林》："'十'字初形本为直画，继而中间加肥，后则加点为饰，又由点孳化为小横。数至十复反为一，但既已进位，恐其与'一'混，故直书之。""十"本义当为数词十。《广韵·缉韵》："十，数名。"《易·屯》："女子贞不字，十年乃字。"孔颖达疏："十者，数之极。"《红楼梦》第五回："众人笑道：

'（秦钟和宝玉）隔着二三十里，往那里带去，见的日子有呢。'"许氏所训"数之具"当为引申义。由数词十引申为表示完备甚至达到极点。例如"十分、十足、十全十美"等极言程度之深。又如《周礼·天官·医师》："岁终，则稽其医事，以制其食。十全为上，十失一次之。"宋孔平仲《对菊有怀郎祖仁》："庭下金龄菊，花开已十分。"

类似的例子如"干"的本义为武器。《说文·干部》："干，犯也。从反入，从一。"许氏所训干犯义当为引申义。"行"的本义为道路，《说文·彳部》："行，人之步趋也。从彳，从亍。"所训"步趋"即"行走"义，当为引申义。

（三）假借义

"一个词（字）舍弃它的本义不用，借作音同音近的另一个词（字）的意义来用，这便是假借义。"（祝鸿熹，2017：46）例如："我"，《说文·我部》："我，施身自谓也。"许氏所训为假借义。李孝定《甲骨文字集释》："契文'我'象兵器之形，以其秘似戈故与戈同，非从戈也……卜辞均假为施身自谓之词。"朱芳圃《殷周文字释丛》："'我'象长柄而有三齿之器，即'锜'之初文，原为兵器。"要之，"我"本义当为兵器，假借表第一人称代词。《广韵·哿韵》："我，己称。"因假借义最为常用，故又为"我"之基本义。如：《孟子·尽心上》："万物皆备于我矣。"《易·中孚》："我有好爵，吾与尔靡之。"《诗·小雅·采薇》："昔我往矣，杨柳依依；今我来思，雨雪霏霏。"

再如："乎"，《说文·兮部》："语之余也。从兮，象声上越扬之形也。"许氏所训为假借义。杨树达《积微居小学述林》（1983：60）："考之《尚书》及古金文，乎字绝少作语末词用者，而甲文、金文乎字皆用作呼召之呼……以此知乎本呼之初文，因后人久借用为语末之词，乃有后起加言旁之字。古但有乎而无呼，说金文者往往谓乎为呼字之假，非也。呼召必高声用力，故字形象声上越扬，犹曰字表人发言，字形象气上出也。"《甲骨文字诂林》"乎、呼"字姚孝遂（1999：3413）按："呼、評、虖、謼本皆作乎。卜辞及青铜器铭文均以乎为呼召之意。"要之，"乎"本为呼之本字，表呼唤、召唤义，后假借为语气词。

（四）语源义

关于语源义的界定，殷寄明《〈说文〉研究》（2005：71）指出：语源义是"汉民族在文字产生之前的原始汉语和后世口头语言中的语词，通过已有文字记录，曲折地显现在书面语言词汇实词系统中的一种隐性语义"，是"从书面语词义发生学角度提出来的、与语词本义相并列的语义"。

语源义又分为义项、义素、寓意三种形式。《周礼·考工记·鲍人》：
"欲其柔滑，而腥脂之，则需。"《墨子·号令》："当卫需敌，离地，斩。"
孙诒让间诂："需敌，谓却敌也。"此处"需"表柔弱义，与"等待""索
取"义无关，是另一个词，表现为语源义义项形式。而"嬬、臑、孺、蠕、
糯"等诸字是声符相同的形声字，故需声所承载的柔弱义也是彼此间的共有
义素。故此处的"柔弱义"表现为语源义义素形式。寓意形式是指语源义表
现为语词所指称之事物的性状特征。在某种条件下，能转化为词的义项或义
素。如"专"，繁体作"專"，为纺专，即收丝的器具。甲骨文字形象用手转
动"纺专"纺线形，寓有"圆"义。故以"專"为声符的字所表语词"團、
摶、篿"俱有"圆"义，不同的是表现形式。"團"之本义即"圆、圆形"。
而"摶、篿"分别表"捏聚成团""圆形竹器"，二者俱有"圆"之义素。

（五）形体造意

"古人造字，力图以文字形体来显示其词义内容"，清段玉裁《说文解
字注》称之为"以形为义"。"以文字形体结构来表达词义，有时二者相一
致，但有时存在一定的差异。"（殷寄明，2005：72）《说文》中许慎对语
词的训释大多数为本义，然少部分实为造字意图，并无文献用例可证。

例如，《说文·焱部》："焱，二爻也。"段玉裁注："二爻者，交之广
也。以形为义。故下不云从二爻。"《广韵·纸韵》："焱尔，布明白。象形
也。"今按：许氏所训古今未见，乃为形体造意。饶炯《说文部首订》：
"焱当为尔之古文。象丽尔之形。从二爻者，取字形以为物形，意在象孔
之焱焱，无关于《易》爻。故爽字从之为意。"杨树达《积微居小学述
林》："焱字象窗牖交文之形。"《集韵·纸韵》："焱，希明皃。"要之，
"焱"之本义当为稀疏明朗的样子。

再如，"疒"，《说文·疒部》："倚也。人有疾病，象倚箸之形。"许
氏所训"倚"实为造意。于省吾《甲骨文字释林·释疒》："疒为疒病之
疒，（甲骨文）象人卧床上。""疒"之本义当指疾病。陈梦家《殷虚卜辞
综述·武丁卜辞》："亡降疒。"北周卫元嵩《元包经·困卦》："疒瘅于
忧。"李江注："疒，病也。""疒某"为卜辞中的一大辞例，如"疒自、
疒止、疒首"，分别表示鼻子、脚、头等身体部位或器官出现了疾病。

又如"交"，《说文·交部》："交，交胫也。从大，象交形。"许氏所
训"交胫"实为造意，并无文献用例可证。"交"本义当为交错、交叉。
《庄子·天地》："交臂历指。"《齐民要术·园篱》："交柯错叶，特似房
笼。"此外，《说文》中有一部分部首不成字，许氏所训为其形体造意，而
非本义。如："丿""丨""丶""丿""乚"等。

也正因为《说文》中对语词的训释少部分实则属于造字意图，而章太炎以《说文》为据创设"初文"并以其系联同源词，这就难免会陷入"用汉字形象取代词源意象的误区"。（陈晓强，2011：305）

（六）文化意义

许氏在《说文》中对数目字、干支字的训释多是从文化角度切入的，结合了道家阴阳五行思想以及汉代盛行一时的充满神学迷信色彩的谶纬学说。这一类是属于《说文》意义系统中较为特殊的。许氏之所以会结合道家思想与谶纬学说对词进行阐释，主要是由于他以为某些字的出现与某文化意义之间存在着相关性。

《文始》中由词的文化意义转化为词的义项或义素的例子较少，盖不足十例。例如，《文始》卷七字条十一"丣"，《说文·酉部》："就也。八月黍成，可为酎酒。象古文酉之形。凡酉之属皆从酉。丣，古文酉。从丣，丣为春门，万物已出。丣为秋门，万物已入。一，闭门象也。"按："酉"象酒器之形，本义为酒器，后引申指酒。许氏所训"丣为秋门，万物已入"为"丣"之文化意义。由"丣"之"关闭、停止"义派生出了"留、休"二词。

同理，卷七字条二十九"夘"，为《说文》卯本字。《说文·卯部》："冒也。二月，万物冒地而出。象开门之形。故二月为天门。"按：卜辞中"卯牛"为"刘牛"，即"杀牛"。吴其昌《金文名象疏证》："卯之本义为刀双并立之形。"许氏所训为"夘"的文化意义。由"夘"之"开门"义派生出"贸"，《说文·贝部》："贸，易财也。从贝夘声。"本义为"交易、交换"，"开门"义为夘声所承载之义素。

在确定了各字词的语义坐标之后，再从语义相同、语义相反相对以及语义相通等角度来考察彼此间在语义上是否存有亲缘关系。

其中，同源词的语义相同包括：各语词的义项相同，各语词含相同的义素，此词之义项与彼词之义素相同。语义相反或相对即同源词之间语源相同但意义相反或相对，这一类的理据主要源于"美恶同名""施受同辞"说。语义相通则指同源词的语义之间存有某种逻辑关联，例如高与大，短与小等。

关于此部分的例证可详见第五章《〈文始〉之语义关系及派生类型》，此处不予展开。

由上，我们将分别依据语音和语义检验体系对《文始》所系联的全部字词予以穷尽性的语源学考察。具体步骤及相关说明如下：

首先，按照《文始》的体例分布，以字条为单位，将每字条中的初文、准初文及由其变易孳乳而来的字词全部逐一列出。需要说明的是，本书旨在首先完整还原《文始》中所系联字词的全貌，继而开展语源学检验。加之《文始》"变易""孳乳"概念的混淆，需从整体上对字词关系重新予以把握。所以将"变易字"也纳入考察范围中。至于变易字的孳乳字，本书暂不作区分，统一从语音和语义两个角度对其予以检查。

其次，语音方面，依据王力上古音拟音系统，标明各字词在上古音系统中所处的声纽和韵部，尤其要标出书中尚未交代的声纽[1]；语义方面，按照《文始》的词汇发展轨迹，以每卷字条为单位，标明初文、准初文及其派生出来的同源字词在语义链条中各自所处的位置，即是属于本义、引申义、假借义、语源义、形体造意还是文化意义。在次序上，优先考虑显性语义（前三者）上的联系，再考虑隐形语义（语源义）上的联系。词的形体造意和文化意义属于《说文》意义系统中较为特殊的两类，因其在一定条件下也会变易孳乳出新的字词，故亦考虑在内。确立完语义坐标之后，继而对相应的公共义予以归并，以此还原《文始》意义延展的原貌。

再次，在具体操作上，先依据王力上古语音通转理论对具体语音通转关系予以考察，剔除上古音不通转的字词。在此基础上，由语义角度切入，从语义相同、相反或相对、相通等角度来考察彼此间的亲缘关系。具体分析时参照古代典籍、出土文献及《汉语大字典》《故训汇纂》《中文大辞典》等大型辞书，逐条进行分析。由此剔除语义系联有误者，余下的便是具有同源关系的字词。

最后，统计出《文始》总系联数、同源字词的数量及其所占比例，以揭示《文始》语源分化的真实面貌。

考虑到《文始》中涉及字词数量较大，彼此语音语义关联较为复杂，为能对《文始》所构建的汉语词汇发展大势有一个较为全面的了解，我们采取表格的方式，试图将语音和语义面貌同时呈现出来。关于表格的内容和形式作以下几点说明：

1. 为便于考察由初文、准初文系联的所有字词的同源关系，被释字词统一采用《文始》原字形。

2. 我们对每个字条所系联字词的数量，以及语音不通转的数量均予以说明，以便下文作数据统计。

3. 语义方面，我们根据《说文》的语义系统，从本义、引申义、假借义、语源义、造意、文化意六个角度对《文始》中各字条系联的字词加以

---

[1] 殷寄明《中国语源学史》（2002：260）："在方言中确实存在一些韵近而转、声纽不相通的同义词，这个问题有待于作进一步的研究。章氏文中不言声纽之转，或即缘此。"

分析。对于语义系联有误者的具体原因将相应在每卷末尾做出阐释，而表格左侧则依旧注出其"公共义"，以期展现《文始》中语义演变轨迹之原貌。

4. 语音方面，不通转者将统一以脚注形式标注其上古声纽韵部。换言之，表格中的字词在语音上都具有通转关系。此外，《文始》中有若干对连绵词。关于连绵词的语音通转，若其中一音节通转，另一音节不通转，则仍将此连绵词处理为与其他被释词有通转关系，在表格中予以保留。

5. 限于篇幅及个人精力、学力，以下各卷的语源学检验均不再罗列书证，部分字条的书证见第五章。

第二节　《文始》卷一语源学检验

一、《文始》卷一语源学检验

《文始》卷一共有初文、准初文 97 个，分列于 88 个字条，共系联 947 个字词。具体语音语义情况见表 4-3。

表 4-3《文始》卷一语源学检验细目

《文始》卷一									
公共义	被释字词	上古音	通转关系	本义	引申义	假借义	语源义	造意	文化意义
字条一（共系联二十九个字词，其中语音不通转者一①）									
跨越义	𠂔	溪纽歌部	溪见匣群晓旁纽；歌月元鱼铎阳通转，鱼支旁转。	√					
	過	见纽歌部			√				
	跨	溪纽鱼部		√					
	赽	溪纽支部					√		
	越	匣纽月部		√					
	遏	匣纽月部		√					
	遮	溪纽元部		√					
	猗	群纽歌部		√					
	斺	匣纽阳部				√			
	灈	匣纽阳部			√				

---

① 襗：定纽铎部。

公共义	被释字词	上古音	通转关系	本义	引申义	假借义	语源义	造意	文化意义
			《文始》卷一						
跨越义	胯	溪纽鱼部	溪见匣群晓旁纽；歌月元鱼铎阳通转，鱼支旁转。		√				
	奎	溪纽支部			√				
	绮	溪纽鱼部					√		
	褰	溪纽元部					√		
	骑	群纽歌部		√					
	驾	见纽歌部			√				
	羁	见纽歌部					√		
	蹶	见纽月部			√				
	趫	见纽月部		√					
	遮	溪纽元部		√					
轻捷义	妭	匣纽月部					√		
	跋	匣纽月部			√				
	遁	见纽月部		√					
宽大义	阔	溪纽月部			√				
	豁	晓纽月部		√					
	宽	溪纽元部			√				
闲适义	憪	匣纽元部					√		
	愃	晓纽元部		√					
过失义	遟	溪纽元部			√				
	愆	溪纽元部			√				
	辛	溪纽元部		√					
			字条二（共系联四个字词）						
兵器义	戈	见纽歌部	见纽双声，见影邻纽；歌铎通转，歌月对转。	√					
	戟	见纽铎部		√					
枝丫义	柯	见纽歌部			√				
	挌	见纽铎部		√					
柄义	柯	见纽歌部		√					
	斡	影纽月部		√					

（续表）

公共义	被释字词	上古音	通转关系	本义	引申义	假借义	语源义	造意	文化意义
《文始》卷一									
字条三（共系联十九个字词）									
角义	丫	见纽歌部		√					
	觭	溪纽歌部		√					
	觱	昌纽月部		√					
	觤	见纽微部		√					
	枷	见纽歌部					√		
不正、歪斜义	臽	定纽质部	见溪群疑晓匣旁纽，疑泥邻纽，泥昌准旁纽；歌月元鱼、质支通转，歌质、质微旁对转。	√					
	乖	见纽微部		√					
	咼	溪纽歌部		√					
	瘑	匣纽微部		√					
	蠵	晓纽支部		√					
	錗	泥纽支部		√					
	頢	匣纽元部		√					
	踦	溪纽歌部			√				
	奇	群纽歌部			√				
	錡	群纽歌部					√		
错误义	詿	见纽歌部		√					
	误	疑纽鱼部		√					
	課	见纽鱼部		√					
触碰义	觸	见纽月部		√					
	厥	见纽月部			√				
字条四（共系联四个字词）									
骨头义	冎	见纽鱼部	见溪匣旁纽；鱼歌月元通转，月物旁转。	√					
	骨	见纽物部		√					
	踝	匣纽歌部		√					
	髋	溪纽元部		√					
	髋	见纽月部		√					

（续表）

公共义	被释字词	上古音	通转关系	本义	引申义	假借义	语源义	造意	文化意义
字条五（共系联一个字词，其中语音不通转者一①）									
果实义	果	见纽歌部	见纽牙音；歌部叠韵。	√					
字条六（共系联零个字词）									
瓦器义	瓦	疑纽歌部		√					
字条七（共系联七个字词，其中语音不通转者四②）									
移动义	乁	余纽歌部	余定准旁纽；歌元对转，歌微旁转。					√	
	移	余纽歌部			√				
	迻	余纽歌部					√		
	袉	定纽歌部				√			
字条八（共系联六个字词）									
尾端、底部义	也	余纽鱼部	余书旁纽，余定、余透准旁纽，余邪邻纽，余纽字有舌根音一类，与溪纽牙音字可以是同源关系；鱼歌通转，歌文旁对转。				√		
	施	书纽歌部					√		
	鞑	定纽歌部		√					
	柂	定纽歌部		√					
	她	邪纽歌部		√					
	地	定纽歌部		√					
	坤	溪纽文部		√					
字条九（共系联三十五个字词）									
气出无碍义	亏	晓纽歌部	晓溪见匣疑旁纽，余纽字与牙音字可以是同源关系，余与精清为邻纽，余透准旁纽，余昌旁纽；歌月元鱼通转，歌微脂旁转，歌物、歌质对转，脂支耕通转。	√					
	羲	晓纽歌部		√					
	唏	溪纽物部		√					
	欤	透纽元部					√		
	嘆	透纽元部		√					
	譇	精纽鱼部		√					

---

① 萜：来纽歌部。
② 旖：影纽歌部；檹：影纽歌部；扒：影纽元部；委：影纽微部。

（续表）

公共义	被释字词	上古音	通转关系	本义	引申义	假借义	语源义	造意	文化意义
气出无碍义	歇	晓纽月部			√				
	吹	昌纽歌部		√					
	炊	昌纽歌部				√			
	篿	昌纽歌部		√					
	爨	清纽元部			√				
	燀	昌纽元部		√					
出声、声音义	可	溪纽歌部		√					
	哿	见纽歌部		√					
	哥	见纽歌部			√				
	歌	见纽歌部		√					
	和	匣纽歌部		√					
	龢	匣纽歌部		√					
	唯	余纽微部	晓溪见匣疑旁纽，余纽字与牙音字可以是同源关系，余与精清为邻纽，余透准旁纽，余昌旁纽；歌月元鱼通转，歌微脂旁转，歌物、歌质旁对转，脂支耕通转。	√					
	嘒	晓纽质部		√					
	何	匣纽歌部			√				
	曷	匣纽月部		√					
	訶	晓纽歌部		√					
	营	疑纽月部		√					
	叱	昌纽质部		√					
	殢	匣纽歌部		√					
	唏	晓纽微部		√					
	哇	透纽质部		√					
	听	透纽耕部		√					
	雁	疑纽元部					√		
	蘁	见纽元部					√		
	鴈	疑纽元部					√		
	駒	见纽歌部					√		
	騀	疑纽歌部					√		
气出受阻义	兮	匣纽支部					√		
	稽	见纽脂部		√					

（续表）

公共义	被释字词	上古音	通转关系	本义	引申义	假借义	语源义	造意	文化意义
《文始》卷一									
字条十（共系联五个字词）									
母猴义	爲	匣纽歌部					√		
	蝯	匣纽元部		√					
诈伪义	偽	疑纽歌部	匣疑晓旁纽；歌元对转。	√					
	譌	晓纽元部		√					
法度、准则义	儀	疑纽歌部		√					
	楥	匣纽元部		√					
字条十一（共系联三十一个字词，其中语音不通转者十八①）									
变化义	七	晓纽歌部		√					
	化	晓纽歌部			√				
	傀	晓纽歌部		√					
	囮	晓纽歌部			√				
	换	匣纽元部	晓匣见疑旁纽；鱼歌元通转，歌脂微旁转，微职通转，职锡旁转，月质旁转。	√					
	趄	匣纽元部		√					
	货	晓纽歌部					√		
	鵙	见纽歌部					√		
	柯	晓纽歌部					√		
开裂义	撝	晓纽歌部		√					
	闔	匣纽微部		√					
	閒	晓纽鱼部		√					
	捒	晓纽职部		√					
	墟	晓纽鱼部		√					

---

① 资：精纽脂部；黁：日纽元部；皮：并纽歌部；被：帮纽歌部；破：滂纽歌部；诐：帮纽歌部；闢：并纽锡部；半：帮纽元部；胖：滂纽元部；判：滂纽元部；畔：并纽元部；泮：滂纽元部；被：并纽歌部；帔：滂纽歌部；髮：并纽歌部；彼：帮纽歌部；贩：帮纽歌部；畀：帮纽质部。

（续表）

公共义	被释字词	上古音	通转关系	本义	引申义	假借义	语源义	造意	文化意义
《文始》卷一									
字条十二（共系联十一个字词，其中语音不通转者一①）									
柔顺义	禾	匣纽歌部	匣影邻纽，匣见溪旁纽；歌微旁转，歌元对转。				√		
	委	影纽微部			√				
	倭	影纽微部					√		
	娓	影纽歌部		√					
	媒	影纽歌部		√					
	婴	影纽元部		√					
	婉	影纽元部			√				
美义	嘉	见纽歌部		√					
调味义	禾	匣纽歌部				√			
	盉	匣纽歌部			√				
喂义	萎	影纽微部		√					
品类义	科	溪纽歌部		√					
字条十三（共系联十六个字词，其中语音不通转者二②）									
下垂义	巫	禅纽歌部	禅与邪山为邻纽，禅日昌、端透来、疑匣旁纽，禅端准旁纽，来（边音）疑（鼻音）邻纽；歌微旁转，微物对转。	√					
	朵	端纽歌部		√					
	椯	端纽歌部		√					
	狋	日纽微部		√					
	蕤	日纽微部			√				
	絮	日纽微部		√					
	緌	日纽微部		√					
	鞙	山纽歌部			√				
	儽	来纽微部		√					
	采	邪纽物部						√	
	毿	邪纽物部		√					
	我	疑纽歌部						√	
倾斜义	我	疑纽歌部				√			
	俄	疑纽歌部			√				
美好义	娥	疑纽歌部			√				
	义	疑纽歌部			√				

---

① 妥：透纽歌部。

② 臡：定纽支部；娃：匣纽耕部。

（续表）

《文始》卷一									
公共义	被释字词	上古音	通转关系	本义	引申义	假借义	语源义	造意	文化意义
字条十四（共系联十三个字词，其中语音不通转者一①）									
野兽义	它	透纽歌部		√					
	离	来纽歌部		√					
	螭	透纽歌部		√					
松弛义	它	透纽歌部	透定旁纽，透余准旁纽，余纽字与晓纽牙音字可以是同源关系；歌元对转，歌脂旁转，脂支通转。				√		
	弛	书纽歌部			√				
	憜	透纽元部			√				
	阤	定纽歌部		√					
	陸	晓纽歌部		√					
	陊	定纽歌部					√		
歪斜义	它	透纽歌部			√				
	迆	余纽歌部		√					
	沱	定纽歌部						√	
	敊	书纽歌部			√				
美义	它	透纽歌部						√	
	佗	透纽歌部			√				
字条十五（共系联十三个字词）									
大义	多	端纽歌部	端透定、昌章余禅旁纽，端章准双声；歌元对转，歌脂、支之旁转，脂质支耕通转。	√					
	刴	昌纽支部		√					
	哆	端纽歌部		√					
	烅	昌纽支部		√					
	㢿	昌纽支部		√					
	韇	端纽歌部			√				
	亶	端纽元部		√					
	腆	透纽文部		√					
重复义	多	端纽歌部						√	
	迆	余纽歌部			√				
次第义	迆	余纽歌部		√					
	弟	定纽脂部		√					
	䶂	章纽质部		√					
	程	定纽耕部			√				
战功义	多	端纽歌部			√				
倚仗义	垑	昌纽支部		√					
	恃	禅纽之部		√					

---

① 瓕：明纽脂部。

（续表）

公共义	被释字词	上古音	通转关系	本义	引申义	假借义	语源义	造意	文化意义
《文始》卷一									
字条十六（共系联二十个字词）									
成对义	麗	来纽支部		√					
	儷	来纽支部		√					
	孿	来纽元部		√					
连接、联合义	連	来纽元部	来纽双声，来昌准旁纽；支锡耕脂真通转，职文通转，文真元、脂歌旁转。		√				
	聯	来纽元部		√					
	謰	来纽元部					√		
	樊	来纽文部		√					
	鄰	来纽真部					√		
	鈴	来纽耕部		√					
	鱗	来纽耕部					√		
	瀾	来纽元部					√		
	淪	来纽文部			√				
	輦	来纽元部					√		
	戾	来纽脂部		√					
	麗	来纽职部		√					
	縭	来纽支部					√		
分离义	離	来纽歌部			√				
	誃	昌纽支部		√					
思慕义	戀	来纽元部		√					
	憐	来纽真部			√				
哭泣义	慂	来纽元部		√					
字条十七（共系联十二个字词）									
辅佐义	ナ	精纽歌部			√				
	左	精纽歌部		√					
	贊	精纽元部			√				
卑下义	左	从纽文部			√				
	賤	从纽元部			√				
聚合义	攢	从纽元部	精定邻组；精从旁组；歌元对转，元文旁转。				√		
	儹	精纽元部		√					
	欑	从纽元部			√				
	儧	精纽元部		√					
	鑽	精纽元部		√					
	僔	精纽文部		√					
	噂	精纽文部					√		
	蕁	定纽元部			√				
	蕁	从纽文部			√				

（续表）

《文始》卷一									
公共义	被释字词	上古音	通转关系	本义	引申义	假借义	语源义	造意	文化意义
字条十八（共系联十三个字词）									
交错、叉取义	叉	初纽歌部			√				
	籍	崇纽职部		√					
	撮	清纽月部		√					
	权	初纽歌部					√		
	侈	昌纽歌部		√					
不齐、歪斜义	差	初纽歌部	初昌邻纽，初清准双声，初崇、清精从心旁纽；歌月元对转，歌微旁转，微职通转。		√				
	縒	初纽歌部		√					
	槎	崇纽歌部					√		
	㛿	精纽歌部		√					
	齹	精纽歌部		√					
	齼	初纽歌部		√					
病愈义	差	初纽歌部					√		
	瘥	从纽歌部		√					
	痕	初纽微部		√					
选择义	差	初纽歌部					√		
	選	心纽元部			√				
字条十九（共系联二个字词，其中语音不通转者二①）									
疑心义	惢	心纽歌部	心纽齿音，见匣牙音，与心纽无涉；歌支无通转关系。	√					
字条二十（共系联零个字词）									
标记义	丿	见纽月部						√	

---

① 憪：匣纽支部；愧：见纽支部。

（续表）

公共义	被释字词	上古音	通转关系	本义	引申义	假借义	语源义	造意	文化意义
《文始》卷一									
字条二十一（共系联十三个字词）									
弯曲义	丿	群纽月部	群见溪旁纽；月歌元对转，元文旁转，文物职通转。					√	
	刉劂	见纽歌部 群纽月部					√		
	詘	溪纽物部			√				
	卷	见纽元部			√				
	拳	群纽元部			√				
	觠	群纽文部			√				
	趣	群纽文部		√					
	瓘	见纽元部		√					
	欮	溪纽职部					√		
犟、直义	劈	群纽月部		√					
	橜	群纽月部					√		
	桰	见纽月部		√					
	栝	见纽月部					√		
字条二十二（共系联八个字词）									
根义	厞	见纽月部	见群匣旁纽；月元对转，元文真旁转，真耕通转。	√					
	根	见纽文部		√					
茎干义	榦	见纽元部			√				
	稍	见纽真部		√					
	秆	见纽元部		√					
	竿	见纽元部		√					
	楬	群纽月部					√		
	戈	匣纽月部					√		
字条二十三（共系联一个字词）									
水流义	巜	见纽月部	见匣旁纽；月部叠韵。	√					
	活	匣纽月部		√					

（续表）

公共义	被释字词	上古音	通转关系	本义	引申义	假借义	语源义	造意	文化意义
《文始》卷一									
字条二十四（共系联五个字词）									
单独义	孑	见纽月部	见群旁纽；月物质旁转，物侵通转。		√				
	戛	见纽质部					√		
	釨	见纽月部					√		
	矜	见纽侵部					√		
	碣	群纽月部				√			
略微义	孑	见纽月部			√				
	暨	群纽物部			√				
字条二十五（共系联零个字词）									
无左臂义	孓	见纽月部		√					
字条二十六（共系联九个字词，其中语音不通转者五①）									
草义	丰	见纽月部	见匣晓与影为邻纽；月歌元对转。	√					
	薆	影纽月部		√					
阻碍义	拏	匣纽月部		√					
	遏	影纽月部		√					
	瀎	晓纽月部		√					
字条二十七（共系联三个字词）									
土块义	凷	溪纽微部	溪见旁纽；微质、微元旁对转。	√					
	堀	溪纽元部		√					
不便义	屈	见纽质部		√					
谴责义	譴	溪纽元部		√					
字条二十八（共系联一个字词）									
容器义	蕢	群纽物部	群纽双声；物部叠韵。	√					
	匵	群纽物部		√					

---

① 楖：心纽元部；㮹：心纽月部；𥻦：心纽月部；散：心纽元部；沙：山纽歌部。

（续表）

《文始》卷一									
公共义	被释字词	上古音	通转关系	本义	引申义	假借义	语源义	造意	文化意义
字条二十九（共系联十八个字词）									
截断义	乂	疑纽月部		√					
	刈	疑纽月部			√				
	鐁	溪纽月部			√				
	割	见纽月部		√					
	劊	见纽月部		√					
	刖	疑纽月部		√					
	剴	见纽质部			√				
	膾	见纽月部			√				
	甓	疑纽月部	疑见溪群与影为邻纽；月歌元谈通转，月质旁转，质脂对转。	√					
	拥	疑纽月部		√					
	跀	疑纽月部		√					
	犗	见纽月部			√				
	羯	见纽月部			√				
	猗	影纽歌部					√		
	虔	群纽元部			√				
	蓋	见纽月部				√			
	奄	影纽谈部					√		
	閹	影纽谈部			√				
	忞	疑纽脂部		√					
字条三十（共系联四十五个字词）									
破坏、伤害义	夬	见纽月部	见溪群疑晓匣与影为邻纽，余纽字有舌根音一类，与牙音字可以是同源关系，余心邻纽；月物质、元文旁转，月元歌谈、质脂、文物之通转。		√				
	决	见纽月部			√				
	潰	匣纽物部			√				
	殨	匣纽物部			√				
	讃	匣纽物部		√					

（续表）

公共义	被释字词	上古音	通转关系	本义	引申义	假借义	语源义	造意	文化意义
破坏、伤害义	抉	见纽月部	见溪群疑晓匣与影为邻纽，余纽字有舌根音一类，与牙音字可以是同源关系，余心邻纽；月物质、元文旁转，月元歌谈、质脂、文物之通转。	√					
	𡨢	影纽月部		√					
	揞	影纽月部		√					
	睆	匣纽元部					√		
	圣	溪纽物部		√					
	㨖	匣纽物部		√					
	汩	见纽物部		√					
	穴	匣纽质部			√				
	突	影纽月部		√					
	窫	影纽月部		√					
	刏	溪纽月部		√					
	㓞	溪纽月部		√					
	契	溪纽月部				√			
	㝟	余纽脂部					√		
	器	溪纽质部					√		
	齧	疑纽月部		√					
	齮	疑纽歌部		√					
	齕	匣纽物部		√					
	齦	疑纽文部		√					
	銛	心纽谈部			√				
	桀	群纽月部					√		
	害	匣纽月部			√				
	祸	匣纽歌部			√				
缺口义	缺	溪纽月部		√					
	玦	见纽月部					√		
	欮	溪纽月部					√		
	闕	溪纽月部			√				

（续表）

公共义	被释字词	上古音	通转关系	本义	引申义	假借义	语源义	造意	文化意义
《文始》卷一									
舍弃义	棄	见纽元部		√					
	捐	余纽元部		√					
	殰	溪纽之部		√					
灵巧义	刃	溪纽月部					√		
	憲	晓纽元部		√					
约束义	契	溪纽月部	见溪群疑晓匣与影为邻纽，余纽字有舌根音一类，与牙音字可以是同源关系，余心邻纽；月物质、元文旁转，月元歌谈、质脂、文物之通转。				√		
	券	溪纽元部					√		
	絜	匣纽月部			√				
	括	见纽月部		√					
	稛	疑纽文部		√					
	綮	见纽元部			√				
	橮	见纽文部		√					
	柬	见纽元部		√					
度量义	絜	匣纽月部			√				
	計	见纽质部			√				
勇健义	桀	群纽月部			√				
	傑	群纽月部			√				
	捲	见纽元部		√					
字条三十一（共系联零个字词）									
价格高义	貴	见纽物部		√					
字条三十二（共系联二个字词）									
月亮义	月	疑纽月部		√					
缝隙义	閒	见纽元部	疑见旁纽；月元对转。	√					
	堨	疑纽月部		√					

（续表）

公共义	被释字词	上古音	通转关系	本义	引申义	假借义	语源义	造意	文化意义
《文始》卷一									
字条三十三（共系联八个字词）									
燕子义	乙	影纽月部		√					
	燕	影纽元部		√					
安闲、安息义	燕	影纽元部	影疑邻纽；月元歌对转。		√				
	晏	影纽元部		√					
	安	影纽元部		√					
	宴	影纽元部			√				
	宜	疑纽歌部						√	
	谊	疑纽歌部			√				
喜爱义	媛	影纽元部			√				
字条三十四（共系联二十二个字词，其中语音不通转者二十①）									
鼻子义	自	从纽质部	从章邻纽；质月物、元文旁转，月元歌、质脂对转。	√					
	準	章纽文部				√			
	璺	章纽月部					√		
字条三十五（共系联七个字词）									
堵塞义	旡	见纽物部	见影邻纽；物质月旁转，物文、质脂对转。	√					
	噎	影纽月部		√					
	歍	影纽质部		√					
	欧	影纽脂部		√					
	噎	影纽质部		√					
	壹	影纽质部		√					
	壹	影纽文部		√					
	昏	见纽月部		√					

---

① 鼻：并纽质部；臬：疑纽月部；梱：溪纽文部；闑：疑纽月部；劓：疑纽脂部；藝：疑纽月部；谒：影纽月部；言：疑纽元部；我：疑纽歌部；議：疑纽歌部；灦：疑纽月部；简：见纽元部；箇：见纽文部；眉：晓纽月部；瞯：晓纽月部；鼾：晓纽元部；呬：溪纽质部；嘅：溪纽月部；忔：溪纽物部；鑷：晓纽物部。

（续表）

公共义	被释字词	上古音	通转关系	本义	引申义	假借义	语源义	造意	文化意义
《文始》卷一									
字条三十六（共系联三十七个字词）									
残余、缺损义	歺	疑纽月部	疑群旁纽，疑（鼻音）来（边音）邻纽，昌透来与精清从心山邻纽，来余准双声；月元歌对转，元文真、月物质旁转，质脂支通转。	√					
	裂	来纽月部		√					
	闌	来纽元部			√				
	奴	从纽元部			√				
	殘	从纽元部			√				
	戔	从纽元部			√				
	殈	从纽元部		√					
	瑳	从纽歌部					√		
	餞	从纽元部					√		
	祭	精纽元部					√		
	餐	清纽元部					√		
	甈	精纽质部					√		
	嶵	心纽月部			√				
	齾	疑纽月部			√				
	齹	群纽文部		√					
	齳	群纽文部		√					
	碎	心纽物部		√					
	瓶	心纽物部		√					
	賞	心纽歌部			√				
	瑣	心纽歌部			√				
	沙	山纽歌部			√				
分裂义	列	来纽月部		√					
	劙	来纽月部		√					
	糏	心纽月部		√					
	黐	心纽月部		√					
	瘌	心纽脂部					√		

（续表）

《文始》卷一									
公共义	被释字词	上古音	通转关系	本义	引申义	假借义	语源义	造意	文化意义
行列义	列	来纽月部			√				
	例	来纽月部		√					
	迾	来纽月部			√				
穿透义	叀	从纽元部	疑群旁纽，疑（鼻音）来（边音）邻纽，昌透来与精清从心山邻纽，来余准双声；月元歌对转，元文真、月物质旁转，质脂支通转。	√					
	穿	昌纽元部		√					
	竄	昌纽月部		√					
	鑽	精纽元部			√				
	錢	从纽元部					√		
死亡义	歺	疑纽月部			√				
	瘌	来纽月部		√					
	殯	来纽歌部		√					
	死	心纽脂部		√					
	殍	精纽质部		√					
竭尽义	澌	心纽支部			√				
	盡	从纽真部			√				
字条三十七（共系联三个字词）									
旁生义	櫱	疑纽月部	疑纽双声；月部叠韵。		√				
	孽	疑纽月部					√		
	蘖	疑纽月部					√		
妖孽义	孽	疑纽月部				√			
	蠥	疑纽月部		√					
字条三十八（共系联七个字词，其中语音不通转者二①）									
去除义	戌	心纽物部	心清山与端为邻纽，心清旁纽，心山准双声；物月旁转，月元对转。		√				
	淬	清纽物部			√				
	焠	清纽物部			√				
	删	山纽元部		√					
	剗	端纽月部		√					
	歲	心纽月部		√					

---

① 威：晓纽月部；滅：明纽月部。

（续表）

公共义	被释字词	上古音	通转关系	本义	引申义	假借义	语源义	造意	文化意义
			《文始》卷一						
字条三十九（共系联十八个字词，其中语音不通转者一①）									
割、截义	絶	从纽月部	从清心与透定章禅船为邻纽；月元歌对转，元文、月质旁转。	√					
	截	从纽质部		√					
	劈	心纽月部		√					
	斴	船纽月部		√					
	剉	清纽歌部		√					
	折	章纽月部		√					
	硰	透纽月部		√					
	制	章纽月部		√					
	製	章纽月部		√					
	斷	定纽元部		√					
	蠿	定纽元部		√					
	劂	章纽元部		√					
	削	章纽元部		√					
	膊	章纽元部					√		
	切	清纽质部		√					
	刌	清纽文部		√					
易断义	脃	清纽月部		√					
	膬	清纽月部		√					
字条四十（共系联十三个字词，其中语音不通转者一②）									
猪头义	彑	见纽月部	见匣牙音，余纽字与牙音字可以是同源关系，余透定章与精从邪邻纽；月元、文微物对转，元文旁转。	√					
锐利义	銳	余纽月部			√				
	錐	章纽微部		√					
	鐏	从纽文部					√		
凿刻义	鐫	精纽元部			√				
	瑑	定纽元部			√				
	篆	定纽元部			√				
逃跑义	彖	透纽元部		√					
	遯	定纽文部		√					
	遂	邪纽物部		√					
	遗	余纽微部			√				
	貊	匣纽元部					√		
	貛	匣纽元部		√					

---

① 绍：禅纽宵部。
② 觿：匣纽支部。

（续表）

公共义	被释字词	上古音	通转关系	本义	引申义	假借义	语源义	造意	文化意义
《文始》卷一									
字条四十一（共系联三个字词）									
大义	大	定纽月部	定端透旁纽；月歌元铎通转。	√					
	誕	定纽元部			√				
	哆	端纽歌部			√				
欺诈义	誕	定纽元部			√				
	詑	透纽铎部		√					
字条四十二（共系联七个字词）									
踏义	少	透纽月部	透定旁纽，庄从准旁纽，透定与庄从为邻纽；月元叶通转。	√					
	躔	定纽元部		√					
	践	从纽元部		√					
	跧	庄纽元部		√					
	徙	从纽元部		√					
	衞	从纽元部			√				
	蹋	定纽叶部		√					
	蟄	定纽叶部		√					
字条四十三（共系联十三个字词）									
联缀义	叕	端纽月部	端章精准双声，端透、章禅旁纽；月元对转，月物旁转。	√					
	缀	端纽月部			√				
	茵	章纽月部		√					
	輟	端纽月部		√					
	卒	精纽物部					√		
	纂	精纽元部			√				
	纞	精纽元部		√					
	罬	端纽月部					√		
	辥	精纽物部		√					
	纘	精纽元部		√					
约束义	范	精纽月部		√					
	誓	禅纽月部		√					
	带	端纽月部			√				
	菫	透纽月部					√		

（续表）

公共义	被释字词	上古音	通转关系	本义	引申义	假借义	语源义	造意	文化意义
《文始》卷一									
字条四十四（共系联十八个字词，其中语音不通转者一①）									
网义	率	山纽物部		✓					
	罪	从纽微部		✓					
	羅	来纽歌部		✓					
治理义	斁	来纽元部			✓				
	䜌	来纽元部		✓					
	戀	来纽元部			✓				
	亂	来纽元部		✓					
带领义	率	山纽物部	来船与精从心邪山为邻纽；物微文对转，物月、铎职旁转，月元歌铎通转，铎支旁对转。		✓				
	繂	来纽支部			✓				
	達	山纽物部		✓					
	衛	山纽物部		✓					
	捽	从纽铎部			✓				
	揤	精纽职部		✓					
遵从、跟随义	述	船纽物部		✓					
	㺀	邪纽物部		✓					
	循	邪纽文部			✓				
	遵	精纽文部		✓					
	随	邪纽歌部			✓				
字条四十五（共系联七个字词）									
连接义	帶	端纽月部			✓				
	撇	端纽质部		✓					
	瘶	昌纽月部		✓					
	隶	定纽月部	端定来旁纽，端昌准旁纽；月质旁转。	✓					
	逮	定纽月部			✓				
	隸	来纽月部			✓				
	蒂	端纽月部					✓		
	蠆	端纽月部					✓		

---

① 闕：见纽月部。

162

（续表）

公共义	被释字词	上古音	通转关系	本义	引申义	假借义	语源义	造意	文化意义
			《文始》卷一						
			字条四十六（共系联五个字词，其中语音不通转者一①）						
毒义	蓳	透纽月部	透来旁纽，来明邻纽；月元对转。				√		
	萬	明纽元部					√		
	癘	来纽月部					√		
	厲	来纽月部					√		
	瘌	来纽月部		√					
			字条四十七（共系联二个字词）						
四义	四	心纽质部	心纽双声；质部叠韵。	√					
	駟	心纽质部					√		
	牭	心纽质部					√		
			字条四十八（共系联二个字词，其中语音不通转者二②）						
舐义	丙	透纽侵部	透船准旁纽；脂月与侵无通转关系。	√					
			字条四十九（共系联一个字词，其中语音不通转者一③）						
兽细毛义	毳	清纽月部	清见无通转关系；月部叠韵。	√					
			字条五十（共系联七个字词，其中语音不通转者二④）						
小义	末	明纽月部	明纽双声；月微旁对转。			√			
	尾	明纽微部				√			
	微	明纽微部		√					
	散	明纽微部		√					
	溦	明纽微部		√					
	懱	明纽月部				√			

① 旁：来纽宵纽。
② 舌：船纽月部；碣：船纽脂部。
③ 繼：见纽月部。
④ 眇：明纽宵部；微：晓纽微部。

（续表）

公共义	被释字词	上古音	通转关系	本义	引申义	假借义	语源义	造意	文化意义
			《文始》卷一						
			字条五十一（共系联二个字词）						
货币义	貝	帮纽月部	帮明旁纽；月元对转，元文旁转。		√				
	購	明纽元部		√					
花纹义	貝	帮纽月部			√				
	賁	帮纽文部		√					
			字条五十二（共系联八个字词，其中语音不通转者一①）						
繁茂义	宋	滂纽月部	滂并帮旁纽；月物旁转，月元对转。	√					
	茷	并部月部		√					
	孛	并纽物部		√					
	艴	帮纽物部		√					
	蕃	并纽元部		√					
	旆	并纽元部					√		
	旛	并纽元部					√		
	翇	并纽物部					√		
			字条五十三（共系联九个字词）						
残破义	㐾	并纽月部	并滂帮旁纽；月元对转，月脂、元脂旁对转。		√				
	敝	并纽月部			√				
	幣	并纽月部				√			
	帔	帮纽脂部		√					
	敗	并纽月部			√				
	呧	帮纽元部					√		
	帗	帮纽月部					√		
	幡	滂纽元部					√		
抹布义	幡	滂纽元部		√					
擦拭义	撆	滂纽月部			√				
	拂	滂纽月部		√					

① 寁：匣纽物部。

（续表）

公共义	被释字词	上古音	通转关系	本义	引申义	假借义	语源义	造意	文化意义
《文始》卷一									
字条五十四（共系联八个字词）									
遮蔽义	市	并纽物部	并帮明旁纽；物质月旁转，月元对转，质耕通转。				√		
	蔽	帮纽月部			√				
	韨	明纽月部					√		
	厥	并纽月部					√		
	箅	帮纽质部					√		
	屏	帮纽耕部			√				
	屏	帮纽耕部		√					
	藩	帮纽元部			√				
	韠	帮纽质部					√		
字条五十五（共系联十八个字词）									
行走义	癶	帮纽月部	帮并滂旁纽；月元对转，月质旁转。	√					
	发	并纽月部		√					
	跋	帮纽月部		√					
	捹	帮纽月部					√		
	癹	滂纽月部					√		
	废	并纽月部				√			
	軷	并纽月部					√		
	跋	并纽月部			√				
仆倒义	跋	并纽月部		√					
	僕	并纽月部		√					
	废	帮纽月部			√				
	退	并纽月部			√				
	癈	帮纽月部					√		
阻止义	绊	帮纽元部			√				
	謍	帮纽质部			√				
去除义	发	并纽月部				√			
	癹	滂纽月部		√					
	撥	帮纽月部			√				
	拔	并纽月部		√					
	伐	并纽月部			√				
	鏺	滂纽月部			√				
	袚	滂纽月部			√				

（续表）

公共义	被释字词	上古音	通转关系	本义	引申义	假借义	语源义	造意	文化意义
《文始》卷一									
字条五十六（共系联三个字词）									
水流义	〈	见纽真部	见匣旁纽；真元旁转，真脂对转。	✓					
	涓	见纽元部		✓					
	泫	匣纽真部		✓					
	涽	见纽脂部		✓					
字条五十七（共系联三十五个字词）									
贯穿义	毌	见纽元部	见溪匣群疑与影邻纽，透余与崇邻纽，余纽字与牙音字可以是同源关系；元月对转，元文真旁转，真质耕、文微之通转。	✓					
	贯	见纽元部			✓				
	擐	匣纽元部		✓					
	丱	见纽元部		✓					
	關	见纽元部				✓			
	鑯	见纽质部					✓		
	韗	匣纽质部					✓		
	肩	见纽耕部					✓		
	鉉	匣纽质部					✓		
	鍵	群纽元部					✓		
	楗	群纽元部					✓		
	機	见纽微纽		✓					
	闋	溪纽月部					✓		
	環	匣纽元部				✓			
	輨	见纽元部					✓		
钱币义	毌	见纽元部						✓	
玩弄义	玩	疑纽元部		✓					
重叠义	摜	见纽元部				✓			
	遺	见纽元部				✓			
	忕	透纽月部				✓			

（续表）

《文始》卷一									
公共义	被释字词	上古音	通转关系	本义	引申义	假借义	语源义	造意	文化意义
习惯、熟悉义	忕	透纽月部	见溪匣群疑与影邻纽，透余与崇邻纽，余纽字与牙音字可以是同源关系；元月对转，元文真旁转，真质耕、文微之通转。	√					
	馷	余纽质部		√					
	宦	匣纽元部		√					
	仕	崇纽之部		√					
	婐	见纽微部		√					
	顋	疑纽微部		√					
	嫺	匣纽元部		√					
	儥	透纽微部		√					
厌烦义	翫	疑纽元部		√					
	餇	影纽真部		√					
	券	群纽元部		√					
	倦	群纽元部		√					
	勤	群纽文部		√					
	勮	余纽月部		√					
	患	匣纽元部			√				
休息义	愒	溪纽月部		√					
忧虑义	患	匣纽元部		√					
	寏	见纽元部		√					
	㤃	匣纽文部		√					
字条五十八（共系联三十五个字词，其中语音不通转者一①）									
求取义	干	见纽元部	见溪群晓匣与影邻纽；元歌月阳通转，阳之旁对转。		√				
	迁	见纽元部		√					
	仅	见纽月部		√					
	謁	影纽月部			√				

---

① 㑊：并纽阳部。

(续表)

《文始》卷一									
公共义	被释字词	上古音	通转关系	本义	引申义	假借义	语源义	造意	文化意义
冒出、冒犯义	干	见纽元部			✓				
	乾	群纽元部		✓					
	畀	见纽元部					✓		
	趄	见纽元部		✓					
高义	軒	晓纽元部			✓				
	翰	匣纽元部			✓				
明显义	顯	晓纽元部			✓				
强壮、勇健义	健	群纽元部		✓					
	侃	溪纽元部		✓					
	悍	匣纽元部			✓				
	扞	匣纽元部			✓				
举、载义	竭	群纽月部	见溪群晓匣与影邻纽；元歌月阳通转，阳之旁对转。	✓					
	揭	见纽月部		✓					
	何	匣纽歌部		✓					
穷尽义	竭	群纽月部			✓				
	藹	影纽月部					✓		
	忏	见纽元部		✓					
	喝	影纽月部		✓					
干涸、干燥义	干	见纽元部				✓			
	暵	晓纽元部		✓					
	熯	晓纽元部		✓					
	旱	匣纽元部		✓					
	渴	溪纽月部		✓					
	灡	见纽月部		✓					
	歇	溪纽月部		✓					
	墍	溪纽之部		✓					
	暍	影纽月部			✓				

（续表）

公共义	被释字词	上古音	通转关系	本义	引申义	假借义	语源义	造意	文化意义
干涸、干燥义	寒	匣纽元部			√				
	轩	溪纽元部					√		
刺、讥讽义	干	见纽元部	见溪群晓匣与影邻组；元歌月阳通转，阳之旁对转。		√				
	辛	见纽月部					√		
	訐	见纽月部		√					
	加	见纽歌部		√					
立法义	建	见纽元部		√					
抵抗义	扞	匣纽元部			√				
	敔	匣纽元部		√					
	戦	匣纽元部					√		

字条五十九（共系联二个字词）									
担负义	肩	见纽元部	见匣旁纽；元月歌对转。		√				
	揭	见纽月部			√				
	何	匣纽歌部		√					

字条六十（共系联十二个字词）									
狗义	犬	溪纽元部		√					
相争义	状	疑纽文部		√					
	狠	匣纽文部		√					
	猌	疑纽文部			√				
	狋	疑纽文部			√				
	奻	泥纽元部	溪疑匣晓群旁纽，疑纽（鼻音）与泥纽（鼻音）邻组；元文真旁转，文之通转。	√					
	訆	晓纽真部		√					
	嚚	疑纽文部		√					
	觟	疑纽元部		√					
	罾	疑纽真部						√	
	赘	匣纽元部			√				
狡诈义	嚚	疑纽真部			√				
	虔	群纽元部			√				

(续表)

公共义	被释字词	上古音	通转关系	本义	引申义	假借义	语源义	造意	文化意义
			字条六十一（共系联十四个字词，其中语音不通转者二①）						
崖义	厂	晓纽元部		√					
	岸	疑纽元部		√					
	颜	疑纽元部				√			
高义	𠂤	疑纽月部	晓疑旁纽，疑纽双声；元歌月对转，歌微旁纽。	√					
	危	疑纽微部		√					
	峨	疑纽歌部		√					
	轙	疑纽月部			√				
	彦	疑纽元部					√		
	屵	疑纽歌部					√		
	㠎	疑纽歌部					√		
	岂	疑纽月部		√					
	𡾡	疑纽元部		√					
	骙	疑纽歌部			√				
			字条六十二（共系联二十八个字词）						
圆形义	卵	来纽元部			√				
	丸	匣纽元部					√		
	𢎵	影纽微纽					√		
缠绕、包围义	裹	见纽歌部	来余准双声，余纽字与见匣溪群纽字可以是同源关系，影与见匣溪群为邻纽；元歌月、文微对转，元文旁转。	√					
	褱	匣纽微部			√				
	惟	余纽微部					√		
	稛	溪纽月部					√		
多义	卵	来纽元部							
	蚰	见纽文部					√		
	昆	见纽文部			√				

___

① 厓：疑纽支部；崖：疑纽支部。

（续表）

公共义	被释字词	上古音	通转关系	本义	引申义	假借义	语源义	造意	文化意义
			《文始》卷一						
完好未破义	卵	来纽元部					✓		
	楄	匣纽文部			✓				
	梡	匣纽文部					✓		
混同、聚合义	昆	见纽文部		✓					
	掍	见纽文部	来余准双声，余纽字与见匣溪群纽字可以是同源关系，影与见匣溪群为邻纽；元歌月、文微对转，元文旁转。	✓					
	鯶	见纽文部		✓					
	睧	见纽月部		✓					
	佸	见纽月部		✓					
	會	匣纽月部					✓		
	宭	群纽文部			✓				
	羣	群纽文部			✓				
	官	见纽元部					✓		
	館	见纽元部					✓		
	話	匣纽月部					✓		
	廥	见纽月部			✓				
	薈	影纽月部			✓				
	膾	见纽月部			✓				
	髻	见纽月部		✓					
	繪	匣纽月部					✓		
	鬢	溪纽微部		✓					
	秳	匣纽月部					✓		
乱义	慣	见纽物部		✓					
字条六十三（共系联十二个字词，其中语音不通转者五①）									
鸟义	焉	影纽元部		✓					
	鳽	影纽耕部			✓				
	烏	影纽鱼部	影纽双声；元歌月鱼、脂支耕通转，歌脂旁转，脂物旁对转。	✓					
黄黑色义	甄	影纽月部			✓				
	登	影纽元部						✓	
	菸	影纽鱼部						✓	
	蔫	影纽元部						✓	
	智	影纽元部						✓	

---

① 離：来纽歌部；羅：来纽歌部；難：来纽支部；美：明纽脂部；類：从纽物部。

(续表)

公共义	被释字词	上古音	通转关系	本义	引申义	假借义	语源义	造意	文化意义
《文始》卷一									
字条六十四（共系联五个字词，其中语音不通转者一①）									
喧哗义	吅	晓纽元部	晓见旁纽；元月对转。	✓					
	讙	晓纽元部		✓					
	嘕	晓纽月部		✓					
	聒	见纽月部		✓					
	咺	晓纽元部		✓					
字条六十五（共系联七个字词）									
惑乱、欺诈义	幻	匣纽元部	匣见晓疑旁纽，疑纽（鼻音）与明纽（鼻音）邻纽；元歌月对转，月质旁转。	✓					
	諼	晓纽元部		✓					
	倠	疑纽元部		✓					
	譌	疑纽歌部			✓				
	講	明纽月部		✓					
	譀	晓纽元部		✓					
	憰	见纽质部		✓					
字条六十六（共系联二十个字词）									
谋求义	亘	见纽蒸部	见匣晓群与影邻纽，余纽字与见匣晓群纽字可同源，余章与邪邻纽；蒸耕、真元旁转，蒸文、元歌鱼通转。					✓	
	夐	晓纽耕部		✓					
	衙	匣纽真部		✓					
	詗	晓纽耕部			✓				
	營	余纽耕部			✓				
	桓	匣纽元部					✓		
	瓛	匣纽元部					✓		
	戲	晓纽鱼部			✓				
	摩	晓纽歌部			✓				

---

① 嚣：晓纽宵部。

（续表）

《文始》卷一								
公共义	被释字词	上古音	通转关系	本义	引申义	假借义	语源义	造意	文化意义
回转、围绕义	亘	见纽蒸部	见匣晓群与影邻纽，余纽字与见匣晓群纽字可同源，余章与邪邻纽；蒸耕、真元旁转，蒸文、元歌鱼通转。	√					
	巆	群纽耕部		√					
	縈	影纽耕部		√					
	蔡	影纽耕部		√					
	旋	邪纽元部		√					
	甄	章纽真部					√		
	專	章纽元部					√		
	桓	匣纽元部			√				
	堚	余纽耕部					√		
周遍义	旬	邪纽真部			√				
	徇	邪纽真部			√				
	均	见纽真部			√				
	姰	见纽真部		√					
	鈞	见纽真部					√		
字条六十七（共系联六个字词）									
顶端义	耑	端纽元部	端透定旁纽，端章庄准双声；元真旁转，真耕质通转。	√					
	端	端纽元部			√				
	軑	定纽质部					√		
	脣	庄纽真部		√					
	旃	章纽元部					√		
直、正义	端	端纽元部		√					
	褍	端纽元部					√		
	頲	透纽耕部		√					
字条六十八（共系联一个字词）									
早晨义	旦	端纽元部	端禅准旁纽；元文旁转。	√					
	晨	禅纽文部		√					

（续表）

公共义	被释字词	上古音	通转关系	本义	引申义	假借义	语源义	造意	文化意义
字条六十九（共系联二个字词，其中语音不通转者一①）									
赤色义	丹	端纽元部	端定旁纽；元部叠韵。		√				
	襄	端纽元部					√		
字条七十（共系联二十九个字词，其中语音不通转者六②）									
替代、更替义	單	端纽元部	端与心邪邻纽，端透定来、章禅书旁纽，端章准双声；元歌月、支锡耕通转。	√					
	禪	端纽元部			√				
	嬗	禅纽元部			√				
	蜕	透纽月部					√		
连接义	蟬	禅纽元部					√		
	締	定纽锡部		√					
	氈	章纽元部					√		
	啻	书纽锡部				√			
	纏	定纽元部		√					
	綫	心纽元部		√					
手持义	提	定纽支部		√					
	揮	透纽元部		√					
单层义	單	端纽元部				√			
	襌	端纽元部					√		
显露义	但	端纽元部		√					
	裼	心纽锡部			√				
	膻	禅纽元部			√				
	裎	定纽耕部		√					
	嬴	来纽歌部		√					
	袒	定纽元部		√					
	墠	禅纽元部		√					
	町	透纽耕部					√		
	裂	来纽月部			√				
修补义	組	定纽元部		√					
	繕	禅纽元部		√					

---

① 缇：定纽支部。

② 襲：邪纽缉部；係：见纽支部；系：匣纽支部；縣：匣纽元部；挈：溪纽月部；攜：匣纽支部。

（续表）

公共义	被释字词	上古音	通转关系	本义	引申义	假借义	语源义	造意	文化意义
《文始》卷一									
字条七十一（共系联八个字词，其中语音不通转者一①）									
惭愧义	囶	见纽元部			√				
	姞	见纽月部			√				
美好义	囶	见纽元部	见疑与影邻纽；元歌月对转，元文旁转。				√		
	嬽	影纽文部		√					
	娧	定纽月部		√					
	婠	影纽元部		√					
	魏	影纽歌部			√				
	媄	影纽歌部		√					
	姛	疑纽歌部							
字条七十二（共系联六个字词）									
飞扬、游动义	扒	影纽元部			√				
	偃	影纽元部					√		
光耀义	轧	见纽元部	影与见匣邻纽；元真旁转。	√					
	晏	影纽元部		√					
	曋	影纽真部		√					
	晛	匣纽元部			√				
赤色义	暵	匣纽元部		√					
字条七十三（共系联九个字词，其中语音不通转者一②）									
道路义	㕥	余纽元部	余透定船与邪邻纽；元月对转，月物旁转。	√					
	隧	邪纽物部		√					
	術	船纽物部		√					
畅通义	達	定纽月部		√					
	兌	定纽月部		√					
	駾	透纽月部		√					
	戾	定纽月部						√	
潮湿义	㕥	余纽元部						√	
	次	邪纽元部		√					
贪图义	次	邪纽元部			√				
	羡	邪纽元部		√					

---

① 晛：透纽文部。
② 馘：并纽觉部。

（续表）

公共义	被释字词	上古音	通转关系	本义	引申义	假借义	语源义	造意	文化意义
《文始》卷一 字条七十四（共系联二十个字词，其中语音不通转者三①）									
专一义	亶	章纽元部					✓		
	嬗	章纽元部		✓					
	顫	章纽元部				✓			
	譠	崇纽元部					✓		
	擅	禅纽元部		✓					
缠绕、转动义	亶	章纽元部	章日禅端透定来与崇清邻纽；元文真旁转，真质对转。				✓		
	鏄	清纽元部					✓		
	缠	定纽元部		✓					
	转	端纽元部		✓					
	展	端纽元部		✓					
	座	端纽质部		✓					
	桎	章纽质部			✓				
	紾	章纽真部		✓					
	悛	清纽元部			✓				
阻滞义	韌	日纽文部			✓				
	黔	端纽真部					✓		
	蹇	端纽质部		✓					
	淰	来纽文部		✓					
	延	透纽元部					✓		
字条七十五（共系联八个字词）									
察看义	耑	端纽元部	端章、初清准双声；端章与初清为邻纽；元真文、歌脂旁转，元歌月对转。				✓		
	诊	章纽真部		✓					
	瞭	清纽脂部		✓					
	察	初纽月部			✓				
	督	初纽月部		✓					

---

① 缳：匣纽元部；羼：见纽真部；毿：见纽元部。

公共义	被释字词	上古音	通转关系	本义	引申义	假借义	语源义	造意	文化意义
衡量义	揣	初纽歌部	端章、初清准双声；端章与初清为邻纽；元真文、歌脂旁转，元歌月对转。	√					
	铨	清纽文部			√				
	娷	端纽歌部		√					
齐等义	珏	端纽元部					√		
	溥	章纽元部		√					
字条七十六（共系联十五个字词）									
齐全义	卵	崇纽元部	崇禅邻纽，崇从准双声，从清心邪旁纽；元文旁转，文物对转。	√					
	顨	崇纽元部		√					
	全	从纽元部			√				
	詮	清纽文部					√		
	牷	从纽元部			√				
	旋	邪纽物部					√		
备置义	膳	禅纽元部		√					
	籑	崇纽元部		√					
	選	心纽元部				√			
	巽	心纽文部		√					
	潠	心纽文部		√					
	僎	崇纽元部		√					
	俦	崇纽元部		√					
计数义	祘	心纽元部		√					
	算	心纽元部		√					
	筭	心纽元部			√				
字条七十七（共系联十四个字词）									
山义	山	山纽元部	山崇从精清心与余端邻纽，余纽字与疑纽字可以是同源关系；元文真旁转，元歌、文微对转，真耕通转。	√					
	屾	山纽真部		√					
高义	巑	崇纽文部					√		
	阮	余纽文部		√					

（续表）

公共义	被释字词	上古音	通转关系	本义	引申义	假借义	语源义	造意	文化意义
			《文始》卷一						
高义	陵	心纽真部			√				
	陵	心纽真部					√		
	俊	精纽文部	山崇从精清心与余端邻纽，余纽字与疑纽字可以是同源关系；元文真旁转，元歌、文微对转，真耕通转。				√		
	骏	精纽文部			√				
	陕	端纽微部		√					
	隗	疑纽微部		√					
	嵯	从纽歌部					√		
	峨	疑纽歌部			√				
	峥	清纽耕部		√					
	厜羲	精纽歌部 疑纽歌部					√		
泉水义	字条七十八（共系联二个字词，其中语音不通转者—①）								
	泉	从纽元部	从邪旁纽；元文旁转，元质、文质旁对转。	√					
	灥	邪纽文部		√					
懦弱义	字条七十九（共系联二个字词，其中语音不通转者—②）								
	孱	章纽元部	章崇邻纽；元部叠韵。	√					
	孱	崇纽元部					√		
群羊义	字条八十（共系联二个字词，其中语音不通转者—③）								
	羴	书纽元部	书初、书从邻纽；元部叠韵。		√				
	羼	初纽元部		√					
簸箕义	字条八十一（共系联十四个字词）								
	苹	帮纽元部	帮滂并旁纽；元文旁转，元歌、文微物对转，质锡耕通转。	√					
	籓	帮纽元部		√					
	簸	帮纽歌部			√				

① 洫：晓纽质部。
② 耆：疑纽之部。
③ 藉：从纽锡部。

（续表）

《文始》卷一								
公共义	被释字词	上古音	通转关系	本义	引申义	假借义	语源义	造意	文化意义
去除义	霏	帮纽文部	帮滂并旁纽；元文旁转，元歌、文微物对转，质锡耕通转。	√					
	奎	帮纽文部		√					
	排	并纽微部			√				
	辟	帮纽锡部					√		
	屏	并纽耕部			√				
	姘	滂纽耕部			√				
	勃	并纽物部		√					
	趰	帮纽质部		√					
	般	帮纽元部			√				
扬、翻腾义	瀊	并纽元部					√		
	波	帮纽歌部					√		
	潘	滂纽元部					√		

字条八十二（共系联十一个字词）								
分别义	采	并纽元部	并帮滂旁纽；元真旁转，真质锡通转，元月对转。	√					
	番	滂纽元部			√				
	辨	并纽元部		√					
	班	帮纽元部			√				
	瓣	并纽元部			√				
	八	帮纽质部		√					
	播	帮纽月部			√				
争论义	辡	并纽元部		√					
	辨	并纽元部					√		
	辩	并纽元部			√				
治理义	辩	并纽元部		√					
	辟	帮纽锡部		√					
	擘	帮纽锡部		√					
周遍义	辩	并纽元部					√		
	偏	帮纽真部		√					

（续表）

公共义	被释字词	上古音	通转关系	本义	引申义	假借义	语源义	造意	文化意义
《文始》卷一									
字条八十三（共系联六个字词）									
木板义	片	滂纽元部			√				
	版	帮纽元部			√				
	牖	帮纽真部		√					
匾额义	扁	滂纽真部	滂帮并旁纽；元真旁转，元阳通转。		√				
	楄	并纽真部			√				
	篇	滂纽真部			√				
	榜	帮纽阳部			√				
字条八十四（共系联十五个字词）									
帽子义	覍	并纽元部		√					
	冕	明纽元部		√					
共持义	覍	并纽元部						√	
	槃	并纽元部					√		
	抃	并纽元部					√		
	昪	并纽元部					√		
低头义	頯	帮纽侯部		√					
大义	槃	并纽元部	并帮明旁纽；元文旁转，元鱼通转，文质旁、质脂对转。					√	
	畈	帮纽元部		√					
	伴	并纽元部		√					
	嬎	并纽元部		√					
	虌	并纽质部		√					
多义	鎨	并纽元部			√				
	满	明纽元部		√					
	幡	帮纽文部		√					
	癴	并纽质部		√					
厚义	腜	并纽脂部					√		
	肶	并纽脂部					√		

（续表）

公共义	被释字词	上古音	通转关系	本义	引申义	假借义	语源义	造意	文化意义
《文始》卷一									
字条八十五（共系联五个字词）									
牵引义	叫	滂纽元部	滂帮并旁纽；元质旁对转。	√					
	彎	帮纽质部			√				
	桬	并纽元部					√		
	篝	帮纽质部					√		
羁绊义	绊	帮纽元部		√					
	彎	帮纽质部			√				
	樊	并纽元部		√					
字条八十六（共系联三个字词，其中语音不通转者一①）									
面向义	面	明纽元部	明帮旁纽，明纽双声；元部叠韵。		√				
	偭	明纽元部			√				
	湎	明纽元部				√			
字条八十七（共系联四个字词）									
相反义	反	帮纽元部	帮并旁纽；元部叠韵。	√					
	叛	并纽元部		√					
	返	帮纽元部		√					
	轭	帮纽元部		√					
	變	帮纽元部		√					
字条八十八（共系联二十三个字词）									
并列、合并义	扶	并纽元部	并明帮滂旁纽；元月、支锡耕通转，耕阳旁转。					√	
	并	帮纽耕部		√					
	併	帮纽耕部		√					
	並	并纽阳部		√					
	骈	并纽元部			√				
	骿	并纽元部		√					

---

① 背：帮纽职部。

（续表）

《文始》卷一									
公共义	被释字词	上古音	通转关系	本义	引申义	假借义	语源义	造意	文化意义
并列、合并义	絣	帮纽耕部					√		
	姘	滂纽耕部					√		
	餅	帮纽耕部					√		
	鉼	帮纽耕部					√		
	辟	并纽锡部				√			
	襞	帮纽锡部		√					
	禆	帮纽支部		√					
次、贱义	禆	帮纽支部	并明帮滂旁纽；元月、支锡耕通转，耕阳旁转。				√		
	卑	帮纽支部			√				
	稗	并纽支部					√		
	魏	并纽月部					√		
	婢	并纽支部					√		
增加义	禆	帮纽支部			√				
	鼙	并纽支部		√					
	埤	并纽支部		√					
	俾	帮纽支部		√					
遣派义	俾	帮纽支部			√				
	偋	滂纽耕部		√					
	命	明纽耕部		√					
	聘	滂纽耕部		√					
	娉	滂纽耕部			√				

二、检验结论

据统计，《文始》卷一所系联的 947 个字词中，语音通转者 855，不通转者 92，分别占总数的 90.3% 和 9.7%。语义方面，系联有误的主要存在于以下两个字条：

1. 卷一"亘"字条

《说文》："亘，求亘也。从二从囘。囘，古文回，象亘回形。上下，所求物也。""亘"，甲骨文作 ⊟。象回旋的水。篆文在原形体基础上加二，二表示两岸。许说云"上下，所求物也"恐失当。杨树达《积微居小学述林》："其从二，许君说为所求物者，余谓犹冄之左右象案者也。特彼位于左右，此位于上下不同耳。冄训囘水，亘为囘泉，冄以两岸夹水，亘以两岸夹囘水，二字不惟义近，其形亦相似也。"《文始》（1999：194）沿用其误，云："亘、营本一语。"故由"亘"之"营求、谋求"义所派生出的"叀、峋、詗（词）、营（营）"等八个字词当去。

2. 卷一"單"（单）字条

《说文》："单，大也。从吅、車，吅亦声。"许氏本义分析及形体结构训释皆有误。"单"当为纯象形字，非许氏所认为的会意兼形声字。"单"本义为类似于干的一种武器。罗振玉《增订殷虚书契考释》："卜辞中兽（獸）字从此。兽（獸）即狩之本字。征战（戰）之战从单，与兽同意。"《甲骨文字诂林》"单"字姚孝遂（1999：3080）按："甲骨文单字无作 ϒ 形者，甲骨文獸（狩）字的偏旁或从单，或从干，盖狩用犬与干，或用犬与单。"《文始》（1999：195）："袭为 ϒ 字本义，今作禅、嬗，皆借也。"此说误。由此本义系联派生出的诸如"禪（禅）、嬗"等十一个字词皆当去①。

综上，经语义标准检验，卷一语音通转者 855 个中，剔除系联有误者 19 个，余 836 个。同源字词数占本卷系联总数的 88.3%。

第三节　《文始》卷二语源学检验

一、《文始》卷二语源学检验

《文始》卷二共有初文、准初文 66 个，分列于 60 个字条，共系联 741 个字词。具体语音语义情况见表 4-4。

---

① 其中"提""掸"二字由"系、係"所孳乳，后者因语音不通转已去，故此二字亦当去。

表 4–4 《文始》卷二语源学检验细目

			《文始》卷二						
公共义	被释字词	上古音	通转关系	本义	引申义	假借义	语源义	造意	文化意义
字条一（共系联十七个字词）									
高义	兀	疑纽物部		✓					
	魏	疑纽微部		✓					
	阢	疑纽物部			✓				
	邍	疑纽元部					✓		
	輐	疑纽月部					✓		
	髡	溪纽文部					✓		
深远义	远	匣纽元部		✓					
	敻	晓纽耕部			✓				
大义	元	疑纽元部	疑晓匣溪与影邻纽；物文微、月元对转，物月旁转，质耕通转。		✓				
	顈	疑纽元部					✓		
	頯	溪纽物部					✓		
	頵	影纽文部					✓		
顶端义	元	疑纽元部		✓					
	顛	疑纽元部		✓					
	頑	疑纽元部					✓		
秃义	髡	溪纽文部		✓					
	頒	溪纽物部		✓					
	顅	溪纽文部		✓					
	顡	溪纽元部		✓					
	髇	溪纽元部		✓					
字条二（共系联九个字词，其中语音不通转者九①）									
鬼头义	甶	帮纽物部	见群匣影均与帮纽无涉；物微之通转，微脂歌旁转。	✓					

---

① 鬼：见纽微部；夔：群纽微部；畏：影纽微部；傀：见纽微部；怪：见纽之部；娷：见纽之部；偉：匣纽微部；巍：群纽微部；騍：匣纽歌部。

（续表）

《文始》卷二									
公共义	被释字词	上古音	通转关系	本义	引申义	假借义	语源义	造意	文化意义
字条三（共系联三个字词，其中语音不通转者一①）									
毒蛇义	虫	晓纽微部	晓疑旁纽；微部叠韵，微元旁对转。	√					
	虺	晓纽微部		√					
	蚖	疑纽元部		√					
字条四（共系联二十六个字词，其中语音不通转者七②）									
说话、出声义	曰	匣纽月部	匣晓见、余书旁纽，余纽字与匣晓见溪纽字可以是同源关系，余来准双声；月元通转，月物质旁转，物文对转。	√					
	謂	匣纽物部			√				
	說	余纽月部		√					
	譀	晓纽月部		√					
	翻	晓纽月部		√					
	閲	余纽月部		√					
	税	书纽月部					√		
气出、吹气义	欥	余纽物部		√					
	粤	匣纽月部				√			
	聿	余纽质部					√		
	律	来纽物部					√		
	管	见纽元部					√		
	颭	晓纽物部		√					
	䫻	匣纽物部		√					
	颬	匣纽物部		√					
	颰	晓纽质部		√					
迅疾义	莽	晓纽物部		√					
	欻	晓纽物部		√					
记录义	聿	余纽质部			√				
忽略义	忽	晓纽物部		√					
	智	晓纽物部				√			

---

① 雖：心纽微部。

② 奔：帮纽文部；噴：滂纽文部；歕：滂纽文部；沸：帮纽物部；灒：滂纽物部；鼻：并纽物部；饙：帮纽质部。

（续表）

公共义	被释字词	上古音	通转关系	本义	引申义	假借义	语源义	造意	文化意义
_《文始》卷二_									
字条五（共系联六个字词，其中语音不通转者一①）									
茂密义	屮	晓纽微部	晓见与影邻纽；微物文职通转，物月旁转。		√				
	芈	见纽月部						√	
	薈	影纽月部		√					
	鬱	影纽职部		√					
	穊	见纽物部		√					
浅黑色义	黯	影纽月部		√					
字条六（共系联五个字词，其中语音不通转者三②）									
管束义	曶	匣纽月部	匣见溪旁纽；月歌对转。				√		
	軻	溪纽歌部					√		
	轄	匣纽月部				√			
字条七（共系联三个字词，其中语音不通转者一③）									
忽然出现义	厹	透纽物部	透定来旁纽；物月旁转。	√					
	突	定纽物部		√					
滑义	突	定纽物部				√			
	泰	透纽月部		√					
字条八（共系联二十三个字词，其中语音不通转者一④）									
通达义	丨	见纽文部	见溪晓匣旁纽，余纽字与见溪晓匣纽字可以是同源关系，余日书端透定与心邻纽；文物微之通转，之幽、文元旁转，元歌月、物质旁转。					√	
	兑	定纽月部		√					
	達	定纽月部		√					
坠义	復	透纽物部				√			
	隤	定纽微部		√					
	隊	定纽物部		√					

---

① 薹：并纽文部。

② 瞉：见纽锡部；瞉：见纽锡部；擊：见纽锡部。

③ 流：来纽幽部。

④ 餾：并纽幽部。

（续表）

《文始》卷二									
公共义	被释字词	上古音	通转关系	本义	引申义	假借义	语源义	造意	文化意义
坠义	磙	定纽物部	见溪晓匣旁纽，余纽字与见溪晓匣纽字可以是同源关系，余日书端透定与心邻纽；文物微之通转，之幽、文元旁转，元歌月、物质旁转。	√					
	磒	匣纽文部		√					
	碩	匣纽之部		√					
	抎	匣纽之部				√			
损坏义	損	心纽文部		√					
	騫	溪纽元部			√				
	虧	溪纽歌部			√				
	壞	匣纽微部		√					
	毁	晓纽微部		√					
	垝	见纽微部		√					
	頓	端纽文部			√				
小义	丨	见纽文部						√	
	鋭	余纽月部			√				
	芮	日纽月部			√				
	蕨	见纽月部					√		
	餲	书纽月部					√		
	季	见纽质部			√				
	孫	心纽文部					√		
字条九（共系联五个字词）									
迟缓义	夂	初纽微部	初与透定来章邻纽；微歌脂旁转，文微对转，支脂通转。	√					
	遲	定纽脂部		√					
	邌	来纽支部		√					
	徲	定纽支部		√					
	啍	透纽文部		√					
	諈	章纽歌部		√					

（续表）

公共义	被释字词	上古音	通转关系	本义	引申义	假借义	语源义	造意	文化意义
\multicolumn{10}{c}{《文始》卷二}									
\multicolumn{10}{c}{字条十（共系联七个字词）}									
黏义	秈	船纽物部	船泥来与心邻纽；物质旁转，质脂耕通转，质元旁对转。				√		
	稬	泥纽元部					√		
	黏	泥纽质部		√					
	黎	来纽脂部					√		
	呢	泥纽脂部					√		
	涅	泥纽质部			√				
	濘	泥纽耕部			√				
	塈	心纽脂部					√		
\multicolumn{10}{c}{字条十一（共系联十五个字词）}									
进入、会合义	入	日纽缉部	日余泥船与心邻纽；缉物文、质脂支通转，物质月旁转。	√					
	内	泥纽物部		√					
	矞	余纽质部		√					
	鈌	船纽物部			√				
	汭	日纽月部		√					
	軜	泥纽缉部					√		
言语迟钝义	訥	泥纽缉部		√					
	肭	泥纽物部		√					
	訒	日纽文部		√					
接近、亲近义	邇	日纽支部		√					
	遷	日纽质部		√					
	衵	日纽质部					√		
	尼	泥纽脂部		√					
	昵	泥纽质部		√					
轻慢义	暬	心纽月部		√					
	褻	心纽月部				√			

（续表）

公共义	被释字词	上古音	通转关系	本义	引申义	假借义	语源义	造意	文化意义
《文始》卷二									
字条十二（共系联十六个字词，其中语音不通转者一①）									
出动、显露义	出	昌纽物部	昌日余船端与清心山邻纽，余纽字与见群纽字可以是同源关系；物质月旁转，物文微之、质耕通转。		√				
	茁	端纽物部			√				
	春	昌纽文部			√				
	蠢	昌纽文部			√				
	芮	日纽月部					√		
	潏	见纽质部		√					
	窣	心纽物部		√					
	猝	清纽物部		√					
	赽	群纽物部		√					
	越	清纽微部		√					
	遹	余纽物部		√					
	疢	船纽质部		√					
	趪	见纽质部		√					
	追	端纽微部		√					
绿色义	翠	清纽物部			√				
	鹬	余纽质部					√		
字条十三（共系联一个字词）									
丧服义	衰	山纽微部	清山邻纽；微部叠韵。		√				
	縗	清纽微部		√					
字条十四（共系联五个字词，其中语音不通转者一②）									
猪义	豕	书纽支部	书昌旁纽，书定准旁纽；支质通转，质物旁转，物微文对转。	√					
	彘	昌纽支部		√					
	豴	定纽质部		√					
	豚	定纽文部		√					
猪肥义	腯	定纽物部		√					

---

① 朏：滂纽物部或滂纽微部。
② 狶：晓纽微部。

（续表）

公共义	被释字词	上古音	通转关系	本义	引申义	假借义	语源义	造意	文化意义
\multicolumn{10}{c}{《文始》卷二}									
\multicolumn{10}{c}{字条十五（共系联十八个字词）}									
弯曲、违逆义	乀	帮纽物部	帮滂并明旁纽，明纽（鼻音）与疑纽（鼻音）为邻纽；物微、歌月元对转，微脂歌旁转，脂锡通转。					√	
	弗	滂纽物部			√				
	刜	并纽物部					√		
	拂	滂纽物部			√				
	乂	疑纽月部					√		
	咈	并纽物部		√					
	誖	并纽物部		√					
	怫	并纽物部				√			
	艴	并纽物部					√		
	绋	帮纽物部					√		
	韍	帮纽月部					√		
	颇	滂纽歌部			√				
	髆	明纽歌部					√		
	尫	帮纽微部					√		
	披	滂纽歌部			√				
	顿	滂纽脂部					√		
	壁	帮纽锡部					√		
	僻	滂纽锡部			√				
	弼	并纽物部			√				
\multicolumn{10}{c}{字条十六（共系联十个字词，其中语音不通转者一①）}									
杂色旗义	勿	明纽物部		√					
	物	明纽物部			√				
殷切、努力义	勿	明纽物部	明纽双声；物文、幽觉对转，物月、鱼侯幽旁转，月元鱼通转。				√		
	忞	明纽文部		√					
	勉	明纽元部		√					
	勘	明纽月部		√					
	悯	明纽元部		√					
	懋	明纽幽部		√					
	敄	明纽侯部		√					
	務	明纽侯部		√					
	慔	明纽侯部		√					

---

① 勘：晓纽觉部。

（续表）

公共义	被释字词	上古音	通转关系	本义	引申义	假借义	语源义	造意	文化意义
《文始》卷二									
字条十七（共系联六个字词）									
土山义	自	端纽微部		√					
	㠂	从纽之部		√					
聚集义	師	山纽脂部	端定船与从山邻纽；微脂旁转，微文之通转。		√				
	隼	端纽微部		√					
	軘	定纽文部					√		
高义	膬	船纽微部					√		
	屍	定纽文部					√		
字条十八（共系联十一个字词，其中语音不通转者一①）									
短义	佳	章纽微部					√		
	屈	溪纽物部			√				
	鶌	见纽物部					√		
	崛	群纽物部					√		
	豽	泥纽物部					√		
	柮	泥纽物部	章禅、端透定泥、见溪群旁纽，章端准双声；微物对转，物月旁转。				√		
	蹇	端纽物部					√		
	椊	端纽月部					√		
	黜	透纽物部			√				
	柮	章纽月部					√		
钝义	拙	端纽物部		√					
	椎	定纽微部			√				
	祋	端纽月部					√		

---

① 殳：禅纽侯部。

（续表）

《文始》卷二								
公共义	被释字词	上古音	通转关系	本义	引申义	假借义	语源义	造意	文化意义
字条十九（共系联二十四个字词）									
雷义	靁	来纽微部		√					
	畾	来纽微部		√					
	賣	匣纽文部			√				
多义	員	匣纽文部			√				
	類	来纽物部			√				
乱义	䜌	匣纽文部		√					
	蠿	来纽幽部					√		
	藟	来纽幽部					√		
次序、条理义	侖	来纽文部		√					
	倫	来纽文部			√				
	論	来纽文部				√			
	綸	来纽微部					√		
回转、滚动义	勴	来纽物部	来余准双声，牙音，余纽字与匣纽字可以是同源关系；微文物、月元对转，物质月、支幽旁转，质支通转。		√				
	珋	来纽微部					√		
	櫑	来纽微部					√		
	輪	来纽文部			√				
缠绕义	纍	来纽微部			√				
	綸	来纽文部					√		
	繘	余纽质部			√				
	維	余纽微部			√				
	繕	匣纽支部			√				
	緝	匣纽支部		√					
	戉	匣纽元部					√		
弯曲、乖违义	盩	来纽质部		√					
	戾	来纽月部			√				
	剌	来纽月部		√					

（续表）

《文始》卷二									
公共义	被释字词	上古音	通转关系	本义	引申义	假借义	语源义	造意	文化意义
字条二十（共系联三个字词）									
倚靠、挨着义	几	见纽脂部	见溪群旁纽；脂质通转，脂微旁转。				√		
	眉	溪纽质部					√		
	跪	群纽微部		√					
	⿰𧾷旨	溪纽脂部		√					
字条二十一（共系联二十七个字词，其中语音不通转者一①）									
停止义	禾	见纽支部	见溪群疑匣旁纽，影与见溪群疑匣为邻纽；支鱼、脂微旁转，鱼歌、支脂、微文物职通转。					√	
	稽	见纽脂部		√					
	訖	见纽物部		√					
	⿰齒幾	群纽鱼部					√		
	既	见纽物部			√				
符合、核对义	稽	见纽脂部			√				
	棨	溪纽支部					√		
	譏	见纽微部			√				
	詣	疑纽脂部			√				
	幾	见纽微部				√			
慎重义	僟	群纽微部		√					
	謹	见纽文部		√					
	赾	溪纽文部					√		
限制义	限	匣纽文部			√				
	垠	疑纽文部		√					
	杚	见纽物部					√		
	槩	见纽物部					√		
接近义	畿	群纽微部					√		
	近	群纽文部			√				

① 積：章纽支部。

（续表）

公共义	被释字词	上古音	通转关系	本义	引申义	假借义	语源义	造意	文化意义
			《文始》卷二						
少、小义	幾	见纽微部	见溪群疑匣旁纽，影与见溪群疑匣为邻纽；支鱼、脂微旁转，鱼歌、支脂、微文物职通转。	√					
	僅	群纽文部			√				
	厪	群纽文部					√		
	饑	见纽微部					√		
	廑	群纽文部					√		
	飢	见纽脂部					√		
	餓	疑纽歌部			√				
	餫	影纽职部					√		
	嘰	见纽微部					√		
	蟻	见纽微部					√		
			字条二十二（共系联零个字词）						
气体义	气	溪纽物部		√					
			字条二十三（共系联五十二个字词，其中语音不通转者四①）						
围义	囗	匣纽微部	匣见溪群疑晓旁纽，影与匣见溪群疑晓邻纽；微物文、元月对转，文真元旁转，真支锡通转，锡觉旁转。	√					
	圍	匣纽微部		√					
	圓	匣纽文部			√				
	圜	匣纽元部			√				
	軍	见纽文部		√					
	寰	匣纽元部					√		
	橐	匣纽文部		√					
	褌	晓纽微部					√		
	㡓	见纽文部					√		
	帬	群纽文部					√		
	囷	清纽文部					√		

① 圓：邪纽元部；宣：心纽元部；榋：邪纽元部；眃：滂纽文部。

194

（续表）

公共义	被释字词	上古音	通转关系	本义	引申义	假借义	语源义	造意	文化意义
围义	胃	匣纽物部					√		
	胘	匣纽真部					√		
	朊	见纽元部					√		
	蠵	匣纽支部					√		
	窘	群纽文部			√				
	運	匣纽文部			√				
	暉	晓纽微部					√		
	衛	匣纽月部		√					
	垣	匣纽元部		√					
	奐	匣纽元部	匣见溪群疑晓旁纽，影与匣见溪群疑晓邻纽；微物文、元月对转，文真元旁转，真支锡通转，锡觉旁转。	√					
	韓	匣纽元部		√					
	園	匣纽元部		√					
	圈	溪纽元部			√				
	圂	匣纽文部		√					
	闲	匣纽元部		√					
	睊	见纽真部		√					
	帷	匣纽微部			√				
	幃	匣纽微部			√				
圆曲义	宛	影纽元部			√				
	奥	影纽觉部					√		
	冐	影纽元部					√		
	蜎	影纽元部					√		
	盌	影纽元部					√		
	鸳	影纽元部					√		
	琬	影纽元部					√		
	冤	影纽元部		√					

表头：《文始》卷二

（续表）

公共义	被释字词	上古音	通转关系	本义	引申义	假借义	语源义	造意	文化意义
			《文始》卷二						
郁结、怨恨义	冤	影纽元部	匣见溪群疑晓旁纽，影与匣见溪群疑晓邻纽；微物文、元月对转，文真元旁转，真支锡通转，锡觉旁转。		√				
	怨	疑纽元部		√					
	訑	影纽元部			√				
	悁	影纽元部		√					
	愠	影纽文部		√					
	恨	匣纽文部			√				
	慰	影纽物部			√				
	媁	匣纽微部		√					
	憋	匣纽支部		√					
	恚	影纽支部		√					
	娡	影纽锡部		√					
空洞义	冐	影纽元部			√				
	窨	晓纽月部		√					
	削	影纽真部			√				
			字条二十四（共系联三十九个字词，其中语音不通转者二①）						
回转义	回	匣纽微部	匣见溪群晓旁纽，影与匣见溪群晓邻纽，余纽字与匣见溪群晓纽字可以是同源关系；微物文之通转，文元、微脂旁转，元月、脂质对转。	√					
	漳	匣纽微部		√					
	溁	群纽脂部					√		
	洄	匣纽微部			√				
	夗	影纽元部					√		
	椡	影纽之部					√		
沉没义	頮	影纽物部		√					
	湏	影纽微部		√					
	搵	影纽文部		√					

---

① 昃：明纽物部；没：明纽物部。

公共义	被释字词	上古音	通转关系	本义	引申义	假借义	语源义	造意	文化意义
圆曲、不正义	夓	匣纽微部					√		
	緯	匣纽微部			√				
	繣	匣纽文部				√			
	徽	晓纽微部			√				
	䚦	影纽微部			√				
	攣	见纽元部		√					
	敼	匣纽微部			√				
	韋	匣纽微部					√		
	迲	余纽质部		√					
回归义	還	匣纽元部	匣见溪群晓旁纽，影与匣见溪群晓邻纽，余纽字与匣见溪群晓纽字可以是同源关系；微物文之通转，文元、微脂旁转，元月、脂质对转。	√					
	歸	见纽微部			√				
	月	影纽微部		√					
	殷	影纽文部					√		
	豈	溪纽微部					√		
向往义	豈	溪纽微部				√			
	覬	见纽脂部		√					
	钦	见纽物部		√					
	祈	群纽微部		√					
	款	溪纽元部		√					
和乐义	豈	溪纽微部			√				
	愷	溪纽微部		√					
	訢	晓纽文部		√					
	忻	晓纽文部			√				
	快	溪纽月部		√					
	歡	晓纽元部		√					
	懽	晓纽元部		√					
	衎	溪纽元部		√					

197

（续表）

公共义	被释字词	上古音	通转关系	本义	引申义	假借义	语源义	造意	文化意义
			《文始》卷二						
赠送义	歸	见纽微部	匣见溪群晓旁纽，影与匣见溪群晓邻纽，余纽字与匣见溪群晓纽字可以是同源关系；微物文之通转，文元、微脂旁转，元月、脂质对转。			√			
	饋	群纽物部			√				
	氛	溪纽物部		√					
	餫	匣纽文部		√					
	餽	群纽微部				√			
字条二十五（共系联十一个字词，其中语音不通转者一①）									
估量义	癸	见纽脂部				√			
	揆	群纽脂部		√					
	葵	群纽脂部				√			
分离义	癸	见纽脂部	见溪群晓匣旁纽；脂质支通转，脂微、质月旁转。				√		
	𣏾	群纽质部					√		
	睽	溪纽脂部			√				
	違	匣纽微部			√				
	甇	晓纽月部					√		
	㩴	晓纽月部					√		
	赽	见纽质部					√		
	駃	见纽月部					√		
	暌	群纽微部					√		
字条二十六（共系联三十七个字词，其中语音不通转者十二②）									
火义	火	晓纽微部	晓见匣群与影邻纽；微物文、月歌元对转，物质月、元文真旁转。	√					
	焜	晓纽微部		√					
	熯	晓纽微部		√					
	爟	见纽元部			√				
	煴	影纽文部			√				

---

① 踶：定纽支部。

② 㷠：心纽文部；焌：精纽文部；然：日纽元部；熱：日纽月部；爇：日纽月部；燧：邪纽物部；㷉：邪纽物部；焚：并纽文部；炭：透纽元部；羨：初纽歌部；燔：并纽元部；煩：并纽元部。

公共义	被释字词	上古音	通转关系	本义	引申义	假借义	语源义	造意	文化意义
烧烤义	熏	晓纽文部			√				
	煨	影纽微部			√				
	尉	影纽物部		√					
	衺	影纽文部		√					
赤黄色义	纁	晓纽文部		√					
	芸	匣纽文部			√				
	雚	群纽元部					√		
	橘	见纽物部					√		
熏染义	熏	晓纽文部			√				
	薰	晓纽文部			√				
	堇	晓纽文部					√		
	醺	晓纽文部	晓见匣群与影邻纽；微物文、月歌元对转，物质月、元文真旁转。		√				
温和义	辒	影纽文部					√		
	昷	影纽文部		√					
	惠	匣纽质部		√					
	悉	影纽物部		√					
	恩	影纽真部		√					
压平义	尉	影纽物部		√					
	熨	影纽物部		√					
	按	影纽元部		√					
热气义	煴	影纽文部		√					
	鬱	影纽物部			√				
酿酒义	鬱	影纽物部					√		
	醖	影纽文部		√					
聚积义	蕰	影纽文部		√					

（续表）

公共义	被释字词	上古音	通转关系	本义	引申义	假借义	语源义	造意	文化意义
《文始》卷二									
字条二十七（共系联八个字词）									
明亮义	焱	日纽支部	日来准旁纽；支真通转，真文元旁转，元月对转。	√					
	爾	日纽支部		√					
	粦	来纽真部		√					
	閵	来纽文部		√					
聚焦义	瞵	来纽真部			√				
燃烧义	然	日纽元部		√					
	爛	来纽元部		√					
	烈	来纽月部			√				
繁茂义	爾	日纽支部			√				
	繭	日纽支部		√					
字条二十八（共系联三十六个字词，其中语音不通转者—①）									
到达义	夂	端纽歌部	端与精清从邻纽，端透定泥来、章昌禅旁纽，端章准双声；歌月元鱼、支质脂、之微物文通转，鱼幽之支旁转。	√					
	氐	端纽脂部			√				
	致	端纽质部			√				
	底	端纽脂部			√				
	邸	端纽脂部					√		
停止义	坻	章纽支部		√					
	堤	端纽支部		√					
	滞	定纽月部				√			
	汦	章纽支部		√					
	坐	从纽歌部						√	
	侳	精纽歌部				√			
	挫	精纽歌部					√		

---

① 耆：群纽脂部。

公共义	被释字词	上古音	通转关系	本义	引申义	假借义	语源义	造意	文化意义
			《文始》卷二						
根本义	氏	端纽脂部		√					
	柢	端纽脂部		√					
	軧	端纽脂部		√					
	坻	定纽脂部		√					
	州	章纽幽部		√					
	渚	章纽鱼部		√					
	沚	章纽支部		√					
支撑义	榰	章纽脂部			√				
推挤义	抵	端纽脂部	端与精清从邻纽，端透定泥来、章昌禅旁纽，端章准双声；歌月元鱼、支质脂、之微物文通转，鱼幽之支旁转。	√					
	推	透纽微部		√					
	摧	从纽微部		√					
	挼	泥纽歌部			√				
	拨	精纽文部		√					
	牴	端纽脂部		√					
	趴	定纽质部		√					
	催	清纽微部		√					
	敦	端纽文部			√				
	碓	端纽物部			√				
	耒	来纽微部					√		
	貍	来纽支部		√					
	誰	禅纽微部					√		
	呧	端纽脂部		√					
	詆	端纽脂部		√					
	諯	昌纽元部		√					
	萊	来纽微部					√		

（续表）

公共义	被释字词	上古音	通转关系	本义	引申义	假借义	语源义	造意	文化意义
《文始》卷二									
字条二十九（共系联七个字词）									
缝纫、刺绣义	黹	端纽脂部	端与清邪邻纽，端透定旁纽，端日准旁纽；脂质、微文对转，质月、脂微旁转。		√				
	襹	端纽脂部		√					
	袟	定纽质部		√					
	絺	透纽微部					√		
	緻	定纽质部					√		
	纫	日纽文部				√			
	絟	清纽文部					√		
	缙	邪纽月部					√		
字条三十（共系联二个字词）									
副义	二	日纽脂部	日章旁纽；脂部叠韵。		√				
	贰	日纽脂部		√					
相当义	勭	章纽脂部		√					
字条三十一（共系联二个字词）									
末端细小义	尖	精纽谈部	精书邻纽；谈元通转，元脂旁对转。		√				
	箭	精纽元部					√		
	菡	书纽脂部					√		
字条三十二（共系联十一个字词，其中语音不通转者一①）									
尸体义	尸	书纽脂部	书从邻纽，书章余旁纽，章端准双声，余纽字与晓匣纽字可以同源，影与晓匣邻纽；脂真支通转，真元文、脂歌旁转。		√				
	屍	书纽脂部		√					
创伤义	痍	余纽脂部		√					
	胴	余纽真部		√					
	痕	匣纽文部		√					
	膡	晓纽文部		√					
	疢	章纽支部		√					
	瘇	端纽歌部		√					
	胝	端纽脂部		√					
	疵	从纽支部			√				
主持义	尸	书纽脂部			√				
	伊	影纽脂部					√		

---

① 瘢：并纽元部。

（续表）

公共义	被释字词	上古音	通转关系	本义	引申义	假借义	语源义	造意	文化意义
			《文始》卷二						
字条三十三（共系联十七个字词，其中语音不通转者七①）									
星辰义	示	船纽脂部		√					.
	辰	禅纽文部			√				
	曟	章纽真部		√					
	晨	章纽真部			√				
神义	示	船纽脂部	船章禅透定来与心邻纽；脂质真支锡耕通转，脂微、文元旁转，微文对转。		√				
	神	船纽真部		√					
	魋	船纽真部		√					
	靈	来纽耕部			√				
看义	示	船纽脂部					√		
	視	禅纽脂部		√					
	題	定纽支部		√					
	睼	透纽质部		√					
	睢	心纽微部			√				
字条三十四（共系联四个字词）									
水义	水	书纽微部	书章旁纽，书心邻纽；微文对转。	√					
	冰	章纽微部		√					
平义	準	章纽文部		√					
	埻	章纽文部			√				
浇义	飧	心纽文部			√				
字条三十五（共系联二十三个字词）									
平整义	齊	从纽脂部	从与定来余邻纽，从心邪精清、庄崇旁纽，精庄准双声；脂真支耕、文职物通转，真元文旁转，元月对转。	√					
	妻	清纽脂部					√		
	薺	从纽支部		√					
	儕	崇纽脂部		√					

① 祇：群纽支部；晞：晓纽微部；觀：见纽元部；见：见纽元部；看：溪纽元部；睠：见纽元部；覡：匣纽锡部。

（续表）

《文始》卷二									
公共义	被释字词	上古音	通转关系	本义	引申义	假借义	语源义	造意	文化意义
平整义	齋	庄纽脂部	从与定来余邻纽，从心邪精清、庄崇旁纽，精庄准双声；脂真支耕、文职物通转，真元文旁转，元月对转。				√		
	劑	从纽脂部					√		
	前	精纽元部					√		
	櫅	精纽支部					√		
	墜	定纽物部					√		
	荃	清纽文部					√		
收割义	穧	从纽脂部		√					
	戩	精纽元部		√					
锋利义	鈰	从纽支部		√					
五谷义	秭	精纽脂部					√		
	私	心纽脂部						√	
	秦	从纽真部					√		
	𪗈	精纽脂部		√					
	稷	精纽职部		√					
	齍	精纽脂部			√				
	資	精纽脂部			√				
	齎	精纽脂部				√			
财物义	賮	邪纽真部		√					
	贏	余纽耕部			√				
	賴	来纽月部		√					
字条三十六（共系联四个字词）									
止义	朿	精纽脂部	精清从旁纽；脂部叠韵。	√					
	霽	精纽脂部			√				
	霋	清纽脂部			√				
茂盛义	朿	精纽脂部						√	
	萋	清纽脂部		√					
	賫	从纽脂部		√					

（续表）

			《文始》卷二						
公共义	被释字词	上古音	通转关系	本义	引申义	假借义	语源义	造意	文化意义
字条三十七（共系联零个字词）									
犀牛一类的野兽义	㕞	邪纽脂部		√					
字条三十八（共系联十六个字词）									
劣等义	次	清纽支部			√				
	茨	从纽脂部					√		
	呰	精纽支部		√					
	訾	精纽支部				√			
	髭	清纽质部		√					
止义	次	清纽支部		√					
	越	清纽脂部		√					
	此	清纽支部						√	
第二、再次义	次	清纽支部	清从精、庄崇旁纽，精庄准双声；支锡脂质通转，质月、元文旁转，月元对转。		√				
	荐	从纽文部				√			
聚积义	欿	清纽质部		√					
	績	精纽锡部			√				
	孳	从纽支部		√					
	稽	从纽脂部		√					
	积	精纽锡部			√				
	簀	庄纽锡部			√				
	第	精纽脂部					√		
	棧	崇纽元部					√		
	栫	从纽文部					√		
字条三十九（共系联六个字词）									
自私义	厶	心纽脂部		√					
	篡	初纽元部		√					
非法、不正义	窃	清纽质部	心与定透邻纽，心精清旁纽，清初准双声；脂质对转，脂元旁对转，质月物旁转。	√					
	最	精纽月部		√					
	敪	定纽月部		√					
	訹	心纽物部		√					
	昳	透纽质部		√					

（续表）

公共义	被释字词	上古音	通转关系	本义	引申义	假借义	语源义	造意	文化意义
colspan《文始》卷二									
字条四十（共系联三十八个字词，其中语音不通转者十一—①）									
并列义	匕	帮纽脂部			√				
	臂	帮纽锡部					√		
	髀	帮纽真部					√		
	髀	并纽支部					√		
测日影 石头义	髀	并纽支部				√			
	碑	帮纽支部			√				
旁边义	臂	帮纽锡部					√		
	壁	帮纽锡部					√		
	廦	帮纽药部					√		
	陴	并纽支部					√		
	㿹	滂纽锡部		√					
	此	清纽支部		√					
相连义	坒	并纽质部		√					
	槐	并纽脂部	帮滂并明旁纽；脂质真支锡、歌月元通转，脂歌微、锡药旁转，微物对转。				√		
	桦	并纽脂部					√		
	辈	帮纽微部					√		
	瀕	并纽真部					√		
	编	帮纽真部			√				
	辮	并纽元部		√					
辅助义	㔷	并纽质部		√					
	枈	帮纽微部			√				
	弼	并纽物部		√					
	鬢	帮纽真部					√		
	僃	帮纽真部		√					
	妃	滂纽微部					√		
	媲	滂纽脂部					√		
	姼	帮纽脂部					√		
顺从义	娓	明纽微部		√					
	媚	明纽脂部			√				
食具义	匕	帮纽脂部			√				
吃饭义	饭	帮纽元部		√					

① 此：清纽支部；觜：精纽支部；知：端纽支部；矲：端纽歌部；哲：端纽月部；指：章纽脂部；恉：章纽脂部；暜：章纽脂部；呰：精纽支部；栖：心纽质部；匙：禅纽支部。

（续表）

公共义	被释字词	上古音	通转关系	本义	引申义	假借义	语源义	造意	文化意义
《文始》卷二									
字条四十一（共系联十二个字词，其中语音不通转者五①）									
飞义	飛	帮纽微部	帮滂旁纽；微文对转，文真元旁转，真耕、元鱼通转。	√					
	奮	帮纽文部		√					
	騛	帮纽微部					√		
	翩	滂纽真部		√					
轻盈义	媥	滂纽真部			√				
	甹	滂纽耕部					√		
	俜	滂纽耕部					√		
美好义	頩	滂纽真部					√		
字条四十二（共系联十四个字词）									
违背义	非	帮纽微部	帮并滂旁纽；微物对转，微脂、支鱼幽旁转，脂支通转。	√					
	叓	帮纽微部		√					
	陛	帮纽支部					√		
	咈	并纽物部		√					
诽谤义	非	帮纽微部				√			
	誹	帮纽微部		√					
两、对义	非	帮纽微部						√	
	扉	帮纽微部					√		
	辈	帮纽微部					√		
	騑	滂纽微部					√		
飞义	非	帮纽微部						√	
	鼊	并纽脂部					√		
	蜉	并纽幽部					√		
	䴗	帮纽微部					√		
	翡	并纽微部					√		
文采义	斐	滂纽微部		√					
轻盈义	俳	并纽微部					√		
	裵	并纽微部					√		

———————

① 矕：晓纽文部；揮：晓纽文部；妍：疑纽元部；艤：晓纽元部；翩：晓纽元部。

（续表）

公共义	被释字词	上古音	通转关系	本义	引申义	假借义	语源义	造意	文化意义
《文始》卷二									
字条四十三（共系联二十一个字词，其中语音不通转者六①）									
滋味义	未	明纽物部					√		
	味	明纽物部		√					
美义	美	明纽脂部		√					
	胚	并纽质部					√		
	媄	明纽脂部		√					
茂盛义	未	明纽物部		√					
昏暗义	昧	明纽物部		√					
	眛	明纽之部	明帮并旁纽；物质、文元、微脂旁转，物微文之通转。				√		
	眄	明纽物部			√				
遮蔽义	庇	帮纽质部		√					
	厞	并纽物部		√					
	迷	明纽脂部			√				
	眯	明纽脂部		√					
	䇷	帮纽微部					√		
睡义	寐	明纽物部		√					
	寐	明纽脂部		√					
死亡义	歾	明纽物部		√					
字条四十四（共系联四个字词，其中语音不通转者一②）									
绣纹义	米	明纽脂部			√				
	絑	明纽脂部	明（鼻音）来（边音）、来从邻纽；脂歌旁转，歌元对转。	√					
密集义	粜	明纽歌部					√		
刺穿义	叕	从纽元部		√					

① 旨：章纽脂部；脂：章纽脂部；雟：从纽元部；嗜：禅纽脂部；㫚：晓纽物部；釁：晓纽文部。

② 敕：来纽宵部。

（续表）

《文始》卷二									
公共义	被释字词	上古音	通转关系	本义	引申义	假借义	语源义	造意	文化意义
字条四十五（共系联三个字词）									
眉毛义	眉	明纽脂部	明纽双声；脂元旁对转。	√					
	楣	明纽脂部					√		
	櫋	明纽元部					√		
	湄	明纽脂部					√		
字条四十六（共系联一个字词）									
礼器义	豊	来纽脂部	明纽双声；脂元旁对转。	√					
甜酒义	醴	来纽脂部		√					
字条四十七（共系联一个字词）									
斧头义	斤	见纽文部	见疑旁纽；文真旁转。	√					
	釿	疑纽真部		√					
字条四十八（共系联二十九个字词）									
隐藏义	乚	影纽文部	影与溪群邻纽，余纽字与溪群纽字可以是同源关系；文微物之、质支、元叶通转，物质月旁转，月元对转，支觉旁对转。	√					
	隱	影纽文部			√				
	衣	影纽微部			√				
	繄	影纽支部					√		
	扆	影纽微部			√				
	𤔌	影纽文部		√					
	瘱	影纽质部			√				
	檃	影纽文部		√					
	医	影纽之部					√		
	匽	影纽元部		√					
	翳	影纽支部			√				
	椷	影纽微部					√		
	瘞	影纽叶部			√				
	殔	余纽质部			√				
	殣	群纽文部			√				
	簍	影纽月部					√		
	僾	影纽物部					√		

（续表）

公共义	被释字词	上古音	通转关系	本义	引申义	假借义	语源义	造意	文化意义
			《文始》卷二						
倚傍义	依	影纽微部			√				
	檼	影纽文部					√		
	案	影纽元部					√		
	窜	影纽元部					√		
谨慎义	悬	影纽文部	影与溪群邻纽，余纽字与溪群纽字可以是同源关系；文微物之、质支、元叶通转，物质月旁转，月元对转，支觉旁对转。	√					
	惲	影纽文部		√					
	悃	溪纽文部		√					
弯曲义	ㄴ	影纽文部						√	
	隈	影纽微部		√					
	奥	影纽觉部		√					
	鰃	影纽之部		√					
	悠	影纽微部					√		
悲痛义	恣	影纽微部		√					
	哀	影纽微部			√				
	慇	影纽文部		√					
			字条四十九（共系联十一个字词）						
回旋义	雲	匣纽文部					√		
	囩	匣纽文部		√					
	沄	匣纽文部		√					
	芸	匣纽文部	匣疑旁纽，余纽字与匣疑纽字可以是同源关系，余船与邪邻纽；文元旁转。				√		
	淀	邪纽元部		√					
	船	船纽元部					√		
	沿	余纽元部		√					
水大义	沄	匣纽文部		√					
	澐	匣纽文部		√					
	混	匣纽文部		√					
	会	疑纽文部		√					
	渾	匣纽文部					√		

公共义	被释字词	上古音	通转关系	本义	引申义	假借义	语源义	造意	文化意义
《文始》卷二									
字条五十（共系联二十六个字词，其中语音不通转者二①）									
钝义	屯	定纽文部		√					
	春	昌纽文部					√		
	鈍	定纽文部				√			
	鼉	端纽元部					√		
圆义	團	定纽元部		√					
	摶	定纽元部			√				
	篿	定纽元部					√		
	篅	禅纽元部					√		
	笇	定纽文部					√		
	帪	端纽文部					√		
	箽	端纽元部					√		
	匰	端纽元部					√		
	椽	定纽元部	定端透泥来旁纽，昌日禅旁纽，透昌、泥日准双声；文元旁转，元歌对转。				√		
	橢	透纽歌部			√				
狭长义	橢	透纽歌部			√				
	隋	定纽歌部		√					
	孌	来纽元部					√		
厚义	屯	定纽文部			√				
	惇	端纽文部		√					
	偆	昌纽文部			√				
	奄	禅纽文部		√					
	窀	端纽文部					√		
温和义	春	昌纽文部							√
	矗	泥纽元部		√					
	煗	泥纽元部		√					
	湪	泥纽元部					√		
振作、出动义	春	昌纽文部				√			
	蠢	昌纽文部			√				
	蝽	日纽元部		√					

---

① 弄：见纽元部；汝：影纽元部。

（续表）

公共义	被释字词	上古音	通转关系	本义	引申义	假借义	语源义	造意	文化意义
《文始》卷二									
字条五十一（共系联六个字词）									
尽义	殄	定纽文部	定端透旁纽，透昌准双声；文元旁纽，元歌对转。	√					
	殫	端纽元部		√					
	瘅	端纽元部				√			
	嘽	透纽元部					√		
	燀	昌纽元部					√		
	痑	端纽歌部					√		
	喘	昌纽元部					√		
字条五十二（共系联六个字词）									
相对义	舛	昌纽文部	昌端禅与庄清从邻纽；文元旁转，元歌鱼通转，文物对转。		√				
	對	端纽物部			√				
卧义	舛	昌纽文部		√					
	睡	禅纽歌部					√		
隐藏义	夋	清纽文部					√		
	竣	清纽文部		√					
	蹲	从纽文部		√					
	踜	庄纽元部					√		
字条五十三（共系联二个字词，其中语音不通转者一①）									
木槿义	舜	书纽文部	书纽双声；文部叠韵。				√		
	蕣	书纽文部		√					
字条五十四（共系联二个字词）									
寸口义	寸	清纽文部	清精旁纽；文部叠韵。	√					
尊贵义	尊	精纽文部			√				
退让义	尊	精纽文部					√		
	劆	精纽文部		√					

---

① 蕣：群纽耕部。

（续表）

《文始》卷二									
公共义	被释字词	上古音	通转关系	本义	引申义	假借义	语源义	造意	文化意义
字条五十五（共系联十三个字词，其中语音不通转者一①）									
通达义	川	昌纽文部				√			
	睿	心纽真部		√					
	叡	余纽月部		√					
	顺	船纽文部			√				
顺义	愻	心纽文部	昌与心邪邻纽，昌船禅日余旁纽，余纽字与晓匣纽字可以是同源关系，影与晓匣邻纽；文真元、月物旁转，元月对转。	√					
	㺊	邪纽物部		√					
	馴	邪纽文部				√			
	訓	晓纽文部				√			
	歁	禅纽元部					√		
	嘫	日纽元部					√		
智慧义	叡	余纽月部		√					
	慧	匣纽月部		√					
	儇	晓纽元部		√					
	譞	晓纽元部		√					
字条五十六（共系联十二个字词）									
草木根义	本	帮纽文部		√					
	苯	并纽月部		√					
大义	奔	并纽质部	帮并滂旁纽；文元、月质旁转，元月对转。	√					
	坋	并纽文部			√				
	濆	并纽文部					√		
	蕡	并纽文部					√		
	韇	并纽文部					√		
	憤	并纽文部					√		
	忿	并纽文部					√		
	颁	帮纽文部					√		
	爺	滂纽文部					√		
	幣	并纽元部					√		
	鞶	并纽元部					√		

---

① 挹：影纽缉部。

（续表）

公共义	被释字词	上古音	通转关系	本义	引申义	假借义	语源义	造意	文化意义
《文始》卷二									
字条五十七（共系联十一个字词）									
花纹、文采义	文	明组文部			✓				
	彣	明组文部		✓					
	辩	帮组元部		✓					
	彬	帮组文部			✓				
	斐	滂组微部		✓					
	賁	帮组文部	明帮滂并旁纽；文微物、元歌对转，文元旁转。		✓				
	鴽	明组文部					✓		
	彪	帮组元部		✓					
杂色义	頯	并组歌部					✓		
	纷	滂组文部					✓		
	勿	明组物部					✓		
	物	明组物部					✓		
字条五十八（共系联七个字词）									
听闻义	門	明组文部					✓		
	聞	明组文部		✓					
慰问义	聞	明组文部				✓			
	問	明组文部				✓			
悲伤义	閔	明组文部	明组双声；文真旁转。	✓					
	愍	明组真部		✓					
	旻	明组文部				✓			
抚摸义	捫	明组文部			✓				
	揗	明组文部		✓					
字条五十九（共系联五个字词）									
纷乱义	豩	帮组文部			✓				
	闉	滂组真部		✓					
	闋	滂组文部		✓					
	紊	明组文部	帮滂并明旁纽；文真元旁转。	✓					
	繙	并组元部			✓				
	棼	并组文部					✓		

（续表）

《文始》卷二									
公共义	被释字词	上古音	通转关系	本义	引申义	假借义	语源义	造意	文化意义
字条六十（共系联一个字词）									
盾牌义	盾	定纽文部	定船准旁纽；文部叠韵。	√					
	楯	船纽文部			√				

二、检验结论

据统计，《文始》卷二所系联的 741 个字词中，语音通转者 658，不通转者 83，分别占总数的 88.8% 和 11.2%。语义方面，系联有误的主要存在于以下两个字条：

1. 卷二"隹"字条

《说文》："隹，鸟之短尾总名也。象形。"许说本义训释恐未当。"隹"之本义即为鸟，非"鸟之短尾总名"。罗振玉《增订殷虚书契考释》："卜辞中隹（许训短尾鸟者）与鸟不分，故隹字多作鸟形。许书隹部诸字，亦多云籀文从鸟。盖隹鸟古本一字，笔画有繁简耳。许以隹为短尾鸟之总名，鸟为长尾禽之总名。然鸟尾长者莫如雉与䧿，而并从隹；尾之短者莫如鹤、鹭、凫、鸿，而均从鸟。可知强分之未得矣。"《文始》沿用其误，并由"短"义系联出一系列派生词，故由初文"隹"所系联的十一个字词皆当去。

2. 卷二"示"字条

《说文》："示，天垂象见吉凶，所以示人也。从二，三垂，日月星也。"许氏此处乃据小篆形体立说。《甲骨文字诂林》"示"字姚孝遂（1999：1063）按："（示）基本形体作示或示，变体甚多。……在偏旁中，示或示多加小点作示、示、示、示、示、示，本象神主之形，其旁所加之小点，盖象征祭祀拜祷时灌酒之状。……示与主初本同字，卜辞仅见示字，主盖后世分化孳乳字。"徐中舒《甲骨文字典》："象以木表或石柱为神主之形，上或其左右之点画为增饰符号。"据此，"示"本义当为显示，让人知晓。以"示"为偏旁的字多与祭祀、鬼神相关。《文始》（1999：220）："示本义即三辰之辰。"此说误。由"星辰"义所派生出的"辰、霱、晨"等三个字词当去。

综上，经语义标准检验，卷二语音通转者 658 个中，剔除系联有误者 14 个，余 644 个。同源字词数占本卷系联总数的 87.0%。

第四节　《文始》卷三语源学检验

一、《文始》卷三语源学检验

《文始》卷三共有初文、准初文 40 个，分列于 32 个字条，共系联 519 个字词。具体语音语义情况见表 4-5。

表 4-5《文始》卷三语源学检验细目

公共义	被释字词	上古音	通转关系	本义	引申义	假借义	语源义	造意	文化意义
《文始》卷三									
字条一（共系联七个字词）									
专一义	一	影组质部	影与群匣邻组；余纽字与群匣纽字可以是同源关系，余章旁纽；质真对转，真元旁转，质耕通转，耕药旁对转。			√			
	壹	影组质部		√					
美德义	懿	影组质部		√					
少义	一	影组质部			√				
	匀	余组真部		√					
	酌	章组药部					√		
单独义	一	影组质部			√				
	赹	群组耕部					√		
数词一义	一	影组质部		√					
	禹	匣组元部					√		
	殪	影组质部					√		
字条二（共系联二十五个字词）									
脚步义	乙	影组质部	影与群匣邻组，余纽字与群匣可以是同源关系，余从邻组，余章、来透定泥旁纽，余来准双声；质物月、元文支之旁转，月元对转，支锡耕脂通转，之药旁对转。			√			
	履	来组脂部			√				
履行义	履	来组脂部			√				
	禮	来组脂部					√		

（续表）

公共义	被释字词	上古音	通转关系	本义	引申义	假借义	语源义	造意	文化意义
			《文始》卷三						
渡过义	亂	来纽元部			√				
	歷	来纽锡部		√					
	軼	余纽质部			√				
	砅	来纽月部		√					
踩踏、磨砺义	軋	影纽物部	影与群匣邻纽，余纽字与群匣可以是同源关系，余从邻纽，余章、来透定泥旁纽，余来准双声；质物月、元文、支之旁转，月元对转，支锡耕脂通转，之药旁对转。	√					
	報	泥纽元部		√					
	轢	来纽药部			√				
	踐	从纽元部		√					
	躪	来纽文部		√					
	轔	来纽文部		√					
	厲	来纽月部			√				
	厤	来纽锡部		√					
	厎	章纽脂部			√				
	冊	章纽文部		√					
	梯	透纽脂部			√				
挺直义	乙	影纽质部					√		
	侹	透纽耕部		√					
交替义	侹	透纽耕部			√				
	遞	定纽支部		√					
	迭	定纽质部		√					
	郵	匣纽之部			√				
次序义	秩	定纽质部			√				
	娣	定纽脂部					√		
	姨	余纽脂部					√		
	姪	定纽质部					√		

（续表）

公共义	被释字词	上古音	通转关系	本义	引申义	假借义	语源义	造意	文化意义
			《文始》卷三						
			字条三（共系联十九个字词）						
通达义	屮	透纽月部	透与崇清心邪邻纽，透定旁纽，透与章书准旁纽，余纽字与匣纽字可以是同源关系；月歌元对转，元真旁转，真支锡耕质通转。				✓		
	徹	透纽月部				✓			
	聖	书纽耕部		✓					
疾行义	騁	透纽耕部		✓					
	馳	定纽歌部		✓					
	趭	定纽质部		✓					
初始义	屮	透纽月部						✓	
	胐	定纽质部					✓		
	芛	透纽月部					✓		
	新	心纽真部			✓				
茎条义	枝	章纽支部		✓					
	莛	定纽耕部		✓					
	莖	匣纽耕部		✓					
	支	章纽支部		✓					
分开、分散义	斯	心纽支部			✓				
	析	心纽锡部			✓				
	柴	崇纽支部					✓		
	薪	心纽真部					✓		
	旌	精纽耕部					✓		
剩余义	薪	心纽真部					✓		
	蕡	邪纽真部			✓				
旗杆义	屮	透纽月部						✓	
	丯	透纽元部		✓					

（续表）

《文始》卷三									
公共义	被释字词	上古音	通转关系	本义	引申义	假借义	语源义	造意	文化意义
字条四（共系联六十四个字词）									
到达义	至	章纽质部		✓					
	胵	日纽质部		✓					
	臻	庄纽真部		✓					
	到	端纽宵部		✓					
	迣	端纽锡部		✓					
	俶	昌纽觉部		✓					
	詹	章纽谈部					✓		
	瀳	从纽真部		✓					
	氐	端纽脂部			✓				
	底	端纽脂部			✓				
	廛	定纽元部	章与庄初精清从心邻纽，章昌日余书船、端透定旁纽，章端准双声，晓影邻纽，余纽字与晓纽字可以是同源关系；质物月、元文真、鱼幽宵旁转，月元、文微、幽觉对转，质脂锡、元鱼谈通转。				✓		
	邸	端纽脂部				✓			
密义	至	章纽质部			✓				
	親	清纽真部		✓					
	窥	初纽文部		✓					
	槻	初纽文部					✓		
	跣	心纽文部					✓		
	周	章纽幽部			✓				
	蓁	庄纽真部		✓					
	稹	章纽文部		✓					
	参	章纽真部		✓					
	銍	端纽质部		✓					
	稠	定纽幽部		✓					
	髻	章纽幽部		✓					
	绸	定纽幽部				✓			
	薦	精纽元部			✓				

（续表）

公共义	被释字词	上古音	通转关系	本义	引申义	假借义	语源义	造意	文化意义
			《文始》卷三						
爱怜义	亲	清纽真部			√				
	恤	心纽质部			√				
	卹	心纽质部			√				
准确义	亲	清纽真部			√				
	悉	心纽质部		√					
颠倒义	至	章纽质部						√	
	颠	端纽真部				√			
	蹎	端纽质部		√					
	跌	定纽质部		√					
	蹪	端纽真部		√					
	趇	端纽真部	章与庄初精清从心邻纽，章昌日余书船、端透定旁纽，章端准双声，晓影邻纽，余纽字与晓纽字可以是同源关系；质物月、元文真、鱼幽宵旁转，月元、文微、幽觉对转，质脂锡、元鱼谈通转。	√					
	瘨	端纽真部					√		
	替	透纽质部			√				
脱离、失去义	逸	余纽质部			√				
	胅	定纽质部					√		
	夺	定纽月部			√				
	佚	余纽质部			√				
重压义	質	端纽质部		√					
	贄	章纽月部		√					
	鎭	章纽真部		√					
	礎	初纽鱼部					√		
	磌	章纽质部					√		
	軫	章纽真部					√		
	鞰	端纽质部					√		
	輖	章纽幽部			√				
	縋	定纽物部					√		
	顟	定纽元部					√		
	澱	定纽文部			√				

（续表）

公共义	被释字词	上古音	通转关系	本义	引申义	假借义	语源义	造意	文化意义
			《文始》卷三						
满义	至	章纽质部	章与庄初精清从心邻纽，章昌日余书船、端透定旁纽，章端准双声，晓影邻纽，余纽字与晓纽字可以是同源关系；质物月、元文真、鱼幽宵旁转，月元、文微、幽觉对转，质脂锡、元鱼谈通转。		√				
	窒	端纽质部		√					
	實	船纽质部			√				
	室	书纽质部					√		
	填	定纽真部		√					
	堲	影纽真部		√					
	賑	章纽文部		√					
	牣	日纽文部		√					
	嗔	昌纽真部					√		
	闐	定纽真部			√				
	瘨	端纽真部					√		
	腆	昌纽真部		√					
	謓	昌纽真部					√		
	瞋	昌纽真部		√					
	瑱	透纽真部			√				
	窴	定纽真部		√					
			字条五（共系联零个字词）						
太阳义	日	日纽质部		√					
			字条六（共系联二个字词）						
琴瑟义	瑟	山纽质部		√					
如瑟弦	璱	山纽质部	山庄旁纽；质部叠韵。				√		
般密义	櫛	庄纽质部					√		
			字条七（共系联零个字词）						
铡刀垫座义	所	疑纽文部	疑清无通转；文觉无通转。	√					
			字条八（共系联二个字词）						
数词七义	七	清纽质部				√			
	甿	清纽质部					√		
换齿义	甿	清纽质部		√					
齿不齐义	齜	清纽质部		√					

（续表）

公共义	被释字词	上古音	通转关系	本义	引申义	假借义	语源义	造意	文化意义
\多col《文始》卷三									
\多col字条九（共系联十五个字词，其中语音不通转者二①）									
信物、凭证义	卩	精纽质部		√					
	質	端纽质部			√				
	瑞	禅纽歌部		√					
	札	庄纽月部	精与端泥余禅船邻纽，精心旁纽，精庄准双声；质脂真耕、物职文通转，质物月旁转，月歌对转。		√				
	璽	心纽脂部		√					
	信	心纽真部			√				
	節	精纽质部			√				
	珍	端纽真部		√					
诚信义	恂	心纽真部		√					
	允	余纽文部		√					
关节义	卩	精纽质部			√				
	膝	心纽质部		√					
	卪	精纽质部					√		
才智义	允	余纽文部			√				
	佞	泥纽耕部			√				
	術	船纽物部			√				
\多col字条十（共系联二个字词）									
涂料义	桼	清纽质部	清纽双声；质支通转。	√					
	垟	清纽支部					√		
涂饰义	軟	清纽质部		√					
\多col字条十一（共系联十个字词）									
弯曲、倾斜义	丿	并纽质部	并帮滂旁纽；质物、真元旁转，质真锡脂通转。					√	
	筆	帮纽物部					√		
	偏	滂纽真部		√					

---

① 印：影纽真部；归：影纽职部。

（续表）

公共义	被释字词	上古音	通转关系	本义	引申义	假借义	语源义	造意	文化意义
			《文始》卷三						
弯曲、倾斜义	瘺	滂纽元部	并帮滂旁纽；质物、真元旁转，质真锡脂通转。				√		
	蹁	并纽真部		√					
	僻	滂纽锡部			√				
	壁	帮纽锡部					√		
	瘅	并纽质部					√		
	顐	滂纽脂部		√					
	避	帮纽锡部					√		
	躄	帮纽锡部					√		
			字条十二（共系联四十二个字词，其中语音不通转者二①）						
分义	八	帮纽质部	帮滂并明旁纽；质物月、元文旁转，质支锡耕、物文职、月歌元阳通转。	√					
	穴	帮纽月部		√					
	必	帮纽质部					√		
	分	帮纽文部		√					
	攽	帮纽文部		√					
	别	并纽月部		√					
	睥	并纽支部		√					
	擘	帮纽锡部		√					
	劈	滂纽锡部		√					
	卯	帮纽质部					√		
	副	滂纽职部		√					
	羹	帮纽元部		√					
	盼	滂纽文部					√		
	粉	帮纽文部			√				
少义	貧	并纽文部		√					
	费	滂纽物部			√				

---

① 楲：心纽质部；閾：晓纽职部。

（续表）

公共义	被释字词	上古音	通转关系	本义	引申义	假借义	语源义	造意	文化意义
			《文始》卷三						
细碎义	麭	明纽元部					√		
	糣	明纽月部					√		
	氛	滂纽文部					√		
	豶	帮纽文部					√		
	座	明纽歌部					√		
	靡	明纽歌部			√				
	糜	明纽歌部		√					
	麼	明纽歌部			√				
	磨	明纽歌部		√					
	糜	明纽歌部			√				
约束义	必	帮纽质部					√		
	佖	并纽质部					√		
	繘	帮纽质部			√				
	畢	帮纽质部	帮滂并明旁纽；质物月、元文旁转，质支锡耕、物文职、月歌元阳通转。				√		
	縶	帮纽锡部					√		
完结义	必	帮纽质部				√			
	戮	帮纽质部		√					
	醲	明纽质部		√					
	闋	帮纽质部			√				
	闭	帮纽质部			√				
	毖	帮纽质部					√		
	鞞	帮纽耕部					√		
射击义	畢	帮纽质部			√				
	弹	帮纽质部		√					
	拼	帮纽阳部		√					
	磻	并纽元部					√		
	發	帮纽月部		√					
数词八义	八	帮纽质部				√			
	馭	帮纽月部					√		

（续表）

公共义	被释字词	上古音	通转关系	本义	引申义	假借义	语源义	造意	文化意义
《文始》卷三									
字条十三（共系联六个字词，其中语音不通转者四①）									
血液义	血	晓纽质部	晓纽双声；质物月、真元文旁转，质真对转。	√					
	衁	晓纽阳部		√					
血祭义	釁	晓纽文部		√					
字条十四（共系联九个字词）									
手巾义	巾	见纽文部	见匣晓群旁纽；文微物、月元对转，文元、微脂旁转。	√					
擦抹义	摧	见纽文部		√					
	盥	见纽元部		√					
	澣	匣纽元部		√					
	揓	见纽月部		√					
	沫	晓纽物部		√					
	墐	群纽文部		√					
	垠	匣纽文部		√					
	墍	群纽脂部			√				
	鑾	群纽微部					√		
字条十五（共系联五十三个字词，其中语音不通转者五十②）									
战俘义	臣	禅纽真部	禅端与精邻纽；真文元、物质月旁转，文微物之职、真质支耕、元阳月通转。	√					
	臧	精纽阳部		√					
屈服义	辰	端纽文部		√					
内脏义	臧	精纽阳部				√			
	肾	禅纽真部		√					

---

① 膟：来纽物部；蠚：精纽真部；巀：明纽月部；姅：帮纽元部。

② 牵：溪纽真部；亚：见纽阳部；鏗：溪纽真部；嫛：匣纽支部；叞：溪纽真部；紧：见纽真部；睪：溪纽元部；坚：见纽真部；䃻：溪纽耕部；竖：见纽真部；贤：匣纽真部；掔：溪纽真部；劼：溪纽质部；谨：见纽文部；愿：疑纽元部；幾：群纽微部；顗：疑纽微部；结：见纽质部；紫：溪纽支部；繉：见纽物部；駜：见纽月部；羿：见纽月部；艮：见纽文部；很：匣纽文部；詪：匣纽文部；恨：匣纽文部；齦：溪纽元部；眼：疑纽文部；竭：影纽月部；尬：见纽质部或见纽月部；妎：匣纽月部；忍：疑纽物部；豤：疑纽物部；毅：疑纽物部；堇：群纽文部；艰：见纽文部；黠：匣纽质部；坚：群纽质部；戛：见纽月部；馨：疑纽之部；硈：见纽质部；磬：溪纽职部；刏：溪纽微部；刭：见纽月部；筋：见纽文部；笏：群纽元部；拮：见纽质部；勤：群纽文部；熏：见纽文部；嬽：晓纽文部。

（续表）

公共义	被释字词	上古音	通转关系	本义	引申义	假借义	语源义	造意	文化意义
			《文始》卷三						
			字条十六（共系联十六个字词，其中语音不通转者四①）						
系结义	玄	匣纽真部				√			
	牵	溪纽真部		√					
	縶	见纽锡部			√				
	縠	见纽锡部				√			
	弦	匣纽真部						√	
	絓	见纽支部		√					
	帍	影纽元部	匣见溪晓与影邻纽；真元文、支之旁转，真锡支通转。					√	
紧迫、快速义	弦	匣纽真部			√				
	悬	匣纽真部		√					
	趆	匣纽真部		√					
	懁	见纽元部		√					
	趮	晓纽元部		√					
	獧	见纽元部			√				
	佡	匣纽真部		√					
			字条十七（共系联二十七个字词，其中语音不通转者一②）						
连步行义	夊	余纽文部						√	
	延	余纽元部		√					
长义	延	余纽元部	余书昌、透定旁纽，透昌准双声，余纽字与匣群纽字可以是同源关系，影与匣群晓邻纽；文真元旁转，真支通转。		√				
	挺	书纽元部		√					
	梴	透纽元部		√					
	筳	余纽元部					√		
	袁	匣纽元部		√					

---

① 繩：来纽支部；紙：章纽支部；兹：精纽之部；衫：章纽文部。
② 輓：明纽元部。

（续表）

公共义	被释字词	上古音	通转关系	本义	引申义	假借义	语源义	造意	文化意义
			《文始》卷三						
长义	㣆	昌纽支部			√				
	演	余纽真部		√					
	㦿	余纽文部		√					
	瀳	余纽文部					√		
	衍	余纽元部					√		
牵引义	乁	余纽文部	余书昌、透定旁纽，透昌准双声，余纽字与匣群纽字可以是同源关系，影与匣群晓邻纽；文真元旁转，真支通转。				√		
	引	余纽真部		√					
	彎	影纽元部		√					
	弴	影纽真部					√		
	爰	匣纽元部		√					
	援	匣纽元部		√					
	攓	群纽元部		√					
	轅	匣纽元部					√		
	靷	余纽真部					√		
	紖	定纽真部					√		
	輚	匣纽元部		√					
	偐	影纽元部		√					
	姝	书纽真部					√		
	紐	匣纽元部					√		
	瑗	匣纽元部					√		
	媛	匣纽元部					√		
舒缓义	爰	匣纽元部			√				
	緩	匣纽元部		√					

（续表）

公共义	被释字词	上古音	通转关系	本义	引申义	假借义	语源义	造意	文化意义
《文始》卷三									
字条十八（共系联三十七个字词）									
伸展义	申	书纽真部			✓				
	伸	书纽真部		✓					
	曟	书纽真部		✓					
	僎	章纽文部			✓				
	奮	心纽微部		✓					
	身	书纽真部					✓		
	體	透纽脂部					✓		
中义	身	书纽真部			✓				
	佃	定纽真部				✓			
陈列义	瞅	章纽文部	书与精心邻纽，书章余、透定来旁纽，来余准双声，余纽字与晓纽字可以是同源关系；真文元、月物质、歌微脂旁转，元歌月对转，脂锡耕通转。	✓					
	設	书纽月部		✓					
	肆	心纽质部			✓				
	敉	书纽歌部		✓					
	奠	定纽文部			✓				
	屢	定纽元部		✓					
	矢	书纽脂部			✓				
深远义	肆	心纽质部			✓				
	邃	心纽物部		✓					
	愻	心纽物部		✓					
放纵义	肆	心纽质部			✓				
	悸	透纽物部		✓					
	娭	晓纽微部		✓					
	恣	精纽脂部		✓					
	姿	精纽脂部				✓			
重义	申	书纽真部			✓				

（续表）

公共义	被释字词	上古音	通转关系	本义	引申义	假借义	语源义	造意	文化意义
《文始》卷三									
怀孕义	倀	书纽真部			√				
	娠	书纽文部		√					
后代义	胤	余纽真部			√				
	筍	心纽真部		√					
闪电义	申	书纽真部		√					
	電	定纽真部		√					
	霆	定纽耕部			√				
约束、引导义	申	书纽真部	书与精心邻纽，书章余、透定来旁纽，来余准双声，余纽字与晓纽字可以是同源关系；真文元、月物质、歌微脂旁转，元歌月对转，脂锡耕通转。		√				
	紳	书纽真部			√				
	胂	书纽真部					√		
	令	来纽耕部		√					
	鈴	来纽耕部					√		
	鑾	来纽元部					√		
	伶	来纽耕部				√			
	龡	余纽真部			√				
	惕	透纽锡部		√					
	紳	书纽真部					√		
呻吟义	申	书纽真部					√		
	呻	书纽真部		√					
	吤	晓纽脂部		√					
字条十九（共系联三个字词）									
主管、治理义	尹	余纽文部	影见、余山邻纽，余纽字与见纽字可以是同源关系；文物微对转。	√					
	君	见纽文部			√				
	帥	山纽物部			√				
顺从义	委	影纽微部		√					

（续表）

				本义	引申义	假借义	语源义	造意	文化意义
公共义	被释字词	上古音	通转关系						
《文始》卷三									

《文始》卷三

公共义	被释字词	上古音	通转关系	本义	引申义	假借义	语源义	造意	文化意义
字条二十（共系联五个字词）									
回旋义	渊	影纽真部		√					
	湋	匣纽微部		√					
聚积义	澜	匣纽微部	影匣邻纽；真微旁对转。				√		
依靠义	因	影纽真部		√					
	捆	影纽真部		√					
	茵	影纽真部					√		
字条二十一（共系联六个字词）									
田地义	田	定纽真部			√				
	甸	定纽真部			√				
	畋	定纽真部	定端旁纽，章端准双声；真部叠韵，真月旁对转。		√				
田间道义	畛	章纽真部		√					
	畷	端纽月部		√					
行走义	趁	定纽真部		√					
扬土义	鹿	章纽真部		√					
字条二十二（共系联三个字词）									
刀锋义	刃	日纽文部		√					
忍耐义	忍	日纽文部	日纽双声，日泥准双声；文质旁对转。	√					
	苬	日纽文部					√		
	靭	泥纽质部					√		
字条二十三（共系联七个字词）									
人义	人	日纽真部		√					
	仁	日纽真部				√			
	夷	余纽脂部	日与清山邻纽，日余旁纽；真文旁转，真脂对转。	√					
平坦义	夷	余纽脂部			√				
	徖	余纽脂部		√					
臂胫义	人	日纽真部						√	

（续表）

			《文始》卷三						
公共义	被释字词	上古音	通转关系	本义	引申义	假借义	语源义	造意	文化意义
测量义	仞	日纽文部			√				
众多义	人	日纽真部	日与清山邻纽，日余旁纽；真文旁转，真脂对转。		√				
	千	清纽真部			√				
	駪	山纽文部		√					
	燊	山纽真部		√					
字条二十四（共系联四十三个字词，其中语音不通转者一①）									
登高义	丨	见纽文部	见影邻纽，见群晓匣旁纽，余纽字与见群晓匣纽字可以是同源关系，余章透定与精清从心庄山邻纽；文真元、脂歌旁转，真支耕脂质、文物之通转，支东旁对转。						√
	卑	清纽元部		√					
	进	精纽真部		√					
	晋	精纽真部			√				
	遷	清纽元部		√					
	仚	晓纽真部		√					
	僊	心纽元部				√			
	真	章纽真部					√		
	躋	精纽脂部		√					
	虹	匣纽东部					√		
前进义	前	从纽元部		√					
	先	心纽文部		√					
	侁	心纽文部			√				
	靴	余纽文部		√					
	駿	精纽文部					√		
	徙	心纽支部		√					
	迻	余纽歌部		√					
	逮	精纽元部		√					
	津	精纽真部			√				

① 妹：明纽物部。

（续表）

公共义	被释字词	上古音	通转关系	本义	引申义	假借义	语源义	造意	文化意义
《文始》卷三									
真诚义	真	章纽真部			√				
	祺	庄纽真部					√		
赤色义	虹	匣纽东部					√		
	繀	精纽真部					√		
	紬	透纽物部		√					
引而上行义	｜	见纽文部						√	
罪过义	辛	心纽真部		√					
	皋	从纽微部		√					
	辟	心纽月部		√					
辛辣义	辛	心纽真部	见影邻纽，见群晓匣旁纽，余纽字与见群晓匣纽字可以是同源关系，余章透定与精清从心庄山邻纽；文真元、脂歌旁转，真支耕脂质、文物之通转，支东旁对转。		√				
	酸	山纽之部		√					
先后义	｜	见纽文部					√		
	姊	精纽脂部					√		
	娟	匣纽物部					√		
小、弱义	｜	见纽文部					√		
	倜	心纽支部		√					
	细	心纽脂部			√				
	伵	清纽支部		√					
	娑	精纽歌部					√		
	妓	群纽歌部		√					
	稺	定纽质部			√				
	賸	余纽支部					√		
	婹	影纽耕部					√		
	謍	余纽耕部					√		
	熒	匣纽耕部					√		
少义	尟	心纽元部		√					

（续表）

公共义	被释字词	上古音	通转关系	本义	引申义	假借义	语源义	造意	文化意义
浅义	淺	清纽元部	见影邻纽，见群晓匣旁纽，余纽字与见群晓匣纽字可以是同源关系，余章透定与精清从心庄山邻纽；文真元、脂歌旁转，真支耕脂质、文物之通转，支东旁对转。	√					
	俴	从纽元部		√					
	虦	从纽元部					√		
	越	清纽支部					√		
字条二十五（共系联十二个字词，其中语音不通转者一①）										
囟门义	囟	心纽真部	心与端透定来邻纽；真文旁转，真支锡耕通转，耕东旁对转。	√					
脑袋、额部义	天	透纽真部		√					
	顚	端纽真部		√					
	頂	端纽耕部		√					
	題	定纽支部		√					
顶端义	槙	端纽真部		√					
	冢	端纽东部			√				
	壠	来纽东部					√		
	垤	定纽质部					√		
天神义	天	透纽真部			√				
	帝	端纽锡部			√				
	禘	定纽锡部					√		
掌管义	敠	端纽文部		√					
字条二十六（共系联三个字词，其中语音不通转者一②）										
歇宿义	西	心纽脂部	心纽双声；脂质对转，质月旁转。	√					
	屖	心纽脂部		√					
忙碌义	屑	心纽月部		√					

---

① 裡：影纽文部。
② 仚：晓纽质部。

（续表）

公共义	被释字词	上古音	通转关系	本义	引申义	假借义	语源义	造意	文化意义
《文始》卷三									
字条二十七（共系联四十六个字词）									
急速义	卂	心纽真部		√					
	鴥	余纽物部		√					
	迅	心纽真部		√					
	侚	邪纽真部		√					
	僤	定纽元部		√					
	媥	禅纽元部		√					
	屑	心纽月部			√				
	疾	从纽质部			√				
	齋	从纽质部			√				
	煎	精纽元部					√		
活动、振动义	屑	心纽月部	心山与透定来余章书禅邻纽，心精清从邪、山庄、晓匣疑旁纽，心山准双声，余纽字与晓匣疑纽字可以是同源关系；真文元、物质月旁转，文物微职、真质耕支通转。	√					
	肻	晓纽物部		√					
	肵	疑纽质部			√				
	振	章纽文部			√				
	震	章纽文部			√				
	踬	庄纽真部		√					
	唇	庄纽真部					√		
	颠	章纽元部		√					
	湍	透纽元部			√				
	扇	书纽元部			√				
	蝙	书纽元部		√					
	偏	书纽元部			√				
声音义	肻	晓纽物部					√		
	㥦	心纽月部		√					
	聲	书纽耕部			√				
	馨	晓纽耕部		√					

公共义	被释字词	上古音	通转关系	本义	引申义	假借义	语源义	造意	文化意义
清洁、除垢义	屑	心纽月部			√				
	汛	心纽真部		√					
	洒	山纽支部		√					
	湔	精纽元部			√				
	洗	心纽文部			√				
	𦘧	精纽真部					√		
	厵	山纽月部		√					
	刷	山纽月部			√				
	彗	匣纽月部		√					
整洁义	瀞	从纽耕部	心山与透定来余章书禅邻纽，心精清从邪、山庄、晓匣疑旁纽，心山准双声，余纽字与晓匣疑纽字可以是同源关系；真文元、物质月旁转，文物微职、真质耕支通转。	√					
	清	清纽耕部		√					
	湜	禅纽职部		√					
	泚	清纽支部		√					
	澕	清纽微部		√					
	慧	匣纽月部			√				
	鲜	心纽文部					√		
	毨	心纽文部			√				
	翦	精纽元部			√				
	帅	山纽物部					√		
	帴	书纽月部					√		
寒冷义	清	清纽耕部			√				
	痒	山纽真部					√		
	清	清纽耕部		√					
	㵽	来纽质部		√					
	瀨	来纽月部		√					

（续表）

			《文始》卷三						
公共义	被释字词	上古音	通转关系	本义	引申义	假借义	语源义	造意	文化意义
			字条二十八（共系联二十个字词，其中语音不通转者一①）						
遮蔽不见义	丏	明纽元部		√					
	宀	明纽元部					√		
	冪	明纽耕部		√					
	幂	明纽耕部		√					
	煝	明纽月部		√					
	眄	明纽元部					√		
	瞑	明纽耕部		√					
	莫	明纽月部		√					
	蔑	明纽月部			√				
	蕦	明纽月部	明帮并旁纽，明来邻纽；元月对转，元真文旁转，真耕支通转。	√					
	屏	帮纽耕部			√				
	庰	帮纽耕部		√					
	篳	帮纽质部					√		
	軿	并纽耕部					√		
	鞞	帮纽支部					√		
	殯	帮纽真部			√				
昏暗义	冥	明纽耕部		√					
	晚	明纽元部			√				
	曫	来纽元部			√				
边沿义	篳	帮纽质部					√		
	邊	帮纽元部		√					

---

① 闇：晓纽文部。

公共义	被释字词	上古音	通转关系	本义	引申义	假借义	语源义	造意	文化意义
《文始》卷三									
字条二十九（共系联五个字词）									
幽深义	宀	明纽耕部					√		
	密	明纽质部			√				
	祕	明纽质部			√				
缤密义	密	明纽质部	明帮旁纽；耕质通转，质部叠韵。			√			
	毖	帮纽质部			√				
安宁义	密	明纽质部			√				
	謐	明纽质部			√				
	宓	明纽质部		√					
字条三十（共系联七个字词）									
萌芽义	民	明纽真部						√	
	萌	明纽阳部		√					
	夢	明纽冬部		√					
细刺义	芒	明纽阳部	明纽双声；真元文、阳冬旁转，元阳通转。		√				
百姓义	民	明纽真部			√				
	岷	明纽阳部		√					
	甿	明纽阳部		√					
	蠻	明纽元部		√					
	閩	明纽文部		√					
字条三十一（共系联十二个字词）									
相当义	市	明纽元部		√					
	匹	滂纽质部			√				
	賓	帮纽真部	明滂并帮旁纽；元真旁转，真质耕支通转。				√		
	萒	明纽元部		√					
	嚭	并纽真部		√					
	嬪	并纽真部		√					
	買	明纽支部		√					

（续表）

《文始》卷三				本义	引申义	假借义	语源义	造意	文化意义
公共义	被释字词	上古音	通转关系						
相当义	賣	明纽支部		√					
	平	并纽耕部	明滂并帮旁纽；元真旁转，真质耕支通转。		√				
	甕	滂纽元部		√					
平坦义	平	并纽耕部			√				
	坪	并纽耕部					√		
	枰	并纽耕部					√		
	瞒	明纽元部					√		
字条三十二（共系联九个字词）									
剥取麻茎皮义	朮	滂纽文部		√					
	纂	明纽歌部		√					
大麻义	枲	滂纽支部	滂并明旁纽；文元旁转，支锡通转，文物、元歌月对转。	√					
	苴	并纽物部		√					
	麻	明纽歌部		√					
编麻义	緶	并纽元部		√					
散乱义	紕	滂纽支部					√		
	靡	明纽歌部		√					
微小义	枲	滂纽支部					√		
	末	明纽月部					√		
	糸	明纽锡部			√				

二、检验结论

据统计，《文始》卷三所系联的 519 个字词中，语音通转者 452，不通转者 67，分别占总数的 87.1% 和 12.9%。语义方面，系联有误的主要存在于以下两个字条：

1. 卷三"屮"字条

《说文》："屮，草木初生也。象丨出形，有枝茎也。古文或以为艸字。读若彻。"此处"草木初生"当为造意，"屮"本义即草，象草初生形。《文始》（1999：236）："屮亦象旌旗之杠，故㞢从屮曲而下垂。"此说谬也。其一，"屮亦象旌旗之杠"恐未当；其二，㞢并不从屮。《说文·㞢

238

部》："旗旗之游，㫃蹇之皃。从中，曲而下，垂㫃相出入也。"许氏所训为造意，"㫃"本义为旗旗，纯象形字。且"从中"说亦不确。王筠《说文释例》："云㫃蹇之皃，是虚字也。以虚字领部中之实字，非法也。且云从中即不妥，旗㫃岂有艸乎？凡云从者，从其义也。不可以字形相似而云从也。吾谓㫃是全体象形字。"故由"旗旗"义派生所得"斺"当去。

2. 卷三"民"字条

《说文》："民，众萌也。从古文之象。"许氏本义训释有误。"民"本义当为奴隶。后来引申为百姓、平民。郭沫若《甲骨文字研究》："（民）作一左目形而有刃物以刺之。古人民盲每通训。今观民之古文，则民盲殆为一字，然其字均作左目，而以之为奴隶之总称。""周人初以敌囚为民时，乃盲其左目以为奴隶。"《文始》（1999：255）："（民）本义恐直为萌芽，象草生形。"此说误。故以"萌芽"义所系联"萌、夢"以及由此引申表"细刺"义之"芒"皆当去。

综上，经语义标准检验，卷三语音通转者 452 个中，剔除系联有误者 4 个，余 448。同源字词数占本卷系联总数的 86.3%。

第五节　《文始》卷四语源学检验

一、《文始》卷四语源学检验

《文始》卷四共有初文、准初文 35 个，分列于 34 个字条，共系联 492 个字词。具体语音语义情况见表 4-6。

表 4-6 《文始》卷四语源学检验细目

《文始》卷四				本义	引申义	假借义	语源义	造意	文化意义
公共义	被释字词	上古音	通转关系						
字条一（共系联二十二个字词）									
区域义	圭	见纽支部	见溪匣与影邻纽，余纽字与见溪匣纽字可以是同源关系，余端准旁纽，端透旁纽；支锡耕真通转，真元旁转。				√		
	街	见纽支部		√					
	畦	匣纽支部			√				
	町	透纽耕部			√				

239

（续表）

公共义	被释字词	上古音	通转关系	本义	引申义	假借义	语源义	造意	文化意义
			《文始》卷四						
区域义	形	匣纽耕部		√					
	顷	溪纽耕部				√			
	畹	影纽元部		√					
	营	余纽耕部			√				
划分义	规	见纽支部	见溪匣与影邻纽，余纽字与见溪匣纽字可以是同源关系，余端准旁纽，端透旁纽；支锡耕真通转，真元旁转。		√				
	畫	匣纽锡部		√					
	挂	见纽支部		√					
	卦	见纽支部				√			
	經	见纽耕部			√				
	肇	端纽耕部					√		
	耕	见纽耕部		√					
	鞋	见纽支部		√					
	劃	匣纽锡部		√					
	刲	溪纽支部		√					
	刑	匣纽耕部		√					
	到	见纽耕部		√					
偷看义	规	见纽支部				√			
	窥	溪纽支部		√					
	阒	溪纽支部		√					
	倪	溪纽真部			√				
			字条二（共系联十一个字词，其中语音不通转者三①）						
背脊义	巠	见纽微部	见群旁纽；微文对转，微脂、真元旁转，脂真锡耕、元阳通转。	√					
	薑	见纽真部		√					
	耆	群纽脂部				√			
	髻	群纽脂部				√			

---

① 脊：精纽锡部；磬：并纽元部；臣：禅纽真部。

（续表）

《文始》卷四									
公共义	被释字词	上古音	通转关系	本义	引申义	假借义	语源义	造意	文化意义
弯曲义	乖	见纽微部	见群旁纽；微文对转，微脂、真元旁转，脂真锡耕、元阳通转。				√		
恭敬义	敬	见纽耕部		√					
	憼	见纽阳部		√					
警戒义	儆	见纽耕部		√					
	警	见纽耕部			√				
	驚	见纽耕部				√			
惶恐义	睘	群纽耕部		√					
字条三（共系联十六个字词）									
牵引义	厂	余纽月部	见匣、来透定、余日旁纽，余纽字与见匣纽字可以是同源关系，余来准双声，余庄邻纽；月歌鱼铎、耕支真通转，鱼支旁转。					√	
	曳	余纽月部		√					
	抴	余纽月部		√					
	拕	透纽歌部		√					
争夺义	爭	庄纽耕部		√					
	褫	透纽支部		√					
盘绕义	䋫	庄纽耕部		√					
	圛	余纽铎部		√					
光亮、润泽义	圛	余纽铎部			√				
	澤	定纽铎部		√					
	液	余纽铎部			√				
	露	来纽铎部			√				
	[illegible]	日纽魚部		√					
	熒	匣纽耕部		√					
	烱	见纽耕部		√					
	熲	见纽耕部		√					
	炫	匣纽真部		√					
	投	余纽支部					√		

（续表）

公共义	被释字词	上古音	通转关系	本义	引申义	假借义	语源义	造意	文化意义
\多列7《文始》卷四									

公共义	被释字词	上古音	通转关系	本义	引申义	假借义	语源义	造意	文化意义
《文始》卷四									
字条四（共系联十七个字词）									
土山坡义	氏	禅纽支部			√				
	阺	定纽脂部		√					
附着、牵引义	氏	禅纽支部					√		
	坻	章纽支部		√					
	汦	章纽支部		√					
	堤	端纽支部		√					
	掎	定纽歌部		√					
边侧义	氏	禅纽支部	禅精邻纽，禅章船、端定旁纽，章端准双声；支铎旁对转，铎歌元通转，歌脂、元文旁转。				√		
	宸	禅纽文部		√					
	漘	船纽文部		√					
	陙	船纽文部		√					
	隄	端纽支部					√		
	庉	定纽文部					√		
	隧	定纽元部					√		
	抵	章纽支部					√		
	趆	精纽铎部					√		
崩落义	阤	定纽支部		√					
	陊	定纽歌部		√					
字条五（共系联二十七个字词）									
弯曲、倾斜义	匚	匣纽脂部					√		
	攲	溪纽支部	匣见溪群疑晓与影邻纽，余纽字与匣见溪群疑晓纽字可以是同源关系，余透、余定准旁纽；脂微歌旁转，微文对转，歌铎、脂质支耕通转。	√					
	臾	匣纽质部		√					
	頃	溪纽耕部		√					
	傾	溪纽耕部		√					
	頹	溪纽耕部		√					
	預	余纽文部		√					

（续表）

《文始》卷四								
公共义	被释字词	上古音	通转关系	本义	引申义	假借义	语源义	造意	文化意义
弯曲、倾斜义	奊	见纽质部	匣见溪群疑晓与影邻纽，余纽字与匣见溪群疑晓纽字可以是同源关系，余透、余定准旁纽；脂微歌旁转，微文对转，歌铎、脂质支耕通转。	√					
	迟	溪纽铎部			√				
	逶	影纽微部		√					
	迤	余纽歌部		√					
	遹	余纽质部					√		
	巠	见纽耕部					√		
	謍	溪纽耕部					√		
	芰	群纽支部					√		
	薜	匣纽支部					√		
	鰜	透纽支部		√					
	倪	疑纽支部			√				
	睨	疑纽支部		√					
	覞	疑纽质部		√					
	睇	定纽脂部		√					
收藏、容纳义	匸	匣纽脂部					√		
	襫	匣纽质部		√					
	袺	见纽质部					√		
	奚	匣纽支部					√		
	徯	晓纽微部					√		
	畾	影纽支部					√		
	雞	见纽支部					√		
	巂	匣纽支部					√		

字条六（共系联二十四个字词，其中语音不通转者三①）								
咽喉、颈项义	嗌	影纽锡部	影见邻纽；锡支耕脂真通转，真文、锡职铎旁转。	√					
	咽	影纽真部		√					

---

① 領：来纽耕部；雉：定纽脂部；蠯：禅纽文部。

（续表）

公共义	被释字词	上古音	通转关系	本义	引申义	假借义	语源义	造意	文化意义
			《文始》卷四						
咽喉、颈项义	颈	见纽耕部		√					
	罃	影纽耕部					√		
	瘿	影纽耕部					√		
	䐸	影纽耕部					√		
险要处	隘	影纽锡部			√				
	阨	影纽锡部			√				
	陒	影纽锡部			√				
堵塞义	闉	影纽真部	影见邻纽；锡支耕脂真通转，真文、锡职铎旁转。			√			
	楄	见纽锡部					√		
	軶	影纽锡部					√		
	搹	影纽职部		√					
	搤	影纽锡部		√					
反刍义	齸	影纽铎部		√					
声音义	嘤	影纽耕部		√					
	嚶	影纽耕部		√					
	喈	见纽脂部		√					
	嫛	影纽支部					√		
	呃	影纽锡部		√					
	瘂	影纽支部		√					
	哇	影纽支部		√					
			字条七（共系联四个字词）						
蜥蜴义	易	余纽锡部	余定准旁纽，余纽字与疑纽字可以是同源关系，疑影邻纽；锡耕对转，锡铎旁转，铎歌元通转。			√			
	蜓	定纽耕部		√					
	蝘	影纽元部		√					
似蜥蜴义	蠆	定纽歌部		√					
	蜥	疑纽铎部		√					

（续表）

《文始》卷四								
公共义	被释字词	上古音	通转关系	本义	引申义	假借义	语源义	造意	文化意义
字条八（共系联四个字词）									
小孩义	兒	疑纽支部	疑晓旁纽；支锡对转。	√					
	婗	疑纽支部		√					
争吵义	鬩	晓纽锡部		√					
如小儿齿义	齯	疑纽支部					√		
声如小儿啼义	鯢	疑纽支部					√		
字条九（共系联六个字词）									
倚靠义	疒	泥纽质部	泥（鼻音）疑（鼻音）邻纽，疑影邻纽；质微、质歌旁对转，歌元对转。					√	
	倚	影纽歌部		√					
	卧	疑纽歌部		√					
	輢	影纽歌部			√				
	痿	影纽微部					√		
	齂	泥纽元部					√		
病义	疒	泥纽质部		√					
	疴	影纽歌部		√					
字条十（共系联十三个字词）									
行走义	彳	透纽铎部	透精邻纽，透端定、章书禅旁纽，端章准双声；铎屋锡药旁转，铎鱼对转，锡脂支通转。	√					
	蹐	精纽锡部		√					
	徥	禅纽支部		√					
	適	书纽锡部		√					
足义	蹢	定纽支部		√					
	蹏	定纽支部		√					
	鞮	端纽支部			√				

（续表）

公共义	被释字词	上古音	通转关系	本义	引申义	假借义	语源义	造意	文化意义
			《文始》卷四						
止步义	跰	禅纽脂部	透精邻纽，透端定、章书禅旁纽，端章准双声；铎屋锡药旁转，铎鱼对转，锡脂支通转。	√					
	蹢	定纽锡部			√				
	辵	透纽药部		√					
	躅	章纽鱼部		√					
谨慎义	嫡	端纽锡部					√		
	嬌	章纽屋部		√					
行踪义	迹	精纽锡部			√				
			字条十一（共系联十五个字词，其中语音不通转者一①）						
堆砌、累积义	厽	来纽幽部	来余准双声，来船准旁纽；幽锡旁对转，锡耕脂通转，脂微歌旁转。	√					
	垒	来纽幽部		√					
	壘	来纽微部				√			
	磊	来纽微部				√			
	砢	来纽歌部		√					
	絫	来纽幽部		√					
	讄	来纽幽部					√		
	誄	来纽微部					√		
	謚	余纽锡部					√		
容纳义	籯	余纽耕部					√		
	笭	来纽耕部					√		
充满义	嬴	余纽耕部				√			
	盈	余纽耕部		√					
	溢	余纽锡部			√				
			字条十二（共系联九个字词）						
炊具义	鬲	来纽锡部	来（鼻音）疑（鼻音）邻纽，疑见溪匣旁邻纽，来端旁纽，来禅准旁纽；锡支耕、歌铎、耕侵通转，脂歌旁转。	√					
	鼎	端纽耕部		√					
	攲	疑纽歌部		√					
	鬵	见纽歌部		√					
	錡	疑纽歌部			√				

① 益：影纽锡部。

（续表）

公共义	被释字词	上古音	通转关系	本义	引申义	假借义	语源义	造意	文化意义
《文始》卷四									
炊具义	鬶	见纽歌部	来（鼻音）疑（鼻音）邻纽，疑见溪匣旁邻纽，来端旁纽，来禅准旁纽；锡支耕、歌铎、耕侵通转，脂歌旁转。	√					
	钀	匣纽铎部		√					
	鑉	匣纽支部				√			
	烓	溪纽耕部		√					
	煁	禅纽侵部		√					
字条十三（共系联八个字词）									
均匀义	秝	来纽锡部	来余准双声，来透、余书旁纽；锡铎药、宵幽侯旁转，药宵对转。	√					
	厤	来纽锡部		√					
调适、治疗义	藥	余纽药部			√				
	癞	来纽宵部		√					
	疗	来纽宵部		√					
	宜	书纽铎部					√		
	料	来纽宵部		√					
病愈义	瘳	透纽幽部		√					
	瘉	余纽侯部			√				
字条十四（共系联十一个字词）									
长脊兽义	豸	定纽支部	定心邻纽，定透、余书禅旁纽，定余准旁纽，余纽字与溪纽字可以是同源关系；支质真通转，真文元旁转，元歌对转。	√					
	貚	定纽元部		√					
	貒	透纽元部		√					
	它	透纽歌部		√					
爬行义	虫	透纽元部		√					
蚯蚓义	豸	定纽支部			√				
	蟺	禅纽元部					√		
	螾	余纽真部		√					
	蜑	溪纽文部		√					
松懈义	弛	书纽歌部			√				
	壥	心纽支部					√		
捕杀义	希	余纽质部					√		
狮豸义	豸	定纽支部			√				
	廌	定纽支部		√					

(续表)

公共义	被释字词	上古音	通转关系	本义	引申义	假借义	语源义	造意	文化意义
《文始》卷四									
字条十五（共系联十个字词）									
长毛兽义	希	余纽质部		√					
	稀	心纽质部		√					
杀死义	殺	山纽月部	余与清心山邻纽，余透、余定准旁纽，余纽字与见纽字可以是同源关系；质脂支锡耕通转，质月旁转，月元对转。	√					
	刺	清纽锡部			√				
	解	见纽支部		√					
	獮	心纽元部			√				
	省	山纽耕部					√		
去除义	薙	透纽质部		√					
	鬌	透纽脂部		√					
	剔	透纽锡部		√					
	殆	定纽质部			√				
字条十六（共系联四个字词）									
獬廌义	廌	定纽支部		√					
草义	薦	精纽元部		√					
牵引义	紖	定纽真部	定精邻纽，定章准旁纽；支真通转，真文元旁转。				√		
	紃	定纽真部					√		
铺陈义	薦	精纽元部			√				
	敶	章纽文部		√					
字条十七（共系联十八个字词）									
芒刺义	束	清纽锡部	清与端透来禅邻纽，清从旁纽，清初准双声；锡耕质、月歌元鱼通转，质月、锡职旁转。	√					
	茦	初纽职部		√					
	莿	清纽锡部		√					
	刺	清纽锡部			√				
	摕	端纽质部		√					

（续表）

《文始》卷四									
公共义	被释字词	上古音	通转关系	本义	引申义	假借义	语源义	造意	文化意义
瘦义	瘠	从纽锡部		√					
	羸	来纽歌部		√					
	爠	来纽元部		√					
鞭打、打击义	策	初纽锡部	清与端透来禅邻组，清从旁组，清初准双声；锡耕质、月歌元鱼通转，质月、锡职旁转。		√				
	筮	端纽月部					√		
	敕	初纽职部		√					
	篁	禅纽歌部		√					
	笰	端纽鱼部		√					
	捶	禅纽歌部		√					
	抶	透纽质部		√					
	撻	透纽月部		√					
讥讽义	諫	清纽锡部			√				
	謫	端纽锡部			√				
刺探义	侦	透纽耕部			√				
字条十八（共系联七个字词）									
书籍义	册	初纽锡部		√					
	典	端纽文部		√					
	籍	从纽铎部			√				
不齐义	册	初纽锡部	初与端定来邻组，初庄旁组，初从准旁组；锡职铎旁转，文元旁转，锡支对转，职文通转。				√		
	栅	初纽锡部					√		
	柂	定纽支部					√		
	闌	来纽元部					√		
呼告义	暜	初纽职部		√					
	嘖	庄纽锡部		√					
字条十九（共系联零个字词）									
语气词义	只	章纽支部		√					

（续表）

《文始》卷四									
公共义	被释字词	上古音	通转关系	本义	引申义	假借义	语源义	造意	文化意义
字条二十（共系联五个字词）									
酒器义	卮	章纽之部	章精邻纽，章定准旁纽；之支旁转，支质通转，质元旁对转。	√					
	觛	定纽元部		√					
	膞	章纽元部		√					
	觶	章纽之部		√					
	觗	章纽之部		√					
靠近义	即	精纽质部		√					
字条二十一（共系联九个字词）									
旁支义	𠂢	滂纽锡部	滂明并帮旁纽；锡铎旁转，锡支、铎月通转。	√					
	派	滂纽锡部		√					
	衇	明纽铎部			√				
斜义	覛	明纽锡部		√					
	眽	明纽铎部		√					
	䁲	明纽支部		√					
	苜	明纽月部		√					
次等义	稗	并纽支部			√				
	䵗	并纽支部					√		
	裨	帮纽支部					√		
字条二十二（共系联二十二个字词，其中语音不通转者一①）									
覆盖、遮蔽义	冖	明纽锡部	明帮并旁纽；锡质、月元鱼铎通转，质物月、鱼幽旁转。					√	
	鞔	明纽元部			√				
	巿	帮纽物部					√		
	宀	明纽元部			√				
	幔	明纽元部					√		
	幕	明纽铎部					√		

① 幠：晓纽鱼部。

（续表）

《文始》卷四									
公共义	被释字词	上古音	通转关系	本义	引申义	假借义	语源义	造意	文化意义
覆盖、遮蔽义	幎	明组锡部			√				
	幦	明组锡部					√		
	𢄼	明组质部					√		
	鞔	明组元部					√		
	冃	明组幽部					√		
	冒	明组幽部					√		
	冞	并组月部					√		
	丏	明组元部	明帮并旁纽；锡质、月元鱼铎通转，质物月、鱼幽旁转。	√	√				
擦拭、涂抹义	㿝	明组质部		√					
	槾	明组元部					√		
	鏝	明组元部			√				
	㵾	明组月部		√					
	㵮	明组月部			√				
	抹	明组月部			√				
	浼	明组元部		√					
	姅	帮组元部					√		
字条二十三（共系联十四个字词，其中语音不通转者二①）									
细微义	糸	明组锡部			√				
	緬	明组元部					√		
	緜	明组元部			√				
	縉	明组真部					√		
	縻	明组歌部	明帮旁纽；锡脂耕真通转，真元旁转，元歌月对转。				√		
	靡	明组锡部					√		
	渼	明组耕部					√		
	覛	明组耕部					√		
	蝒	明组耕部					√		
	嫇	明组耕部					√		

---

① 繭：见纽元部；襺：见纽元部。

（续表）

公共义	被释字词	上古音	通转关系	本义	引申义	假借义	语源义	造意	文化意义
\multicolumn{《文始》卷四}									
久远义	縣	明纽元部	明帮旁纽；锡脂耕真通转，真元旁转，元歌月对转。		√				
	釁	明纽脂部		√					
	邁	明纽月部			√				
	邊	帮纽元部			√				
\multicolumn{字条二十四（共系联二个字词）}									
鸣叫义	芈	明纽支部	明纽双声；支耕对转。	√					
	鳴	明纽耕部		√					
命令义	命	明纽耕部		√					
\multicolumn{字条二十五（共系联十二个字词）}									
疆界义	冂	见纽耕部	见匣与影邻纽，余纽字与见匣纽字可以是同源关系，余透准旁纽；耕锡对转，耕宵旁对转，锡月、耕元通转。	√					
	閑	匣纽月部					√		
	介	见纽月部		√					
	畫	匣纽锡部			√				
	駉	见纽耕部		√					
	苑	影纽元部		√					
	郊	见纽宵部		√					
骏马义	駉	见纽耕部			√				
	驍	见纽宵部		√					
饲料义	茭	见纽宵部		√					
遥远义	冂	见纽耕部					√		
	迥	匣纽耕部		√					
	迥	透纽锡部		√					
	役	余纽锡部					√		
联结义	耿	见纽耕部			√				
\multicolumn{字条二十六（共系联三十个字词）}									
平整义	开	见纽元部	见溪群疑匣、余章昌旁纽，余纽字与见溪群疑匣纽字可以是同源关系；元歌对转，歌脂微旁转，脂支耕通转。					√	
	楑	群纽支部					√		
	岐	群纽支部					√		

252

（续表）

公共义	被释字词	上古音	通转关系	本义	引申义	假借义	语源义	造意	文化意义
			《文始》卷四						
平整义	邢	匣纽耕部					√		
	鈃	匣纽耕部					√		
	笄	见纽脂部					√		
	枅	见纽支部					√		
	軒	见纽支部					√		
	趼	见纽元部			√				
	企	溪纽支部		√					
	頍	溪纽支部		√					
	妍	疑纽元部					√		
	技	群纽支部					√		
	忯	章纽支部					√		
	階	见纽脂部	见溪群疑匣、余章昌旁纽，余纽字与见溪群疑匣纽字可以是同源关系；元歌对转，歌脂微旁转，脂支耕通转。				√		
	楷	余纽耕部					√		
	開	溪纽微部			√				
	启	溪纽支部		√					
	闓	溪纽微部			√				
	扱	章纽支部		√					
	馜	疑纽元部		√					
杀义	形	匣纽耕部				√			
	刑	匣纽耕部		√					
碾平义	研	疑纽元部		√					
	礳	匣纽歌部		√					
	掔	疑纽元部		√					
	硪	昌纽元部		√					
	袄	见纽元部		√					
	硯	疑纽元部					√		
平和义	鰭	匣纽脂部		√					
	鬐	匣纽脂部		√					

（续表）

公共义	被释字词	上古音	通转关系	本义	引申义	假借义	语源义	造意	文化意义
《文始》卷四									

公共义	被释字词	上古音	通转关系	本义	引申义	假借义	语源义	造意	文化意义
字条二十七（共系联六个字词）									
绕颈义	䁹	影纽耕部	影与见晓邻纽；耕锡对转，耕阳旁转，阳元通转。				√		
	嫈	影纽耕部					√		
	纓	影纽耕部					√		
	縊	影纽锡部		√					
	鞅	影纽阳部		√					
	繮	见纽阳部		√					
	蜿	晓纽元部					√		
字条二十八（共系联五十个字词）									
茎干义	壬	日纽侵部		√					
	莛	定纽耕部		√					
	茎	匣纽耕部		√					
	鋌	定纽耕部				√			
长出义	姃	定纽耕部					√		
挺直义	壬	日纽侵部	日章书余禅、端透定来、见匣溪疑旁纽，章端准双声，余纽字与见匣溪疑纽字可以是同源关系，影与见匣溪疑邻纽；侵物、质脂支耕通转，物质、脂歌旁转，歌元对转。	√					
	挺	定纽耕部		√					
	梃	定纽耕部			√				
	筳	定纽耕部					√		
	桯	透纽耕部					√		
	鏗	见纽耕部					√		
	珽	透纽耕部					√		
	脛	匣纽耕部					√		
	頸	见纽耕部					√		
	經	见纽耕部					√		
	徑	见纽耕部			√				
	廷	定纽耕部			√				
	庭	定纽耕部				√			

（续表）

公共义	被释字词	上古音	通转关系	本义	引申义	假借义	语源义	造意	文化意义
			《文始》卷四						
挺直义	頲	透纽耕部		√					
	侹	透纽耕部			√				
	娙	疑纽耕部		√					
	呈	定纽耕部						√	
	桔	见纽物部					√		
	頡	匣纽质部		√					
	絸	匣纽耕部		√					
	委	匣纽耕部						√	
	坙	见纽耕部					√		
傲视义	顥	章纽元部		√					
美好义	善	禅纽元部	日章书余禅、端透定来、见匣溪疑旁纽，章端准双声，余纽字与见匣溪疑纽字可以是同源关系，影与见匣溪疑邻纽；侵物、质脂支耕通转，物质、脂歌旁转，歌元对转。	√					
	佳	见纽支部		√					
	娃	影纽支部			√				
	理	章纽耕部					√		
	吉	见纽质部		√					
强健义	劲	见纽耕部		√					
	駃	章纽歌部		√					
	勥	见纽支部					√		
	偕	见纽脂部		√					
	仡	疑纽物部		√					
	佶	见纽质部			√				
	奊	见纽质部			√				
	謦	溪纽耕部		√					
轻快义	逞	定纽耕部			√				
	徎	透纽耕部		√					
	輕	溪纽耕部			√				

（续表）

公共义	被释字词	上古音	通转关系	本义	引申义	假借义	语源义	造意	文化意义
			《文始》卷四						
通达义	聖	书纽耕部			√				
	聆	来纽耕部			√				
轻慢义	輕	溪纽耕部	日章书余禅、端透定来、见匣溪疑旁纽，章端准双声，余纽字与见匣溪疑纽字可以是同源关系，影与见匣溪疑邻纽；侵物、质脂支耕通转，物质、脂歌旁转，歌元对转。		√				
	傷	余纽支部		√					
	歟	余纽支部		√					
	趣	章纽歌部		√					
	嬉	禅纽元部			√				
修补义	善	禅纽元部				√			
	繕	禅纽元部		√					
	靪	端纽耕部		√					
			字条二十九（共系联二十九个字词）						
钉子义	丁	端纽耕部				√			
	釘	端纽耕部			√				
	鏑	端纽锡部					√		
击打义	打	定纽耕部	端与庄清邻纽，端透定、章禅旁纽，端章准双声；耕锡脂真、元阳歌月通转，真元文旁转。	√					
	成	禅纽耕部						√	
	簸	定纽文部			√				
	段	定纽元部		√					
	鍛	端纽元部			√				
	楇	端纽歌部			√				
	笪	端纽月部			√				
	鐟	章纽元部		√					
	戰	章纽元部		√					
	殿	定纽文部						√	
	玎	端纽耕部		√					
	玲	庄纽耕部		√					
	瑲	清纽阳部		√					

公共义	被释字词	上古音	通转关系	本义	引申义	假借义	语源义	造意	文化意义
《文始》卷四									
击打义	鎗	清纽阳部		√					
	鉾	庄纽耕部		√					
	鏗	透纽阳部		√					
	鏧	透纽阳部		√					
相当、相对义	丁	端纽耕部	端与庄清邻组，端透定、章禅旁纽，端章准双声；耕锡脂真、元阳歌月通转，真元文旁转。			√			
	敵	定纽锡部			√				
	當	端纽阳部		√					
	貞	端纽耕部					√		
	汀	端纽耕部		√					
	訂	端纽耕部			√				
真实义	丁	端纽耕部				√			
	誠	禅纽耕部			√				
谨慎义	諦	端纽锡部		√					
	媞	禅纽脂部		√					
	慎	禅纽真部		√					
强壮义	丁	端纽耕部				√			
	楨	端纽耕部					√		
字条三十（共系联九个字词）									
降水义	霝	来纽耕部	来与心山邻组，来端透旁纽，来书准旁纽；耕支锡脂真、元月鱼铎通转，真元、支鱼之幽旁转，幽觉对转。	√					
	零	来纽耕部			√				
	滴	端纽锡部		√					
	瀝	来纽锡部			√				
	涑	山纽锡部		√					
	楠	端纽锡部					√		
浸渍义	醨	来纽锡部		√					
	釃	山纽支部		√					
	湑	心纽鱼部					√		

（续表）

公共义	被释字词	上古音	通转关系	本义	引申义	假借义	语源义	造意	文化意义
			《文始》卷四						
浸渍义	茜	山纽觉部		√					
	涑	来纽真部		√					
	湅	来纽元部		√					
	灡	来纽元部					√		
	淅	心纽锡部		√					
	釋	书纽铎部			√				
	浚	山纽之部	来与心山邻纽，来端透旁纽，来书准旁纽；耕支锡脂质真、元月鱼铎通转，真元、支鱼之幽旁转，幽觉对转。	√					
	瀟	心纽幽部			√				
熔炼义	鍊	来纽元部		√					
	潄	来纽真部		√					
明净义	粼	来纽真部		√					
流动义	灓	来纽元部		√					
	肖	来纽月部		√					
	涕	透纽质部			√				
	瀨	来纽月部			√				
	洟	透纽质部			√				
			字条三十一（共系联十六个字词，其中语音不通转者一①）						
安定义	正	章纽耕部			√				
	靖	从纽耕部			√				
	婙	从纽耕部	章与庄从邻纽，章余禅旁纽，章定准旁纽；耕支锡对转，耕谈元通转。	√					
	婧	从纽耕部					√		
	定	定纽耕部		√					
	甹	定纽耕部		√					
	妌	从纽耕部		√					
端正义	正	章纽耕部		√					

---

① 覂：帮纽谈部。

（续表）

公共义	被释字词	上古音	通转关系	本义	引申义	假借义	语源义	造意	文化意义
										《文始》卷四
端正义	整	章纽耕部	章与庄从邻纽，章余禅旁纽，章定准旁纽；耕支锡对转，耕谈元通转。		√				
	延	余纽元部					√		
	证	章纽耕部					√		
	証	章纽耕部					√		
	政	章纽耕部		√					
	靜	庄纽耕部		√					
	是	禅纽支部		√					
	寔	禅纽锡部					√		
	諟	禅纽支部		√					
字条三十二（共系联十个字词，其中语音不通转者九①）									
陷阱义	井	精纽耕部	精从旁纽；耕支对转。		√				
	阱	从纽耕部		√					
字条三十三（共系联二十三个字词，其中语音不通转者二②）									
青色义	生	山纽耕部	山精清从心与书邻纽；耕阳蒸、真元旁转，耕真脂通转，元歌对转。		√				
	青	清纽耕部		√					
	蒼	清纽阳部			√				
	殅	清纽真部		√					
	彭	从纽耕部					√		
	静	从纽耕部					√		
赤色义	綪	清纽真部					√		
	縉	精纽真部		√					
	茜	清纽耕部			√				
	垳	心纽耕部		√					

---

① 耕：见纽耕部；荆：匣纽耕部；岖：溪纽耕部；陘：匣纽耕部；弮：影纽耕部；汫：影纽耕部；窒：见纽支部；濙：影纽支部；型：匣纽耕部。

② 献：晓纽元部；犠：晓纽歌部。

（续表）

公共义	被释字词	上古音	通转关系	本义	引申义	假借义	语源义	造意	文化意义
			《文始》卷四						
本性义	生	山纽耕部			√				
	性	心纽耕部		√					
	姓	心纽耕部				√			
	情	从纽耕部			√				
外甥义	生	山纽耕部					√		
	甥	山纽耕部		√					
女婿义	甥	山纽耕部	山精清从心与书邻纽；耕阳蒸、真元旁转，耕真脂通转，元歌对转。		√				
	壻	心纽脂部			√				
	倩	清纽耕部			√				
畜牲义	生	山纽耕部					√		
	產	山纽元部			√				
	牲	山纽耕部			√				
	犙	山纽元部		√					
新鲜、腥义	生	山纽耕部			√				
	胜	书纽蒸部		√					
	鮏	心纽耕部		√					
	鱻	心纽元部		√					
			字条三十四（共系联九个字词）						
明亮义	晶	精纽耕部		√					
	星	心纽耕部					√		
	姓	从纽耕部		√					
	精	精纽耕部			√				
	粲	清纽元部			√				
美好义	孍	精纽元部	精清从心邪旁纽；耕阳旁转，阳元通转。	√					
	娹	清纽元部					√		
严密义	精	精纽耕部			√				
	省	心纽耕部					√		
	相	心纽阳部					√		
	详	邪纽阳部			√				

二、检验结论

据统计，《文始》卷四所系联的492个字词中，语音通转者470，不通转者22，分别占总数的95.5%和4.5%。语义方面，系联有误的主要存在于以下两个字条：

1. 卷四"氏"字条

《说文》："氏，巴蜀山名岸胁之旁箸欲落墒者曰氏，氏崩，闻数百里。象形，乁声。"即认为古代巴蜀一带称江边将要崩落的危岸为氏，此为"氏"之本义。然许氏本义分析及形体训释皆误。林义光《文源》："不象山岸胁之形，本义当为根柢……姓氏之氏，亦由根柢之义引申。""氏"，甲骨金文作 ，象木有根形。殷寄明《〈说文〉研究》（2005：187）："许书此部有'氐'字，训'木本，从氏大于末'，亦可为佐证。"《文始》沿用《说文》之误，故该字条所系联之十七个字词皆当去。

2. 卷四"壬"字条

《说文》："壬，善也。从人、士。士，事也。一曰象物出地挺生也。"许说误。"壬"的本义当为挺立。从人、士，象人挺立于地面之形。（上文已论及，兹不赘述）《文始》（1999：270）："挺生为本义，上象其题，下象土，声义与耑、中皆相近。""物出地挺生"说恐失当。故派生出的"筳、莛（茎）、鋌（铤）、娗"等四个字词当去。

综上，经语义标准检验，卷四语音通转者470个中，剔除系联有误者21个，余449个，同源字词数占本卷系联总数的91.3%。

第六节 《文始》卷五语源学检验

一、《文始》卷五语源学检验

《文始》卷五共有初文、准初文91个，分列于79个字条，共系联819个字词。具体语音语义情况见表4-7。

表 4-7 《文始》卷五语源学检验细目

公共义	被释字词	上古音	通转关系	本义	引申义	假借义	语源义	造意	文化意义
《文始》卷五									
字条一（共系联三个字词）									
葫芦科植物义	瓜	见纽鱼部	见匣旁纽；鱼部叠韵。	√					
	瓠	匣纽鱼部					√		
	壶	匣纽鱼部					√		
乐器义	壶	匣纽鱼部			√				
	鼓	见纽鱼部		√					
字条二（共系联四个字词）									
车辆义	车	昌纽鱼部	昌来准旁纽，来疑邻纽，疑见溪旁纽；鱼歌通转，鱼铎对转。	√					
	路	来纽铎部				√			
	庳	溪纽鱼部						√	
驾驭义	挌	见纽歌部			√				
	驭	疑纽鱼部			√				
字条三（共系联八个字词，其中语音不通转者六①）									
脊骨义	吕	来纽鱼部	来纽双声；鱼阳对转。	√					
支撑义	虞	群纽鱼部					√		
	梁	来纽阳部					√		
字条四（共系联十二个字词）									
握持义	丮	见纽铎部	见群晓旁纽；铎鱼叶谈通转，铎药旁转。	√					
	据	见纽鱼部		√					
	擢	见纽铎部		√					
	攫	见纽铎部		√					
	据	见纽鱼部				√			
	虢	见纽铎部		√					
	劫	见纽叶部		√					
	拑	群纽谈部		√					

---

① 冈：见纽阳部；㭎：见纽阳部；䌻：见纽阳部；襁：见纽阳部；鳏：见纽阳部；䢃：见纽阳部。

（续表）

《文始》卷五									
公共义	被释字词	上古音	通转关系	本义	引申义	假借义	语源义	造意	文化意义
相持、角斗义	豦	群纽鱼部	见群晓旁纽；铎鱼叶谈通转，铎药旁转。	√					
	戲	晓纽鱼部			√				
激烈义	勮	群纽鱼部		√					
劳累义	⿰忄卻	群纽药部		√					
	⿰亻卻	群纽药部		√					
字条五（共系联十一个字词）									
棱角义	巨	群纽鱼部	群见疑旁纽；鱼阳谈通转，谈侵旁转。				√		
	柧	见纽鱼部		√					
	觚	见纽鱼部			√				
大义	巨	群纽鱼部				√			
	距	群纽鱼部				√			
	奆	影纽鱼部		√					
	吴	疑纽鱼部			√				
	俣	疑纽鱼部		√					
	鉅	群纽鱼部			√				
白色义	鉅	群纽鱼部					√		
黑黄色义	黔	群纽侵部		√					
	⿰黑佥	群纽侵部		√					
	黚	群纽谈部		√					
坚硬义	鉅	群纽鱼部					√		
	剛	见纽阳部		√					
字条六（共系联四个字词）									
系束义	⿱竹互	匣纽鱼部	匣群见旁纽；鱼铎阳对转。				√		
	籰	匣纽铎部					√		
	軖	群纽阳部					√		
	綱	见纽阳部			√				
	罟	见纽鱼部					√		

（续表）

公共义	被释字词	上古音	通转关系	本义	引申义	假借义	语源义	造意	文化意义
* 《文始》卷五									
字条七（共系联三十六个字词）									
握持义	父	并纽鱼部					✓		
	把	帮纽鱼部		✓					
	捕	并纽鱼部			✓				
	搏	帮纽铎部			✓				
	拊	滂纽鱼部		✓					
	铺	滂纽鱼部					✓		
	靶	帮纽鱼部					✓		
	秉	帮纽阳部			✓				
	柄	帮纽阳部			✓				
	斧	帮纽鱼部					✓		
大义	父	并纽鱼部					✓		
	甫	帮纽鱼部					✓		
	誧	帮纽鱼部					✓		
	博	帮纽铎部		✓					
	溥	滂纽鱼部	并帮滂明旁纽；鱼铎阳月通转，鱼侯旁转。	✓					
	鏄	帮纽铎部					✓		
	镈	滂纽铎部					✓		
	䨛	滂纽铎部				✓			
	旁	并纽阳部		✓					
	滂	滂纽阳部			✓				
	斜	滂纽阳部					✓		
	骜	滂纽阳部					✓		
	圃	帮纽鱼部			✓				
	尃	滂纽鱼部		✓					
	敷	滂纽鱼部		✓					
	䈬	帮纽侯部		✓					
	薄	并纽铎部			✓				
	扶	并纽鱼部		✓					
	放	帮纽阳部			✓				
	布	帮纽鱼部			✓				

（续表）

《文始》卷五									
公共义	被释字词	上古音	通转关系	本义	引申义	假借义	语源义	造意	文化意义
规范义	模	明纽鱼部		√					
	摹	明纽鱼部		√					
辅助义	傅	帮纽鱼部	并帮漧明旁纽；鱼铎阳月通转，鱼侯旁转。	√					
	扶	并纽鱼部		√					
	黼	帮纽鱼部					√		
谋划义	谟	明纽鱼部		√					
字条八（共系联十六个字词）									
扩张、充满义	郭	见纽铎部	见溪匣晓、余昌旁纽，余纽字与见溪匣晓纽字可以是同源关系；铎鱼阳对转，阳东旁转。		√				
	埔	余纽东部					√		
	椁	见纽铎部			√				
	彏	晓纽铎部					√		
	彉	溪纽铎部					√		
	桄	见纽阳部		√					
	横	匣纽阳部			√				
	黆	见纽阳部					√		
	优	见纽阳部		√					
	廒	溪纽阳部		√					
居所义	郭	见纽铎部		√					
	凥	见纽鱼部		√					
	处	昌纽鱼部		√					
	屋	见纽鱼部		√					
	假	见纽鱼部						√	
	家	见纽鱼部		√					
种植义	家	见纽鱼部					√		
	稼	见纽鱼部			√				
依靠义	怙	匣纽鱼部		√					

（续表）

公共义	被释字词	上古音	通转关系	本义	引申义	假借义	语源义	造意	文化意义
《文始》卷五									
字条九（共系联十个字词）									
雍蔽、闭塞义	兆	见纽鱼部	见溪群旁纽；鱼铎阳叶通转。	✓					
	固	见纽鱼部			✓				
	錮	见纽鱼部					✓		
	厓	溪纽叶部		✓					
	瞽	见纽鱼部					✓		
	疷	见纽铎部					✓		
	瘕	见纽鱼部					✓		
	假	见纽鱼部				✓			
	蠱	见纽鱼部			✓				
	誆	群纽阳部		✓					
	悸	群纽阳部		✓					
字条十（共系联三个字词）									
饭器义	△	溪纽鱼部	溪见旁纽；鱼阳通转。	✓					
	筥	见纽鱼部		✓					
	匡	溪纽阳部		✓					
	簾	见纽鱼部		✓					
字条十一（共系联二个字词）									
笑义	谷	群纽药部	群影邻纽；药铎旁转，铎鱼对转。	✓					
	㬹	群纽铎部		✓					
	哑	影纽鱼部		✓					
字条十二（共系联二十二个字词，其中语音不通转者三①）									
惊视义	盱	见纽鱼部	见溪群晓匣旁纽，影与见溪群晓匣邻纽；鱼侯旁转，鱼铎阳叶通转。	✓					
	奭	见纽侯部				✓			
	舁	见纽侯部		✓					

---

① 兵：帮纽阳部；斧：帮纽鱼部；睪：余纽铎部。

（续表）

公共义	被释字词	上古音	通转关系	本义	引申义	假借义	语源义	造意	文化意义
			《文始》卷五						
惊视义	瞿	群纽鱼部		√					
	矍	见纽铎部		√					
	蒦	影纽铎部			√				
	趯	群纽鱼部		√					
	衢	群纽鱼部					√		
	顧	见纽鱼部		√					
	矆	见纽铎部					√		
恐惧义	懼	群纽鱼部	见溪群晓匣旁纽，影与见溪群晓匣邻纽；鱼侯旁转，鱼铎阳叶通转。	√					
	鱙	晓纽铎部		√					
	犴	溪纽叶部		√					
	惶	匣纽阳部		√					
	恇	溪纽阳部		√					
雇佣义	顧	见纽鱼部					√		
	故	见纽鱼部					√		
代替义	更	见纽阳部			√				
照应、保护义	顧	见纽鱼部			√				
	護	匣纽铎部			√				
捕猎、获得义	獲	匣纽铎部			√				
	穫	匣纽铎部		√					
			字条十三（共系联四个字词）						
交午义	五	疑纽鱼部		√					
	午	疑纽鱼部		√					
	牙	疑纽鱼部	疑纽双声；鱼部叠韵。				√		
萌芽义	五	疑纽鱼部						√	
	芽	疑纽鱼部		√					
数词五义	五	疑纽鱼部				√			
	伍	疑纽鱼部			√				

（续表）

公共义	被释字词	上古音	通转关系	本义	引申义	假借义	语源义	造意	文化意义
《文始》卷五									
字条十四（共系联三十二个字词，其中语音不通转者四①）									
违逆、相向义	午	疑纽鱼部	疑匣见溪群旁纽；鱼铎阳歌通转，铎药旁转。	√					
	啎	疑纽鱼部		√					
	㡑	疑纽铎部		√					
	各	见纽铎部			√				
	柘	匣纽鱼部					√		
	龁	群纽药部					√		
	逆	疑纽铎部			√				
	寤	疑纽鱼部				√			
	悟	疑纽鱼部				√			
	卻	溪纽铎部			√				
	辜	见纽鱼部			√				
	詻	疑纽铎部		√					
	罗	疑纽铎部		√					
	挌	见纽锡部		√					
	禦	疑纽鱼部			√				
	抗	溪纽阳部		√					
	歫	群纽鱼部		√					
	圉	疑纽鱼部				√			
	鉅	群纽鱼部					√		
	遻	疑纽铎部		√					
	卬	疑纽阳部			√				
	仰	疑纽阳部		√					
	訝	疑纽鱼部		√					
	迎	疑纽阳部			√				
寄居义	客	溪纽铎部			√				
	寄	见纽歌部			√				
恭敬义	窓	溪纽铎部		√					
觉悟义	寤	疑纽鱼部				√			
	悟	疑纽鱼部			√				
	憬	见纽阳部		√					

---

① 首：滂纽铎部；朔：山纽铎部；溯：心纽铎部；庶：昌纽铎部。

（续表）

公共义	被释字词	上古音	通转关系	本义	引申义	假借义	语源义	造意	文化意义
《文始》卷五									
字条十五（共系联九个字词，其中语音不通转者四①）									
齿状物义	牙	疑纽鱼部	疑见旁纽；鱼铎谈通转。		√				
	鉏鋙	崇纽鱼部 疑纽鱼部		√					
	鋸	见纽鱼部			√				
交错、参差义	齟齬	庄纽鱼部 疑纽鱼部		√					
	箊	疑纽鱼部					√		
	簃	疑纽谈部					√		
字条十六（共系联一个字词）									
捕鱼义	魚	疑纽鱼部	疑纽双声；鱼部叠韵。		√				
	漁	疑纽鱼部		√					
字条十七（共系联二个字词，其中语音不通转者一②）									
乌鸦义	烏	影纽鱼部	影纽双声；鱼部叠韵。	√					
	雅	影纽鱼部		√					
字条十八（共系联七个字词）									
丑陋义	亞	影纽鱼部	影纽双声，影匣邻纽；鱼铎阳对转，鱼之旁转。	√					
	惡	影纽铎部			√				
罪过义	尤	匣纽之部			√				
	殃	影纽阳部		√					
厌恶义	蛊	影纽铎部						√	
	諲	影纽鱼部			√				
	歔	影纽鱼部		√					
	怏	影纽阳部		√					

---

① 諽：清纽铎部；衺：邪纽鱼部；错：清纽铎部；鯫：心纽鱼部。

② 鸒：余纽鱼部。

（续表）

公共义	被释字词	上古音	通转关系	本义	引申义	假借义	语源义	造意	文化意义
\\multicolumn{10}{c}{《文始》卷五}									
\\multicolumn{10}{c}{字条十九（共系联三个字词）}									
虎头义	虍	晓纽鱼部	晓疑旁转；鱼部叠韵。	√					
老虎义	虞	疑纽鱼部		√					
	琥	晓纽鱼部					√		
虎吼义	唬	晓纽鱼部		√					
\\multicolumn{10}{c}{字条二十（共系联十一个字词）}									
覆盖义	襾	晓纽鱼部	晓匣见疑旁纽，疑来明、来邪邻纽，来书准旁纽；鱼铎阳对转。	√					
	宇	匣纽鱼部			√				
	梠	来纽鱼部					√		
	庌	疑纽鱼部					√		
	廡	明纽鱼部					√		
	廣	见纽阳部					√		
	樹	邪纽铎部					√		
	憮	晓纽鱼部		√					
	嫭	晓纽鱼部					√		
	壄	匣纽阳部					√		
	幌	晓纽阳部					√		
	舍	书纽鱼部					√		
\\multicolumn{10}{c}{字条二十一（共系联四个字词）}									
听闻义	禹	匣纽鱼部	匣晓旁纽；鱼阳对转。				√		
	籞	晓纽阳部					√		
	瑀	匣纽鱼部		√					
回声义	響	晓纽阳部		√					
趋向义	響	晓纽阳部				√			
	闞	晓纽阳部					√		

（续表）

公共义	被释字词	上古音	通转关系	本义	引申义	假借义	语源义	造意	文化意义
			《文始》卷五						
			字条二十二（共系联四十三个字词）						
吐气义	于	匣纽鱼部				√			
	乎	匣纽鱼部				√			
	余	余纽鱼部				√			
	㐬	余纽鱼部				√			
	粤	匣纽月部			√				
	歟	余纽鱼部		√					
	歔	晓纽鱼部		√					
	吁	晓纽鱼部		√					
叫喊义	呼	晓纽鱼部			√				
	評	晓纽鱼部		√					
	謼	晓纽鱼部		√					
	嘑	晓纽鱼部		√					
广大义	于	匣纽鱼部	匣见溪群晓旁纽，影与匣见溪群晓邻纽，余纽字与匣见溪群晓纽字可以是同源关系；鱼铎阳月通转，鱼侯旁转。			√			
	訏	晓纽鱼部			√				
	迂	影纽鱼部			√				
	衧	匣纽鱼部					√		
	芋	匣纽鱼部					√		
	莒	见纽鱼部					√		
	竽	匣纽鱼部					√		
	簧	匣纽阳部					√		
	奕	余纽铎部		√					
	嘏	见纽鱼部		√					
	譁	晓纽鱼部		√					
	誇	溪纽鱼部		√					
	謣	匣纽侯部		√					
	詡	晓纽鱼部		√					

（续表）

公共义	被释字词	上古音	通转关系	本义	引申义	假借义	语源义	造意	文化意义
广大义	夸	溪纽鱼部			√				
	盱	晓纽鱼部		√					
	吘	影纽鱼部		√					
	刳	溪纽鱼部		√					
	殍	溪纽鱼部			√				
弯曲义	于	匣纽鱼部					√		
	迂	影纽鱼部		√					
	紆	影纽鱼部		√					
	尪	影纽鱼部		√					
往、去义	于	匣纽鱼部	匣见溪群晓旁纽，影与匣见溪群晓邻纽，余纽字与匣见溪群晓纽字可以是同源关系；鱼铎阳月通转，鱼侯旁转。	√					
	迁	匣纽阳部		√					
	往	匣纽阳部		√					
	去	溪纽鱼部			√				
	嫁	见纽鱼部			√				
	獷	见纽阳部					√		
	竭	溪纽月部		√					
	古	见纽鱼部		√					
	詁	见纽鱼部					√		
	驛	余纽铎部					√		
	遽	群纽鱼部					√		
	刳	溪纽鱼部			√				
跨过义	越	匣纽月部		√					
	趏	匣纽月部		√					
字条二十三（共系联十个字词）									
飞扬义	羽	匣纽鱼部	匣见旁纽，余纽字与匣见纽字可以是同源关系，余章与邪邻纽；鱼阳对转。				√		
	翔	邪纽阳部			√				
	翥	章纽鱼部		√					

（续表）

《文始》卷五								
公共义	被释字词	上古音	通转关系	本义	引申义	假借义	语源义	造意	文化意义
飞扬义	揚	余纽阳部				√			
	易	余纽阳部					√		
	旗	余纽鱼部	匣见旁纽，余纽字与匣见纽字可以是同源关系，余章与邪邻纽；鱼阳对转。			√			
	颺	余纽阳部				√			
共举义	輿	余纽鱼部				√			
	擧	见纽鱼部		√					
	舉	见纽鱼部		√					
	譽	余纽鱼部					√		

字条二十四（共系联十二个字词）								
给予、获取义	与	余纽鱼部	余与清邪邻纽，余书日旁纽，余纽字与见匣疑纽字可以是同源关系；鱼铎阳对转，鱼侯旁转。	√					
	餉	书纽阳部		√					
	讓	日纽阳部		√					
	斜	邪纽鱼部		√					
	抒	书纽鱼部		√					
	斝	见纽侯部		√					
	揚	余纽阳部		√					
	蝴	匣纽鱼部		√					
	醋	清纽铎部					√		
	觴	书纽阳部			√				
	罦	见纽鱼部					√		
	盉	疑纽鱼部					√		
丰足义	餘	余纽鱼部		√					

字条二十五（共系联二十九个字词）								
给予义	予	余纽鱼部	余与清心邪邻纽，余船书日禅、透定、见晓旁纽，余纽字与见晓纽字可以是同源关系；鱼阳铎对转。	√					
	舒	书纽鱼部		√					
	赏	书纽阳部		√					
	兄	晓纽阳部					√		

（续表）

公共义	被释字词	上古音	通转关系	本义	引申义	假借义	语源义	造意	文化意义
			《文始》卷五						
给予义	償	禅纽阳部		√					
	賈	见纽鱼部		√					
	酤	余纽鱼部		√					
	叚	见纽鱼部		√					
	賒	书纽鱼部		√					
	攘	日纽阳部		√					
	襄	心纽阳部			√				
	壤	日纽阳部					√		
	場	定纽阳部					√		
多余义	凥	见纽鱼部		√					
解除、放开义	捨	书纽鱼部	余与清心邪邻纽，余船书日禅、透定、见晓旁纽，余纽字与见晓纽字可以是同源关系；鱼阳铎对转。	√					
	釋	书纽铎部			√				
	斁	余纽铎部			√				
	赦	书纽铎部		√					
	措	清纽铎部			√				
	射	船纽铎部					√		
	謝	邪纽铎部		√					
	暘	透纽阳部			√				
	襀	日纽阳部					√		
	盪	定纽阳部			√				
	寫	心纽鱼部			√				
	卸	心纽鱼部		√					
	譯	余纽铎部			√				
	忞	余纽鱼部		√					
	愓	定纽阳部		√					
	憭	定纽阳部		√					

（续表）

公共义	被释字词	上古音	通转关系	本义	引申义	假借义	语源义	造意	文化意义
			《文始》卷五						
			字条二十六（共系联四个字词）						
降雨义	雨	匣纽鱼部	匣纽双声；鱼铎对转。	√					
	雺	匣纽鱼部		√					
	濩	匣纽铎部		√					
	霦	匣纽鱼部			√				
	雩	匣纽鱼部					√		
			字条二十七（共系联八个字词）						
腋窝义	亦	余纽铎部	余与邪从邻纽，见溪、余禅旁纽，余纽字与见溪纽字可以是同源关系；铎阳鱼对转，阳耕旁转。	√					
	肔	溪纽鱼部		√					
	胳	见纽铎部		√					
	祛	溪纽鱼部					√		
	披	余纽铎部				√			
	序	邪纽鱼部					√		
外围义	序	邪纽鱼部		√					
	牆	从纽阳部		√					
	城	禅纽耕部		√					
	奕	余纽铎部				√			
			字条二十八（共系联三个字词）						
门窗义	户	匣纽鱼部	匣见溪旁纽，余纽字与匣见溪纽字可以是同源关系；鱼耕旁对转，鱼幽旁转，鱼谈通转。	√					
	槏	溪纽谈部		√					
	牗	余纽幽部		√					
	向	见纽耕部		√					
			字条二十九（共系联十五个字词）						
下陷、低洼义	丁	匣纽鱼部	匣见晓与影邻纽；鱼铎阳月通转。	√					
	窊	影纽鱼部		√					
	洿	影纽鱼部			√				
	隔	影纽鱼部		√					

（续表）

公共义	被释字词	上古音	通转关系	本义	引申义	假借义	语源义	造意	文化意义
			《文始》卷五						
下陷、低洼义	汙	影纽鱼部	匣见晓与影邻纽；鱼铎阳月通转。		√				
	湖	匣纽鱼部					√		
	叡	晓纽铎部					√		
	潢	匣纽阳部					√		
	隍	匣纽阳部					√		
	埂	见纽阳部					√		
	沆	匣纽阳部					√		
中央义	央	影纽阳部		√					
聚积义	汪	影纽阳部			√				
	淤	影纽鱼部		√					
	闕	影纽月部				√			
	瘀	影纽鱼部			√				
			字条三十（共系联四个字词）						
农具义	茉	匣纽鱼部	匣见旁纽；鱼歌通转，歌微、鱼侯旁转，微物对转。	√					
	蔂	见纽侯部		√					
	鏅	见纽微部		√					
动义	吒	疑纽歌部		√					
	刵	疑纽物部		√					
			字条三十一（共系联二十三个字词，其中语音不通转者一①）						
估量义	土	透纽鱼部	透端定、章昌日余书禅旁纽，端章准双声；鱼铎阳对转。		√				
	度	定纽铎部			√				
	商	书纽阳部		√					
	圖	定纽鱼部			√				
	擇	定纽铎部		√					
住宅义	宅	定纽铎部		√					

---

① 赩：晓纽铎部。

（续表）

《文始》卷五								
公共义	被释字词	上古音	通转关系	本义	引申义	假借义	语源义	造意	文化意义
依托义	侘	透纽铎部		√					
	託	透纽铎部		√					
跨越义	賮	书纽阳部					√		
	渡	定纽铎部		√					
	宕	定纽阳部			√				
红色义	赤	昌纽铎部		√					
	赭	章纽鱼部			√				
	黨	端纽阳部					√		
	鸏	余纽阳部	透端定、章昌日余书禅旁纽，端章准双声；鱼铎阳对转。	√					
土神义	社	禅纽鱼部		√					
堵塞义	斁	定纽鱼部		√					
法制义	度	定纽铎部			√				
	根	定纽阳部					√		
	杖	定纽阳部					√		
对等义	當	端纽阳部			√				
	尚	禅纽阳部				√			
朋党义	攩	端纽阳部		√					
	徒	定纽鱼部			√				
字条三十二（共系联三十个字词）									
分裂义	乇	端纽铎部		√					
	堮	透纽铎部		√					
	榜	透纽铎部		√					
	劚	定纽铎部	端与崇心精邻纽，端透定来、章昌日书旁纽，端章准双声；铎阳鱼歌通转，铎屋旁转。	√					
	屠	定纽鱼部			√				
	趄	昌纽铎部					√		
	蠹	端纽铎部					√		
	磔	端纽铎部		√					

（续表）

《文始》卷五									
公共义	被释字词	上古音	通转关系	本义	引申义	假借义	语源义	造意	文化意义
伸展、张开义	頊	定纽屋部	端与崇心精邻纽，端透定来、章昌日书旁纽，端章准双声；铎阳鱼歌通转，铎屋旁转。				√		
	顙	心纽阳部					√		
	吒	端纽铎部					√		
	吐	透纽鱼部		√					
	毤	定纽歌部					√		
	庇	定纽歌部					√		
	張	端纽阳部			√				
	奢	书纽鱼部			√				
	帳	端纽阳部					√		
败坏义	殬	端纽鱼部		√					
支撑义	堂	章纽阳部		√					
	樘	透纽阳部		√					
长远义	長	定纽阳部 端纽阳部			√				
	牗	崇纽屋部		√					
	踖	精纽铎部					√		
	眝	端纽鱼部		√					
脱落义	蘀	透纽铎部					√		
	箬	日纽铎部					√		
	槖	透纽铎部		√					
	穛	章纽铎部					√		
	落	来纽铎部		√					
	䨣	来纽铎部		√					
字条三十三（共系联零个字词）									
兔子义	兔	透纽鱼部		√					

（续表）

公共义	被释字词	上古音	通转关系	本义	引申义	假借义	语源义	造意	文化意义
《文始》卷五									
字条三十四（共系联二十个字词）									
贮藏、积聚义	宁	泥纽耕部	泥与精清邪庄山邻纽，泥端透定、日书章旁纽，泥日准双声；耕锡、铎阳鱼对转，锡铎旁转。	√					
	貯	端纽鱼部		√					
	儲	定纽鱼部		√					
	斸	端纽鱼部					√		
	宔	章纽鱼部					√		
	籅	定纽鱼部					√		
	橐	透纽铎部			√				
	帑	泥纽鱼部					√		
	敉	泥纽鱼部					√		
	囊	泥纽阳部			√				
	欚	端纽阳部					√		
	籝	日纽阳部					√		
	罋	泥纽阳部			√				
	装	庄纽阳部			√				
	藏	精纽阳部				√			
	仓	清纽阳部					√		
	都	端纽鱼部			√				
	豬	端纽鱼部					√		
	潴	山纽锡部			√				
多义	庶	书纽鱼部				√			
	蓆	邪纽铎部					√		
字条三十五（共系联十五个字词）									
军队义	旅	来纽鱼部	来山邻纽，来端定、禅章书旁纽，端章准双声；鱼阳铎对转。	√					
	褚	端纽鱼部					√		
衣服义	褚	端纽鱼部		√					
	常	禅纽阳部			√				
	裳	禅纽阳部			√				

（续表）

				本义	引申义	假借义	语源义	造意	文化意义
公共义	被释字词	上古音	通转关系						
众多义	旅	来纽鱼部	来山邻纽，来端定、禅章书旁纽，端章准双声；鱼阳铎对转。		√				
	諸	章纽鱼部			√				
	者	章纽鱼部					√		
书写义	者	章纽鱼部					√		
	書	书纽鱼部		√					
	箸	定纽鱼部					√		
	署	禅纽鱼部			√				
道路义	旅	来纽鱼部			√				
	路	来纽铎部		√					
	場	定纽阳部			√				
	除	定纽鱼部			√				
寄居义	廬	来纽鱼部			√				
赞助义	勴	来纽鱼部		√					
看见义	睹	端纽鱼部			√				
明亮义	睹	端纽鱼部		√					
	爽	山纽阳部		√					
字条三十六（共系联十七个字词，其中语音不通转者九①）									
盐义	鹵	来纽鱼部	来与庄从邻纽；鱼铎阳歌谈通转。	√					
味咸义	鹺	从纽歌部		√					
	鬻	庄纽鱼部					√		
味淡义	醸	来纽阳部					√		
	醨	来纽歌部				√			
	涼	来纽阳部			√				
	㵤	来纽阳部					√		

---

① 盬：见纽鱼部；涸：匣纽铎部；垎：匣纽铎部；醎：匣纽侵部；苦：溪纽鱼部；舎：影纽侵部；炕：溪纽阳部；溏：溪纽阳部；鹻：见纽谈部。

公共义	被释字词	上古音	通转关系	本义	引申义	假借义	语源义	造意	文化意义
			《文始》卷五						
坚实义	卤	来纽鱼部	来与庄从邻纽；鱼铎阳歌谈通转。				√		
	壚	来纽鱼部					√		
黑色义	壚	来纽鱼部					√		
	矑	来纽鱼部		√					
			字条三十七（共系联十个字词）						
柔弱、顺从义	女	泥纽鱼部	泥心邻纽，泥来、日书旁纽，泥日准双声；鱼铎对转。		√				
	如	日纽鱼部		√					
	諾	泥纽铎部			√				
	奴	泥纽鱼部					√		
牵引义	挐	泥纽鱼部		√					
	擄	来纽鱼部		√					
	帤	泥纽鱼部					√		
	弩	泥纽鱼部					√		
破旧义	帤	泥纽鱼部					√		
	袽	泥纽鱼部					√		
	絮	心纽鱼部					√		
仁爱义	恕	书纽鱼部		√					
			字条三十八（共系联五个字词）						
呼喊、喧哗义	呭	泥纽宵部	泥日准双声；宵阳旁对转。					√	
	呶	泥纽宵部		√					
烦乱义	㤖	泥纽宵部		√					
	㲀	泥纽阳部		√					
	孃	泥纽阳部		√					
	讓	日纽阳部					√		
			字条三十九（共系联二个字词）						
桑科植物义	燊	日部药部	日心邻纽，日章旁纽；药铎旁转，铎阳对转。			√			
	桑	心纽阳部		√					
	柘	章纽铎部		√					

（续表）

公共义	被释字词	上古音	通转关系	本义	引申义	假借义	语源义	造意	文化意义
			字条四十（共系联三个字词）						
石头义	石	禅纽铎部		√					
	祏	禅纽铎部					√		
量词义	石	禅纽铎部	禅纽双声；铎部叠韵。			√			
	祏	禅纽铎部				√			
大义	石	禅纽铎部				√			
	碩	禅纽铎部		√					
			字条四十一（共系联二十五个字词，其中语音不通转者七①）						
夜晚义	夕	邪纽铎部				√			
	夜	余纽铎部		√					
	歺	邪纽铎部				√			
	昔	心纽铎部				√			
	昨	从纽铎部		√					
久远义	昔	心纽铎部			√				
	炙	章纽铎部					√		
	脩	心纽幽部					√		
	臇	晓纽鱼部	邪与章余邻纽，邪精清从心、庄初崇山旁纽，精庄准双声，余纽字与晓纽字可以是同源关系；铎阳鱼谈通转，鱼幽旁转。				√		
	蒕	庄纽鱼部					√		
	脯	山纽幽部					√		
	酢	从纽铎部					√		
	醶	初纽谈部					√		
	蕲	初纽鱼部					√		
	蜡	崇纽铎部					√		
	胆	清纽鱼部					√		
	菹	庄纽鱼部					√		
酱义	菹	庄纽鱼部			√				
	酱	精纽阳部		√					
	胥	心纽鱼部		√					
品尝义	咀	从纽鱼部		√					

① 莫：明纽铎部；墓：明纽铎部；慕：明纽铎部；嘆：明纽铎部；脯：帮纽鱼部；膊：滂纽铎部；鲍：并纽幽部。

（续表）

公共义	被释字词	上古音	通转关系	本义	引申义	假借义	语源义	造意	文化意义
《文始》卷五									
字条四十二（共系联零个字词）									
喜鹊义	舄	清纽药部		√					
字条四十三（共系联十三个字词）									
记录、雕刻义	疋	山纽鱼部	山心准双声，心精从旁纽；鱼铎阳对转。				√		
	迹	精纽铎部		√					
	䟓	山纽鱼部						√	
	匠	从纽阳部						√	
美好义	祖	从纽鱼部		√					
	珇	精纽鱼部			√				
疏通义	䟓	山纽鱼部						√	
	索	心纽铎部						√	
	筰	从纽铎部						√	
	延	山纽鱼部		√					
	疏	山纽鱼部		√					
	梳	山纽鱼部				√			
才智义	惼	心纽鱼部		√					
	諝	心纽鱼部		√					
	爽	山纽阳部				√			
字条四十四（共系联一个字词）									
鼠类义	鼠	书纽鱼部	书日旁纽；鱼部叠韵。	√					
	鼱	日纽鱼部					√		
字条四十五（共系联四十九个字词）									
垫义	且	清纽鱼部	清与章昌邻纽，清精从邪、庄崇旁纽，精庄准双声；鱼铎阳歌元通转，耕锡对转，耕阳旁转。			√			
	俎	庄纽鱼部				√			
	苴	精纽鱼部				√			
	葅	庄纽鱼部		√					
	席	邪纽铎部		√					

（续表）

公共义	被释字词	上古音	通转关系	本义	引申义	假借义	语源义	造意	文化意义
			《文始》卷五						
垫义	藉	从纽铎部		√					
	薦	精纽元部			√				
	屝	邪纽鱼部		√					
高义	莊	庄纽阳部			√				
	槍	清纽阳部					√		
	柤	庄纽歌部					√		
阻碍义	遮	章纽鱼部		√					
	阻	庄纽鱼部			√				
	障	章纽阳部		√					
	墇	章纽阳部		√					
依附、借助义	宜	精纽鱼部	清与章昌邻纽，清精从邪、庄崇旁纽，精庄准双声；鱼铎阳歌元通转，耕锡对转，耕阳旁转。	√					
	助	崇纽鱼部		√					
	牀	清纽阳部				√			
	奬	精纽阳部			√				
	將	精纽阳部			√				
	耡	崇纽鱼部			√				
	耤	从纽铎部				√			
	租	精纽鱼部			√				
	責	庄纽锡部			√				
	債	庄纽锡部			√				
骄傲义	怚	精纽鱼部		√					
	嫭	精纽鱼部		√					
请义	將	精纽阳部			√				
	請	清纽耕部			√				
	靓	从纽耕部				√			
美好义	奬	精纽阳部			√				
	昌	昌纽阳部		√					

（续表）

公共义	被释字词	上古音	通转关系	本义	引申义	假借义	语源义	造意	文化意义
			《文始》卷五						
姑且义	且	清纽鱼部				√			
	麠	从纽鱼部		√					
粗壮义	覷	清纽鱼部					√		
	粗	清纽鱼部			√				
	伹	邪纽鱼部		√					
	麤	清纽鱼部			√				
	疽	精纽阳部					√		
	壮	庄纽阳部			√				
	奘	从纽阳部			√				
	奘	从纽阳部	清与章昌邻纽，清精从邪、庄崇旁纽，精庄准双声；鱼铎阳歌元通转，耕锡对转，耕阳旁转。				√		
开始义	作	精纽铎部			√				
	迮	庄纽铎部		√					
	初	初纽鱼部		√					
	删	初纽阳部		√					
	唱	昌纽阳部					√		
	祖	精纽鱼部					√		
	退	从纽鱼部					√		
作假义	詐	庄纽铎部			√				
	虘	从纽歌部					√		
	妆	庄纽阳部				√			
	詳	邪纽阳部				√			
			字条四十六（共系联六个字词）						
大蛇义	巴	帮纽鱼部		√					
	蟒	明纽阳部		√					
击打义	祀	帮纽鱼部	帮滂明旁纽；鱼阳铎、支脂对转，鱼支旁转。	√					
	拍	滂纽铎部		√					
	捭	帮纽支部		√					
	挮	滂纽脂部		√					
	瓶	帮纽阳部					√		

（续表）

公共义	被释字词	上古音	通转关系	本义	引申义	假借义	语源义	造意	文化意义
— 《文始》卷五									
— 字条四十七（共系联十六个字词，其中语音不通转者—①）									
光亮义	白	并纽铎部		√					
	普	滂纽鱼部		√					
	霸	帮纽铎部		√					
白色义	袢	并纽元部	并帮明滂旁纽；铎鱼歌元通转，蒸铎旁对转，铎锡旁转。				√		
	皅	滂纽鱼部					√		
	葩	滂纽鱼部					√		
	帛	并纽铎部				√			
	璧	帮纽锡部					√		
	碧	帮纽铎部			√				
	魄	滂纽铎部					√		
明白义	百	帮纽铎部					√		
数词百义	百	帮纽铎部		√					
	佰	帮纽铎部			√				
	禡	明纽鱼部					√		
	鈀	帮纽歌部					√		
年长义	白	并纽铎部				√			
	伯	帮纽铎部			√				
空无义	白	并纽铎部			√				
	怕	滂纽铎部				√			
— 字条四十八（共系联三个字词）									
武士义	夫	帮纽鱼部	帮明旁纽；鱼幽旁转。		√				
	武	明纽鱼部			√				
	袄	帮纽鱼部					√		
雄性义	牡	明纽幽部			√				

① 繒：从纽蒸部。

286

（续表）

公共义	被释字词	上古音	通转关系	本义	引申义	假借义	语源义	造意	文化意义
《文始》卷五									
字条四十九（共系联一个字词）									
马义	馬	明纽鱼部	明帮旁纽；鱼部叠韵。	√					
车乘义	馵	帮纽鱼部					√		
字条五十（共系联二个字词）									
行走义	步	并纽铎部	并滂旁纽；铎阳对转。	√					
	踄	并纽铎部		√					
	彭	滂纽阳部				√			
字条五十一（共系联六个字词，其中语音不通转者三①）									
跳舞义	巫	明纽鱼部	明纽双声；鱼阳通转。				√		
	舞	明纽鱼部			√				
虚假义	誣	明纽鱼部					√		
	妄	明纽阳部			√				
字条五十二（共系联十五个字词，其中语音不通转者二②）									
茂密义	茻	明纽阳部	明纽双声；阳鱼铎元通转，鱼幽宵之旁转。	√					
	霖	明纽鱼部		√					
	蕪	明纽鱼部				√			
	茂	明纽幽部		√					
	楙	明纽幽部		√					
	每	明纽之部		√					
蔓延义	蔓	明纽元部			√				
	芼	明纽宵部					√		
	晦	明纽之部		√					
广大义	漠	明纽铎部			√				
	募	明纽铎部					√		
	莽	明纽阳部			√				
快速义	驀	明纽铎部			√				
	猛	明纽阳部			√				

---

① 詤：晓纽阳部；㾼：匣纽阳部；狂：群纽阳部。
② 荒：晓纽阳部；巟：晓纽阳部。

（续表）

公共义	被释字词	上古音	通转关系	本义	引申义	假借义	语源义	造意	文化意义
《文始》卷五									
字条五十三（共系联十一个字词，其中语音不通转者三①）									
无义	毋	明纽鱼部	明帮旁纽；鱼阳对转，鱼元通转，鱼支旁转。	√					
	橆	明纽鱼部				√			
	盲	明纽阳部					√		
	缦	明纽元部					√		
	弭	明纽支部					√		
	亡	明纽阳部		√					
	逋	帮纽鱼部		√					
远看义	盲	明纽阳部				√			
	望	明纽阳部		√					
责怪义	望	明纽阳部			√				
	謷	明纽阳部		√					
字条五十四（共系联二个字词，其中语音不通转者一②）									
矿石义	磺	见纽阳部	见纽双声；阳鱼对转。	√					
未炼制义	盬	见纽鱼部			√				
字条五十五（共系联十一个字词）									
高大义	京	见纽阳部	见溪群旁纽；阳铎鱼对转。		√				
	虚	溪纽鱼部					√		
	壙	溪纽阳部			√				
	鱷	群纽阳部					√		
	廧	见纽鱼部					√		
	航	见纽阳部					√		
直立义	格	见纽铎部					√		

---

① 虖：晓纽阳部；喪：心纽阳部；悵：透纽阳部。
② 鹵：来纽鱼部。

（续表）

公共义	被释字词	上古音	通转关系	本义	引申义	假借义	语源义	造意	文化意义
《文始》卷五									
空虚义	格	见纽铎部					√		
	穅	溪纽阳部			√				
干枯义	殭	见纽阳部	见溪群旁纽；阳铎鱼对转。				√		
	枯	溪纽鱼部					√		
	殆	溪纽鱼部		√					
	腒	群纽鱼部					√		
字条五十六（共系联十一个字词，其中语音不通转者七①）									
疆界、道路义	畺	见纽阳部	见溪匣旁纽；阳鱼铎对转，鱼宵旁转。	√					
	畖	见纽阳部		√					
	阹	溪纽鱼部					√		
	远	匣纽阳部					√		
估量义	嫭	见纽鱼部					√		
字条五十七（共系联二十四个字词）									
颈项、喉咙义	亢	见纽阳部	见溪群疑晓匣与影邻纽，疑（鼻音）来（边音）邻纽，来定旁纽；阳鱼铎对转，鱼侯、阳东、铎职屋旁转。	√					
	胡	匣纽鱼部			√				
	项	匣纽东部			√				
	翁	影纽东部					√		
	脰	定纽侯部		√					
	喉	匣纽侯部		√					
	曨	来纽东部		√					
高举义	矼	匣纽阳部					√		
	笁	见纽阳部					√		
	阬	溪纽阳部					√		
	閬	来纽阳部			√				

---

① 略：来纽铎部；慮：来纽鱼部；量：来纽阳部；路：来纽铎部；虜：来纽鱼部；掠：来纽铎部；捞：来纽宵部。

（续表）

公共义	被释字词	上古音	通转关系	本义	引申义	假借义	语源义	造意	文化意义
			《文始》卷五						
高举义	卬	疑纽阳部			√				
	仰	疑纽阳部		√					
	抗	溪纽阳部			√				
悬挂义	綆	见纽阳部					√		
强硬义	亢	见纽阳部			√				
	僵	见纽阳部			√				
空旷义	閌	来纽阳部	见溪群疑晓匣与影邻组，疑（鼻音）来（边音）邻组，来定旁纽；阳鱼铎对转，鱼侯、阳东、铎职屋旁转。		√				
	康	溪纽阳部		√					
置放义	笐	见纽阳部					√		
	閣	见纽铎部			√				
	横	匣纽阳部					√		
	袪	溪纽鱼部					√		
	极	群纽职部					√		
叫声义	听	晓纽侯部		√					
	喔	影纽屋部		√					
	雖	影纽东部					√		
	豰	晓纽屋部			√				
			字条五十八（共系联二十七个字词，其中语音不通转者五①）						
光明义	囧	见纽阳部	见晓匣溪旁纽，余纽字与见晓匣溪纽字可以是同源关系，余定、余透准旁纽；阳铎对转。	√					
	晃	匣纽阳部		√					
	曠	溪纽阳部		√					
	景	见纽阳部			√				
	煌	匣纽阳部		√					
	易	余纽阳部			√				
	暘	余纽阳部			√				

---

① 明：明纽阳部；炳：帮纽阳部；朢：明纽阳部；孟：明纽阳部；盟：明纽阳部。

（续表）

公共义	被释字词	上古音	通转关系	本义	引申义	假借义	语源义	造意	文化意义
			《文始》卷五						
光明义	陽	余纽阳部	见晓匣溪旁纽，余纽字与见晓匣溪纽字可以是同源关系，余定、余透准旁纽；阳铎对转。		√				
	洸	见纽阳部		√					
	鏡	见纽阳部				√			
	崸	晓纽阳部					√		
	炗	见纽阳部		√					
	晄	匣纽阳部		√					
	臩	溪纽铎部					√		
	隙	溪纽铎部					√		
	向	晓纽阳部					√		
明了义	鑴	余纽阳部					√		
	碭	定纽阳部					√		
黄色义	黄	匣纽阳部		√					
	璗	定纽阳部					√		
暖义	霷	溪纽铎部		√					
	煬	余纽阳部			√				
	湯	透纽阳部			√				
			字条五十九（共系联五个字词）						
弯曲义	九	匣纽之部	匣见溪群与影邻纽；之鱼旁转，鱼阳对转。	√					
	尬	影纽鱼部		√					
	枉	影纽阳部		√					
	輕	群纽阳部					√		
	侉	溪纽鱼部				√			
	亜	见纽阳部		√					
			字条六十（共系联二个字词）						
强有力义	弲	群纽阳部	群匣旁纽；阳鱼对转。	√					
	彊	群纽阳部			√				
	弧	匣纽鱼部					√		

（续表）

公共义	被释字词	上古音	通转关系	本义	引申义	假借义	语源义	造意	文化意义
			《文始》卷五						
			字条六十一（共系联五个字词，其中语音不通转者二①）						
高官义	卯	溪纽阳部	溪晓见旁纽；阳部叠韵。	√					
	卿	溪纽阳部		√					
乡村义	鄉	晓纽阳部				√			
规章义	竟	见纽阳部						√	
			字条六十二（共系联七个字词）						
羊义	羊	余纽阳部	见溪、余书章旁纽，余纽字与见溪纽字可以是同源关系；阳鱼对转。	√					
	羜	章纽鱼部		√					
烹煮义	鬺	见纽阳部			√				
	鬺	书纽阳部		√					
	鬻	章纽鱼部		√					
牧养义	養	余纽阳部		√					
	羌	溪纽阳部						√	
	姜	见纽阳部						√	
			字条六十三（共系联五个字词）						
水长流义	永	匣纽阳部	匣群见旁纽，余纽字与匣群见纽字可以是同源关系；阳鱼对转，阳耕旁转。	√					
	羕	余纽阳部		√					
纹理义	巠	见纽耕部					√		
游泳义	泳	匣纽阳部		√					
水道义	渠	群纽鱼部		√					
诵吟义	永	匣纽阳部				√			
	詠	匣纽阳部		√					

---

① 章：章纽阳部；彰：章纽阳部。

292

（续表）

公共义	被释字词	上古音	通转关系	本义	引申义	假借义	语源义	造意	文化意义
《文始》卷五									
字条六十四（共系联五个字词）									
大义	王	匣纽阳部	匣纽双声；阳鱼对转。		√				
	皇	匣纽阳部		√					
	喤	匣纽阳部					√		
	瑝	匣纽阳部					√		
	鍠	匣纽阳部					√		
空义	暇	匣纽鱼部		√					
字条六十五（共系联三个字词，其中语音不通转者一①）									
宴请义	享	晓纽阳部	晓纽双声；阳部叠韵，阳侵二部韵尾同属鼻音，可通转。		√				
	饗	晓纽阳部			√				
	歆	晓纽侵部			√				
字条六十六（共系联十五个字词，其中语音不通转者八②）									
香气义	皀	帮纽职部 帮纽缉部	帮滂旁纽，晓见群旁纽（"皀"又读若香），影与晓见群邻纽；韵部方面，职缉文通转；文阳二部韵尾同属鼻音，可通转；阳鱼对转，阳耕旁转。				√		
	香	晓纽阳部		√					
	芳	滂纽阳部		√					
	馨	晓纽耕部			√				
	薌	见纽阳部					√		
黑黍义	鬯	群纽鱼部		√					
	秬	群纽鱼部		√					
酿酒义	醖	影纽文部		√					

---

① 嘗：禅纽阳部。
② 粱：来纽阳部；黍：书纽鱼部；芑：透纽阳部；釀：泥纽阳部；糧：来纽阳部；糈：心纽鱼部；褚：心纽鱼部；疋：山纽鱼部。

(续表)

公共义	被释字词	上古音	通转关系	本义	引申义	假借义	语源义	造意	文化意义
《文始》卷五									
字条六十七（共系联六个字词）									
往来义	行	匣纽阳部	匣见溪旁纽，余纽字与匣见溪纽字可以是同源关系；阳铎元通转。		√				
	慶	溪纽阳部					√		
	徎	见纽阳部		√					
	㘉	见纽阳部			√				
	衍	余纽元部						√	
脚胫义	胻	匣纽阳部			√				
	腳	见纽铎部		√					
字条六十八（共系联三个字词，其中语音不通转者一①）									
相随义	从	从纽东部	从来邻纽；东阳旁转。	√					
偶、并义	网	来纽阳部						√	
	两	来纽阳部		√					
字条六十九（共系联四个字词）									
善良义	良	来纽阳部	来纽双声；阳职旁对转。	√					
	諒	来纽阳部					√		
高明义	良	来纽阳部			√				
	闐	来纽阳部			√				
	稂	来纽阳部					√		
	朗	来纽阳部			√				
字条七十（共系联五个字词）									
高义	上	禅纽阳部	禅与从心邻纽，禅昌旁纽，禅定准旁纽；阳蒸旁转。	√					
	尚	禅纽阳部					√		
	驤	心纽阳部					√		
	敞	昌纽阳部			√				
	堂	定纽阳部			√				
	曾	从纽蒸部					√		

① 合：见纽缉部。

公共义	被释字词	上古音	通转关系	本义	引申义	假借义	语源义	造意	文化意义
《文始》卷五									
字条七十一（共系联四个字词）									
大象义	象	邪纽阳部	邪余邻纽，邪心旁纽，邪崇准旁纽；阳鱼对转。	√					
	豫	余纽鱼部		√					
相似义	像	邪纽阳部		√					
	想	心纽阳部			√				
形状义	狀	崇纽阳部			√				
字条七十二（共系联五个字词）									
抓取义	爪	章纽阳部	章庄准双声，章透准旁纽；阳铎歌通转。		√				
	掌	章纽阳部			√				
	戲	庄纽歌部		√					
	捃	庄纽歌部		√					
	拓	透纽铎部		√					
踩踏义	跖	章纽铎部			√				
字条七十三（共系联二十个字词）									
创伤义	刅	初纽阳部	初与书章余邻纽，初庄山、清心、见晓旁纽，初清准双声，余纽字与见晓纽字可以是同源关系；阳鱼铎对转，阳耕旁转。		√				
	殤	书纽阳部		√					
	傷	初纽阳部		√					
	瘍	余纽阳部		√					
	痒	余纽阳部			√				
	蛘	余纽阳部			√				
	疽	清纽鱼部		√					
攻击义	斦	清纽阳部					√		
	斫	章纽铎部			√				
	斲	庄纽铎部		√					
	所	山纽鱼部					√		
	荆	见纽耕部					√		
死亡义	殃	初纽阳部		√					

（续表）

公共义	被释字词	上古音	通转关系	本义	引申义	假借义	语源义	造意	文化意义
《文始》卷五									
哀痛义	惕	初纽阳部	初与书章余邻纽，初庄山、清心、见晓旁纽，初清准双声，余纽字与见晓纽字可以是同源关系；阳鱼铎对转，阳耕旁转。	√					
哀痛义	愴	初纽阳部		√					
哀痛义	恙	余纽阳部		√					
哀痛义	惜	心纽铎部		√					
哀痛义	忓	晓纽鱼部		√					
刀义	刅	初纽阳部					√		
寒凉义	愴	初纽阳部				√			
寒凉义	凔	初纽阳部		√					
寒凉义	滄	清纽阳部		√					
寒凉义	霜	山纽阳部					√		

字条七十四（共系联二个字词）

公共义	被释字词	上古音	通转关系	本义	引申义	假借义	语源义	造意	文化意义
食具义	皿	明纽阳部	明并帮旁纽；阳鱼对转。	√					
食具义	䀾	并纽鱼部		√					
食具义	簠	帮纽鱼部		√					

字条七十五（共系联一个字词）

公共义	被释字词	上古音	通转关系	本义	引申义	假借义	语源义	造意	文化意义
蛙类义	黾	明纽阳部	明纽双声；阳鱼对转。	√					
蛙类义	蟆	明纽鱼部		√					

字条七十六（共系联五个字词，其中语音不通转者二①）

公共义	被释字词	上古音	通转关系	本义	引申义	假借义	语源义	造意	文化意义
方形义	匚	帮纽阳部	帮并旁纽；阳鱼铎元通转。	√					
方形义	簠	帮纽鱼部		√					
方形义	鈁	帮纽阳部		√					
方形义	簿	并纽铎部		√					

字条七十七（共系联二十个字词）

公共义	被释字词	上古音	通转关系	本义	引申义	假借义	语源义	造意	文化意义
合并、靠近义	方	帮纽阳部	帮滂并旁纽；阳铎鱼月通转，鱼侯、阳耕旁转。				√		
合并、靠近义	舫	帮纽阳部					√		

---

① 简：见纽元部；巨：群纽鱼部。

（续表）

公共义	被释字词	上古音	通转关系	本义	引申义	假借义	语源义	造意	文化意义
			《文始》卷五						
合并、靠近义	泟	滂纽鱼部	帮滂并旁纽；阳铎鱼月通转，鱼侯、阳耕旁转。				√		
	橃	并纽月部					√		
	紡	滂纽阳部					√		
	髼	并纽阳部		√					
	迫	帮纽铎部		√					
	敀	帮纽铎部		√					
	簿	帮纽铎部					√		
辅助义	榜	帮纽阳部					√		
	辅	并纽鱼部			√				
	酺	并纽侯部					√		
	偩	帮纽鱼部		√					
	駙	并纽侯部				√			
比方义	方	帮纽阳部					√		
	仿	滂纽阳部		√					
惧怕义	怲	并纽耕部		√					
	怖	滂纽鱼部		√					
	恟	帮纽阳部		√					
	病	并纽阳部			√				
	痡	滂纽鱼部			√				
			字条七十八（共系联八个字词）						
肩膀义	丙	帮纽阳部	帮滂并旁纽；阳铎鱼对转，铎职旁转。						√
	髆	帮纽铎部		√					
	胉	滂纽铎部			√				
	膀	并纽阳部		√					
侧边义	徬	并纽阳部					√		
	傍	并纽阳部			√				
	房	并纽阳部					√		
	防	并纽阳部					√		
	浦	滂纽鱼部					√		

（续表）

公共义	被释字词	上古音	通转关系	本义	引申义	假借义	语源义	造意	文化意义
《文始》卷五									
字条七十九（共系联八个字词，其中语音不通转者一①）									
网络义	网	明纽阳部	明滂并帮旁纽，明（鼻音）来（鼻音）邻纽；阳鱼铎对转。	√					
	舞	明纽鱼部			√				
	膜	明纽铎部					√		
皮义	臚	来纽鱼部		√					
脂肪义	肪	帮纽阳部		√					
缠缚义	紡	滂纽阳部			√				
	縛	并纽铎部		√					
	轉	帮纽铎部					√		

二、检验结论

据统计，《文始》卷五所系联的 819 个字词中，语音通转者 747，不通转者 72，分别占总数的 91.2% 和 8.8%。语义方面，系联有误的主要存在于以下三个字条：

1. 卷五"五"字条

《说文》："五，五行也。从二，阴阳在天地间交午也。""五行"非其本义，本义当为"交午"。林义光《文源》："五，本义为交午，假借为数名。"朱芳圃《殷周文字释丛》："ㄨ象交错形，二谓在物之间也。当以交错为本义。自用为数名后，经传皆借午为之。"《文始》（1999：284）亦云："ㄨ亦为交午，亦为牾吾。ㄨ与十义正相反，字形交叉，故为交午牾吾。"然又谓"甲古文作十，象甲乇，ㄨ亦象萌芽"，此不可据。故由"萌芽"义派生而来的"芽"当去。

2. 卷五"亞"（亚）字条

《说文》："亞，丑也。象人局背之形。贾侍中说：'以为次弟也。'"此处许氏据篆文形体所训，未得。林义光《文源》："古作 ，不象局背

---

① 肯：晓纽阳部。

形。"关于本义诸家众说纷纭，尚无定论。《甲骨文字诂林》"亚"字姚孝遂（1999：2905）按："卜辞亚为官名。又'其御于父甲亚'，亚当为宗庙之名。"可备一说。"亚"之基本义为次一等，此毋庸置疑。《文始》"亚"字条胶据许训，故其所系联的七个字词皆当去。

3. 卷五"丙"字条

《说文》："丙，位南方，万物成，炳然。阴气初起，阳气将亏。从一入冂。一者，阳也。丙承乙，象人肩。"此处许氏据篆文形体训释，无足取矣。徐灏《说文解字注笺》云："丙之字形不可晓。从一从冂，望文为说耳。古钟鼎文多作🔲或作🔲，状似鱼尾，故《尔雅》云'鱼尾谓之丙'。然亦非其本义，阙疑可也。《尔雅》又曰：'鱼枕谓之丁，鱼肠谓之乙'，皆物形偶🔲🔲，早期金文作🔲🔲，均象物之安。……（安）即今俗所称物之底座。🔲之形，上象平面可置物，下象左右足，与古文🔲🔲下象足形者同。卜辞习见🔲字，象两手奉牲首置于座上之形，是丙可置物之证。"此说可从。要之，"丙"之本义当为"物之底座"。章氏胶据许训，云"丙有侧义，丙象人肩"，故其所派生之八个字词皆当去。

综上，经语义标准检验，卷五语音通转者747个中，剔除系联有误者16个，余731个。同源字词数占本卷系联总数的89.3%。

第七节 《文始》卷六语源学检验

一、《文始》卷六语源学检验

《文始》卷六共有初文、准初文38个，分列于36个字条，共系联540个字词。具体语音语义情况见表4-8。

表4-8《文始》卷六语源学检验细目

公共义	被释字词	上古音	通转关系	本义	引申义	假借义	语源义	造意	文化意义
《文始》卷六									
字条一（共系联十九个字词）									
架构、交织义	彀	见纽侯部			√				
	構	见纽侯部		√					
	屋	影纽屋部			√				
	楃	影纽屋部					√		
	𣒇	溪纽东部					√		
	簉	见纽侯部					√		
	耦	疑纽侯部					√		
	烘	晓纽东部					√		
相逢义	遇	疑纽侯部	见溪疑晓匣与影邻纽，余纽字与见溪疑晓匣纽字可以同源，余禅旁纽，疑（鼻音）明（鼻音）邻纽；侯东屋对转，屋觉、侯支旁转。	√					
	遭	见纽侯部		√					
	覯	见纽侯部		√					
	債	余纽觉部		√					
	候	匣纽侯部			√				
交换义	賣	明纽支部		√					
	贖	禅纽屋部		√					
交好、讲和义	媾	见纽侯部			√				
	講	见纽侯部		√					
	購	见纽侯部				√			
争斗义	寇	溪纽屋部		√					
	鬨	匣纽东部		√					
字条二（共系联七个字词，其中语音不通转者—①）									
角义	角	见纽屋部	见匣群疑旁纽；屋侯东对转。	√					
	觳	匣纽屋部					√		
	𪘏	群纽侯部					√		
	苟	匣纽侯部					√		
	舩	见纽东部		√					
	隅	疑纽侯部		√					
	㮨	见纽屋部		√					

① 觸：昌纽屋部。

（续表）

公共义	被释字词	上古音	通转关系	本义	引申义	假借义	语源义	造意	文化意义
《文始》卷六									
字条三（共系联五个字词）									
孔洞义	口	溪纽侯部	溪见旁纽；侯东、宵药对转，侯宵旁转。	√					
	嗷	见纽宵部			√				
	窾	溪纽药部		√					
	空	溪纽东部			√				
	銎	溪纽东部		√					
边缘义	釦	溪纽侯部					√		
字条四（共系联四十九个字词，其中语音不通转者一①）									
水道义	谷	见纽屋部	见溪疑晓与影邻纽，余纽字与见溪疑晓匣纽字可同源，余邪邻纽，余禅章昌、端透定来旁纽，章端准双声；屋侯东对转，侯幽旁转，东侵通转。		√				
	沟	见纽侯部			√				
	隤	定纽屋部		√					
	凟	定纽屋部		√					
	竇	定纽屋部			√				
	龍	来纽东部		√					
孔洞义	岫	邪纽幽部		√					
	牏	定纽侯部			√				
	窬	余纽侯部		√					
	瀆	疑纽侯部					√		
	好	晓纽幽部					√		
	俞	余纽侯部					√		
容纳、承载义	容	余纽东部		√					
	鞠	章纽屋部					√		
	櫝	定纽屋部					√		
	鮜	定纽侯部					√		
	甌	影纽侯部					√		

---

① 臼：并纽幽部。

（续表）

公共义	被释字词	上古音	通转关系	本义	引申义	假借义	语源义	造意	文化意义
			《文始》卷六						
容纳、承载义	匬	定纽侯部					✓		
	瓮	影纽东部					✓		
	瓨	见纽东部					✓		
	襱	定纽东部					✓		
	轂	见纽屋部					✓		
	釭	见纽东部					✓		
	筒	定纽东部					✓		
	箭	定纽东部					✓		
	樞	昌纽侯部					✓		
贯穿义	通	透纽东部	见溪疑晓与影邻纽，余纽字与见溪疑晓匣纽字可同源，余邪邻纽，余禅章昌、端透定来旁纽，章端准双声；屋侯东对转，侯幽旁转，东侵通转。		✓				
	迵	定纽东部		✓					
	洞	定纽东部			✓				
	孔	溪纽东部			✓				
	扁	来纽侯部		✓					
	靁	来纽幽部		✓					
	漏	来纽侯部			✓				
	涿	端纽屋部		✓					
急流义	洞	定纽东部		✓					
	涷	端纽东部		✓					
	瀧	来纽东部			✓				
	注	章纽侯部		✓					
灌注、击打义	霝	端纽侵部		✓					
	澍	禅纽侯部			✓				
	屬	禅纽屋部				✓			
	敿	端纽屋部		✓					
欲望义	欲	余纽屋部		✓					
	鯢	余纽侯部		✓					
	俗	邪纽屋部				✓			

（续表）

公共义	被释字词	上古音	通转关系	本义	引申义	假借义	语源义	造意	文化意义
			《文始》卷六						
羞辱义	嬻	定纽屋部	见溪疑晓与影邻纽，余纽字与见溪疑晓匣纽字可同源，余邪邻纽，余禅章昌、端透定来旁纽，章端准双声；屋侯东对转，侯幽旁转，东侵通转。	√					
	遳	定纽屋部		√					
	黷	定纽屋部			√				
	垢	见纽侯部		√					
	詬	见纽侯部		√					
字条五（共系联二十三个字词，其中语音不通转者二①）									
弯曲义	曲	溪纽屋部	溪群见与影邻纽；屋侯对转，侯鱼幽旁转。		√				
	苗	溪纽屋部			√				
	豊	溪纽屋部		√					
	局	群纽屋部			√				
	區	溪纽侯部				√			
	句	见纽侯部		√					
	軀	溪纽侯部					√		
	傴	影纽侯部			√				
	隔	溪纽侯部			√				
	歈	影纽幽部					√		
	笱	见纽侯部					√		
	鉤	见纽侯部					√		
	刣	见纽侯部					√		
	軥	见纽侯部					√		
	翑	见纽侯部		√					
	雊	群纽侯部					√		
	朐	群纽侯部			√				
	秱	见纽鱼部		√					
	跔	见纽侯部		√					
	痀	见纽侯部		√					
	耇	见纽侯部					√		
	謳	影纽侯部					√		

---

① 僂：来纽侯部；趢：来纽屋部。

（续表）

公共义	被释字词	上古音	通转关系	本义	引申义	假借义	语源义	造意	文化意义
《文始》卷六									
字条六（共系联一个字词）									
玉石义	玉	疑纽屋部	疑见旁纽；屋部叠韵。	√					
玉相合义	玨	见纽屋部		√					
字条七（共系联二十八个字词）									
厚义	垕	匣纽侯部	匣晓见溪与影邻纽，余纽字与匣晓见溪纽字可同源，余来准双声；侯屋东对转，屋药觉、侯鱼、东冬旁转，鱼阳叶谈通转。	√					
	厚	匣纽侯部		√					
	听	晓纽侯部					√		
	裕	余纽屋部		√					
	酷	溪纽觉部		√					
	渥	影纽屋部			√				
	漚	影纽侯部					√		
	腌	影纽叶部					√		
	瑴	见纽屋部					√		
	祿	来纽屋部					√		
大义	隆	来纽冬部		√					
	泱	影纽阳部			√				
	淊	影纽谈部				√			
	融	余纽冬部			√				
	洪	匣纽东部			√				
	浲	见纽冬部			√				
	仜	匣纽东部		√					
	腴	余纽侯部			√				
	蝚	余纽屋部		√					
	堆	匣纽东部					√		
	鸿	匣纽东部					√		
	鵠	见纽觉部				√			
	鹤	匣纽药部				√			

公共义	被释字词	上古音	通转关系	本义	引申义	假借义	语源义	造意	文化意义
			《文始》卷六						
乱义	訌	匣纽东部		√					
深义	㖾	匣纽侯部	匣晓见溪与影邻纽，余纽字与匣晓见溪纽字可同源，余来准双声；侯屋东对转，屋药觉、侯鱼、东冬旁转，鱼阳叶谈通转。		√				
赤色义	红	匣纽东部			√				
	縠	晓纽屋部					√		
	瑕	匣纽鱼部			√				
	騢	匣纽歌部					√		
	鰕	晓纽鱼部					√		
			字条八（共系联零个字词）						
瓜多根弱义	瓟	余纽鱼部		√					
			字条九（共系联二十一个字词）						
君主义	后	匣纽侯部			√				
	孤	见纽鱼部			√				
	侯	匣纽侯部				√			
后嗣义	後	匣纽侯部	匣溪晓见疑旁纽，余纽字与匣溪晓见疑纽字可同源，余端、余定准旁纽；侯屋东对转，侯宵幽鱼旁转。		√				
	狗	见纽侯部		√					
	猶	余纽幽部		√					
	狡	见纽宵部		√					
	羔	见纽宵部		√					
	縠	晓纽屋部		√					
	犢	定纽屋部		√					
	駒	见纽侯部		√					
	觳	溪纽屋部		√					
	縠	见纽屋部			√				
象人义	侯	匣纽侯部		√					
	偶	疑纽侯部		√					
	寓	疑纽侯部				√			

(续表)

公共义	被释字词	上古音	通转关系	本义	引申义	假借义	语源义	造意	文化意义
《文始》卷六									
象人义	禺	疑纽侯部	匣溪晓见疑旁纽，余纽字与匣溪晓见疑纽字可同源，余端、余定准旁纽；侯屋东对转，侯宵幽鱼旁转。			✓			
	猴	匣纽侯部					✓		
仪容义	颂	邪纽东部		✓					
大头义	顒	疑纽东部		✓					
愚笨义	愚	疑纽侯部		✓					
	佝	见纽侯部		✓					
	戅	端纽东部		✓					
字条十（共系联十一个字词，其中语音不通转者—①）									
量器义	斗	端纽侯部	端透、书余禅旁纽，端书准旁纽；侯屋东对转，屋药、侯宵、东蒸旁转。		✓				
	枓	禅纽药部			✓				
	升	书纽蒸部				✓			
	斛	余纽侯部		✓					
	桶	透纽东部		✓					
高义	斗	端纽侯部			✓				
	卓	端纽药部		✓					
	稑	端纽药部		✓					
	邵	禅纽宵部		✓					
远义	趗	透纽屋部		✓					
	逯	透纽屋部		✓					
大义	倬	端纽药部		✓					
字条十一（共系联十五个字词）									
打斗义	鬥	端纽侯部	端定透旁纽，端余准旁纽；侯屋东对转，侯幽、屋觉旁转。	✓					
	獨	定纽屋部						✓	
	鬬	端纽侯部				✓			
	毅	端纽觉部		✓					

① 斛：见纽屋部。

公共义	被释字词	上古音	通转关系	本义	引申义	假借义	语源义	造意	文化意义
			《文始》卷六						
打斗义	椓	端纽屋部	端定透旁纽，端余准旁纽；侯屋东对转，侯幽、屋觉旁转。	√					
	撞	定纽东部		√					
	啄	端纽屋部			√				
	咮	端纽侯部					√		
	噣	端纽幽部			√				
	毁	定纽侯部		√					
	投	定纽侯部		√					
	斲	端纽屋部			√				
疼痛义	痛	透纽东部		√					
	俑	余纽东部					√		
	恫	透纽东部		√					
	𥊚	定纽屋部		√					
			字条十二（共系联二十八个字词，其中语音不通转者一①）						
食器义	豆	定纽侯部	定与崇精邻纽，定端透来、章昌日余禅旁纽，端章准双声；侯屋东对转，侯鱼、东蒸冬旁转。	√					
	梪	定纽侯部		√					
	豋	端纽蒸部		√					
	鐙	端纽蒸部		√					
直立义	侸	禅纽侯部		√					
	尌	禅纽侯部		√					
	竪	禅纽侯部		√					
	壴	端纽侯部					√		
	駐	端纽侯部		√					
	柱	定纽侯部					√		
	樹	禅纽侯部			√				
	鐘	章纽东部					√		

---

① 鼓：见纽鱼部。

（续表）

公共义	被释字词	上古音	通转关系	本义	引申义	假借义	语源义	造意	文化意义
			《文始》卷六						
直立义	鏞	余纽东部					√		
	鐲	定纽屋部					√		
	種	章纽东部				√			
	埈	精纽东部		√					
高大义	充	昌纽东部		√					
	重	定纽东部			√				
	龓	来纽东部	定与崇精邻纽，定端透来、章昌日余禅旁纽，端章准双声；侯屋东对转，侯鱼、东蒸冬旁转。	√					
尊敬义	宗	精纽冬部					√		
	崇	崇纽冬部			√				
	寵	透纽东部		√					
未成年义	豎	禅纽侯部			√				
	童	定纽东部			√				
	僮	定纽东部		√					
	孺	日纽侯部		√					
无发义	禿	透纽屋部		√					
			字条十三（共系联一个字词）						
酒器义	鎺	定纽侯部	定章准旁纽；侯东对转。	√					
	鐘	章纽东部		√					
			字条十四（共系联六个字词）						
隔断义	丶	端纽侯部						√	
	音	透纽侯部		√					
	柱	定纽侯部					√		
读书义	讀	定纽屋部	端透定与邪邻组，端章准双声；侯屋东对转，侯幽旁转。	√					
	誦	邪纽东部		√					
	籀	定纽幽部		√					
主宰义	丶	端纽侯部				√			
	宝	章纽侯部					√		

（续表）

公共义	被释字词	上古音	通转关系	本义	引申义	假借义	语源义	造意	文化意义
《文始》卷六									
字条十五（共系联十七个字词，其中语音不通转者一①）									
灯心、火炬义	主	章纽侯部		√					
	爥	章纽屋部		√					
	熜	清纽东部		√					
	蒸	章纽蒸部		√					
	焦	精纽宵部		√					
	菆	庄纽幽部		√					
	廘	庄纽幽部		√					
燃烧义	㷐	精纽幽部	章与精清庄邻纽；侯屋东、宵药对转，侯宵幽、东蒸旁转，蒸侵之通转。		√				
	烖	精纽之部			√				
	熛	精纽宵部		√					
	爇	精纽药部		√					
	灼	章纽药部			√				
枯黑义	焦	精纽宵部		√					
	醮	精纽宵部		√					
照耀义	焯	章纽药部			√				
	照	章纽宵部		√					
灾祸义	祲	精纽侵部			√				
字条十六（共系联十四个字词）									
松科植物义	朱	章纽侯部		√					
	松	邪纽东部		√					
	樅	清纽东部	端透定章与精清心邪邻纽；侯屋、幽觉对转，东冬、侯宵幽、屋锡旁转。	√					
赤色义	絑	章纽侯部		√					
	紬	透纽物部		√					
	衃	定纽冬部		√					
	彤	定纽冬部			√				

---

① 灸：见纽之部。

（续表）

《文始》卷六									
公共义	被释字词	上古音	通转关系	本义	引申义	假借义	语源义	造意	文化意义
东方义	東	端纽东部				√			
早晨义	朝	端纽宵部	端透定章与精清心邪邻纽；侯东屋、幽觉对转，东冬、侯宵幽、屋锡旁转。	√					
	早	精纽幽部		√					
	勭	定纽东部			√				
	夙	心纽觉部		√					
明义	旳	端纽锡部		√					
	昭	章纽宵部				√			
恭敬义	夙	心纽觉部				√			
	肃	心纽觉部		√					
字条十七（共系联十九个字词）									
止步义	亍	透纽屋部	透端定章禅与庄崇精清心邻纽；屋侯东、幽觉对转，侯幽旁转，东元通转，元物旁对转。	√					
	逗	定纽侯部		√					
	躅	定纽屋部		√					
	遰	端纽侯部		√					
迟缓义	夃	禅纽物部		√					
谨慎义	嬞	章纽屋部		√					
等待义	需	心纽侯部		√					
	頢	心纽侯部		√					
足义	亍	透纽屋部			√				
	踵	章纽东部		√					
行走、踩踏义	腄	透纽元部					√		
	蹈	定纽幽部		√					
	蹴	清纽觉部		√					
	走	精纽侯部		√					
	趋	清纽侯部		√					
	奏	精纽屋部				√			
	骤	崇纽侯部		√					
	驺	庄纽侯部				√			
	湊	清纽屋部				√			
急速义	趣	清纽侯部		√					
	促	清纽屋部		√					

（续表）

《文始》卷六								
公共义	被释字词	上古音	通转关系	本义	引申义	假借义	语源义	造意	文化意义
字条十八（共系联三个字词）								
绊脚难行义	㐬	透纽屋部	透章禅与心邻纽；屋侯对转，侯宵旁转。	√				
	颣	心纽侯部		√				
	袑	禅纽宵部					√	
抓捕义	捉	章纽屋部			√			
字条十九（共系联零个字词）								
后左足白色的马义	騂	章纽侯部		√				
字条二十（共系联二十二个字词，其中语音不通转者一①）								
雕刻、记录义	录	来纽屋部	来山邻纽，来端定、余昌旁纽，来余准双声；屋侯东对转，侯幽、屋铎旁转。	√				
	鏤	来纽侯部			√			
	琢	端纽屋部		√				
	琱	端纽幽部		√				
	彫	端纽幽部		√				
	斁	山纽屋部		√				
	牍	定纽屋部					√	
约束义	縷	来纽侯部					√	
	搜	来纽侯部		√				
	臾	余纽侯部		√				
	屢	来纽侯部					√	
	鱸	来纽东部		√				
	躍	昌纽东部					√	
	络	来纽铎部			√			
	鞝	来纽铎部					√	
	峇	来纽铎部			√			

---

① 窭：群纽侯部。

(续表)

公共义	被释字词	上古音	通转关系	本义	引申义	假借义	语源义	造意	文化意义
《文始》卷六									
谨慎义	逯	来纽屋部	来山邻纽，来端定、余昌旁纽，来余准双声；屋侯东对转，侯幽、屋铎旁转。	√					
	睩	来纽屋部					√		
	娽	来纽屋部					√		
驼背义	瘘	来纽侯部				√			
	偻	来纽侯部		√					
丑陋义	陋	纽侯来部				√			
字条二十一（共系联一个字词）									
山脚义	鹿	来纽屋部	来纽双声；屋部叠韵。			√			
	麓	来纽屋部				√			
字条二十二（共系联二十二个字词，其中语音不通转者—①）									
短义	几	禅纽侯部	禅端定章日书与初精邻纽，疑纽无涉；侯屋东、侵缉对转，侯幽宵、屋觉旁转，东侵元、元叶通转，元脂旁对转。				√		
	短	端纽元部		√					
	裋	禅纽侯部					√		
	襦	禅纽屋部					√		
	袛	端纽脂部					√		
	裯	定纽幽部							
	裯	端纽幽部					√		
	襦	日纽侯部					√		
	僬 僥	精纽宵部 疑纽宵部					√		
	株	端纽侯部					√		
	橘	定纽幽部					√		
钝义	鋽	定纽宵部		√					
	殳	禅纽侯部					√		
	柊	禅纽侯部					√		
	築	章纽觉部					√		
	笃	端纽觉部		√					

① 僥：疑纽宵部。

公共义	被释字词	上古音	通转关系	本义	引申义	假借义	语源义	造意	文化意义

《文始》卷六

公共义	被释字词	上古音	通转关系	本义	引申义	假借义	语源义	造意	文化意义
击打义	殳	禅纽侯部	禅端定章日书与初精邻纽，疑纽无涉；侯屋东、侵缉对转，侯幽宵、屋觉旁转，东侵元、元叶通转，元脂旁对转。		√				
	擣	端纽幽部		√					
	毃	端纽幽部		√					
	瞀	端纽幽部		√					
	舂	书纽东部		√					
	舌	初纽叶部		√					
	煢	端纽侵部		√					
	扰	端纽侵部		√					
	礏	定纽缉部		√					

字条二十三（共系联四个字词）

公共义	被释字词	上古音	通转关系	本义	引申义	假借义	语源义	造意	文化意义
蚕蛾科昆虫义	蜀	禅纽屋部	禅透与从邻纽；屋冬旁对转，冬侵谈通转。	√					
	蠱	从纽侵部		√					
独义	蜀	禅纽屋部					√		
财物义	賨	从纽冬部					√		
	琛	透纽侵部		√					
	賧	透纽谈部					√		

字条二十四（共系联十六个字词）

公共义	被释字词	上古音	通转关系	本义	引申义	假借义	语源义	造意	文化意义
聚集义	丵	崇纽屋部	崇山庄初精清从心与端泥日邻纽；屋东侯对转，侯幽之旁转。				√		
	叢	从纽东部		√					
	藂	从纽东部					√		
	蔟	清纽屋部			√				
	聚	从纽侯部		√					
	堅	从纽侯部			√				
	諏	精纽侯部					√		
	族	从纽侯部			√				
	鏃	精纽屋部					√		
	鍬	山纽之部					√		

313

（续表）

《文始》卷六									
公共义	被释字词	上古音	通转关系	本义	引申义	假借义	语源义	造意	文化意义
繁密义	蓐	日纽屋部	崇山庄初精清从心与端泥日邻纽；屋东侯对转，侯幽之旁转。		√				
	薮	心纽侯部					√		
	椒	庄纽幽部					√		
柔细义	茸	日纽东部		√					
割草义	槈	泥纽侯部					√		
	欘	端纽屋部					√		
	芻	初纽侯部		√					
字条二十五（共系联六个字词）									
获取义	丩	精纽侯部	精清与端透禅邻纽；侯幽旁转。				√		
	取	清纽侯部			√				
	娶	清纽侯部		√					
杀伐义	取	清纽侯部		√					
	殊	禅纽侯部		√					
	诛	端纽侯部			√				
	討	透纽幽部			√				
高义	丩	精纽侯部					√		
	陬	精纽侯部					√		
字条二十六（共系联二十三个字词）									
裂开义	卜	帮纽屋部	帮滂并旁纽；屋侯对转，屋药、侯宵旁转。	√					
	剥	帮纽屋部		√					
	剖	滂纽侯部		√					
	朴	滂纽屋部					√		
	爆	帮纽药部		√					
	奰	帮纽宵部		√					
	爩	帮纽宵部		√					

（续表）

公共义	被释字词	上古音	通转关系	本义	引申义	假借义	语源义	造意	文化意义
			《文始》卷六						
急速、轻捷义	赴	滂纽屋部	帮滂并旁纽；屋侯对转，屋药、侯宵旁转。				√		
	暴	并纽药部			√				
	犦	滂纽侯部		√					
	猋	帮纽宵部					√		
	嘌	滂纽宵部		√					
	慓	滂纽宵部		√					
	飘	滂纽宵部			√				
	飚	帮纽宵部					√		
	瀑	并纽药部					√		
	旚	帮纽宵部					√		
	嫖	并纽宵部					√		
	僄	并纽宵部			√				
	嫖	并纽宵部		√					
	趣	滂纽宵部					√		
侵害义	暴	并纽药部			√				
	勡	滂纽宵部		√					
	摽	帮纽宵部		√					
	撲	滂纽屋部		√					
			字条二十七（共系联三个字词）						
木材义	木	明纽屋部	明帮并旁纽；屋侯对转。		√				
	樸	并纽屋部		√					
修剪义	料	帮纽侯部					√		
	沐	明纽屋部			√				
			字条二十八（共系联十九个字词）						
夹持义	厍	见纽屋部	见群与影邻纽，余纽字与见群纽字可同源，余书、端透泥旁纽，余端准旁纽；屋觉旁转，屋宵旁对转，屋缉叶通转，缉侵、叶谈对转。	√					
	搞	见纽屋部		√					
	握	影纽屋部		√					
	鈒	群纽侵部		√					

（续表）

公共义	被释字词	上古音	通转关系	本义	引申义	假借义	语源义	造意	文化意义
			《文始》卷六						
夹持义	捡	群纽侵部		√					
	拑	泥纽谈部		√					
	図	泥纽缉部		√					
	攝	书纽叶部		√					
	拑	群纽谈部		√					
	鉗	群纽谈部	见群与影邻纽，余纽字与见群纽字可同源，余书、端透泥旁纽，余端准旁纽；屋觉旁转，屋宵旁对转，屋缉叶通转，缉侵、叶谈对转。		√				
	拈	泥纽谈部		√					
	捵	端纽叶部		√					
	鈷	透纽谈部				√			
	鉭	端纽叶部					√		
	籋	泥纽叶部			√				
	蟜	见纽宵部					√		
	菊	见纽觉部			√				
	弆	余纽觉部		√					
	鞠	见纽觉部		√					
	矫	见纽宵部			√				
			字条二十九（共系联二十四个字词）						
工匠义	工	见纽东部			√				
	竘	溪纽鱼部			√				
灵巧义	巧	溪纽幽部	见溪群与影邻纽，余纽字与见溪群纽字可同源，余邪邻纽；东屋侯对转，侯幽宵、屋药旁转。	√					
	娱	影纽宵部		√					
图画义	颂	邪纽东部					√		
坚实义	攻	见纽东部			√				
	鞏	见纽东部			√				
	碻	溪纽药部		√					
	塙	溪纽药部		√					
	墩	溪纽宵部		√					
	磽	溪纽宵部			√				

（续表）

公共义	被释字词	上古音	通转关系	本义	引申义	假借义	语源义	造意	文化意义
《文始》卷六									
曲尺义	工	见纽东部		√					
横直义	庸	余纽东部		√					
	杠	见纽东部					√		
	拱	见纽东部					√		
	橋	群纽宵部					√		
	榷	见纽药部					√		
加工、击打义	攻	见纽东部	见溪群与影邻纽，余纽字与见溪群纽字可同源，余邪邻纽；东屋侯对转，侯幽宵、屋药旁转。		√				
	功	见纽东部				√			
	敂	溪纽侯部		√					
	攷	溪纽幽部		√					
	敺	影纽侯部		√					
	殼	溪纽屋部		√					
	敲	溪纽宵部		√					
	敲	溪纽宵部		√					
	撽	溪纽宵部		√					
	敫	溪纽宵部		√					
字条三十（共系联二十一个字词，其中语音不通转者十六①）									
捧、抱义	収	见纽东部	见溪匣与影邻纽；东屋侯对转，侯宵幽旁转，屋职旁转。	√					
	拱	见纽东部		√					
	巩	见纽东部		√					
	擁	影纽东部		√					
恭谨义	恭	见纽东部		√					
	龏	见纽东部		√					
	愻	溪纽屋部		√					

① 栱：帮纽侯部；竦：心纽东部；慅：心纽东部；縱：心纽东部；奉：并纽东部；菶：并纽屋部；僕：并纽屋部；付：帮纽侯部；叒：并纽宵部；璹：帮纽东部；鞲：帮纽东部；刜：帮纽幽部；符：并纽侯部；僕：并纽屋部；拊：滂纽侯部；叐：并纽职部。

（续表）

公共义	被释字词	上古音	通转关系	本义	引申义	假借义	语源义	造意	文化意义
colspan《文始》卷六									

《文始》卷六

字条三十一（共系联二十三个字词）

公共义	被释字词	上古音	通转关系	本义	引申义	假借义	语源义	造意	文化意义
公共义	共	群纽东部		√					
	扛	见纽东部					√		
	具	见纽侯部						√	
	公	见纽东部			√				
	松	章纽东部		√					
	俱	见纽侯部		√					
	巷	匣纽东部					√		
	閧	匣纽蒸部					√		
	閻	余纽谈部					√		
	訟	邪纽东部					√		
	訩	晓纽东部					√		
	獄	疑纽屋部	群见疑晓匣旁纽，余纽字与群见疑晓匣纽字可同源，余章日与邪邻纽；东屋侯对转，东冬蒸、缉叶、侯鱼旁转，蒸缉通转。				√		
雄性禽兽义	公	见纽东部					√		
	雄	匣纽蒸部		√					
	羖	见纽鱼部		√					
给予、享用义	共	群纽东部					√		
	供	见纽东部			√				
	龔	见纽东部		√					
	貢	见纽东部		√					
	贛	见纽冬部		√					
	饁	匣纽叶部		√					
	給	见纽缉部			√				
	暴	见纽屋部					√		
	亯	余纽东部		√					
	庸	余纽东部		√					
无用义	宂	日纽东部			√				

（续表）

公共义	被释字词	上古音	通转关系	本义	引申义	假借义	语源义	造意	文化意义
《文始》卷六									
字条三十二（共系联五个字词）									
城墙义	䧧	见纽铎部	见纽双声，余纽字与见纽字可同源，余与清心邻纽；铎觉、觉冬旁转，冬侵通转。	√					
	墉	余纽东部		√					
	宫	见纽冬部			√				
居室义	寝	清纽侵部			√				
	宿	心纽觉部			√				
	㝱	清纽侵部			√				
字条三十三（共系联七个字词，其中语音不通转者一①）									
坑穴义	凶	晓纽东部	晓匣溪群旁纽；东幽旁对转，东谈通转。					√	
	臽	匣纽谈部		√					
	陷	匣纽谈部			√				
恐惧义	兇	晓纽东部		√					
	恐	溪纽东部		√					
	倲	匣纽东部		√					
灾祸义	咎	群纽幽部		√					
字条三十四（共系联十五个字词，其中语音不通转者一②）									
跟随义	从	从纽东部	从精山与章余定邻纽；东幽、东觉旁对转，幽宵旁转，东元侵通转。	√					
	踵	章纽东部			√				
	徸	章纽东部			√				
	繇	余纽宵部		√					
	婬	余纽侵部					√		
	逐	定纽觉部		√					
	遒	余纽幽部		√					
	淫	余纽侵部			√				
	尤	余纽侵部		√					

① 窞：定纽谈部。
② 趡：晓纽幽部。

（续表）

公共义	被释字词	上古音	通转关系	本义	引申义	假借义	语源义	造意	文化意义
《文始》卷六									
踪迹义	踨	精纽东部		√					
顺从义	潚	余纽宵部	从精山与章余定邻纽；东幽、东觉旁对转，幽宵旁转，东元侵通转。	√					
	闟	章纽元部					√		
	辒	余纽幽部			√				
直义	縱	精纽东部				√			
	縮	精纽东部				√			
字条三十五（共系联四十五个字词）									
通孔义	囱	清纽东部	清精初从邪与端透定来书禅余邻纽；东侯屋对转，东阳耕蒸、侯宵幽、屋药觉旁转，阳叶谈、蒸侵通转。	√					
	窻	初纽东部		√					
	突	书纽侵部			√				
	竈	精纽觉部		√					
	煁	禅纽侵部		√					
	闒	定纽叶部		√					
	槷	来纽东部		√					
	寮	来纽宵部		√					
	婁	来纽侯部		√					
	琅	来纽阳部			√				
	樀	来纽耕部		√					
	籠	来纽东部					√		
	簍	来纽侯部					√		
	籃	来纽谈部					√		
	筤	来纽阳部					√		
	簝	来纽幽部					√		
	籯	余纽耕部					√		
	笭	来纽耕部					√		
	軨	来纽耕部					√		
	聰	清纽东部					√		
	蔥	清纽东部					√		

（续表）

公共义	被释字词	上古音	通转关系	本义	引申义	假借义	语源义	造意	文化意义
			《文始》卷六						
透光义	廔	来纽侯部		√					
	樓	来纽侯部					√		
	層	从纽蒸部					√		
	嶒	清纽耕部					√		
青色义	蔥	清纽东部			√				
	繱	清纽东部					√		
	璁	清纽东部					√		
	綠	来纽屋部		√					
	錄	来纽屋部					√		
深义	窱	定纽宵部	清精初从邪与端透定来书禅余邻纽；东侯屋对转，东阳耕蒸、侯宵幽、屋药觉旁转，阳叶谈、蒸侵通转。	√					
	窵	端纽幽部		√					
	窕	定纽宵部		√					
	潯	邪纽侵部					√		
	鏓	清纽东部					√		
	鑿	从纽药部					√		
	潛	从纽侵部			√				
	湛	定纽侵部			√				
	汜	邪纽幽部					√		
	探	透纽侵部					√		
	撢	透纽谈部					√		
	㞯	余纽侵部					√		
	曋	书纽侵部					√		
	扰	端纽侵部					√		
	諗	书纽侵部					√		
	眈	端纽侵部					√		
	覘	端纽侵部					√		

（续表）

公共义	被释字词	上古音	通转关系	本义	引申义	假借义	语源义	造意	文化意义
			《文始》卷六						
			字条三十六（共系联十七个字词）						
多义	丰	并纽东部		√					
	莑	帮纽东部		√					
	芃	并纽侵部		√					
	葆	帮纽幽部		√					
	苞	帮纽幽部			√				
	樸	帮纽屋部			√				
	坿	并纽侯部		√					
	培	并纽之部	并明帮滂旁纽；东侯屋对转，侯幽之、东冬旁转，之侵通转。		√				
	陪	并纽之部			√				
高厚义	豐	滂纽冬部		√					
	饙	明纽东部		√					
	厖	明纽东部			√				
	龐	并纽东部			√				
	封	帮纽东部			√				
	邦	帮纽东部					√		
	璞	滂纽屋部					√		
	附	并纽侯部					√		
大义	豓	滂纽冬部			√				

二、检验结论

据统计，《文始》卷六所系联的 540 个字词中，语音通转者 513，不通转者 27，分别占总数的 95.0% 和 5.0%。语义方面，系联有误主要存在于该卷"彔"（录）字条：

《说文》："彔（录），刻木录录也。象形。"徐锴《说文解字系传》云："录录，犹历历也，一一可数之皃。"许氏所训即"清晰、清楚"义。然甲骨文字形作🀄，金文作🀄，皆象井上辘轳打水之形，当为辘轳之"轳"

的初文。李孝定《甲骨文字集释》："录，窃疑此为井鹿卢之初字，上象桔槔（或作挈皋或契皋，无定字）下象汲水器，小点象小滴形，今字作辘，与轳字连文。《说文》无辘轳字而古语有之，但作鹿卢。"章氏（1999：329）胶据许训，云："此为刻镂本字，亦记录本字。"不可据。故该字条由此义所系联二十一个字词皆误，当去。

综上，经语义标准检验，卷六语音通转者513个中，剔除系联有误者21个，余492个。同源字词数占本卷系联字词总数的91.1%。

第八节 《文始》卷七语源学检验

一、《文始》卷七语源学检验

《文始》卷七共有初文、准初文66个，分列于62个字条，共系联878个字词。具体语音语义情况见表4-9。

表4-9 《文始》卷七语源学检验细目

公共义	被释字词	上古音	通转关系	本义	引申义	假借义	语源义	造意	文化意义
《文始》卷七									
字条一（共系联六十二个字词）									
气受阻义	丂	溪纽幽部	溪见群疑晓匣与影邻纽，余纽字与溪见群疑晓匣纽字可同源，余端、余泥准旁纽；幽宵侯鱼支之、东蒸旁转，侯屋东、幽觉对转，耕支脂、蒸之职微侵、鱼谈元通转。					√	
	嗄	影纽幽部		√					
	虯	群纽幽部		√					
	稽	见纽脂部		√					
声小义	吟	疑纽侵部		√					
	唫	端纽元部		√					
	嚵	疑纽侵部		√					
	欽	疑纽侵部		√					
	韽	影纽谈部		√					
	噤	群纽侵部		√					
	歁	见纽侵部					√		
	瘖	影纽侵部		√					
叫喊义	音	影纽侵部			√				
	卤	余纽幽部			√				
	号	匣纽宵部			√				

			《文始》卷七						
公共义	被释字词	上古音	通转关系	本义	引申义	假借义	语源义	造意	文化意义
叫喊义	號	匣纽宵部	溪见群疑晓匣与影邻纽，余纽字与溪见群疑晓匣纽字可同源，余端、余泥准旁纽；幽宵侯鱼支之、东蒸旁转，侯屋东、幽觉对转，耕支脂、蒸之职微侵、鱼谈元通转。	√					
	謞	匣纽幽部		√					
	嗥	匣纽幽部		√					
	唬	晓纽幽部				√			
	譊	泥纽宵部				√			
	嘵	晓纽宵部		√					
	欯	见纽宵部					√		
	噭	见纽宵部		√					
	警	见纽宵部		√					
	噭	见纽宵部		√					
	謷	疑纽宵部		√					
	謷	疑纽宵部			√				
	嚣	晓纽宵部		√					
	歑	晓纽宵部					√		
	哭	溪纽屋部		√					
	叫	见纽宵部		√					
	詽	见纽宵部		√					
	奢	余纽宵部					√		
	告	见纽觉部				√			
	誥	见纽觉部					√		
	嚳	溪纽觉部					√		
	虓	晓纽幽部		√					
	呦	影纽幽部		√					
	念	泥纽侵部				√			
	應	影纽蒸部				√			
	俙	匣纽幽部				√			

（续表）

公共义	被释字词	上古音	通转关系	本义	引申义	假借义	语源义	造意	文化意义
呼气义	矣	匣纽之部		√					
	譆	晓纽之部		√					
	歐	余纽之部		√					
	兮	匣纽支部		√					
	噫	影纽之部		√					
	欸	影纽觉部		√					
	欬	溪纽职部		√					
	誒	晓纽之部		√					
	欮	影纽之部			√				
	唉	影纽之部	溪见群疑晓匣与影邻组，余纽字与溪见群疑晓匣纽字可同源，余端、余泥准旁纽；幽宵侯鱼支之、东蒸旁转，侯屋东、幽觉对转，耕支脂、蒸之职微侵、鱼谈元通转。	√					
	欧	晓纽鱼部		√					
	歟	余纽宵部		√					
	呇	群纽幽部		√					
	許	晓纽鱼部		√					
心胸义	膺	影纽蒸部			√				
	匈	晓纽东部		√					
	肒	影纽职部		√					
	意	影纽职部			√				
父亲义	丂	溪纽幽部					√		
母亲义	嫗	影纽侯部		√					
	姁	晓纽侯部		√					
	媼	影纽幽部		√					
	威	影纽微部		√					

325

（续表）

公共义	被释字词	上古音	通转关系	本义	引申义	假借义	语源义	造意	文化意义
\multicolumn{10}{《文始》卷七}									
\multicolumn{10}{字条二（共系联四十三个字词，其中语音不通转者十二①）}									
手义	丑	透纽幽部		√					
学习义	仕	崇纽之部		√					
迅速义	聿	泥纽叶部			√				
	疌	从纽叶部		√					
	叟	山纽缉部		√					
习惯义	狃	泥纽幽部		√					
	徣	日纽幽部			√				
	習	邪纽缉部			√				
轻侮义	媟	心纽月部		√					
兽迹义	蹂	日纽幽部	透定泥日书昌与精心从邪崇山邻纽；幽觉冬对转，幽宵之旁转，之缉侵、叶元月、支脂通转，侵叶旁对转。		√				
	狃	泥纽幽部			√				
牲畜义	嘼	晓纽幽部		√					
	獸	书纽幽部				√			
	蟲	定纽冬部		√					
	畜	透纽觉部		√					
	㹮	日纽宵部					√		
围猎义	狩	书纽幽部		√					
品尝义	䏨	泥纽之部		√					
	羞	心纽幽部					√		
踩踏、劳作义	躡	泥纽叶部		√					
	聑	泥纽叶部					√		
	輮	泥纽元部		√					

---

① 臼：见纽觉部；擾：见纽觉部；敤：匣纽宵部；學：匣纽觉部；覺：见纽觉部；狎：匣纽叶部；疌：精纽侵部；禽：群纽侵部；軌：见纽幽部；繑：溪纽宵部；敽：见纽宵部；梏：见纽觉部。

326

（续表）

《文始》卷七									
公共义	被释字词	上古音	通转关系	本义	引申义	假借义	语源义	造意	文化意义
踩踏、劳作义	㩢	泥纽脂部					√		
	俶	昌纽觉部			√				
	妠	心纽觉部					√		
错乱义	夒	泥纽幽部	透定泥日书昌与精心从邪崇山邻纽；幽觉冬对转，幽宵之旁转，之缉侵、叶元月、支脂通转，侵叶旁对转。				√		
	擾	日纽幽部			√				
	妞	透纽幽部		√					
	鈕	泥纽之部					√		
	粗	泥纽之部					√		
系结、约束义	紐	泥纽幽部		√					
	鈕	泥纽幽部			√				
	杻	透纽幽部					√		
字条三（共系联五个字词）									
手臂义	手	书纽幽部		√					
	肘	端纽幽部		√					
守卫义	守	书纽幽部	书端与精清邻纽；幽侯旁转，幽锡旁对转。		√				
	戍	书纽侯部		√					
	掫	精纽侯部		√					
	蹙	清纽锡部					√		
字条四（共系联十个字词，其中语音不通转者一①）									
爪子义	叉	庄纽宵部		√					
	瑵	庄纽宵部					√		
抓挠义	搔	心纽幽部	庄心精与定船邻纽；宵幽之旁转，之职对转。	√					
	騷	心纽幽部		√					
	蚤	精纽幽部					√		
	蝕	船纽职部		√					
	愮	心纽幽部				√			
创口义	瘙	心纽幽部		√					
	痔	定纽之部		√					

---

① 箈：定纽谈部。

（续表）

公共义	被释字词	上古音	通转关系	本义	引申义	假借义	语源义	造意	文化意义
《文始》卷七									
字条五（共系联十五个字词）									
穷尽义	九	见纽幽部	见群溪与邻纽；幽觉冬、谈叶对转，幽之旁转，冬谈通转。						√
	究	见纽幽部		√					
	簝	见纽觉部		√					
	趜	见纽觉部		√					
	厄	溪纽幽部					√		
	艽	群纽幽部					√		
	窮	群纽冬部		√					
	氿	见纽幽部					√		
	籬	见纽觉部					√		
	尳	群纽幽部		√					
	厭	影纽谈部		√					
	壓	影纽叶部		√					
	靨	影纽叶部		√					
长久义	九	见纽幽部				√			
	汍	见纽之部						√	
数词九义	九	见纽幽部				√			
	蓻	见纽觉部						√	
	尳	群纽幽部		√					
字条六（共系联七个字词，其中语音不通转者一①）									
皮衣义	裘	群纽之部	群匣见旁纽；之幽旁转，幽觉对转。	√					
	鞠	见纽觉部					√		
	毬	群纽幽部					√		
	求	群纽幽部		√					
	萊	群纽幽部					√		
	梂	群纽幽部					√		

---

① 丸：匣纽元部。

（续表）

《文始》卷七									
公共义	被释字词	上古音	通转关系	本义	引申义	假借义	语源义	造意	文化意义
聚合义	求	群纽幽部	群匣见旁纽；之幽旁转，幽觉对转。			√			
	述	群纽幽部		√					
字条七（共系联三个字词）									
春米器具义	臼	群纽幽部		√					
干粮义	糗	群纽幽部	群溪旁纽；幽之旁转。	√					
	糒	溪纽幽部		√					
臼状义	齨	群纽之部		√					
字条八（共系联零个字词）									
韭菜义	韭	见纽幽部		√					
字条九（共系联四十五个字词，其中语音不通转者二①）									
缠绕、系结义	丩	见纽幽部	见溪群晓匣旁纽，余纽字与见溪群晓匣纽字可以同源；余来书禅与精邻纽；幽宵侯鱼之旁转，侯屋东、鱼铎对转，之缉侵通转。	√					
	舜	见纽幽部		√					
	糾	见纽幽部			√				
	摎	见纽幽部			√				
	闃	来纽幽部					√		
	疝	见纽幽部					√		
	絇	群纽侯部		√					
	緱	见纽侯部		√					
	摳	溪纽侯部					√		
	縠	见纽屋部				√			
	紟	见纽侵部					√		
	袷	见纽侵部					√		
	裾	见纽鱼部					√		
	匂	匣纽铎部		√					
	膠	见纽幽部				√			

① 謬：明纽幽部；繆：明纽幽部。

(续表)

公共义	被释字词	上古音	通转关系	本义	引申义	假借义	语源义	造意	文化意义
			《文始》卷七						
牵引义	扣	溪纽屋部		√					
	控	溪纽东部			√				
	揄	余纽侯部		√					
屈曲义	杓	见纽幽部					√		
	樛	见纽幽部		√					
	觓	群纽幽部		√					
	蟉	来纽幽部					√		
	虬	群纽幽部			√				
	琴	见纽幽部		√					
聚拢义	收	书纽幽部	见溪群晓匣旁纽，余纽字与见溪群晓匣纽字可以同源，余来书禅与精邻纽；幽宵侯鱼之旁转，侯屋东、鱼铎对转，之缉侵通转。		√				
	闟	精纽幽部					√		
	敠	见纽幽部					√		
	勼	见纽幽部		√					
	鸠	见纽幽部			√				
	廄	见纽幽部			√				
	仇	禅纽幽部					√		
	合	匣纽缉部		√					
	敆	见纽缉部		√					
	佮	见纽缉部		√					
	詥	匣纽铎部					√		
	祫	匣纽缉部					√		
	鸽	见纽缉部					√		
	爐	见纽宵部						√	
	翕	晓纽缉部		√					
	闗	群纽东部					√		
怨恨义	仇	禅纽幽部			√				
	慈	群纽之部		√					
	俖	群纽之部		√					
	嫪	来纽幽部					√		
自大义	嘐	见纽宵部		√					

（续表）

《文始》卷七									
公共义	被释字词	上古音	通转关系	本义	引申义	假借义	语源义	造意	文化意义
字条十（共系联三十三个字词）									
弱小义	幺	影纽宵部		√					
	幼	影纽幽部		√					
	枏	影纽宵部		√					
昏暗义	幽	影纽幽部	影与见溪匣邻纽，余纽字与见溪匣纽字可同源；宵幽、屋觉、侵谈旁转，缉侵对转，屋缉通转。		√				
	杳	影纽宵部		√					
	窅	影纽宵部		√					
	窔	影纽宵部			√				
	窈	影纽幽部			√				
	佥	影纽侵部		√					
	暗	影纽侵部		√					
	陰	影纽侵部			√				
	晻	影纽谈部		√					
	匼	影纽宵部		√					
黑色义	黝	影纽幽部		√					
	黯	影纽侵部		√					
	黭	影纽谈部					√		
	黶	影纽谈部					√		
	黬	影纽谈部		√					
遮盖义	蔭	影纽侵部			√				
	罯	影纽侵部		√					
阴湿义	湆	溪纽缉部		√					
	浥	影纽缉部		√					
	洽	匣纽缉部		√					
	漫	影纽幽部		√					

（续表）

公共义	被释字词	上古音	通转关系	本义	引申义	假借义	语源义	造意	文化意义
			《文始》卷七						
浇灌义	浂	影纽觉部		√					
	漻	见纽宵部		√					
	淮	溪纽屋部		√					
忧愁义	悬	影纽幽部	影与见溪匣邻纽，余纽字与见溪匣纽字可同源；宵幽、屋觉、侵谈旁转，缉侵对转，屋缉通转。	√					
	悠	余纽幽部		√					
	怮	影纽幽部		√					
	嫌	影纽幽部		√					
	悒	影纽缉部		√					
	欧	影纽谈部			√				
	泣	溪纽缉部		√					
			字条十一（共系联十六个字词，其中语音不通转者一①）						
关闭、停止义	丣	余纽幽部							√
	留	来纽幽部		√					
	休	晓纽幽部		√					
覆盖、遮蔽义	窌	见纽幽部					√		
	窖	见纽幽部					√		
	闇	影纽侵部	见匣晓旁纽，余纽字与见匣晓纽字可同源，影与见匣晓邻纽，余来与心精清邻纽；幽侯之、侵谈旁转，侯东、谈叶对转，之侵通转。		√				
	阖	匣纽叶部			√				
	闟	影纽谈部			√				
	窨	影纽侵部					√		
	庚	影纽侯部					√		
	圅	来纽侵部					√		
	弇	影纽谈部		√					
空、大义	弇	影纽谈部			√				
	奇	滂纽幽部		√					

① 奇：滂纽幽部。

（续表）

《文始》卷七									
公共义	被释字词	上古音	通转关系	本义	引申义	假借义	语源义	造意	文化意义
字条十二（共系联六十二个字词）									
酒义	酉	余纽幽部		√					
	酒	精纽幽部		√					
	酋	从纽幽部		√					
	酎	章纽药部		√					
	醪	来纽幽部		√					
	茜	山纽觉部						√	
	糟	精纽幽部		√					
可食用义	羍	禅纽文部	余章昌来禅日端透定泥与庄山精清从心邻纽，见溪群晓旁纽，余纽字与见溪群晓纽字可同源，影与见溪群晓邻纽，来（边音）明（鼻音）邻纽；幽宵侯鱼之、文真、脂歌、觉药旁转，之文侵、歌叶通转，真脂、幽觉冬、侯东对转。		√				
	飙	禅纽觉部		√					
	饔	影纽东部			√				
	馏	来纽幽部		√					
	饪	来纽幽部		√					
	脜	日纽之部			√				
	醓	余纽侵部			√				
	酏	日纽之部		√					
	稔	来纽幽部		√					
	秋	清纽幽部		√					
	年	泥纽真部		√					
	痑	泥纽歌部						√	
完成、尽头义	僭	精纽幽部					√		
	终	章纽冬部				√			
	冬	端纽冬部			√				
寒冷义	凍	端纽东部			√				
凋谢义	凋	端纽幽部		√					

（续表）

公共义	被释字词	上古音	通转关系	本义	引申义	假借义	语源义	造意	文化意义
《文始》卷七									
浓厚义	醇	禅纽文部		√					
	醹	日纽侯部					√		
	醕	禅纽文部		√					
忠厚义	箮	端纽觉部		√					
	竺	端纽觉部			√				
	諄	章纽文部			√				
	惇	端纽文部		√					
高龄义	考	溪纽幽部	余章昌来禅日端透定泥与庄山精清从心邻纽，见溪群晓旁纽，余纽字与见溪群晓纽字可同源，影与见溪群晓邻纽，来（边音）明（鼻音）邻纽；幽宵侯鱼之、文真、脂歌、觉药旁转，之文侵、歌叶通转，真脂、幽觉冬、侯东对转。	√					
	老	来纽幽部		√					
	壽	禅纽幽部			√				
	叟	心纽幽部				√			
	薹	明纽幽部		√					
瘦义	脉	群纽幽部		√					
	臞	群纽鱼部		√					
	脀	见纽脂部		√					
	瘦	山纽幽部		√					
干枯、腐坏义	朽	晓纽之部		√					
	槀	溪纽幽部					√		
	盾	余纽之部		√					
	齲	溪纽鱼部		√					
	犝	定纽宵部					√		
	臭	昌纽幽部			√				
	殠	昌纽幽部		√					
	枢	群纽之部					√		
	薨	晓纽宵部					√		

（续表）

公共义	被释字词	上古音	通转关系	本义	引申义	假借义	语源义	造意	文化意义
			《文始》卷七						
喝义	酬	禅纽幽部	余章昌来禅日端透定泥与庄山精清从心邻纽，见溪群晓旁纽，余纽字与见溪群晓纽字可同源，影与见溪群晓邻纽，来（边音）明（鼻音）邻纽；幽宵侯鱼之、文真、脂歌、觉药旁转，之文侵、歌叶通转，真脂、幽觉冬、侯东对转。	√					
	饮	影纽侵部		√					
	醋	精纽侵部		√					
	歃	山纽叶部		√					
求福义	祷	端纽幽部		√					
	祝	章纽觉部			√				
	裯	来纽幽部					√		
求加祸义	詶	定纽幽部		√					
	譸	端纽幽部			√				
	訓	禅纽幽部							
	詛	庄纽鱼部							
年长义	舅	群纽幽部					√		
	嫂	心纽幽部					√		
顺从义	孝	晓纽幽部			√				
	嬈	透纽觉部		√					
			字条十三（共系联十二个字词）						
生长义	曳	余纽幽部	余昌端透定与心精山邻纽；幽宵旁转，幽觉、宵药对转，药东旁对转，觉月通转。	√					
	育	余纽觉部		√					
	毓	余纽觉部		√					
枝条义	條	定纽幽部		√					
	筱	心纽幽部		√					
后代义	胄	定纽幽部		√					
茂盛义	蘛	余纽宵部		√					
	甬	余纽东部					√		
抽出义	擂	透纽幽部		√					
	摍	山纽觉部		√					
	擢	定纽药部		√					
	繀	心纽宵部		√					
	軸	端纽幽部					√		

（续表）

公共义	被释字词	上古音	通转关系	本义	引申义	假借义	语源义	造意	文化意义
《文始》卷七									
字条十四（共系联九个字词，其中语音不通转者二①）									
竹子义	竹	端纽觉部	端定余与心清初邻纽；觉幽对转，觉药屋锡、幽宵旁转，侵部孤立。	√					
竹制义	籌	定纽幽部					√		
	筊	清纽宵部					√		
	笛	定纽锡部					√		
	簫	心纽幽部					√		
	龠	余纽药部					√		
	箾	心纽药部					√		
	筑	端纽觉部					√		
字条十五（共系联十二个字词，其中语音不通转者一②）									
结果义	卥	定纽宵部	定端透章余与从心邪邻纽；宵幽、药屋旁转，宵药、屋东、侵缉对转，东侵通转。	√					
	秀	心纽幽部			√				
果实义	粟	心纽屋部		√					
	糶	透纽宵部		√					
垂落义	杓	端纽宵部		√					
晃动义	柖	章纽宵部		√					
	榣	余纽宵部		√					
	摇	余纽宵部		√					
	掉	定纽药部		√					
	搈	余纽东部		√					
	楫	从纽缉部					√		
生长义	襃	邪纽幽部			√				

---

① 籌：初纽侵部；箾：影纽屋部。
② 撼：匣纽侵部。

（续表）

《文始》卷七					本义	引申义	假借义	语源义	造意	文化意义
公共义	被释字词	上古音	通转关系							
字条十六（共系联四个字词，其中语音不通转者一①）										
田地义	疇	定纽幽部	定来船与庄邻纽；幽之旁转，之蒸对转。		√					
	菑	庄纽之部			√					
	塍	船纽蒸部			√					
灌溉义	疁	来纽幽部				√				
字条十七（共系联九个字词）										
船只义	舟	章纽幽部	章禅书透定与从心邻纽；幽觉对转，幽侯旁转，觉蒸旁对转，蒸侵通转。		√					
	艘	心纽幽部			√					
	舳	定纽觉部			√					
	轴	定纽觉部						√		
运送义	彤	透纽侵部			√					
	漕	从纽幽部			√					
	輸	书纽侯部			√					
承载义	受	禅纽幽部				√				
	承	禅纽蒸部				√				
	授	禅纽幽部						√		
字条十八（共系联七个字词，其中语音不通转者一②）										
水中陆地义	州	章纽幽部	章端准双声，定端旁纽；幽鱼之旁转。		√					
	渚	章纽鱼部			√					
	沚	章纽之部			√					
	岛	端纽幽部			√					
	陼	端纽鱼部			√					
高义	墿	端纽幽部							√	
	陶	定纽幽部							√	

---

① 薅：晓纽幽部。

② 坻：定纽脂部。

（续表）

公共义	被释字词	上古音	通转关系	本义	引申义	假借义	语源义	造意	文化意义
			《文始》卷七						
			字条十九（共系联三十八个字词）						
头义	百	书纽幽部		√					
	首	书纽幽部		√					
	頭	定纽侯部		√					
	道	定纽幽部				√			
	髑	定纽屋部		√					
	髏	来纽侯部		√					
	頊	定纽屋部		√					
	顱	来纽鱼部		√					
带领义	導	定纽幽部		√					
	迪	定纽觉部			√				
道路义	首	书纽幽部	书昌透端定来与精邻纽，书昌、透端定来旁纽，书透准旁纽；幽宵侯鱼、屋觉药锡旁转，侯屋东对转。			√			
	道	定纽幽部		√					
	衝	昌纽东部		√					
	衕	定纽东部		√					
行走义	駧	定纽东部		√					
	駋	透纽幽部		√					
	油	定纽锡部		√					
平坦义	油	定纽锡部		√					
	踧	精纽觉部		√					
开始义	首	书纽幽部			√				
	俶	昌纽觉部		√					
	埱	昌纽觉部				√			
	柷	昌纽觉部					√		
覆盖、遮蔽义	冐	定纽幽部					√		
	兜	端纽侯部					√		
	幬	定纽幽部					√		

（续表）

《文始》卷七									
公共义	被释字词	上古音	通转关系	本义	引申义	假借义	语源义	造意	文化意义
覆盖、遮蔽义	宙	定纽幽部	书昌透端定来与精邻纽，书昌、透端定来旁纽，书透准旁纽；幽宵侯鱼、屋觉药锡旁转，侯屋东对转。				√		
	橦	定纽东部					√		
	楝	端纽东部					√		
	礧	来纽幽部					√		
	侜	端纽幽部		√					
	翟	端纽宵部		√					
	罩	端纽药部			√				
	鯙	端纽宵部				√			
	㡔	心纽侯部					√		
	儔	定纽幽部			√				
	翳	定纽幽部					√		
	纛	定纽觉部					√		
	幢	定纽东部					√		
汇集义	同	定纽东部		√					
	詷	定纽东部		√					
	侗	定纽东部					√		
	調	定纽幽部		√					
字条二十（共系联一个字词）									
豆子义	朩	书纽觉部	书端准旁纽；觉缉通转。	√					
	荅	端纽缉部		√					
字条二十一（共系联九个字词，其中语音不通转者三①）									
肉义	肉	日纽觉部	日纽双声，日透准旁纽；觉幽对转。	√					
	腬	日纽幽部		√					
柔软义	柔	日纽幽部		√					
	煣	日纽幽部					√		
	鍒	日纽幽部					√		
	鞣	日纽幽部					√		
	瞈	日纽幽部					√		

---

① 腼：透纽元部；絴：日纽侵部；恁：日纽侵部。

（续表）

公共义	被释字词	上古音	通转关系	本义	引申义	假借义	语源义	造意	文化意义
《文始》卷七									
字条二十二（共系联三个字词）									
陆地义	六	来纽觉部	来纽双声；觉部叠韵，觉蒸旁对转。	√					
	坴	来纽觉部		√					
	陆	来纽觉部		√					
	陵	来纽蒸部		√					
字条二十三（共系联七个字词）									
成对、匹配义	隹	禅纽幽部	禅与从精山邻纽，禅章旁纽；幽宵旁转，幽东旁对转。	√					
	雙	山纽东部			√				
	雔	禅纽幽部			√				
	曹	从纽幽部			√				
	遭	精纽幽部		√					
	召	章纽宵部		√					
	招	章纽宵部		√					
	詔	章纽宵部			√				
字条二十四（共系联二个字词）									
草木义	艸	清纽幽部	清日邻纽，清从旁纽；幽宵旁转。	√					
	薽	日纽宵部		√					
	樵	从纽宵部		√					
字条二十五（共系联二个字词）									
叫喊义	牟	明纽幽部	明并滂旁纽；幽部叠韵，幽屋旁对转。	√					
	呴	并纽幽部		√					
	暜	滂纽屋部		√					
字条二十六（共系联十一个字词）									
兵器义	矛	明纽幽部	明并滂旁纽；幽侯旁转，侯东对转，东谈通转。	√					
	戊	明纽幽部		√					
忤逆义	夆	并纽东部		√					
	逢	并纽东部		√					

（续表）

公共义	被释字词	上古音	通转关系	本义	引申义	假借义	语源义	造意	文化意义
			《文始》卷七						
忤逆义	蓬	并纽东部					√		
	鶯	明纽侯部				√			
	婺	明纽侯部		√					
侵犯义	犯	并纽谈部	明并滂旁纽；幽侯旁转，侯东对转，东谈通转。	√					
	範	并纽谈部					√		
锋利义	鑫	滂纽东部			√				
	鑫	并纽东部				√			
	缝	并纽东部					√		
			字条二十七（共系联四十三个字词）						
包裹、聚集义	勹	帮纽幽部		√					
	包	帮纽幽部			√				
	胞	帮纽幽部					√		
	孚	并纽幽部					√		
	袍	并纽幽部				√			
	褒	帮纽幽部				√			
	稃	滂纽幽部	帮并滂旁纽；幽侯宵之鱼、职觉屋旁转，之职蒸侵、职质通转。				√		
	脬	滂纽幽部					√		
	鉋	滂纽幽部					√		
	郛	并纽幽部					√		
	匏	并纽宵部					√		
	瓢	并纽宵部					√		
	杯	帮纽之部					√		
	庖	并纽幽部					√		
	橐	帮纽幽部				√			
	府	帮纽侯部				√			
	璞	并纽觉部					√		
	箙	并纽职部					√		

章太炎语源学思想及其现代意义：以《文始》为核心的考察

（续表）

公共义	被释字词	上古音	通转关系	本义	引申义	假借义	语源义	造意	文化意义
			《文始》卷七						
包裹、聚集义	掤	帮纽蒸部					✓		
	㹅	并纽质部					✓		
	褱	并纽幽部		✓					
	保	帮纽幽部		✓					
	緥	帮纽幽部					✓		
	勹	并纽幽部		✓					
	匍	并纽鱼部			✓				
	匐	并纽职部			✓				
	府	帮纽鱼部		✓					
	伏	并纽职部			✓				
	轐	帮纽屋部					✓		
	凭	并纽蒸部	帮并滂旁纽；幽侯宵之鱼、职觉屋旁转，之职蒸侵、职质通转。	✓					
	宩	帮纽幽部					✓		
	寶	帮纽幽部					✓		
	抙	并纽侯部		✓					
	掊	滂纽侯部		✓					
	箁	滂纽鱼部					✓		
获取义	俘	并纽幽部			✓				
满足义	饱	帮纽幽部			✓				
	醋	滂纽之部					✓		
	駁	并纽质部					✓		
萌发义	孚	并纽幽部			✓				
	風	帮纽侵部							✓
风义	風	帮纽侵部		✓					
	飆	帮纽宵部		✓					
	飘	滂纽宵部		✓					

（续表）

公共义	被释字词	上古音	通转关系	本义	引申义	假借义	语源义	造意	文化意义
《文始》卷七									
信用义	孚	并纽幽部	帮并滂旁纽；幽侯宵之鱼、职觉屋旁转，之职蒸侵、职质通转。			√			
	符	并纽侯部					√		
	愊	滂纽职部			√				
字条二十八（共系联八个字词，其中语音不通转者五①）									
瓦器义	缶	帮纽幽部	帮滂并旁纽；幽侯之宵旁转，侯屋对转，之微通转。	√					
	錇	并纽侯部		√					
	瓿	并纽之部		√					
瓦未成形义	肧	滂纽之部					√		
字条二十九（共系联一个字词）									
开门义	戼	明纽幽部	明纽双声；幽部叠韵。						√
	貿	明纽幽部					√		
字条三十（共系联二十七个字词，其中语音不通转者三②）									
覆盖义	冃	明纽幽部	明纽双声；幽侯之、蒸阳旁转，侯东屋对转，之蒸职侵、阳元通转。					√	
	冢	明纽东部		√					
	幪	明纽东部				√			
	冒	明纽幽部				√			
	冕	明纽幽部				√			
	濛	明纽东部				√			
	霖	明纽屋部				√			
	龙	明纽东部						√	
	牻	明纽东部						√	
	塿	明纽东部		√					
	甍	明纽蒸部						√	
	宋	明纽阳部						√	

---

① 匋：定纽幽部；窑：余纽宵部；窑：余纽宵部；觳：溪纽屋部；坏：匣纽微部。

② 晦：晓纽之部；黑：晓纽职部；薨：晓纽蒸部。

（续表）

《文始》卷七									
公共义	被释字词	上古音	通转关系	本义	引申义	假借义	语源义	造意	文化意义
覆盖义	霾	明纽之部	明纽双声；幽侯之、蒸阳旁转，侯东屋对转，之蒸职侵、阳元通转。		√				
	薶	明纽之部		√					
	矇	明纽东部			√				
昏乱不明义	霚	明纽侯部		√					
	雺	明纽东部		√					
	瞢	明纽蒸部		√					
	夢	明纽蒸部		√					
	懜	明纽蒸部		√					
	儚	明纽阳部		√					
	㝱	明纽侵部					√		
	謾	明纽元部		√					
	默	明纽职部			√				
	墨	明纽职部			√				
字条三十一（共系联二个字词）									
覆盖义	冃	明纽幽部	明纽双声；幽部叠韵。				√		
	瑁	明纽幽部		√					
	帽	明纽幽部					√		
字条三十二（共系联二个字词）									
眼睛义	目	明纽觉部	明纽双声；觉幽对转。	√					
	眸	明纽幽部		√					
和顺义	睦	明纽觉部			√				
字条三十三（共系联八个字词，其中语音不通转者二①）									
土山义	𠂤	并纽幽部	并帮滂旁纽；幽侯之旁转，之微通转。	√					
	坏	匣纽微部		√					

① 坏：匣纽微部；𨺅：山纽真部。

（续表）

《文始》卷七									
公共义	被释字词	上古音	通转关系	本义	引申义	假借义	语源义	造意	文化意义
多义	附	并纽侯部	并帮滂旁纽；幽侯之旁转，之微通转。		√				
	陪	并纽之部			√				
	驫	帮纽幽部		√					
	苤	并纽之部			√				
大义	丕	滂纽之部		√					
	嚭	滂纽之部		√					
字条三十四（共系联十个字词，其中语音不通转者八①）									
环水处义	邕	影纽东部	影纽双声；东屋侯、冬幽对转，东冬旁转。	√					
	廱	影纽东部		√					
	癰	影纽东部					√		
字条三十五（共系联十个字词）									
内部义	中	端纽冬部	端透定旁纽，端章准旁纽；冬觉幽对转，冬阳、幽宵旁转，冬侵通转。	√					
储藏义	韜	透纽幽部			√				
	弢	透纽宵部			√				
	襄	透纽阳部			√				
伤害义	中	端纽冬部			√				
	煔	端纽侵部		√					
	扰	端纽侵部		√					
适合义	中	端纽冬部			√				
	周	章纽幽部			√				
中央义	衷	端纽冬部			√				
	裻	端纽觉部			√				
	襡	端纽觉部		√					
	仲	定纽冬部		√					

---

① 腫：章纽东部；瘇：禅纽东部；齈：泥纽冬部；瘃：端纽屋部；瘻：来纽侯部；瘤：来纽幽部；癑：泥纽东部；独：定纽冬部。

（续表）

公共义	被释字词	上古音	通转关系	本义	引申义	假借义	语源义	造意	文化意义
《文始》卷七									
字条三十六（共系联七个字词）									
低下义	夆	匣纽东部	匣疑见溪旁纽，疑来邻纽；东冬旁转，东侵通转。	✓					
	隆	来纽冬部				✓			
	癃	来纽冬部					✓		
	降	匣纽东部		✓					
	鎕	疑纽侵部		✓					
	趝	疑纽侵部		✓					
	减	见纽侵部		✓					
和悦义	降	匣纽东部			✓				
	戇	溪纽侵部			✓				
字条三十七（共系联三十一个字词，其中语音不通转者—①）									
束缚义	终	章纽冬部	章透定泥昌书日与庄崇精清从心邪邻纽；冬东、侯宵幽、屋职锡觉旁转，东屋侯对转，职侵缉通转。	✓					
	综	精纽冬部					✓		
	紝	日纽侵部					✓		
	织	章纽职部		✓					
	稯	精纽东部					✓		
	绸	定纽幽部		✓					
	绪	清纽幽部					✓		
	缉	清纽缉部		✓					
	總	精纽东部		✓					
	束	书纽屋部		✓					
	囚	邪纽幽部			✓				
	槽	从纽幽部					✓		
	统	透纽东部					✓		
皱缩义	繦	庄纽侯部			✓				

---

① 繆：明纽幽部。

（续表）

公共义	被释字词	上古音	通转关系	本义	引申义	假借义	语源义	造意	文化意义
colspan《文始》卷七									
谨慎义	㛼	庄纽屋部		√					
急迫义	速	心纽屋部		√					
	諫	心纽屋部		√					
	悤	清纽东部		√					
	遒	从纽幽部		√					
忧愁义	㤜	从纽觉部	章透定泥昌书日与庄崇精从心邪邻纽；冬东、侯宵幽、屋职锡觉旁转，东屋侯对转，职侵缉通转。	√					
	慽	清纽觉部		√					
	愁	崇纽幽部		√					
	愗	泥纽觉部		√					
	悄	清纽宵部		√					
	懆	清纽幽部		√					
	惄	泥纽锡部		√					
	忡	透纽冬部		√					
丑陋义	敕	清纽觉部		√					
	醜	昌纽幽部			√				
	侵	清纽侵部				√			
美好义	傪	清纽侵部		√					
字条三十八（共系联零个字词）									
古琴义	琹	群纽侵部		√					
字条三十九（共系联二个字词，其中语音不通转者一①）									
陈列义	似	疑纽侵部	疑晓旁纽，疑来邻纽；侵部叠韵。	√					
	廞	晓纽侵部		√					
字条四十（共系联十二个字词）									
粮仓、地窖义	靣	来纽侵部	疑晓旁纽，疑来邻纽；侵部叠韵。	√					
	稟	来纽侵部		√					
	窌	见纽幽部		√					

---

① 旅：来纽鱼部。

347

（续表）

公共义	被释字词	上古音	通转关系	本义	引申义	假借义	语源义	造意	文化意义
			《文始》卷七						
粮食义	食	船纽职部			√				
	粒	来纽缉部		√					
	糂	心纽侵部		√					
	饎	昌纽之部		√					
吃义	飤	邪纽之部	疑晓旁纽，疑来邻纽；侵部叠韵。	√					
	宦	余纽之部			√				
收谷义	嗇	山纽职部		√					
	穑	山纽职部			√				
遮蔽义	嗇	山纽职部					√		
	轖	山纽职部		√					
种植义	稙	禅纽职部		√					
			字条四十一（共系联五个字词，其中语音不通转者—①）						
树木繁茂义	林	来纽侵部	来透泥与山心邻纽；侵部叠韵。	√					
	森	山纽侵部		√					
	梣	透纽侵部		√					
	槮	山纽侵部		√					
	南	泥纽侵部						√	
			字条四十二（共系联三十一个字词）						
孕育义	壬	日纽侵部	日余禅书船端透定泥来与精庄崇从邻纽，来（边音）明（鼻音）邻纽；侵之蒸缉、谈元通转，之支侯幽、侵谈、蒸东冬旁转，冬幽觉对转。					√	
	妊	日纽侵部		√					
	孕	余纽蒸部		√					
	嫪	崇纽侯部		√					
	乳	日纽侯部		√					

---

① 橬：心纽幽部。

（续表）

公共义	被释字词	上古音	通转关系	本义	引申义	假借义	语源义	造意	文化意义
幼子义	孺	日纽侯部		√					
	雛	崇纽侯部		√					
	鮞	日纽之部		√					
	𡣕	泥纽元部		√					
	麛	明纽支部		√					
	甚	船纽侵部		√					
寄生义	薁	日纽元部					√		
	蕈	从纽侵部					√		
	屵	来纽觉部					√		
	蔫	端纽幽部					√		
乳汁、汁液义	乳	日纽侯部	日余禅书船端透定泥来与精庄崇从邻纽，来（边音）明（鼻音）邻纽；侵之蒸缉、谈元通转，之支侯幽、侵谈、蒸东冬旁转，冬幽觉对转。		√				
	湩	端纽东部		√					
	潘	书纽侵部		√					
	汁	禅纽缉部		√					
	肬	透纽侵部			√				
	醓	透纽侵部			√				
污浊义	滓	庄纽之部			√				
	淰	书纽侵部		√					
	涔	从纽侵部			√				
	黕	端纽侵部		√					
沾湿义	瀸	精纽谈部		√					
	湔	庄纽缉部			√				
浓厚义	乳	日纽侯部					√		
	醲	泥纽冬部			√				
	濃	泥纽冬部			√				
	襛	泥纽冬部		√					
	訜	日纽蒸部		√					
	毒	定纽觉部			√				
	鴆	定纽侵部					√		

《文始》卷七

（续表）

	《文始》卷七

公共义	被释字词	上古音	通转关系	本义	引申义	假借义	语源义	造意	文化意义
	字条四十三（共系联三十七个字词）
刺、击义	羊	日纽侵部		√					
	箴	章纽侵部			√				
	鍼	章纽侵部			√				
	錣	初纽叶部					√		
	綴	精纽侵部					√		
	戡	溪纽侵部		√					
	插	初纽叶部		√					
	搯	透纽幽部			√				
	肇	定纽宵部		√					
	戚	精纽谈部			√				
	劖	崇纽谈部			√				
	牵	泥纽叶部	日章禅余书端透定泥与庄初崇精清从心邻纽，余纽字与见溪纽字可同源；侵谈、蒸冬、宵幽旁转，侵蒸之通转，谈叶对转，宵冬旁对转。	√					
	斩	庄纽谈部			√				
	剿	精纽宵部			√				
	钊	章纽宵部		√					
	鏨	从纽谈部			√				
	男	泥纽侵部						√	
	農	泥纽冬部		√					
	戎	日纽冬部					√		
尖锐义	鐕	精纽侵部					√		
	砭	精纽侵部		√					
	鑱	崇纽谈部			√				
	剡	余纽谈部		√					
	孅	心纽谈部		√					
	鑯	精纽谈部			√				
	欃	精纽谈部					√		
	琰	余纽谈部		√					

（续表）

《文始》卷七									
公共义	被释字词	上古音	通转关系	本义	引申义	假借义	语源义	造意	文化意义
疼痛义	傪	清纽侵部	日章禅余书端透定泥与庄初崇精清从心邻纽，余纽字与见溪纽字可同源；侵谈、蒸冬、宵幽旁转，侵蒸之通转，谈叶对转，宵冬旁对转。		√				
疼痛义	憯	清纽侵部		√					
承受义	任	日纽侵部			√				
承受义	儋	端纽谈部		√					
承受义	勝	书纽蒸部		√					
相助义	戎	日纽冬部			√				
相助义	佴	日纽之部		√					
相助义	賃	泥纽侵部		√					
安乐义	羊	日纽侵部					√		
安乐义	甚	禅纽侵部		√					
安乐义	媅	端纽侵部		√					
安乐义	婬	余纽侵部					√		
诬陷义	譖	精纽侵部		√					
诬陷义	讒	崇纽谈部		√					
诬陷义	譜	精纽蒸部		√					
诬陷义	僭	精纽侵部			√				

字条四十四（共系联零个字词）									
发簪义	兂	庄纽侵部		√					

字条四十五（共系联十三个字词）									
数词三义	三	心纽侵部	心从精清山与书禅余来章邻纽；侵冬东通转，幽冬对转。	√					
数词三义	参	心纽侵部			√				
数词三义	傪	心纽侵部					√		
数词三义	驂	清纽侵部					√		
数词三义	縿	山纽侵部					√		
数词三义	狨	精纽东部					√		
数词三义	穇	山纽侵部					√		
数词三义	游	余纽幽部					√		

（续表）

公共义	被释字词	上古音	通转关系	本义	引申义	假借义	语源义	造意	文化意义
			《文始》卷七						
数词三义	旒	余纽幽部					√		
	塗	来纽幽部					√		
验证义	参	心纽侵部	心从精清山与书禅余来章邻纽；侵冬东通转，幽冬对转。		√				
	审	书纽侵部			√				
相信义	谌	禅纽侵部		√					
众多义	衆	章纽冬部			√				
	潨	从纽东部		√					
	搜	山纽幽部		√					
			字条四十六（共系联十九个字词）						
毛发义	彡	山纽侵部			√				
	须	心纽侯部		√					
装饰义	彡	山纽侵部					√		
	修	心纽幽部		√					
	飾	书纽职部			√				
	幟	精纽谈部					√		
扫除、去除义	帚	章纽幽部	山精清心与书章定禅邻纽；侵缉职通转，职锡屋药觉、侯幽宵、侵谈旁转，屋侯对转。		√				
	埽	心纽幽部		√					
	芟	山纽谈部		√					
	侵	清纽侵部						√	
	敿	禅纽幽部		√					
	薂	定纽锡部		√					
洗涤义	滌	定纽觉部		√					
	濯	定纽药部		√					
	涑	心纽屋部		√					
	澡	精纽宵部			√				
	漱	山纽屋部			√				
清澈义	淑	禅纽觉部		√					

（续表）

《文始》卷七									
公共义	被释字词	上古音	通转关系	本义	引申义	假借义	语源义	造意	文化意义
彩色义	繡	心纽幽部	山精清心与书章定禅邻纽；侵缉职通转，职锡屋药觉、侯幽宵、侵谈旁转，屋侯对转。	√					
	色	山纽职部			√				
雕镂义	鏉	心纽幽部		√					
字条四十七（共系联三个字词）									
心脏义	心	心纽侵部	心纽双声；侵职通转，职屋旁转。	√					
气息义	息	心纽职部		√					
止息义	熄	心纽职部			√				
小义	楸	心纽屋部					√		
字条四十八（共系联四个字词，其中语音不通转者二①）									
众多义	品	滂纽侵部	滂并帮旁纽；侵谈旁转。	√					
	凡	并纽侵部			√				
	氾	滂纽侵部			√				
字条四十九（共系联十三个字词）									
覆盖义	甲	见纽叶部	见溪匣与影邻纽；叶缉旁转，缉侵蒸、叶谈歌月通转。				√		
	盍	匣纽叶部		√					
	奄	影纽谈部		√					
	弇	影纽谈部		√					
	葢	见纽月部		√					
	盒	影纽侵部		√					
	榼	溪纽叶部					√		
	柙	匣纽叶部					√		
	疥	见纽月部					√		
	痂	见纽歌部					√		
大义	奄	影纽谈部					√		
	俺	影纽叶部		√					
	乔	见纽月部		√					
	玠	见纽月部					√		

① 灆：来纽谈部；早：帮纽幽部。

（续表）

公共义	被释字词	上古音	通转关系	本义	引申义	假借义	语源义	造意	文化意义
			《文始》卷七						
			字条五十（共系联三十二个字词，其中语音不通转者五①）						
包藏义	柙	影纽叶部	影与见溪群晓匣邻纽；叶谈月、缉侵职通转，叶缉、职锡屋、宵幽旁转，屋东对转，东宵旁对转。		√				
	槛	匣纽谈部		√					
	牿	见纽屋部		√					
	校	见纽宵部			√				
	閤	见纽缉部					√		
	闸	影纽叶部					√		
	梜	见纽缉部					√		
	檢	见纽谈部					√		
	檄	匣纽锡部					√		
	医	溪纽叶部					√		
	匣	匣纽叶部					√		
	械	见纽侵部					√		
	箴	见纽谈部					√		
	核	匣纽职部					√		
	柙	匣纽叶部					√		
	緘	见纽侵部			√				
	歛	见纽侵部					√		
夹持义	夾	见纽月部		√					
	挾	匣纽叶部		√					
	鋏	群纽缉部					√		
	蛺	见纽叶部					√		
	俠	匣纽叶部				√			
双义	夾	见纽月部			√				
	兼	见纽谈部		√					
	縑	见纽谈部					√		
	較	见纽宵部					√		

① 欞：来纽东部；牢：来纽幽部；陝：书纽谈部；敛：来纽谈部；撿：来纽谈部。

（续表）

公共义	被释字词	上古音	通转关系	本义	引申义	假借义	语源义	造意	文化意义
			《文始》卷七						
核实义	撿	见纽谈部	影与见溪群晓匣邻纽；叶谈月、缉侵职通转，叶缉、职锡屋、宵幽旁转，屋东对转，东宵旁对转。		√				
	譣	晓纽谈部					√		
	覈	匣纽锡部		√					
	微	见纽宵部					√		
字条五十一（共系联二十七个字词，其中语音不通转者九①）									
追上义	及	群纽缉部		√					
	遤	匣纽缉部		√					
紧迫义	彶	见纽缉部					√		
	急	见纽缉部		√					
	今	见纽侵部					√		
	絿	群纽幽部		√					
	嚴	疑纽谈部		√					
	唫	群纽侵部	群疑见晓匣旁纽；缉侵之职通转，缉叶、之侯幽旁转，叶谈对转。	√					
	亟	见纽职部				√			
	悈	见纽职部		√					
	輜	见纽职部		√					
获得义	吸	晓纽缉部			√				
	呷	晓纽叶部		√					
	歙	晓纽缉部			√				
	欽	晓纽缉部		√					
	汲	见纽缉部					√		
制止义	禁	见纽侵部			√				
	救	见纽幽部		√					
	捄	见纽侯部		√					

---

① 馺：心纽缉部；踏：透纽缉部；跋：心纽缉部；扱：初纽缉部；遝：定纽缉部；譶：定纽缉部；息：群纽质部；綀：定纽之部；綝：透纽侵部。

(续表)

公共义	被释字词	上古音	通转关系	本义	引申义	假借义	语源义	造意	文化意义
《文始》卷七									
字条五十二（共系联零个字词）									
城邑义	邑	影纽缉部		√					
字条五十三（共系联十四个字词，其中语音不通转者六①）									
完备义	十	禅纽缉部			√				
汇合义	燮	心纽叶部	禅来与精从心邻纽；缉叶旁转，叶月、缉觉通转，缉侵对转。		√				
	卙	从纽缉部		√					
	甚	精纽缉部					√		
	輯	从纽缉部					√		
	勠	来纽觉部		√					
	膇	来纽月部						√	
十义	什	禅纽缉部					√		
字条五十四（共系联九个字词，其中语音不通转者二②）									
进入义	入	日纽缉部		√					
	爬	从纽侵部		√					
下陷义	墊	端纽侵部	日书端透与清从邪山崇邻纽；缉侵对转。	√					
	堨	透纽缉部		√					
	甄	端纽缉部		√					
低湿义	隰	邪纽缉部		√					
	涅	书纽缉部		√					
	渗	山纽侵部		√					
字条五十五（共系联零个字词）									
二十义	廿	日纽缉部		√					

---

① 協：匣纽叶部；叶：匣纽叶部；**勰**：匣纽叶部；諴：匣纽侵部；感：见纽侵部；脅：晓纽叶部。

② 㴽：清纽幽部；潝：崇纽幽部。

（续表）

公共义	被释字词	上古音	通转关系	本义	引申义	假借义	语源义	造意	文化意义
《文始》卷七									
字条五十六（共系联七个字词，其中语音不通转者一①）									
束缚义	睪	端纽缉部			√				
	执	章纽缉部			√				
	鷙	章纽质部					√		
握持义	挚	章纽质部	端章准双声，端定旁纽；缉之职、缉质通转。	√					
	持	定纽之部		√					
	值	章纽职部			√				
	得	端纽职部		√					
字条五十七（共系联七个字词，其中语音不通转者二②）									
站立义	立	来纽缉部		√					
到达义	逮	来纽质部	来纽双声，来端旁纽；缉侵对转，侵谈旁转，缉质觉通转。	√					
	临	来纽侵部			√				
察看义	览	来纽谈部		√					
	督	端纽觉部		√					
字条五十八（共系联二十七个字词）									
聚合义	亼	从纽缉部						√	
	雦	从纽缉部			√				
	絫	从纽缉部		√					
	雜	从纽缉部			√				
	繑	精纽缉部	从精清邪山与定余书禅邻纽；缉叶、屋药觉旁转，叶谈、觉幽对转，缉屋通转。	√					
	葺	清纽缉部					√		
	缉	清纽缉部			√				
	葉	余纽叶部						√	
	拾	禅纽缉部			√				
	叔	书纽觉部		√					
	就	从纽觉部		√					
	造	从纽幽部		√					

① 睪：疑纽之部。
② 监：见纽谈部；瞫：见纽谈部。

（续表）

公共义	被释字词	上古音	通转关系	本义	引申义	假借义	语源义	造意	文化意义
			《文始》卷七						
连接义	緁	清纽叶部		√					
	褨	清纽缉部		√					
	楼	精纽叶部		√					
	枼	余纽叶部					√		
	牒	定纽叶部					√		
	籥	余纽药部					√		
	笘	书纽谈部					√		
	鍱	余纽叶部	从精清邪山与定余书禅邻纽；缉叶、屋药觉旁转，叶谈、觉幽对转，缉屋通转。		√				
	鑹	精纽缉部					√		
	箑	山纽叶部					√		
	翣	山纽叶部					√		
	唼	精纽叶部					√		
	蜨	定纽叶部					√		
	接	精纽叶部			√				
	妾	清纽叶部					√		
	續	邪纽屋部		√					
			字条五十九（共系联六个字词）						
三十义	卅	心纽缉部		√					
	世	书纽月部		√					
累积义	揲	定纽叶部	心邪与定书邻纽；缉叶旁转，叶月通转。		√				
	叠	定纽叶部		√					
	龘	定纽缉部					√		
	襲	邪纽缉部			√				
	褻	定纽叶部		√					

（续表）

	《文始》卷七								
公共义	被释字词	上古音	通转关系	本义	引申义	假借义	语源义	造意	文化意义
字条六十（共系联七个字词，其中语音不通转者二①）									
话多义	詘	庄纽缉部	庄清心与定余邻纽；缉部叠韵，缉月通转。	√					
	沓	定纽缉部		√					
	呭	余纽月部		√					
	詍	余纽月部		√					
	嘾	定纽缉部		√					
	呫	清纽缉部		√					
字条六十一（共系联十八个字词）									
包藏义	币	精纽叶部	精庄从清与端透定章昌书日邻纽，庄端章精、从定准双声；叶缉旁转，叶月、月锡通转，锡幽旁对转，幽冬对转。		√				
	䳚	章纽幽部		√					
	婚	透纽缉部		√					
	鍣	透纽缉部						√	
	揸	定纽缉部						√	
	韘	书纽叶部						√	
	甃	庄纽幽部						√	
	周	章纽幽部				√			
	忠	端纽冬部						√	
	蛰	定纽缉部		√					
	戢	庄纽缉部		√					
安静不动义	啾	从纽锡部		√					
	宋	从纽锡部		√					
	熱	日纽月部		√					
	聾	清纽缉部		√					

① 皋：心纽宵部；謏：心纽宵部。

（续表）

《文始》卷七									
公共义	被释字词	上古音	通转关系	本义	引申义	假借义	语源义	造意	文化意义
惧怕义	聾	章纽叶部	精庄从清与端透定章昌书日邻纽，庄端章精、从定准双声；叶缉旁转，叶月、月锡通转，锡幽旁对转，幽冬对转。	√					
	慴	章纽叶部		√					
	懾	书纽叶部		√					
	儑	昌纽叶部			√				
字条六十二（共系联五个字词，其中语音不通转者二①）									
不滑润、滞涩义	澀	山纽缉部	山初心与定邻纽；缉侵对转，侵谈旁转，谈月通转。	√					
	濇	山纽缉部		√					
	醶	初纽侵部		√					
	蔎	定纽月部		√					

二、检验结论

据统计，《文始》卷七所系联的 878 个字词中，语音通转者 801，不通转者 77，分别占总数的 91.2% 和 8.8%。语义方面，系联有误的主要存在于以下两个字条：

1. 卷七"丑"字条

《说文》："丑，纽也。象手之形。"许氏所训为文化意义。"丑"的本义当为手。《文始》（1999：343）："丑为初文，爪为准初文。""丑"字条中"仕"由"爪"所衍生，然"爪"因上古音不通转已去，故"仕"亦当去。

2. 卷七"壬"字条

《说文》："壬，象人裹妊之形。"《文始》："（壬）变易为妊，孕也。"李孝定《甲骨文字集释》："……诸说均以妊义说解壬字，妊从女壬声乃孕之后起字，从壬与义无涉，则妊自非壬之初义。篆作壬乃𡈼所衍变，亦非怀妊之象也。"《甲骨文字诂林》"壬"字姚孝遂（1999：3590）按："疑'壬'即'纴'之初形，'纴'乃'壬'之孳乳。《说文》：'纴，机缕也'，与'综'同训。'圣'字即象经缕在'壬'之形。"其说可参。故

---

① 醶：疑纽谈部；箐：心纽宵部。

"壬"字条以"壬"为"妊"而系联的三十一个字词皆当去。

综上，经语义标准检验，卷七语音通转者801个中，剔除系联有误者32个，余769个。同源字词数占本卷系联总数的87.6%。

<h1 style="text-align:center">第九节 《文始》卷八语源学检验</h1>

一、《文始》卷八语源学检验

《文始》卷八共有初文、准初文43个，分列于40个字条，共系联485个字词。具体语音语义情况见表4-10。

表4-10 《文始》卷八语源学检验细目

公共义	被释字词	上古音	通转关系	本义	引申义	假借义	语源义	造意	文化意义
colspan《文始》卷八								
字条一（共系联十四个字词）								
弯曲义	己	见纽之部					√		
	跽	群纽之部		√					
	蜀	群纽觉部		√					
	躬	见纽冬部		√					
	丞	见纽蒸部		√					
	球	群纽幽部					√		
警戒义	茍	见纽职部	见群匣旁纽；之蒸职侵通转，蒸冬、之幽旁转，幽冬觉对转。	√					
	悈	见纽职部		√					
	誋	群纽之部		√					
	諴	见纽职部		√					
	諱	见纽职部		√					
	駭	匣纽之部					√		
	禁	见纽侵部				√			
恭顺义	俅	群纽幽部			√				
	邀	见纽幽部		√					

361

（续表）

公共义	被释字词	上古音	通转关系	本义	引申义	假借义	语源义	造意	文化意义
			《文始》卷八						
			字条二（共系联三十一个字词）						
针灸义	久	见纽之部		√					
	灸	见纽之部		√					
穷尽、通贯义	柩	见纽蒸部		√					
	亙	见纽蒸部		√					
	恆	匣纽蒸部		√					
	死	匣纽蒸部		√					
	緪	见纽蒸部					√		
	搄	见纽蒸部				√			
测度义	擬	疑纽之部		√					
疆界义	垓	见纽之部	见群疑匣旁纽，疑（鼻音）明（鼻音）邻纽；之蒸职对转。	√					
	或	匣纽职部		√					
	國	见纽职部		√					
	尤	匣纽之部				√			
	郵	匣纽之部					√		
	囿	匣纽之部					√		
	畝	明纽之部		√					
	晦	明纽之部		√					
	堘	见纽蒸部		√					
	有	匣纽之部				√			
	宥	匣纽之部				√			
止、塞义	疑	疑纽之部			√				
	礙	疑纽之部		√					
	閡	疑纽之部			√				
怨恨义	尤	匣纽之部			√				
	忌	群纽之部		√					
	誋	群纽之部		√					
	惎	群纽之部			√				

（续表）

			《文始》卷八							
公共义	被释字词	上古音	通转关系	本义	引申义	假借义	语源义	造意	文化意义	
罪过义	尤	匣纽之部			√					
	訧	匣纽之部		√						
谨慎、拘束义	兢	见纽蒸部	见群疑匣旁纽，疑（鼻音）明（鼻音）邻纽；之蒸职对转。		√					
	戒	见纽职部			√					
	械	匣纽职部			√					
	該	见纽之部		√						
迷惑义	或	匣纽职部					√			
	惑	匣纽职部		√						
			字条三（共系联二十一个字词，其中语音不通转者一①）							
战胜义	克	溪纽职部			√					
	堪	溪纽侵部			√					
	戡	溪纽侵部					√			
	戜	溪纽侵部					√			
	剋	溪纽职部		√						
	殛	见纽职部		√						
	職	见纽铎部	溪见疑群匣与影邻纽；职之蒸微物侵、铎阳叶通转，职铎旁转。	√						
	劲	匣纽职部		√						
击打义	挨	影纽之部		√						
	答	透纽之部		√						
	殹	见纽微部		√						
穷尽义	極	群纽之部			√					
	恢	匣纽物部		√						
	坎	见纽之部					√			
镂刻义	刻	溪纽职部		√						
	嵩	疑纽叶部					√			

---

① 答：透纽之部。

（续表）

公共义	被释字词	上古音	通转关系	本义	引申义	假借义	语源义	造意	文化意义
《文始》卷八									
约束义	紀	见纽之部	溪见疑群匣与影邻纽；职之蒸微物侵、铎阳叶通转，职铎旁转。		√				
	紘	匣纽蒸部			√				
	綱	见纽阳部					√		
	縆	见纽阳部					√		
	絯	见纽之部		√					
	襋	见纽职部					√		
字条四（共系联一个字词）									
乌龟义	龜	见纽之部	见纽双声；之幽旁转。	√					
	篢	见纽幽部					√		
字条五（共系联五个字词）									
衰老义	楙	见纽职部	见溪匣旁纽；职之对转。			√			
	愾	见纽职部				√			
	革	见纽职部				√			
丑陋义	顛	溪纽之部		√					
	娸	溪纽之部		√					
	頦	匣纽之部				√			
字条六（共系联十五个字词）									
翅膀义	革	见纽职部	见溪旁纽，余纽字与见溪纽字可同源，余透定船与从心邻纽；职蒸之侵、铎月通转，职锡铎、蒸东旁转。			√			
	翶	见纽锡部					√		
	翼	余纽职部		√					
皮革义	革	见纽职部		√					
	鞈	溪纽铎部		√					
变更义	改	见纽之部		√					
	金	见纽侵部					√		
	代	定纽月部		√					
	忒	透纽职部		√					

（续表）

《文始》卷八									
公共义	被释字词	上古音	通转关系	本义	引申义	假借义	语源义	造意	文化意义
传递义	腾	定纽蒸部	见溪旁纽，余纽字与见溪纽字可同源，余透定船与从心邻纽；职蒸之侵、铎月通转，职锡铎、蒸东旁转。	√					
	䲢	定纽蒸部		√					
	倴	船纽蒸部		√					
	遊	心纽东部		√					
	赠	从纽蒸部		√					
	縢	船纽蒸部		√					
	媵	船纽蒸部		√					
	弋	余纽职部					√		
字条七（共系联十一个字词）									
土山义	丘	溪纽之部	溪见旁纽；之鱼宵、阳耕东旁转，鱼阳歌通转，歌质旁对转。	√					
	虚	溪纽鱼部		√					
空无义	丘	溪纽之部			√				
	空	溪纽东部		√					
	窍	溪纽宵部					√		
	窠	溪纽歌部					√		
	罄	溪纽质部		√					
	磬	溪纽耕部		√					
	窒	溪纽耕部		√					
	漮	溪纽阳部		√					
	欨	溪纽阳部		√					
少义	寡	见纽鱼部		√					
	踽	见纽鱼部					√		
字条八（共系联三个字词，其中语音不通转者一①）									
分离义	箕	见纽之部	见溪旁纽；之部叠韵，之支旁转。				√		
	斯	心纽支部		√					
	欺	溪纽之部					√		
	諆	溪纽之部					√		

---

① 斯：心纽支部。

（续表）

公共义	被释字词	上古音	通转关系	本义	引申义	假借义	语源义	造意	文化意义
《文始》卷八									
字条九（共系联十四个字词，其中语音不通转者四①）									
基座义	丌	见纽之部	见群旁纽；之蒸文缉通转，之幽旁转。	✓					
	基	见纽之部		✓					
	陔	见纽之部			✓				
	级	见纽缉部			✓				
	薦	精纽文部			✓				
	典	端纽文部						✓	
	乘	船纽蒸部					✓		
	载	精纽之部					✓		
	迊	见纽之部					✓		
	记	见纽之部			✓				
标记义	记	见纽之部		✓					
	旗	群纽之部			✓				
	萁	群纽之部					✓		
	期	群纽之部					✓		
时间义	期	群纽之部			✓				
	稘	见纽之部		✓					
	晷	见纽幽部			✓				
字条十（共系联二个字词）									
锐利义	牛	疑纽之部	疑纽双声；之部叠韵。				✓		
	麢	疑纽之部		✓					
高峻义	嶷	疑纽之部					✓		
字条十一（共系联三十五个字词）									
猎取义	弋	余纽职部	溪群疑晓匣、余章昌书、来端透旁纽，余纽字与溪群疑晓匣纽字可以同源，余与崇精心邪山邻纽，余来准双声；职蒸之缉通转，职锡旁转。		✓				
	樴	章纽职部			✓				
	雉	余纽职部		✓					
	䅖	精纽蒸部					✓		
	繁	匣纽锡部					✓		

① 薦：精纽文部；典：端纽文部；乘：船纽蒸部；载：精纽之部。

（续表）

公共义	被释字词	上古音	通转关系	本义	引申义	假借义	语源义	造意	文化意义
			《文始》卷八						
差错义	忒	透纽职部		√					
规矩义	式	书纽职部			√				
使用义	式	书纽职部			√				
	试	书纽职部		√					
举起义	昇	余纽职部		√					
	舁	群纽之部		√					
	再	昌纽蒸部		√					
	偁	昌纽蒸部		√					
	再	精纽之部						√	
	仔	精纽之部	溪群疑晓匣、余章昌书、来端透旁纽，余纽字与溪群疑晓匣纽字可以同源，余与崇精心邪山邻纽，余来准双声；职蒸之缉通转，职锡旁转。	√					
	称	昌纽蒸部			√				
	起	溪纽之部			√				
	興	晓纽蒸部		√					
	翕	晓纽缉部						√	
齐义	等	端纽蒸部			√				
	则	精纽职部		√					
识记义	識	书纽职部			√				
	職	章纽职部		√					
	史	山纽之部						√	
	詩	书纽之部						√	
	嶷	疑纽职部		√					
官职义	史	山纽之部		√					
	事	崇纽之部		√					
	吏	来纽之部		√					
命令义	使	山纽之部		√					
	徵	端纽蒸部		√					

（续表）

公共义	被释字词	上古音	通转关系	本义	引申义	假借义	语源义	造意	文化意义
《文始》卷八									
审察义	士	崇纽之部	溪群疑晓匣、余章昌书、来端透旁纽，余纽字与溪群疑晓匣纽字可以同源，余与崇精心邪山邻纽，余来准双声；职蒸之缉通转，职锡旁转。			√			
审察义	仕	崇纽之部			√				
审察义	宰	精纽之部			√				
审察义	狱	心纽之部			√				
讼辞义	辭	邪纽之部		√					
讼辞义	辥	邪纽之部		√					
讼辞义	詞	邪纽之部				√			
字条十二（共系联十个字词）									
胎儿义	巳	邪纽之部	邪心旁纽，邪与透余书定邻纽；之蒸对转，蒸东旁转。	√					
胎儿义	胎	透纽之部		√					
胎儿义	孕	余纽蒸部		√					
胎儿义	蛹	余纽东部					√		
初出义	始	书纽之部		√					
初出义	慫	定纽之部					√		
初出义	菭	定纽之部					√		
相像义	似	邪纽之部		√					
延续义	嗣	邪纽之部			√				
延续义	司	心纽之部			√				
延续义	孠	邪纽之部		√					
字条十三（共系联三个字词）									
猪义	亥	匣纽之部	匣见旁纽；之鱼旁转。	√					
幼小义	荄	见纽之部					√		
幼小义	咳	匣纽之部			√				
家庭义	家	见纽鱼部			√				
字条十四（共系联五个字词）									
幼儿义	子	精纽之部	精从旁纽；之部叠韵。	√					
生育义	字	从纽之部		√					
生育义	孳	精纽之部		√					
疼爱义	慈	从纽之部		√					

（续表）

公共义	被释字词	上古音	通转关系	本义	引申义	假借义	语源义	造意	文化意义
《文始》卷八									
字条十五（共系联八个字词）									
面颊、腮义	颐	余纽之部		√					
	頬	群纽缉部		√					
	顑	疑纽侵部			√				
	顄	匣纽侵部	余来准双声，见匣群疑旁纽，余纽字与见匣群疑纽字可同源；之侵缉通转，侵谈旁转。	√					
	䏶	余纽之部		√					
齿不齐义	頗	疑纽谈部		√					
	鱁	见纽侵部		√					
面黄肌瘦义	顲	匣纽侵部		√					
	額	来纽侵部		√					
字条十六（共系联四个字词）									
右手义	又	匣纽之部		√					
帮助义	友	匣纽之部	匣纽双声；之部叠韵。	√					
	姷	匣纽之部		√					
	右	匣纽之部		√					
	祐	匣纽之部		√					
字条十七（共系联二十八个字词）									
毛义	而	日纽之部		√					
	耏	泥纽月部		√					
	耐	日纽之部					√		
	栭	日纽之部	日心邻纽，日泥准双声，日余旁纽，日端、日透准旁纽；之职侵、鱼月元谈通转，之鱼幽侯旁转，侯屋对转。				√		
	獳	泥纽幽部					√		
柔弱义	奭	日纽元部			√				
	偄	泥纽元部		√					
	媆	日纽元部		√					
	儒	日纽侯部			√				
	嬬	日纽侯部		√					

（续表）

公共义	被释字词	上古音	通转关系	本义	引申义	假借义	语源义	造意	文化意义
			《文始》卷八						
柔弱义	懦	日纽侯部		√					
	需	心纽侯部				√			
羞愧义	辱	日纽屋部		√					
	恥	透纽之部			√				
	恧	泥纽职部		√					
浸染义	需	心纽侯部	日心邻纽，日泥准双声，日余旁纽，日端、日透准旁纽；之职侵、鱼月元谈通转，之鱼幽侯旁转，侯屋对转。					√	
	染	日纽谈部		√					
	㮅	日纽谈部		√					
	霑	端纽侵部				√			
	濡	余纽谈部					√		
	擩	日纽侯部		√					
	繻	心纽侯部					√		
	緛	日纽屋部					√		
湿热义	洏	日纽之部					√		
	澳	泥纽元部					√		
	襦	日纽侯部					√		
	溽	日纽屋部		√					
需要义	需	心纽侯部			√				
吃义	乳	日纽侯部			√				
	茹	日纽鱼部			√				
	呥	日纽谈部		√					
			字条十八（共系联三个字词，其中语音不通转者—①）						
耳朵义	耳	日纽之部	日端准旁纽；之部叠韵。	√					
	珥	日纽之部					√		
割耳义	刵	日纽之部		√					

---

① 耴：端纽叶部。

（续表）

公共义	被释字词	上古音	通转关系	本义	引申义	假借义	语源义	造意	文化意义
《文始》卷八									
字条十九（共系联十六个字词，其中语音不通转者二①）									
麦子义	來	来纽之部		√					
	秾	来纽之部		√					
	麳	明纽幽部		√					
	麥	明纽职部		√					
来义	來	来纽之部				√			
	鯠	崇纽之部		√					
	汜	邪纽之部		√					
	趚	透纽职部			√				
	趣	透纽职部	来透与崇邪邻纽，来明邻纽；之宵幽旁转，之职对转。	√					
	梾	来纽之部		√					
齐等义	侔	明纽幽部		√					
留义	里	来纽之部		√					
	趄	匣纽之部		√					
依托义	俚	来纽之部		√					
	僇	来纽之部			√				
幸福义	釐	来纽之部				√			
	禧	晓纽之部		√					
	賚	来纽之部					√		
字条二十（共系联三十九个字词）									
纹理义	力	来纽职部	来与精崇邻纽，来透、晓疑旁纽，来余准双声，来疑邻纽，余纽字与晓疑纽字可同源，影与晓疑邻纽；职蒸之、月叶谈、职月叶（韵尾同属塞音）通转，之幽宵旁转，幽觉对转。				√		
	肋	来纽职部					√		
	朸	来纽职部		√					
	阞	来纽职部		√					
	泐	来纽职部		√					

---

① 禧：晓纽之部；趄：匣纽之部。

（续表）

公共义	被释字词	上古音	通转关系	本义	引申义	假借义	语源义	造意	文化意义
纹理义	理	来纽之部			√				
	趓	晓纽之部			√				
	嫠	来纽之部		√					
	橑	来纽幽部					√		
	轐	来纽幽部					√		
	流	来纽幽部					√		
	攸	余纽幽部					√		
	黎	崇纽之部	来与精崇邻纽，来透、晓疑旁纽，来余准双声，来疑邻纽，余纽字与晓疑纽字可同源，影与晓疑邻纽；职蒸之、月叶谈、职月叶（韵尾同属塞音）通转，之幽宵旁转，幽觉对转。				√		
	塍	来纽蒸部					√		
	溓	来纽谈部					√		
	磏	来纽谈部					√		
	厉	来纽月部					√		
	廉	来纽谈部					√		
边角义	朸	来纽职部			√				
	棱	来纽蒸部			√				
	廉	来纽谈部		√					
	隒	疑纽谈部			√				
遮蔽义	簾	来纽谈部		√					
	嵰	来纽谈部		√					
割裂义	劙	来纽之部		√					
	鎦	来纽幽部		√					
	戮	来纽觉部		√					
	貍	来纽之部						√	
治理、料理义	飭	透纽职部		√					
	敕	透纽职部			√				
	撩	来纽宵部		√					
	擸	来纽叶部		√					

（续表）

公共义	被释字词	上古音	通转关系	本义	引申义	假借义	语源义	造意	文化意义
《文始》卷八									
治理、料理义	疗	来纽宵部		√					
	医	影纽之部			√				
功劳义	力	来纽职部			√				
劳累义	劳	来纽宵部	来与精崇邻纽，来透、晓疑旁纽，来余准双声，来疑邻纽，余纽字与晓疑纽字可同源，影与晓疑邻纽；职蒸之、月叶谈、职月叶（韵尾同属塞音）通转，之幽宵旁转，幽觉对转。	√					
	勤	精纽宵部		√					
	勑	来纽之部			√				
力量义	力	来纽职部		√					
	劦	来纽职部		√					
	扐	来纽职部			√				
阻止义	勒	来纽职部			√				
	掕	来纽蒸部		√					
字条二十一（共系联五十个字词，其中语音不通转者一①）									
滋生义	之	章纽之部			√				
	兹	精纽之部		√					
	滋	精纽之部		√					
	孳	精纽之部		√					
分开、分出义	蒔	禅纽之部	章昌书禅余船端透定与精清从心邪庄初崇邻纽；之职蒸侵通转，幽觉冬、宵药对转，之宵幽、蒸阳东旁转，职月、月谈通转，月脂旁对转。				√		
	異	余纽职部		√					
	戴	端纽月部						√	
	貣	透纽职部					√		
	貸	定纽月部					√		
增益义	增	精纽蒸部		√					
	騰	船纽蒸部		√					
	赠	从纽蒸部					√		
	倰	崇纽之部		√					
	奭	书纽职部		√					

---

① 憻：晓纽觉部。

（续表）

公共义	被释字词	上古音	通转关系	本义	引申义	假借义	语源义	造意	文化意义
			《文始》卷八						
直义	之	章纽之部					√		
	敊	端纽脂部					√		
	榴	庄纽之部		√					
	菑	庄纽之部		√					
	直	章纽职部			√				
	眙	余纽之部		√					
	竴	透纽东部		√					
	植	禅纽职部			√				
	栽	精纽之部					√		
	哉	庄纽之部					√		
	橄	章纽职部	章昌书禅余船端透定与精清从心邪庄初崇邻纽；之职蒸侵通转，幽觉冬、宵药对转，之宵幽、蒸阳东旁转，职月、月谈通转，月脂旁对转。				√		
	繩	船纽蒸部			√				
	㭪	端纽职部					√		
	栟	定纽侵部					√		
	滕	书纽蒸部					√		
	枭	心纽之部					√		
	芋	从纽之部					√		
	翼	余纽职部					√		
	蒸	章纽蒸部					√		
	蕉	精纽宵部					√		
	蔝	庄纽幽部					√		
兴起义	㞼	初纽职部		√					
	憯	晓纽觉部		√					
	臺	定纽之部					√		
	滕	定纽蒸部		√					
	冲	定纽冬部		√					
	涌	余纽东部		√					

（续表）

《文始》卷八									
公共义	被释字词	上古音	通转关系	本义	引申义	假借义	语源义	造意	文化意义
兴起义	澹	定纽谈部	章昌书禅余船端透定与精清从心邪庄初崇邻纽；之职蒸侵通转，幽觉冬、宵药对转，之宵幽、蒸阳东旁转，职月、月谈通转，月脂旁对转。	√					
	燨	昌纽职部					√		
	烝	章纽蒸部			√				
	崇	禅纽之部		√					
年岁义	兹	精纽之部			√				
	時	禅纽之部			√				
	祀	邪纽之部			√				
祭祀义	祠	邪纽之部		√					
	礿	余纽药部		√					
	烝	章纽蒸部		√					
	尝	禅纽阳部		√					
字条二十二（共系联十个字词）									
小义	才	从纽之部	从精清旁纽，清初准双声；之部叠韵，之职对转。				√		
	㡭	精纽之部		√					
财物义	才	从纽之部			√				
	财	从纽之部		√					
	材	从纽之部		√					
获取义	采	清纽之部		√					
	菜	清纽之部					√		
语气词义	才	从纽之部					√		
	在	从纽之部					√		
	弌	精纽之部					√		
裁决义	才	从纽之部					√		
	裁	从纽之部			√				
杀伐义	裁	从纽之部			√				
	贼	从纽职部			√				
伤痛义	恻	初纽职部		√					

（续表）

公共义	被释字词	上古音	通转关系	本义	引申义	假借义	语源义	造意	文化意义
《文始》卷八									
字条二十三（共系联十九个字词）									
足义	止	章纽之部		√					
地基义	阯	章纽之部		√					
停止义	峙	定纽之部		√					
	簹	定纽幽部		√					
	艘	精纽东部		√					
	態	透纽之部					√		
	澂	定纽蒸部					√		
	洔	定纽之部		√					
	懲	定纽蒸部	章与精崇邪邻纽，章禅旁纽，章透、章定准旁纽；之宵幽、蒸东旁转，之蒸对转。		√				
等待义	待	定纽之部		√					
	竢	崇纽之部		√					
	俟	定纽之部					√		
	庤	章纽之部					√		
可居住义	沚	章纽之部					√		
	寺	邪纽之部					√		
	畤	定纽之部					√		
	垗	定纽宵部					√		
	塒	禅纽之部					√		
惩罚义	懲	定纽蒸部			√				
厌恶义	憎	精纽蒸部		√					
字条二十四（共系联零个字词）									
牙齿义	齒	昌纽之部		√					
字条二十五（共系联四个字词）									
食具义	甾	庄纽之部		√					
	甑	精纽蒸部	庄精准双声，精从旁纽；之蒸侵通转，蒸东旁转，东宵旁对转。	√					
	甗	从纽侵部		√					
	甀	精纽东部		√					
	鏸	精纽宵部		√					

（续表）

公共义	被释字词	上古音	通转关系	本义	引申义	假借义	语源义	造意	文化意义
\<\<\< 《文始》卷八								
			字条二十六（共系联六个字词）						
堵塞义	巛	精纽之部	精心旁纽，精初准旁纽；之部叠韵，之职对转。	√					
	圳	初纽职部			√				
	窦	心纽职部		√					
	塞	心纽职部		√					
	秄	精纽之部					√		
	篸	心纽职部					√		
	寨	心纽职部		√					
			字条二十七（共系联七个字词）						
顶部义	囟	心纽真部	心与泥端来邻纽；真东通转，东幽、东之旁对转。	√					
	㠝	泥纽幽部			√				
	冢	端纽东部			√				
高义	壝	来纽东部					√		
包藏义	㥁	心纽之部		√					
	愢	心纽之部		√					
	鰓	心纽之部					√		
	媷	泥纽幽部		√					
			字条二十八（共系联二个字词）						
丝织品义	絲	心纽之部	心从精旁纽；之蒸对转，蒸东旁转。		√				
	繒	从纽蒸部		√					
	總	精纽东部		√					
			字条二十九（共系联三个字词）						
倾斜义	矢	庄纽职部	庄初旁纽；职部叠韵。	√					
	仄	庄纽职部		√					
	侧	庄纽职部			√				
	厠	初纽职部				√			

（续表）

	《文始》卷八								
公共义	被释字词	上古音	通转关系	本义	引申义	假借义	语源义	造意	文化意义
字条三十（共系联十九个字词）									
飞义	不	帮纽之部	帮滂明旁纽；之宵幽、蒸阳东、侵谈旁转，之蒸侵通转。			✓			
	烰	并纽幽部		✓					
	票	滂纽宵部		✓					
	熛	帮纽宵部		✓					
	熮	滂纽东部					✓		
有力义	伾	滂纽之部		✓					
快速义	儦	帮纽宵部					✓		
	馮	并纽蒸部		✓					
	飍	并纽谈部		✓					
	趠	定纽宵部		✓					
轻飘义	浮	帮纽幽部		✓					
	漂	滂纽宵部			✓				
	溯	并纽蒸部					✓		
	汎	滂纽侵部			✓				
	泛	滂纽谈部		✓					
悬空义	輣	并纽阳部					✓		
	棚	并纽蒸部					✓		
	搙	帮纽蒸部					✓		
	桴	并纽幽部					✓		
色泽鲜亮义	紑	并纽幽部		✓					
	彪	帮纽幽部			✓				
字条三十一（共系联七个字词）									
乖违义	北	帮纽职部	帮并滂明旁纽；职之对转，职觉旁转，职质通转。	✓					
	倍	并纽之部		✓					
	背	帮纽职部			✓				
	负	并纽之部			✓				
	复	并纽觉部					✓		
	否	帮纽之部		✓					
	婄	滂纽之部		✓					
	否	明纽质部		✓					

（续表）

公共义	被释字词	上古音	通转关系	本义	引申义	假借义	语源义	造意	文化意义
《文始》卷八									
字条三十二（共系联二十五个字词，其中语音不通转者二①）									
充实、满盈义	富	滂纽职部		√					
	富	帮纽职部			√				
	備	并纽质部			√				
	愊	滂纽职部					√		
	堛	滂纽职部					√		
	腹	帮纽觉部			√				
	輹	帮纽职部					√		
	鍪	明纽之部					√		
	䩯	并纽鱼部					√		
	輻	帮纽职部	滂帮并明旁纽；职之蒸文通转，职觉、文元、之鱼旁转，文质旁对转。				√		
	軘	禅纽元部					√		
	輪	来纽文部					√		
	複	帮纽觉部					√		
	皕	帮纽职部					√		
	畐	帮纽之部					√		
	痞	并纽之部			√				
	幅	帮纽职部		√					
完备义	僎	崇纽元部		√					
	服	并纽职部					√		
	福	帮纽职部		√					
逼迫、束缚义	富	滂纽职部					√		
	楅	帮纽质部					√		
	榎	并纽职部					√		
	輹	滂纽觉部					√		
	䩅	并纽职部					√		
	綳	帮纽蒸部		√					
	佩	并纽之部			√				

---

① 僎：崇纽元部；軘：禅纽元部。

（续表）

公共义	被释字词	上古音	通转关系	本义	引申义	假借义	语源义	造意	文化意义
《文始》卷八									
字条三十三（共系联九个字词）									
香气义	皀	并纽缉部	并帮滂明旁纽；缉文、缉觉通转，文质旁对转，觉幽对转，幽宵旁转。	√					
	馝	并纽质部		√					
	苾	帮纽质部		√					
	岺	滂纽文部		√					
	芬	滂纽文部		√					
	棻	滂纽文部					√		
谷粒义	皀	并纽缉部					√		
	秕	滂纽之部		√					
	苗	明纽宵部		√					
	穆	明纽觉部						√	
	稑	滂纽幽部		√					
字条三十四（共系联十二个字词，其中语音不通转者二①）									
妇人义	母	明纽之部	明并旁纽；之鱼旁转，之部叠韵。		√				
	妇	并纽之部		√					
	姆	明纽鱼部			√				
	海	晓纽之部							√
	鋂	明纽之部					√		
疼爱义	慔	明纽鱼部		√					
	憮	明纽鱼部		√					
怀孕义	腜	明纽之部		√					
谋划义	谋	明纽之部		√					
	媒	明纽之部					√		
	敏	明纽之部			√				

---

① 誨：晓纽之部；姄：晓纽之部。

（续表）

《文始》卷八								
公共义	被释字词	上古音	通转关系	本义	引申义	假借义	语源义	造意	文化意义
字条三十五（共系联十个字词，其中语音不通转者一①）									
高深、广大义	弓	见纽蒸部	见溪匣与影邻纽；蒸之通转。				√		
	穹	溪纽蒸部			√				
	鞃	匣纽蒸部					√		
	弘	匣纽蒸部		√					
	峪	匣纽蒸部			√				
	宏	匣纽蒸部		√					
	宖	匣纽蒸部		√					
	泓	影纽蒸部		√					
	恢	溪纽之部		√					
	楷	见纽之部						√	
字条三十六（共系联二个字词）									
躯干义	厷	见纽蒸部	见匣旁纽；蒸鱼旁对转。	√					
	股	见纽鱼部		√					
	閎	匣纽蒸部					√		
字条三十七（共系联五个字词，其中语音不通转者一②）									
语气助词义	乃	泥纽之部	泥日准双声；之阳旁对转，阳歌通转，歌脂旁转。				√		
	迺	泥纽之部					√		
	尒	日纽脂部					√		
惊声义	迺	泥纽之部		√					
	皪	泥纽歌部					√		
往义	乃	泥纽之部			√				
	迺	泥纽之部			√				
	曩	泥纽阳部		√					

---

① 弸：并纽蒸部。
② 曏：晓纽阳部。

（续表）

				本义	引申义	假借义	语源义	造意	文化意义
公共义	被释字词	上古音	通转关系						
colspan《文始》卷八									
字条三十八（共系联十七个字词，其中语音不通转者一①）									
器具义	升	书纽蒸部				√			
	鼻	端纽蒸部		√					
	鐙	端纽蒸部		√					
上升义	升	书纽蒸部	书精邻纽，书禅章船旁纽，书端、书定准旁纽；蒸之职对转，蒸阳旁转。	√					
	乑	禅纽蒸部		√					
	承	禅纽蒸部			√				
	乘	船纽蒸部		√					
	登	端纽蒸部		√					
	扮	章纽阳部		√					
	陟	端纽职部		√					
	德	端纽职部		√					
	鼗	禅纽蒸部					√		
	隥	端纽蒸部					√		
侍奉义	承	禅纽蒸部			√				
	侍	禅纽之部		√					
	飙	精纽之部		√					
承受义	承	禅纽蒸部		√					
	载	精纽之部			√				
	鷩	章纽职部					√		
	特	定纽职部					√		
字条三十九（共系联二个字词）									
结群义	鳳	并纽侵部	并纽双声；侵蒸通转。				√		
	朋	并纽蒸部		√					
辅助义	佣	并纽蒸部			√				

① 蕾：见纽蒸部。

（续表）

公共义	被释字词	上古音	通转关系	本义	引申义	假借义	语源义	造意	文化意义
字条四十（共系联九个字词，其中语音不通转者六①）									
冰义	仌	帮纽蒸部	帮并滂旁纽；蒸之侵、耕质通转，蒸耕阳旁转，蒸觉旁对转。	√					
冰义	冰	帮纽蒸部		√					
冰义	雹	并纽觉部		√					
凝固义	冻	滂纽之部		√					

二、检验结论

据统计，《文始》卷八所系联的 485 个字词中，语音通转者 462，不通转者 23，分别占总数的 95.3% 和 4.7%。语义方面，系联有误的主要存在于以下五个字条：

1. 卷八"克"字条

《说文》："克，肩也。象屋下刻木之形。"许氏本义分析及形体训释皆有误。罗振玉《增订殷虚书契考释》："克，象人戴胄形……克本训胜，许训肩，殆引申之谊矣。"《文始》（1999：375）："疑克即极字，栋也。亦即刻字，镂也。"此说不可据。故"克"字条中由"穷尽""镂刻"二义所统辖的五个字词当去。

2. 卷八"力"字条

《说文》："力，筋也。象人筋之形。"许氏本义分析及形体训释皆有误。甲骨文作𠠉，金文作𠠪，象耒形之。用耒耕作需用力，故本义为人之力气、体力，非"筋"。《文始》（1999：384）沿用许说之误，谓"人筋有理，故凡有鰓理者皆言力"。由此系联的二十三个字词皆当去。

3. 卷八"之"字条

《说文》："之，出也。象草过中，枝茎益大有所之。"许氏本义训释及形体结构分析皆有误。"之"从止，从一，本义当为往。罗振玉《增订殷虚书契考释》："之，卜辞从止，从一，人所之也。"徐中舒《甲骨文字

---

① 岾：溪纽侵部；涵：匣纽侵部；凛：来纽侵部；沧：清纽阳部；冷：来纽耕部；溧：来纽质部。

典》："之，从止在一上，止为人足，一为地，象人足于地上有所往也。"章氏（1999：386）胶据许训，谓"之有专系草义，有益大义，有上出义，有直立义"，并由此系联了五十个字词，然皆误。

4. 卷八"不"字条

《说文》："不，鸟飞上翔不下来也。从一，一犹天也。象形。"许氏字形分析有误。关于本义，诸家说法不一。"不"之甲文最初形体作𓎨。王国维、罗振玉以为象"花不"形。《诗·小雅·棠棣》："棠棣之华，鄂不韡韡。"郑玄笺："承华（花）者曰'鄂'，'不'当作柎。柎，鄂足也。古音'不'、'柎'同。"《甲骨文字诂林》"不"字姚孝遂（1999：2510～2511）按："'不'为'柎'之借字，非'不'即'柎'之本字。""契文'不'之形体谓象花柎形，实不类。"又云："说文以木为'从中，下象其根'，丁福保《说文诂林后叙》据希麟《续音义》引《说文》'𣎳下象其根，上象枝也'，谓'𢁥即上象其枝，𣎳即下象其根'。草根曰芨，木根曰本，实乃后世区别之文，其初形均作'不'。易言之，'不'即象一切草木之根形。"其说可参。《文始》"不"字条胶据许训，以为其字义与鸟飞翔有关，故其派生之二十九个字词恐失当。

5. 卷八"皀"字条

《说文》："皀，谷之馨香也。象嘉谷在裹中之形。匕，所以扱之。或说皀，一粒也。"许氏形体结构分析有误。"皀"甲骨字形作𠅏。徐中舒《甲骨文字典》："皀，象圆形食器之形，当为簋之本字，甲骨文既、即、卿从之。"又，所训"谷之馨香"义文献中未见。《文始》"皀"字条胶据许训，以"馨香"义所派生之五个字词当去。

综上，经语义标准检验，卷八语音通转者462个中，剔除系联有误者112个，余350个。同源字词数占本卷系联总数的72.2%。

第十节　《文始》卷九语源学检验

一、《文始》卷九语源学检验

《文始》卷九共有初文、准初文34个，分列于32个字条，共系联489个字词。具体语音语义情况见表4-11。

表 4-11《文始》卷九语源学检验细目

公共义	被释字词	上古音	通转关系	本义	引申义	假借义	语源义	造意	文化意义
《文始》卷九									
字条一（共系联五十七个字词）									
高义	高	见纽宵部		√					
	垚	疑纽宵部		√					
	尧	疑纽宵部		√					
	峣	疑纽宵部		√					
	嶢	疑纽宵部		√					
	嶽	疑纽屋部					√		
	骄	见纽宵部					√		
	隺	匣纽药部		√					
	卢	余纽药部		√					
	颢	疑纽宵部		√					
	赘	疑纽宵部		√					
	顤	疑纽屋部	见溪群疑晓匣与影邻纽，余纽字与见溪群疑晓匣纽字可同源；宵幽、药觉屋职锡旁转，宵药、屋东对转，阳元谈通转。	√					
	侨	群纽宵部		√					
	翱	疑纽幽部			√				
	翊	余纽职部		√					
	蹻	溪纽宵部		√					
	趫	溪纽宵部			√				
	屐	群纽锡部					√		
长义	翘	群纽宵部					√		
	槀	匣纽宵部			√				
	獟	晓纽谈部					√		
高傲义	臬	疑纽幽部		√					
	傲	疑纽宵部		√					
	嫯	疑纽幽部		√					
	奡	群纽幽部		√					
	歊	晓纽宵部			√				

（续表）

公共义	被释字词	上古音	通转关系	本义	引申义	假借义	语源义	造意	文化意义
			《文始》卷九						
高傲义	嚣	晓纽宵部			√				
	乔	见纽幽部		√					
	敖	疑纽宵部			√				
	皋	见纽幽部				√			
明亮义	臭	见纽幽部				√			
	敫	见纽宵部		√					
	皛	影纽宵部		√					
	㬎	晓纽元部		√					
	杲	见纽宵部			√				
	曉	晓纽宵部		√					
	皎	晓纽幽部		√					
	暤	匣纽宵部	见溪群疑晓匣与影邻组，余纽字与见溪群疑晓匣纽字可同源；宵幽、药觉屋职锡旁转，宵药、屋东对转，阳元谈通转。	√					
	晧	匣纽幽部						√	
	旭	晓纽觉部			√				
	皎	见纽宵部			√				
	曒	见纽宵部			√				
白色义	顥	匣纽宵部			√				
	缟	见纽宵部			√				
	皠	匣纽药部			√				
	皅	匣纽药部		√					
广大义	昇	匣纽幽部					√		
	浩	匣纽幽部			√				
	溶	余纽东部		√					
	滈	匣纽幽部			√				
高昂、勇健义	劳	匣纽幽部		√					
	趫	溪纽宵部			√				
	赳	见纽幽部		√					

（续表）

《文始》卷九									
公共义	被释字词	上古音	通转关系	本义	引申义	假借义	语源义	造意	文化意义
高昂、勇健义	亃	见纽谈部	见溪群疑晓匣与影邻纽，余纽字与见溪群疑晓匣纽字可同源；宵幽、药觉屋职锡旁转，宵药、屋东对转，阳元谈通转。	√					
	勈	余纽东部		√					
	驁	疑纽宵部			√				
	骁	见纽宵部			√				
	獟	疑纽宵部			√				
字条二（共系联一个字词）									
斩首悬挂义	悬	见纽宵部	见纽双声；宵部叠韵。	√					
	枭	见纽宵部					√		
字条三（共系联十四个字词，其中语音不通转者三①）									
交错义	爻	匣纽宵部	匣见疑与影邻纽，匣见纽字与余纽字可同源，余来准双声，来定旁纽；宵药对转，药觉旁转。					√	
	駮	帮纽药部			√				
	犖	来纽药部						√	
混乱义	殽	匣纽宵部		√					
	觪	余纽宵部		√					
	枭	见纽宵部				√			
	爚	余纽药部			√				
相似、摹仿义	效	匣纽宵部		√					
	学	见纽宵部		√					
	教	见纽宵部			√				
	斅	匣纽觉部			√				
	覕	余纽宵部		√					
明了义	恔	见纽宵部		√					
	憭	来纽宵部			√				
美好义	姣	见纽宵部		√					
	豔	余纽谈部		√					
	嫭	影纽谈部		√					
	嬥	定纽宵部		√					

---

① 駮：帮纽药部；豔：余纽谈部；嫭：影纽谈部。

（续表）

公共义	被释字词	上古音	通转关系	本义	引申义	假借义	语源义	造意	文化意义
《文始》卷九									
字条四（共系联十二个字词，其中语音不通转者二①）									
交错义	交	见纽宵部	见溪群匣与影邻纽；宵幽之旁转，之缉通转，宵药对转，缉谈旁对转。	√					
	绞	见纽宵部			√				
	笅	匣纽幽部					√		
	烄	见纽幽部					√		
	敫	见纽幽部					√		
	骹	溪纽宵部					√		
	骸	匣纽之部					√		
交往义	佼	见纽宵部		√					
	迣	见纽宵部		√					
约束义	要	匣纽之部			√				
	约	影纽药部			√				
	襄	影纽缉部			√				
	儉	群纽谈部		√					
字条五（共系联二十七个字词）									
喜悦义	乐	来纽药部	来心邻纽，来透定、余书章、晓溪旁纽，来余准双声，余纽字与晓溪纽字可同源，影与晓溪邻纽；药宵、之蒸职对转，宵幽鱼之旁转，鱼东旁对转。		√				
	台	透纽之部		√					
	怡	余纽之部			√				
	喜	晓纽之部		√					
	僖	晓纽之部		√					
	憙	晓纽之部		√					
	婴	晓纽之部		√					
	歖	晓纽之部		√					
	音	影纽职部		√					
	嗂	余纽宵部		√					

① 節：精纽质部；礿：并纽药部。

（续表）

《文始》卷九								
公共义	被释字词	上古音	通转关系	本义	引申义	假借义	语源义	造意	文化意义
喜悦义	嬹	晓纽蒸部		√					
	娱	影纽之部			√				
	籲	余纽药部			√				
	意	影纽职部		√					
	億	影纽职部			√				
嬉戏、嘲弄义	娭	影纽之部	来心邻纽，来透定、余书章、晓溪旁纽，来余准双声，余纽字与晓溪纽字可同源，影与晓溪邻纽；药宵、之蒸职对转，宵幽鱼之旁转，鱼东旁对转。	√					
	悝	溪纽之部		√					
	謔	晓纽药部		√					
	毒	影纽之部					√		
	優	影纽幽部			√				
	憂	影纽幽部				√			
	詒	余纽之部		√					
熔炼、熔化义	台	透纽之部					√		
	冶	余纽鱼部		√					
	鑠	书纽药部		√					
	銷	心纽宵部		√					
	鎔	余纽东部			√				
	鑄	章纽幽部		√					
	飴	余纽之部					√		
脱落义	駘	定纽之部		√					
字条六（共系联四个字词，其中语音不通转者一①）								
弯曲、反常义	夭	影纽宵部	影群邻纽；宵部叠韵。	√					
	眇	影纽宵部		√					
	喬	群纽宵部		√					
	袄	影纽宵部		√					

---

① 橈：日纽宵部。

（续表）

《文始》卷九									
公共义	被释字词	上古音	通转关系	本义	引申义	假借义	语源义	造意	文化意义
字条七（共系联六个字词，其中语音不通转者四①）									
尖利义	刀	端纽宵部	端定来旁纽，端章准双声；宵幽旁转。				√		
	鉊	章纽宵部					√		
	芀	定纽幽部					√		
字条八（共系联九个字词）									
鸟义	鳥	端纽幽部	端心邻纽，端透定来旁纽，来余准双声；幽药旁对转，药职、缉叶旁转，职缉通。	√					
	翟	定纽药部		√					
摇尾义	掉	定纽药部		√					
高飞义	翏	来纽幽部		√					
	翊	余纽职部		√					
	翻	透纽叶部		√					
风声义	飂	来纽幽部			√				
	颯	心纽缉部		√					
旷远义	膠	来纽幽部		√					
	遼	来纽幽部		√					
字条九（共系联二十八个字词）									
跳跃、超越义	㲋	透纽铎部	透与崇初精清心山邻纽，透定来、余书日旁纽，来余准双声；铎鱼叶谈、蒸之侵通转，铎锡药觉、东蒸、之宵幽旁转，铎东旁对转。				√		
	兔	透纽鱼部					√		
	毚	崇纽谈部					√		
	超	透纽宵部		√					
	跳	定纽宵部		√					
	越	定纽幽部		√					
	踊	余纽东部		√					
	趯	余纽药部		√					
	趨	来纽锡部		√					

---

① 鎌：来纽谈部；劍：见纽谈部；兼：见纽谈部；廉：来纽谈部。

（续表）

公共义	被释字词	上古音	通转关系	本义	引申义	假借义	语源义	造意	文化意义
			《文始》卷九						
跳跃、超越义	㚭	来纽觉部			√				
	鼀	清纽觉部					√		
	夲	透纽宵部		√					
	夌	来纽蒸部		√					
	踊	余纽东部		√					
迅速义	躍	余纽药部		√					
	趡	精纽宵部		√					
	誜	初纽宵部			√				
	儳	崇纽侵部	透与崇初精清心山邻纽，透定来、余书日旁纽，来余准双声；铎鱼叶谈、蒸之侵通转，铎锡药觉、东蒸、之宵幽旁转，铎东旁对转。		√				
	暫	从纽谈部		√					
	㜗	心纽谈部		√					
	婧	透纽叶部					√		
	覘	书纽谈部					√		
	睒	书纽谈部					√		
	闟	透纽侵部					√		
	汩	日纽幽部		√					
	倳	山纽之部			√				
逃脱义	逃	定纽宵部		√					
	駘	定纽之部		√					
欺骗义	詒	定纽之部		√					
			字条十（共系联二十个字词，其中语音不通转者—①）						
占卜、预兆义	虓	定纽宵部	定与初清从邻纽，定透泥端来、章禅书日旁纽，端章准双声；宵幽、谈侵旁转，宵药、叶谈对转，药叶通转。	√					
	兆	定纽宵部		√					
	㸓	禅纽宵部		√					
	占	章纽侵部		√					

---

① 虐：疑纽药部。

（续表）

《文始》卷九								
公共义	被释字词	上古音	通转关系	本义	引申义	假借义	语源义	造意	文化意义
占卜、预兆义	讖	初纽谈部			√				
	籤	清纽谈部				√			
	旟	定纽宵部					√		
窥探义	覘	透纽谈部	定与初清从邻纽，定透泥端来、章禅书日旁纽，端章准双声；宵幽、谈侵旁转，宵药、叶谈对转，药叶通转。	√					
	閃	书纽谈部		√					
	覝	来纽谈部		√					
	覢	透纽侵部		√					
	諜	定纽叶部			√				
	亃	定纽宵部					√		
分裂、挑拨义	挑	透纽宵部		√					
	撓	泥纽宵部		√					
	嬈	日纽宵部			√				
戏弄义	誚	从纽宵部			√				
	誂	定纽宵部			√				
	啁	端纽幽部		√					
烧义	灼	章纽药部			√				
字条十一（共系联七个字词）								
相交、缠绕义	了	来纽宵部	来泥旁纽，泥日准双声，来昌准旁纽；宵部叠韵，宵幽旁转。					√	
	尥	来纽宵部		√					
	繚	来纽宵部		√					
	繞	日纽宵部		√					
	裹	泥纽幽部		√					
	嫽	来纽宵部					√		
	蟯	日纽宵部					√		
松解义	弨	日纽宵部		√					

（续表）

公共义	被释字词	上古音	通转关系	本义	引申义	假借义	语源义	造意	文化意义
《文始》卷九									
字条十二（共系联三个字词）									
鸟窝义	巢	崇纽宵部	崇纽双声，崇山旁纽；宵部叠韵，宵侯旁转。	√					
鸟窝义	槩	崇纽宵部			√				
高义	轈	崇纽宵部					√		
空义	㯥	山纽侯部					√		
字条十三（共系联七个字词，其中语音不通转者四①）									
获取义	爪	庄纽幽部	庄来邻纽，庄初、从清旁纽，初清准双声；幽宵旁转。		√				
获取义	操	清纽宵部		√					
获取义	鈔	初纽宵部		√					
获取义	獠	来纽宵部		√					
字条十四（共系联十八个字词）									
舀取、捞取义	勺	禅纽药部	禅与精清心邪邻纽，禅章余、定端透旁纽，章端准双声，余纽字与见纽字可同源，见影邻纽；药宵对转，宵之、药铎旁转，之侵缉、铎谈通转，药冬旁对转。		√				
舀取、捞取义	酌	章纽药部			√				
舀取、捞取义	斟	章纽侵部		√					
舀取、捞取义	舀	余纽宵部		√					
舀取、捞取义	挹	影纽缉部		√					
舀取、捞取义	醮	精纽宵部			√				
舀取、捞取义	杓	禅纽药部					√		
舀取、捞取义	钓	端纽药部		√					
舀取、捞取义	銛	心纽谈部					√		
舀取、捞取义	相	邪纽之部					√		
舀取、捞取义	撨	透纽宵部					√		
舀取、捞取义	銚	余纽宵部					√		
舀取、捞取义	㨖	透纽宵部					√		
舀取、捞取义	隉	章纽宵部		√					
舀取、捞取义	𢭃	清纽谈部			√				
舀取、捞取义	䬻	定纽冬部					√		
舀取、捞取义	柏	余纽之部			√				
激溅义	激	见纽药部		√					
激溅义	汋	禅纽铎部		√					

---

① 輂：从纽谈部；捷：从纽叶部；獵：来纽叶部；臘：来纽叶部。

（续表）

公共义	被释字词	上古音	通转关系	本义	引申义	假借义	语源义	造意	文化意义
《文始》卷九									
字条十五（共系联十四个字词）									
鸟雀义	爵	精纽药部				√			
	雀	精纽药部		√					
黑赤色义	纔	清纽侵部		√					
	繰	清纽宵部					√		
	緇	庄纽之部			√				
酒器义	爵	精纽药部	精清心旁纽，精庄准双声；药宵对转，宵之旁转，之职侵、侵谈元通转。	√					
	琖	庄纽元部		√					
	醆	庄纽元部		√					
	盏	庄纽元部		√					
尽义	釂	精纽药部		√					
	𣂏	精纽药部		√					
	燋	精纽药部		√					
	消	心纽宵部		√					
	殲	精纽谈部			√				
	宵	心纽宵部					√		
	息	心纽职部			√				
字条十六（共系联四十二个字词，其中语音不通转者十九①）									
细小义	小	心纽宵部	心与书章余邻纽，心精清从、崇庄山旁纽，精庄准双声，余纽字与群纽字可同源；宵药对转，药屋职旁转，药质通转。	√					
	少	书纽宵部		√					
	尐	精纽质部			√				
	娎	心纽药部					√		
	掣	山纽屋部			√				

---

① 攦：山纽侵部；瀺：崇纽侵部；暫：群纽侵部；貶：帮纽谈部；砭：帮纽谈部；纖：心纽谈部；孅：心纽谈部；兓：精纽侵部；眇：明纽宵部；瞟：滂纽宵部；䫌：帮纽宵部；篎：明纽宵部；秒：明纽宵部；藐：帮纽宵部；杪：明纽宵部；標：滂纽宵部；镖：滂纽宵部；剽：滂纽宵部；愊：并纽职部。

（续表）

公共义	被释字词	上古音	通转关系	本义	引申义	假借义	语源义	造意	文化意义
			《文始》卷九						
细小义	哨	从纽宵部	心与书章余邻纽，心精清从、崇庄山旁纽，精庄准双声，余纽字与群纽字可同源；宵药对转，药屋职旁转，药质通转。		√				
	霄	心纽宵部					√		
	肖	心纽宵部			√				
	蛸	山纽宵部					√		
	澈	崇纽屋部					√		
	沼	章纽宵部					√		
	軺	余纽宵部					√		
	糕	庄纽屋部			√				
	鷦	精纽质部					√		
	雠	精纽宵部					√		
	梢	山纽宵部		√					
	稍	山纽宵部		√					
少义	削	心纽药部			√				
	郒	山纽宵部					√		
	戳	精纽质部		√					
	捎	山纽宵部			√				
	箱	山纽宵部					√		
陡义	陗	清纽宵部		√					
薄义	綃	心纽宵部					√		
			字条十七（共系联零个字词）						
枣树义	棗	精纽幽部		√					
			字条十八（共系联五个字词）						
美好义	兒	明纽宵部	明纽双声；宵部叠韵，宵屋旁对转。		√				
	廖	明纽屋部			√				
	蒸	明纽药部		√					
	媌	明纽宵部		√					
	廟	明纽宵部					√		
	髳	晓纽幽部					√		

（续表）

公共义	被释字词	上古音	通转关系	本义	引申义	假借义	语源义	造意	文化意义
《文始》卷九									
字条十九（共系联二十二个字词）									
毛发义	毛	明纽宵部		√					
	緢	明纽宵部		√					
	髟	帮纽幽部		√					
	髦	明纽宵部		√					
	鬏	明纽幽部		√					
	犛	来纽之部					√		
	氂	来纽微部				√			
	髳	明纽宵部					√		
	旄	明纽宵部					√		
长义	鬜	明纽元部			√				
	曼	明纽元部			√				
	袤	明纽幽部	明帮并旁纽；宵药、侯东对转，宵幽侯、药铎旁转，铎元通转，元微旁对转。		√				
发美义	髻	并纽幽部		√					
散乱义	蓬	并纽东部			√				
迟缓、轻慢义	趱	明纽元部		√					
	慢	明纽元部			√				
	嫚	明纽元部				√			
	嫚	明纽元部		√					
	侮	明纽侯部			√				
显露在外义	表	帮纽宵部			√				
	幖	帮纽宵部			√				
	暴	并纽药部			√				
	襮	帮纽药部			√				
	暴	帮纽铎部					√		

（续表）

《文始》卷九									
公共义	被释字词	上古音	通转关系	本义	引申义	假借义	语源义	造意	文化意义
字条二十（共系联十六个字词）									
高义	广	见纽阳部	见溪疑晓旁纽，余纽字与见溪疑晓纽字可同源，余端透章与心邻纽；阳谈、侵微通转，阳宵旁对转，谈侵旁转。				✓		
	厰	疑纽侵部		✓					
	崟	疑纽侵部		✓					
	巖	疑纽谈部			✓				
	嵒	疑纽侵部			✓				
	坫	端纽侵部						✓	
	檐	余纽谈部						✓	
	闛	余纽谈部						✓	
仰望义	厃	疑纽微部		✓					
	儼	疑纽谈部		✓					
	瞻	章纽谈部			✓				
	闟	溪纽谈部		✓					
	覝	透纽宵部			✓				
危险义	險	晓纽谈部			✓				
	阽	余纽侵部			✓				
奸邪义	憸	心纽谈部		✓					
	思	心纽谈部		✓					
字条二十一（共系联十四个字词，其中语音不通转者三①）									
张口打呵欠义	凵	溪纽谈部	溪匣与影邻纽；谈侵旁转，谈叶歌、叶药通转，药宵对转。					✓	
	欠	溪纽谈部		✓					
	欽	溪纽侵部		✓					
土坑义	凵	溪纽谈部		✓					
	坎	溪纽谈部		✓					
	坷	溪纽歌部		✓					
	臽	匣纽谈部		✓					
	陷	匣纽谈部			✓				

① 窞：定纽谈部；休：泥纽药部；淖：泥纽药部。

（续表）

公共义	被释字词	上古音	通转关系	本义	引申义	假借义	语源义	造意	文化意义
《文始》卷九									
陷入、沉没义	滔	匣纽侵部	溪匣与影邻纽；谈侵旁转，谈叶歌、叶药通转，药宵对转。		√				
	朘	溪纽叶部			√				
	宎	影纽宵部			√				
	窅	影纽叶部					√		
不足义	陷	匣纽谈部			√				
	歉	溪纽谈部				√			
	欿	溪纽侵部			√				
	谦	溪纽谈部			√				
字条二十二（共系联三十一个字词）									
火焰义	炎	匣纽谈部	匣见晓与影邻纽，余纽字与匣见晓纽字可同源，余与心邪邻纽，余书旁纽，余来准双声，余定准旁纽；谈叶月、侵缉之职通转，谈侵、职屋药、宵幽旁转，药宵对转。	√					
	焱	余纽谈部		√					
	燄	余纽谈部		√					
	爓	余纽谈部		√					
	痰	书纽谈部		√					
	㷔	余纽谈部		√					
	爛	余纽药部		√					
明亮义	暈	匣纽叶部		√					
	爗	匣纽叶部			√				
	熠	余纽缉部		√					
照耀义	燿	余纽药部		√					
	昱	余纽职部			√				
	煜	余纽职部		√					
热义	熇	晓纽屋部		√					
	惔	定纽谈部		√					
	燂	定纽侵部		√					
烧煮义	鐈	匣纽宵部					√		
	銚	余纽宵部					√		

（续表）

公共义	被释字词	上古音	通转关系	本义	引申义	假借义	语源义	造意	文化意义
《文始》卷九									
烧煮义	鐈	影纽宵部	匣见晓与影邻纽，余纽字与匣见晓纽字可同源，余与心邪邻纽，余书旁纽，余来准双声，余定准旁纽；谈叶月、侵缉之职通转，谈侵、职屋药、宵幽旁转，药宵对转。				✓		
	燒	书纽宵部		✓					
	寮	来纽宵部		✓					
	燎	来纽宵部		✓					
	煩	余纽幽部		✓					
	㶚	来纽幽部			✓				
	栝	见纽月部					✓		
	爒	来纽宵部		✓					
	㷭	来纽谈部			✓				
	䥽	余纽药部		✓					
	㷟	邪纽谈部		✓					
	㸜	心纽叶部		✓					
干燥义	燥	心纽宵部		✓					
	熙	晓纽之部		✓					
字条二十三（共系联十四个字词）									
花义	马	匣纽侵部	匣晓见与影邻纽，余纽字有舌根音一类，与牙音字可同源，余定准旁纽；侵文、歌月鱼阳谈通转，文歌旁对转，鱼支、阳东旁转。	✓					
	琴	晓纽鱼部		✓					
	華	匣纽鱼部		✓					
	英	影纽阳部		✓					
	虇	匣纽歌部		✓					
	菌	匣纽侵部		✓					
	荷	匣纽歌部		✓					
	茄	见纽歌部					✓		
茂盛义	马	匣纽文部		✓					
	韡	匣纽阳部		✓					
	柬	匣纽侵部		✓					
	甬	余纽东部						✓	
才能出众义	英	影纽阳部			✓				
	瑛	影纽阳部				✓			

（续表）

公共义	被释字词	上古音	通转关系	本义	引申义	假借义	语源义	造意	文化意义
《文始》卷九									
字条二十四（共系联十五个字词，其中语音不通转者六①）									
舌头义	函	匣纽侵部	匣溪见旁纽；侵谈旁转，侵缉、谈叶对转。	√					
容纳义	嗛	匣纽谈部		√					
	含	匣纽侵部		√					
	衔	匣纽侵部			√				
	鼸	溪纽谈部					√		
	黔	匣纽侵部					√		
尝义	鹹	见纽侵部		√					
	馠	匣纽叶部		√					
	肴	匣纽宵部					√		
疑惑义	慊	匣纽谈部		√					
	嫌	匣纽谈部			√				
字条二十五（共系联二十五个字词）									
美味义	甘	见纽谈部	见晓匣溪与影邻纽，余纽字与见晓匣溪纽字可同源，余定准旁纽，余章旁纽；谈叶铎鱼、侵之蒸通转，谈侵、之鱼侯宵幽旁转。	√					
	甜	定纽谈部		√					
	膏	见纽宵部			√				
	蓇	见纽幽部					√		
	苷	见纽谈部					√		
	臁	晓纽铎部					√		
	脁	晓纽宵部					√		
	灝	匣纽宵部					√		
	泔	见纽谈部					√		
调和义	曆	见纽谈部		√					

---

① 嘾：定纽侵部；啿：定纽谈部；餤：定纽谈部；巉：崇纽谈部；啑：精纽缉部；噍：从纽宵部。

（续表）

公共义	被释字词	上古音	通转关系	本义	引申义	假借义	语源义	造意	文化意义
			《文始》卷九						
味浓义	覃	定纽侵部		√					
	醰	定纽谈部		√					
	馣	见纽侵部		√					
味淡义	淡	定纽谈部		√					
不满足义	脂	匣纽谈部		√					
	酣	匣纽谈部		√					
	酗	晓纽侯部		√					
满足义	愿	影纽谈部	见晓匣溪与影邻纽，余纽字与见晓匣溪纽字可同源，余定准旁纽，余章旁纽；谈叶铎鱼、侵之蒸通转，谈侵、之鱼侯宵幽旁转。		√				
	愿	溪纽叶部		√					
	猒	影纽谈部		√					
	閮	余纽之部		√					
	餕	影纽鱼部			√				
	饇	影纽侯部			√				
平和义	淡	定纽谈部			√				
	憺	定纽谈部		√					
	倓	定纽谈部		√					
	憕	章纽蒸部		√					
	恬	定纽谈部		√					
	愔	影纽侵部		√					
字条二十六（共系联九个字词，其中语音不通转者一①）									
舔食义	丙	透纽侵部	透来泥与清邻纽；侵缉对转。	√					
	甜	透纽缉部		√					
	狧	透纽缉部		√					

---

① 饕：透纽宵部。

（续表）

公共义	被释字词	上古音	通转关系	本义	引申义	假借义	语源义	造意	文化意义
			《文始》卷九						
贪婪义	貪	透纽侵部	透来泥与清邻纽；侵缉对转。		√				
	婪	来纽侵部		√					
	惏	来纽侵部		√					
	嬒	泥纽侵部		√					
	嫁	清纽侵部		√					
	噛	透纽侵部					√		
			字条二十七（共系联十三个字词）						
柔软、纤弱义	冄	日纽谈部	日泥与精从邻纽；谈元、谈东通转，东职旁对转，职药屋旁转，药宵对转。	√					
	頯	日纽谈部					√		
	輭	日纽东部				√			
	鞤	日纽东部					√		
	戾	精纽职部			√				
	弱	日纽药部			√				
	嫋	泥纽宵部		√					
	姌	日纽谈部		√					
	觲	泥纽药部		√					
	搦	泥纽药部		√					
羞愧义	赧	泥纽元部		√					
	憗	从纽谈部		√					
边缘义	鞤	日纽东部					√		
	袩	日纽谈部		√					
	膽	日纽谈部		√					
			字条二十八（共系联七个字词，其中语音不通转者五①）						
盗取义	夾	书纽谈部	书定、书透准旁纽，书余旁纽；谈部叠韵。	√					
偷窥义	眺	透纽宵部		√					
	覘	透纽谈部		√					

---

① 盗：定纽宵部；佻：透纽宵部；戈：透纽宵部；愉：余纽侯部；媮：透纽侯部。

（续表）

公共义	被释字词	上古音	通转关系	本义	引申义	假借义	语源义	造意	文化意义
《文始》卷九									
字条二十九（共系联一个字词）									
装饰品义	妥	明纽谈部	明并旁纽；谈元通转。		√				
	鬏	并纽元部		√					
字条三十（共系联十七个字词）									
耳朵下垂义	耴	端纽叶部	端透泥定、章日、匣见旁纽，端章准双声，泥疑邻纽；叶谈对转，谈侵、叶缉旁转。	√					
	瞻	端纽谈部		√					
	聃	透纽谈部		√					
	耽	端纽侵部		√					
	輒	端纽叶部						√	
	聑	端纽谈部		√					
	聃	端纽叶部			√				
低语义	聂	泥纽叶部		√					
	詽	日纽谈部		√					
话多义	喦	日纽叶部		√					
	讘	章纽叶部		√					
	讝	定纽叶部		√					
	詹	章纽谈部		√					
	讋	章纽缉部		√					
	唊	见纽叶部			√				
	嗑	匣纽叶部		√					
称颂义	讇	透纽谈部		√					
	谈	定纽谈部			√				
字条三十一（共系联八个字词）									
毛发义	鼣	来纽叶部	端透泥定、章日、匣见旁纽，端章准双声，泥疑邻纽；叶谈对转，谈侵、叶缉旁转。	√					
长义	鬣	来纽叶部			√				
	巤	来纽谈部		√					
	鬣	来纽谈部			√				

（续表）

公共义	被释字词	上古音	通转关系	本义	引申义	假借义	语源义	造意	文化意义
colspan《文始》卷九									
长义	龍	来纽东部	端透泥定、章日、匣见旁纽，端章准双声，泥疑邻纽；叶谈对转，谈侵、叶缉旁转。				√		
	龏	来纽耕部					√		
	瓏	来纽东部					√		
高大义	儱	来纽叶部		√					
美好义	憭	来纽宵部		√					
字条三十二（共系联十二个字词）									
不正、倾覆义	乏	并纽叶部	并帮滂旁纽；叶谈、觉幽、之蒸对转，叶觉通转，觉屋、幽之旁转。	√					
	覂	帮纽谈部		√					
	覆	滂纽觉部		√					
	畁	帮纽谈部		√					
	匏	并纽幽部					√		
	仆	滂纽屋部			√				
	踣	并纽之部		√					
	宆	帮纽谈部			√				
	堋	并纽蒸部		√					
	崩	帮纽蒸部		√					
使之正义	法	帮纽叶部					√		
	范	并纽谈部					√		
	報	帮纽幽部					√		

二、检验结论

据统计，《文始》卷九所系联的 489 个字词中，语音通转者 440，不通转者 49，分别占总数的 90.0% 和 10.0%。语义方面，系联有误者主要存在于该卷"凵"字条：

《说文》："凵，张口也。象形。"《文始》（1999：406）："变易为欠，张口气悟也，象气从人上出之形。凵者，初文。欠者，准初文也。欠又旁转侵变易为钦，欠貌，则后出字也。"

按：此处许氏所训为造意。"凵"当为"坎"之初文，本义为小坑。朱骏声《说文通训定声》："一说坎也，堑也。象地穿，凶字从此。"杨树达《积微居小学述林》："凵，象坎陷之形，乃坎之初文。"张舜徽《说文解字约注》："此篆为坎之初文。土部：'坎，陷也。'乃后起字。"章氏胶据许训，由"凵"变易孳乳出的"欠、钦"当去。

综上，经语义标准检验，卷九语音通转者 440 个中，剔除系联有误者 2 个，余 438 个。同源字词数占本卷系联总数的 89.6%。

第五章 《文始》之语义关系及派生类型

第四章中我们已按照《文始》所揭示的词汇发展脉络，将初文、准初文及其衍生出的同源字词通过意义线索依次串联起来，并对公共义进行了合并。基于前文的语源学检验结果，以下将进一步择取《文始》部分字条中的同源词，对其所呈现出的语义关系和派生类型加以考察。

第一节 《文始》语义关系研究

关于同源词的语义亲缘关系，殷寄明（2000：162）指出："综观前人所论"，"大抵有相同、相近、相类、相反或相对、相通等类型"。他认为："相近、相类说可舍去，相近类有的归入相同类中，有的则归入相通类中。""可以用相同、相反或相对、相通来作全面的概况。"本节讨论将采用殷寄明说，依次从语义相同、语义相反或相对、语义相通这三大类展开。

一、语义相同

殷寄明（2000：163）指出同源词语义相同包括以下三种情况：各语词的义项相同；各语词含相同的义素；此词之义项与彼词之义素相同。

（一）各语词的义项相同

例如："愆、辛、遭"。（卷一"千"字条）

"愆"，超过、超越。《说文·心部》："过也。从心衍声。"《书·周书·牧誓》："今日之事，不愆于六步、七步，乃止齐焉。"引申为"过失、罪过"义。徐灏《说文解字注笺》："过者，越也；故引申为过差。"《玉篇·心部》："愆，过也。"《汉书·王莽传》："靡有愆失。"《三国志·吴志·韦曜传》："时有愆过。"

"辛"，罪过。《说文·辛部》："辠也。从干二。读若愆。"北周卫元嵩《元包经·仲阴》："辛詀胥繋。"李江注："辛，罪也。"

"遄"，经过。《说文·辵部》："遄，过也。"段玉裁《说文解字注》："本义为经过之过。"引申为过失义。《汉书·刘辅传》云："元首无失道之遄。"

三者俱有"过失、罪过"义，此公共义在语义系列中所处的位置不同，分别为引申义、本义与引申义。"愆、辛、遄"溪纽双声，元部叠韵。

再如："撝、挬、閜"。（卷一"匕"字条）

"撝"，分裂、剖开。《说文·手部》："撝，裂也。"《后汉书·马融传》："脰完羝，撝介鲜，散毛族。"王念孙疏证："脰、撝皆裂也。"《玄应音义》卷十三："撝，裂破也，谓手擗开也。"

"挬"，裂。《说文·手部》："挬，裂也。"《慧琳音义》卷三十二引《考声》注"毁挬"："挬，开也。"

"閜"，大开、大裂。《说文·门部》："閜，大开也。"《广雅·释诂三》："閜，开也。"《史记·司马相如列传》："谽呀豁閜，阜陵别隝。"

三词本义同，俱有"开裂"义。"撝、挬、閜"晓纽双声，鱼职旁对转，鱼歌通转。

（二）各语词含相同的义素

例如："踝、髋、髋"。（卷一"凸"字条）

"踝"，小腿和脚交接处的踝骨。《说文·足部》："踝，足踝也。"段玉裁《说文解字注》："踝者，人足左右骨隆然圜者也。在外者谓之外踝，在内谓之内踝。"

"髋"，臀部。《说文·骨部》："髋，髀上也。"《汉书·贾谊传》："屠牛坦一朝解十二牛而芒刃不顿者，所排击剥割皆众理解也，至于髋髀之所，非斤则斧。"又引申为髋骨。

"髋"，尾骨，人或脊椎动物脊柱的末端。《说文·骨部》："髋，臀骨也。"《广韵·月韵》："髋，尾本。"

由上，"踝、髋、髋"包含共同的义素，即骨头。"踝、髋、髋"见溪匣旁纽，歌月元对转。

再如："亶、臀"。（卷一"多"字条）

"亶"，仓廪谷物多。此义项可分析成"仓廪谷物""多"两个义素。《说文·靣部》："亶，多谷也。从靣旦声。"桂馥《说文解字义证》："亶，靣庚之实，许氏所谓多谷也。"徐灏《说文解字注笺》："谷多则仓廪实。"

段玉裁《说文解字注》："亶之本义为多谷，引申之义为厚也、信也、诚也。"林义光《文源》："从㐭，取多谷之义。"

"腍"，菜饭丰盛。此义项可分析成"菜饭""丰盛（即多）"两个义素。《说文·肉部》："腍，设膳腍。腍，多也。"柳宗元《国子司业阳城遗爱碣》："沉酗腍酒，斥逐郊遂。"《书·酒诰》："厥父母庆，自洗腍致用酒。"

由上，"亶、腍"二词俱有"多"之相同义素。"亶、腍"端透旁纽，元文旁转。

（三）此词之义项与彼词之义素相同

例如："缀、罬"。（卷一"叕"字条）

"缀"，缝补、缝合。《说文·叕部》："缀，合箸也。从叕从糸。"王筠《说文句读》："缀，谓连合使之相著也。"《慧琳音义》卷三十"缝缀"注引《礼记》云："缀，衣裳绽裂，纫针请紩也。"引申为连接义。《广雅·释诂四》："缀，连也。"汉张衡《西京赋》："左有崤函重险，桃林之塞，缀以二华。"

"罬"，古代一种附设有机关的捕鸟兽的网，又称覆车网。《说文·网部》："罬，捕鸟覆车也。从网叕声。"王筠《说文释例》："叕声，声中有意。""覆车，吾乡谓之翻车。不用网目，以双绳贯柔条。张之如弓，绳之中央缚两竹，竹之末箕张，亦以绳贯之。而张之以机，机上系蛾，鸟食蛾则机发，竹覆于弓而羅其项矣。以其弓似半轮，故得车名。此真所谓一目罗者也。若捕小鸟则用罿，其形相似，但弓上结网为异。罬特以绳连缀之，故从叕也。"《集韵·薛韵》："罬，网名。"《玉篇·网部》："罬，连也。"

由上，"缀、罬"二词俱有连接义。前者表现为义项，后者表现为叕声所载之义素。"缀、罬"端纽双声，月部叠韵。

再如："四、驷、牭"。（卷一"四"字条）

"四"，数词四。《说文·四部》："四，阴数也。象四分之形。"《玉篇·四部》："四，数也，次三也。"《孟子·万章下》："卿禄四大夫。"朱熹集注："四，四倍之也。"《易·系辞上》："两仪生四象，四象生八卦。"

"驷"，古代一车套四马，因以称驾四马的车或一车所驾的四马。《说文·马部》："驷，一乘也。从马，四声。"《广韵·至韵》："驷，一乘四马也。"《孙子兵法·作战》："凡用兵之法，驰车千驷，革车千乘，带甲十万。"《诗·郑风·清人》："清人在彭，驷介旁旁。"

"牭"，四岁牛。《说文·牛部》："牭，四岁牛。从牛从四，四亦声。"《广韵·至韵》："牛四岁。"《本草纲目·兽部·牛》："（牛）四岁曰牭。"

由上，"四、駟、牭"二词俱有四义。前者表现为义项，后二者表现为四声所载之义素。"四、駟、牭"心纽双声，质部叠韵。

二、语义相反或相对

同源词的语义除了常见的相同相近之外，还存在相反或相对的一类。张世禄先生曾对此类同源词进行了透彻的论述。张世禄《汉语同源词的孳乳》（1980：20）："从词义方面来区分同源词，最常见的是词义相同相类，其次是相对相反的。""'同音孳乳'的现象，不但在一些同义词或近义词当中经常发现，而且在一些'反义词'中也常常见到，即所谓'义之相对相反者，亦常由一音之变'（章氏《国故论衡》上），这些可以说是'反义的同源词'。"陆宗达《〈说文解字〉通论》（1983）也曾指出："由一个语源可以发展成为两个相互对立的词。例如，天与地，古与今，始与终等等，都是两两属于对立面的词，而这些词又都是双声，可见是由同一语源派生的。这在语源学上称为'相反同根'。"

语义相反或相对的同源词在《文始》中十分常见。

例如："缭、弨"。（卷九"了"字条）

"缭"，缠绕。《说文·糸部》："缭，缠也。从糸，尞声。"《集韵·宵韵》："缭，绕也。"《楚辞·九歌·湘夫人》："芷葺兮荷屋，缭之兮杜衡。"王逸注："缭，缚束也。"《后汉书·班固传》："缭以周墙。"李贤注："缭，犹绕也。"

"弨"，松解弓弦。《说文·弓部》："弨，弓反也。从弓，召声。"王筠《说文句读》："谓弛之而反也。"徐锴《说文解字系传》："弨，弓弛，强而体反也。"《广韵·宵韵》："弨，弓弛皃。"《诗·小雅·彤弓》："彤弓弨兮。"陆德明《经典释文》："弨，弛貌。"

由上，"缭"之缠绕义与"弨"之松解义正好相反。"缭、弨"来日准旁纽，宵部叠韵。

再如："西、屑"。（卷三"西"字条）

"西"，鸟类歇宿。后作"栖"。《说文·西部》："鸟在巢上。象形。日在西方而鸟栖，故因以为东西之西。"徐锴《说文解字系传》："此本象鸟栖也。"《敦煌曲子词集·西江月》："棹歌惊起乱西禽，女伴各归南浦。"《经籍籑诂·齐韵》："汉严发碑：西迟衡门。栖作西。"

"屑"，不安。《说文·尸部》："屑，动作切切也。从尸，肖声。"《正字通》："屑，今从屑。"《广韵·屑韵》："屑，动作屑屑。《说文》作屑。"钱坫《说文解字斠诠》："屑，动作切切也。《方言》：'屑屑，不安也。'"《管子·山国轨》："泰春功布日，春缣衣，夏单衣，捍宠累箕胜籯屑糗。"唐白居易《送人贬信州判官》："不唯迁客许恓屑，见说居人也寂寥。"引申为辛劳、劳累义。《方言》卷十二："屑，往劳也。"《广雅·释诂一》："屑，劳也。"《类篇·尸部》："屑，勃屑，行皃。"

"西"之"歇宿"义与"屑"之"劳累、忙碌"义，正相反。"西、屑"心纽双声，脂月旁对转。

又如："卷、拳、觠"；"劂、樧"。（卷一"丿"字条）

"卷"，膝曲，即大小腿相连关节的后部。《说文·卩部》："卷，厀（膝）曲也。从卩，𢍏声。"王筠《说文句读》："厀与卷盖内外相对。"段玉裁《说文解字注》："卷，厀曲也，卷之本义也。引申为凡曲之称。"《礼记·玉藻》："龙卷以祭。"孔颖达疏："卷，谓卷曲。"《诗·大雅·卷阿》："有卷者阿，飘风自南。"毛传："卷，曲也。"

"拳"，屈指卷握起来的手。《说文·手部》："拳，手也。从手，龹声。"段玉裁《说文解字注》："合掌指而为手。"朱骏声《说文通训定声》："拳，张之为掌，卷之为拳。"《玉篇·手部》："拳，屈手也。"汉王延寿《梦赋》："挥手振拳，电发雷舒。"《晋书·刘伶传》："攘袂奋拳而往。"

"觠"，兽角卷曲。《说文·角部》："觠，曲角也。从角，𢍏声。"《集韵·线韵》："觠，羊卷角者。"引申为弯曲，蜷曲。《广雅·释诂一》："觠，曲也。"王念孙《广雅疏证》："觠有权、卷二音，并通作卷。"

以上三词俱有"曲"义，分别表现义项、义素和义项。

"劂"，倔强。《说文·力部》："劂，劂也。从力，厥声。"徐灏《说文解字注笺》："上文'劂，迫也'。盖为人所迫曰勉劂，反其义则为劂劂耳。"《广雅·释诂一》："劂，强也。"北周卫元嵩《元包经·太阴第一·大壮》："大壮，劂仡仡。"李江注："劂，音厥，强力也。"

"樧"，木橛子、短木桩。《说文·木部》："樧，弋也。从木，厥声。一曰门梱也。"《集韵·月韵》："樧，或书作橛。"《广雅·释宫》："橛，杙也。"王念孙《广疏雅证》："凡木形之直而短者谓之橛。"《列子·黄帝》："吾处也，若橛株驹。"张湛注引李颐云："樧，竖也；株驹，亦枯树本也。"

以上二词俱有"直"义，均为厥声所载之共同义素。

综上，"卷、拳、觠"所表之"曲"义与"劈、棨"所表之"直"义正相反。"卷、拳、觠、劈、棨"见群旁纽，月元对转，元文旁转。

三、语义相通

殷寄明（2000：186～187）指出："相通，指彼此同条共贯，存在着某种逻辑关系。""从根本上说，同源词的语义是由同一语源中的语义，在不同语词上的显现，其表现方式是多种多样的。可以表现为同一事物的两种不同名称，也可以表现为两个或多个语词的构词理据；可以表现为一组同源词中各个个体语义上的细微差别，也可以表现为同源的两组语词之间义素与义素上的逻辑关系。"例如高与大，高与长，短与钝，短与小等。显然，相较于词的本义与引申义之间的相通性，同源词的语义相通更为隐蔽，当然也更复杂。

例如："尧、峣（嶤）""翘、猃""浩、滈"。（卷九"高"字条）

"尧"，至高貌。《说文·垚部》："尧，高也。从垚在兀上，高远也。"王筠《说文句读》："垚、兀皆训高，尧合为一，则弥高矣。"《墨子·亲士》："天地不昭昭，大水不潦潦，大火不燎燎，王德不尧尧者，乃千人之长也。"

"峣"（嶤），高貌。《说文·山部》："峣，焦峣，山高皃。从山，尧声。"《广雅·释诂四》："峣，高也。"《白虎通·号》："尧，犹巍巍也，至高之貌。"《文选·张衡〈西京赋〉》："正紫宫于未央，表峣阙于间阖。"李善注："峣者，言高远也。"

"尧、峣"二词俱有"高"义，均表现为本义。

"翘"，鸟尾上的长毛。《说文·羽部》："翘，尾长毛也。从羽，尧声。"《玉篇·羽部》："翘，尾长羽也。"晋陆机《日出东南隅行》："金雀垂藻翘，琼珮结瑶璠。"又引申为举起义。《广雅·释诂一》："翘，举也。"《晋书·陶潜传》："策扶老而流憩，时翘首而遐观。"

"猃"，长嘴犬。《说文·犬部》："猃，长喙犬。从犬，佥声。"《尔雅·释畜》："长喙，猃；短喙，猲獢。"邢昺疏："犬长口者名猃，短口者名猲獢。"清王世祯《幽州马客吟歌》："相逢南山下，载猃从两狼。"

"翘、猃"二词俱有"长"义，均表现为义素。

"浩"，水势盛大。《说文·水部》："浩，浇也。从水，告声。《虞书》曰：'洪水浩浩。'"《玉篇·水部》："浩，浩浩，水盛也。"李白《山人劝酒》："浩歌望嵩岳。"王琦辑注引《楚辞》刘良注："浩，大也。"宋王安石《河势》："河势浩难测，禹功传所闻。"又引申为广远，盛大义。《诗·小雅·雨无正》："浩浩昊天，不骏其德。"

"滈"，水势浩大而泛白光貌。《说文·水部》："滈，久雨也。从水，高声。"《文选·司马相如〈上林赋〉》："滈乎滈滈，东注太湖。"《集韵·沃韵》："滈，大雨。"

"浩、滈"二词俱有"大"义，分别表现为义项与义素。

综上，"高""长""大"义皆相通。"尧、峣、翘、猃、浩、滈"群疑晓匣旁纽，宵幽旁转。

第二节　《文始》语义派生类型

根据意义演变轨迹的差异，《文始》中所呈现出的语义派生类型主要有：孤立式、连锁式、辐射式及综合式等四大类。

一、孤立式

孤立式指字条中初文、准初文及其派生的同源字词共享同一个公共义。以下结合具体实例来说明。

例一："羴、羼"。（卷一"羴"字条）

"羴"，羊的膻气。《说文·羴部》："羴，羊臭也。"段玉裁《说文解字注》："臭者，气之通于鼻者也。羊多则气羴。故从三羊。"饶炯《说文部首订》："羊多臭，其气羴。从三羊，知其气臭愈羴。"谭嗣同《治言》卷一："吾中国帝王之土，岂容溷以腥羴。"引申为群羊之义。俞樾《儿笘录》卷六："羴者，群羊也，犹雥为群鸟，麤为众马也。"

"羼"，群羊杂居。《说文·羴部》："羼，羊相厕也。"段玉裁《说文解字注》："相厕者，杂厕而居。"《广韵·谏韵》："羼，羊相间也。"俞樾《儿笘录》卷六："羼字从羴，义亦相近，故曰：羊相厕也。羼，从羊在尸下，犹巢从群在木上也。"

二词皆有"群羊"义，分别表现为义项和义素。"羴、羼"书初邻纽，元部叠韵。

例二："县、枭"。（卷九"县"字条）

"县"，断首倒悬。《说文·县部》："县，到首也。贾侍中说：'此断首到县（悬）县字。'"段玉裁《说文解字注》："'到'者今之'倒'字，此亦以形为义之例。《广韵》引《汉书》曰：'三族令，先黥，劓，斩左右趾，县首，菹其骨。'按今《汉书·刑法志》作'枭'。"

"枭"，猫头鹰。《说文·木部》："枭，不孝鸟也。日至，捕枭磔之。从鸟头在木上。"《尔雅·鸟部》："枭，鸱。"《正字通·木部》："枭，鸟生炎州，母妪子百日，羽翼长，从母索食，食母而飞。……又《汉仪》五月五日作枭羹赐百官，以恶鸟故食之。"引申为斩首悬挂以示众之义。是为古代极刑之一。《字汇·木部》："枭，以头挂木上，今谓挂首为枭。"《史记·秦始皇本纪》："中大夫令齐等二十人皆枭首。"

二词皆有"斩首悬挂"义，均表现为义项。"悬、枭"见纽双声，宵部叠韵。

例三："带、扮、蒂、蝀、㿔、隶（隶）、隶、逮"。（卷一"带"字条）

"带"，大带，束衣的腰带。《说文·巾部》："带，绅也。男子鞶带，妇人带丝。象系佩之形。佩必有巾，从巾。"《广韵·泰韵》："带，衣带。"《诗·卫风·有狐》："之子无带。"毛传："带，所以申束衣。"又引申为连接义。《后汉书·侯霸传》："县界旷远，滨带江湖。"《北史·韩褒传》："州带北山，多有盗贼。"

"扮"，撮取、掠取。《说文·手部》："扮，撮取也。从手，带声，读若《诗》曰'蝀蛛在东'。捆，扮或从折从示。两手急持人也。"《广韵·屑韵》："扮，捎取也。"《广雅·释诂一》："扮，取也。"《文选·张衡〈西京赋〉》："超殊榛，扮飞鼺。"李善注引薛综曰："扮，捎取之也。"按："扮"含连接义，为带声所载之义素。

"蒂"，花、瓜果与枝茎相连的部分。后作"蒂"。《说文·艸部》："蒂，瓜当也。从艸，带声。"《广韵·霁韵》："蒂，草木缀实也。"《慧琳音义》卷七十二"花蒂"注引《考声》："蒂，果子及叶所系也。"骆宾王《冒雨寻菊序》："落叶蒂于疏藤。"宋玉《高唐赋》："绿叶紫裹，丹茎白蒂。"

"蝀"，雨后或日出、日没之际，天空中出现的彩色圆弧。红色在外，紫色在内，颜色鲜艳的叫"虹"，也叫"正虹"。《说文·虫部》："蝀，蝀蛛，虹也。从虫，带声。"朱骏声《说文通训定声》："蝀蛛者，雨与太阳相薄而成，俗呼青绛。"《尔雅·释天》："蝀蛛谓之雩。蝀蛛，虹也。"郭璞注："俗名为美人虹，江东呼雩。"黄庭坚《和早秋雨中书怀呈张邓州》："天上日清消蝀蛛。"

"㿔"，牵引。《说文·手部》："㿔，引纵曰㿔。从手，瘛省声。"段玉裁《说文解字注》："引纵者，谓宜远而引之使近，宜近而纵之使远，皆为牵掣也。"《玉篇·手部》："㿔，牵也。"《慧琳音义》卷十四"牵㿔"注引顾野王云："㿔，犹牵也。"《灵枢经·热病》："热病，头痛，颞颥目瘤脉痛。"

"隸"（隶），奴隶。《说文·隶部》："隶，附箸也。从隶，柰聲。"桂馥《说文解字义证》："《急就篇》：'奴婢私隶枕床杠。'颜注：'隶，附着之义也。私隶者言属着私家，非给官役者。'"徐灏《说文解字注笺》："引申之义凡有所附着皆曰隶。"引申为附属、隶属。《集韵·寘韵》："隶，附也。"《后汉书·冯异传》："各有配隶。"李贤注："隶，属也。"《汉书·货殖传》："皁隶抱关击柝者。"颜师古注："隶之言着也，属着于人。"

"隶"，及、捕获。后作"逮"。《说文·隶部》："隶，及也。从又，从尾省。又，持尾者，从后及之也。"段玉裁《说文解字注》："此与《辵部》逮音义皆同，逮专行而隶废矣。"朱骏声《说文通训定声》："隶者，手相及也。"《集韵·队韵》："隶，从后及之也。"郑观应《哀黄人》："犯罪隶回国，按律究不得。"

"逮"，及、及至。《说文·辵部》："逮，唐逮，及也。从辵，隶声。"钮树玉《说文解字校录》："唐逮二字盖后人增。"《尔雅·释言》："逮，及也。"《文选·曹植〈七启〉》："纵轻体迅赴，景追形而不逮。"吕延济注："逮，及也。"又引申为与，相连及。《书·吕刑》："群后之逮在下。"孔颖达疏："群后，诸侯，相与在下国。"

以上诸词俱有"连接、连带"义。"带、撚、蔕、螮、瘤、隸、隶、逮"端定来旁纽，端昌准旁纽；月质旁转。

此外，单纯式还包括以下两种情况：

一是字条中只列出了初文或准初文，其后并无派生出同源字词。这是《文始》体例中较为特殊的一类。例如卷四阴声支部甲"只"字条（1999：267）：

《说文》："只，语已词也。从口象气下引之形。"此合体象形也。或曰"只本古声字对转音也，故𤈢训声，字从只，又声之语变也"。未知其审。

又如卷一阴声泰部乙"贵"字条（1999：179）：

《说文》："贵，物不贱也。"妻字说解曰："肖，古文贵"。此独体之文。肖亦出入泰、队二部。

二是字条中所列出的派生词不符合语音通转规律而被剔除，最后只剩下字头。例如卷一阴声歌部甲"果"字条（1999：170）：

> 《说文》："果，木实也。从木，象果形。"此合体象形也。孳乳为蓏，在木曰果，在地曰蓏。

上例中"蓏"是"果"的派生词，二者皆有"果实"义。然考其音"果"为见纽歌部，"蓏"为来纽歌部，二者不通转，故"蓏"当去，只剩下字头"果"。

二、连锁式

连锁式指语义派生围绕着两个或两个以上的公共义展开，语义脉络呈"单线型"（图5-1）。

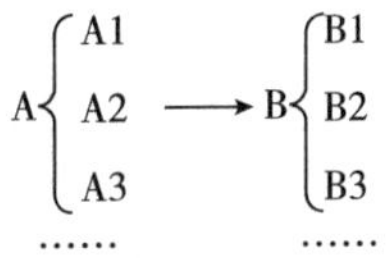

图5-1 连锁式语义脉络

图中A、B分别表示不同的公共义。A1A2A3，B1B2B3分别为字条内围绕共同义A、B展开的词群，有时集合内也可能只出现一个元素即A1。图5-1为最简式，此链条还可继续延伸出公共义C、D等。

例一："车、路、库、辂、驭"。（卷五"车"字条）

车辆（车、路、库）⟶ 驾驶（辂、驭）

"车"，陆地上有轮子的交通工具。《说文·车部》："车，舆轮之总名。"《墨子·节用上》："车，以行陵陆。"《易·贲·象传》："舍车而徒。"

"路"，道路。《说文·足部》："路，道也。"《尔雅·释宫》："路，途也。"《礼记·月令》："三月开通道路，毋有障塞。"又表天子、诸侯所乘之车义。《正字通·足部》："路，与辂通。"《书·顾命》："大辂在宾阶面。"段玉裁《说文解字注》："古经传无作'辂'者，当本作'路'。"《荀子·哀公》："綎而乘路者，志不在于食荤。""路"，亦车之通名。

"库"，收藏兵器和兵车的处所。《说文·广部》："库，兵车藏也。"

段玉裁《说文解字注》："此库之本义也。"《战国策·秦策一》："今天下府库不盈。"《淮南子·时则》："七月官库。"高诱注："库，兵府也。"

"车、路、库"俱有"车辆"义，分别表现为义项、义项和义素。

"犌"，把车套在马身上，即以马驾车。《集韵·祃韵》："驾，籀作犌。"《说文·马部》："驾，马在轭中。从马加声。犌，籀文驾。"段玉裁《说文解字注》："驾之言以车加于马也。"《礼记·曲礼上》："君车将驾，则仆执策立于马前。""驾"亦指把车套在其他牲口身上。因引申为驾驶之义。《孟子·梁惠王下》："今乘舆已驾矣。"白居易《从龙潭寺至少林寺，题赠同游者》："始知驾鹤乘云外，别有逍遥地上仙。"

"驭"，驭马。《说文·彳部》："御，使马也。从彳从卸。驭，古文御，从又从马。"《管子·形势解》："驭者，操辔也。"《荀子·哀公》："东野子之善驭乎？"又引申为驾驭、控制。

"犌、驭"俱有"驾驶"义，均表现为义项。其与"车辆"义存在着意义上的引申关系。"车辆"是实物，"驾驶"为其相应的支配动作，这属于意义转移孳乳，是《文始》中较为常见的一种意义孳乳方式。

考其音，"车、路、库、犌、驭"昌来准旁纽，来疑邻纽，疑见溪旁纽；鱼歌通转，鱼铎对转。

例二："屮（卉）、丰、薈（荟）、鬱（郁）、槪、黰"。（卷二"屮"字条）

茂密（屮、丰、薈、鬱、槪）——→浅黑色（黰）

"屮"，同"卉"。二者为《说文》同一篆文的不同楷化字。《说文·屮部》："屮，草之总名也。从屮中。"《玉篇·屮部》："卉，同屮。"《方言》卷十："卉，草也。东越扬州之间曰卉。"汉张衡《思玄赋》："天地烟煴，百卉含葩。"

"丰"，草芥①。《说文·丰部》："丰，草蔡也。象草生之散乱也。"段玉裁《说文解字注》："凡言草芥，皆丰之假借也。芥行而丰废矣。"桂馥《说文解字义证》引《五音集韵》："丰，草乱也。"《集韵·队韵》："丰，草乱也。"按：草多则乱。

"薈"（荟），草木茂盛貌。《说文·屮部》："薈，草多皃。从屮，会声。《诗》曰：'薈兮蔚兮。'"《广韵·泰韵》："荟，草盛。"杜甫《八哀诗》："贯穿无遗恨，荟蕞何技痒。"引申为遮蔽义。《广雅·释诂一》：

---

① "丰"，此部首不成字，故"草芥"当为造意。

"荟,翳也。"又《释诂二》:"荟,障也。"《新唐书·吐蕃传下》:"土梨树林荟岩阻,兵易诡伏。"

"鬱"(郁),繁茂。《说文·林部》:"郁,木丛生者。从林,鬱省声。"《诗·秦风·晨风》:"郁彼北林。"孔颖达疏:"郁者,林木积聚之貌。"王维《赠房卢氏琯》:"桑榆郁相望,邑里多鸡鸣。"

"概",稠密。《说文·禾部》:"概,稠也。从禾,既声。"徐锴《说文解字系传》:"概,稠密也。"《汉书·齐悼惠王刘肥传》:"深耕概种,立苗欲疏。"颜师古注:"概,稠也。概种者,言多生子孙也。"

"黵",浅黑色。《说文·黑部》:"黵,沃黑色。从黑,会声。"《广韵·泰韵》:"黵,浅黑色。"《广雅·释器》:"黵,黑也。"刘基《郁离子·玄豹》:"子不见夫南山之玄豹乎,其始也,黵黵耳,人莫之知也。"

以上诸词中,"荟、丰、荟、鬱、概"俱有茂密义。其中"荟"又孳乳出"黵",后者表浅黑色义。《文始》(1999:205):"草多荫黑也。"又,"荟"引申为遮蔽义。草木茂盛则遮蔽阳光,树荫下光线减弱,则显得阴暗。由此茂密义延伸为浅黑色义,可从。

考其音,"荟、丰、荟、鬱、概、黵"晓见与影邻纽;微物文职通转,物月旁转。

例三:"吕、虞、梁"。(卷五"吕"字条)

脊骨(吕)——→支撑(虞、梁)

"吕",脊骨。《说文·吕部》:"吕,脊骨也。"段玉裁《说文解字注》:"吕象颗颗相承,中象其系联也。"《急就篇》第三章:"尻髋脊膂腰背吕。"颜师古注:"吕,脊骨也。"脊骨有支撑身体肌肉之功用,故"支撑"为"吕"之隐形语义。又由"支撑"义派生出"虞、梁"二词。

"虞",古代悬挂钟、磬架子两旁的柱子。《说文·虍部》:"虞,钟鼓之柎也。饰为猛兽。……虡,篆文虞省。"《礼记·檀弓上》:"有钟磬而无簨虡。"郑玄注:"横曰簨,植曰虡。"又泛指悬挂钟磬的架子。

"梁",桥。《说文·木部》:"梁,水桥也。"段玉裁《说文解字注》:"梁之字,用木跨水,则今之桥也。"《诗·大雅·大明》:"造舟为梁。"皆今之桥制。见于经传者,言梁不言桥。《文选·嵇康·琴赋》:"乃相与登飞梁。"

"虞、梁"各表柱子和桥,其共性亦为支撑他物。其名寓"支撑"义。

综上,该字条的意义衍生为由"脊骨"义派生出"支撑"义。

考其音，"吕、虞、梁"来纽双声，鱼阳对转。

三、辐射式

辐射式是指由初文或准初文在不同方向上派生。与连锁式不同的是，辐射式派生出的不同意义分支都是源自同一个起点。而连锁式则是连贯式的，不停地转换派生起点，后一公共义是由前一公共义派生而来（图5-2）。

图 5-2　辐射式语义脉络

图中，ABC 分别表示三个不同的公共义。辐射式派生至少要有两个不同方向的意义分支，上图为最简式，还可以有更多不同方向上的意义派生。

例一："米、絑、罙、叔"。（卷二"米"字条）

密集（罙）

绣纹（米、絑）

穿凿（叔）

"米"，去皮后粮食作物的籽实。今称稻之实为大米，黍稷梁等之实为小米。《说文·米部》："米，粟实也。"桂馥《说文解字义证》："米，粟之精者也。"《周礼·地官·舍人》："掌米粟之出入，辨其物。"孙诒让正义："已舂者为米。"又，米与絑通。《书·益稷》："藻、火、粉、米、黼、黻、絺、绣，以五采彰施于五色，作服。"唐徐德明《经典释文》引徐邈曰："米作絑，音米。""絑"，象细米似的密集的绣纹。《说文·系部》："絑，绣文如聚细米也。"《玉篇·系部》："絑，画文若聚米。"

"罙"，网。《说文·网部》："罙，周行也。"罙本作罙。段玉裁《说文解字注》："各本作周行也……乃涉郑笺而误。今寻上下文皆网名。《篇》《韵》皆云'罙，罟也'，更正。盖罙亦网名，其用主自上冒下。"朱骏声《说文通训定声》："罙，当训冒网也。""罙"与"絑"之共同特征为密集。且"密集"为"絑"之义素，"罙"之语源义。

"叔"，穿凿。《说文·叔部》："叔，残穿也。"徐锴《说文解字系传》："又所以穿也。"段玉裁《说文解字注》："残穿之，去其秽杂。"《广韵·寒韵》："叔，穿也。"引申为穿凿。徐灏《说文解字注笺》："叔，凡有所穿凿亦曰叔。"

"米""絫"的公共义为"绣纹"，由此派生出两个语义分支：其一，由"绣纹"义派生出"密集"义。"绣纹"与"罘"所表"网"均寓含"密集"义，"密集"为诸词之语源义；其二，由"绣纹"义又派生出"穿凿"义。"绣纹"需要一针一针刺穿布料，方绣出纹样来，故亦寓含"穿凿"义，与"叔"之义同。

考其音，"米、絫、罘、叔"明（鼻音）来（边音）、来从邻纽；脂歌旁转，歌元对转。

例二："水、㳅、準（准）、埻、飧"。（卷二"水"字条）

"水"，无色无味的透明液体。《说文·水部》："水，准也。北方之行。象众水并流，中有微阳之气也。"唐李白《将进酒》："君不见黄河之水天上来，奔流到海不复回。""㳅"同"水"。《说文·㳅部》："㳅，二水也。阙。"王筠《说文句读》："既释以二水也，而又云阙者，盖㳅即水之异文。许君未得确据，故不质言之……《集韵》曰：'闽人谓水曰㳅'，则谓水、㳅为两字。安康王玉树松亭曰：'邝氏《易》坎为水，水作㳅。'郭忠恕《佩觿集》：'音义一而体别：水为㳅，火为焱。是水与㳅音义并同。'筠案：此说最精。凡叠二成文者，如㳠、炎、从、棘、㐲、叱、狋、鱻、所等字，皆当与本字无异。"

"水"由本义引申为"用水测平"义。《释名·释天》："水，准也，准平物也。"《白虎通义·五行》："水之为言准也，养物平均，有准则也。"均衡、滋润为水之特征。"準"（准），平。《说文·水部》："准，平也。从水，隼声。"段玉裁《说文解字注》："谓水之平也。天下莫平于水。"又引申为均等义。《汉书·律历志》："準绳嘉量。"颜师古注引张晏曰："准，水平。""埻"，箭靶子。《说文·土部》："埻，射臬也。从土羣声。读若准。"引申为准则义。《广雅·释诂一》："埻，法也。"《潜夫论·交际》："得则誉之，怨则谤之，平议无埻的，讥誉无效验。"

又，"水"寓含"滋润、湿润"义。"飧"，晚饭。《广韵·魂韵》："飧，《说文》：'餔也。'"柳宗元《种树郭橐驼传》："吾小人辍飧饔以劳吏者，且不得暇。"引申为"用水泡饭"。《玉篇·食部》："水和放也。"《释名·释饮食》："飧，散也。投水于中解散也。"《礼记·玉藻》："君未覆手，不敢飧。"孔颖达疏："飧，谓用饮浇饭于器中也。""飧"之此引申义与"水"之"滋润"义同。

考其音，"水、冰、準、埻、飧"书章旁纽，书心邻纽；微文对转。

例三："巢、樔、轈、槈"。（卷九"巢"字条）

"巢"，鸟窝。《说文·巢部》："巢，鸟在木上曰巢，在穴曰窠。从木，象形。"《诗·召南·鹊巢》："维鹊有巢，维鸠居之。"也指古人住的巢穴。《礼记·礼运》："昔者先王未有宫室，冬则居营窟，夏则居橧巢。"

"樔"，泽中守望的草楼。《说文·木部》："樔，泽中守草楼。从木，巢声。"段玉裁《说文解字注》："谓泽中守望之草楼也。草楼，盖以草覆之。……从巢者，谓高如巢。"徐锴《说文解字系传》："谓其高若鸟巢也，今田中守稻屋然。"引申为鸟窝，也指未有房屋时前人的住处。《论衡·非韩》："尧不诛许由，唐民不皆樔处。"

"巢"从木，象架高之形。《说文·穴部》："窠，空也。穴中曰窠，树上曰巢。"段玉裁《说文解字注》："巢之言高也，窠之言空也。在穴之鸟，如鸼鸽之属。今江苏语言通名禽兽所止曰窠。"由"巢"之高义派生出"轈"。后者高似巢者，故得以衍生。

"轈"，古代军中用以瞭望敌军的兵车。《说文·车部》："轈，兵高车加巢以望敌也。从车，巢声。《春秋传》曰：'楚子登轈车。'"段玉裁《说文解字注》："今《左传》作'巢车'。杜曰：'巢车，车上为橹。'此正言橹似巢，不得言加巢。宣十五年传：'晋使解扬如宋，楚子登诸楼车。'服虔曰：'楼车所以窥望敌军，《兵法》所谓云梯者。'杜曰：'楼车，车上望橹。'"《玉篇·车部》："轈，兵车若巢以望敌也。"《东周列国志》第三十七回："得十禽者，赏以轈车一乘。"

由"巢"之空义派生出"槈"。"槈"，车毂中间穿车轴的孔。《说文·木部》："槈，車毂中空也。从木枭声，读若薮。"徐锴《说文解字系传》："槈，车毂中贯轴处也。《周礼》作薮，假借也。"朱骏声《说文通训定声》："槈，毂上众辐所趋之孔，其凿深三寸，辐广如之。"

考其音，"巢、樔、轈、槈"崇纽双声，崇山旁纽；宵部叠韵，宵侯旁转。

四、综合式

综合式是连锁式与辐射式两种类型的结合，即在语义派生过程中既有连锁式，也有辐射式。

例一："一、壹、勻、殪、懿、酌、趋、馬"。（卷三"一"字条）

"一"，一。《说文·一部》："一，惟初太始，道立于一，造分天地，化成万物。"此为道家对天地万物来源的解释。许氏所训为词的文化意义。"一"本义当为一。《论语·公冶长》："回也闻一以知十，赐也闻一以知二。"《仪礼·乡射礼》："却手自弓下取一个。"《汉书·律历志》："数者，一、十、百、千、万也。所以算数事物顺性命之理也。"《诸子平议·扬子法言二》："虽千一不可知也。"俞樾按："一，谓一岁。""馬"，一岁的马。《说文·马部》："馬，马一岁也。"《小学搜佚·纂文》："马一岁为馬。""殪"，死。《说文·歺部》："殪，死也。从歺，壹声。"王筠《说文释例》："当增'壹省声'。'壹'，从壶，吉声。此则以'死'代'吉'也。"《诗·小雅·吉日》："发彼小豝，殪此大兕。"毛传："殪，一发而死。"孔颖达疏："《释诂》云：'殪，死也。'发矢射之即殪，是一发而死也。""一"为"馬"与"殪"之语源义。

"一"与"壹"通，表"专一"义。《淮南子·说山》："用心一也。"高诱注："一，精专也。"《潜夫论·五德志》："虽一精思，议而复误。"汪继培笺："一，读专壹之壹。"《逸周书·文儆》："不维一保监顺时。"朱右曾集训校释："一，读为壹，专意也。""壹"，专一。《诗·小雅·都人士序》："则民德归一。"郑玄笺："一者，专也，同也。"《说文·壹部》："壹，专壹也。"朱骏声《说文通训定声》："壹，假借为一。"

由"专一"义引申出"美德"义。"懿"，美德。《说文·壹部》："懿，专久而美也。"段玉裁《说文解字注》："专壹而后可久，可久而后美。"《尔雅·释诂》："懿，美也。"《周颂·时迈》："我求懿德。"《左传·文公十八年》："忠肃共懿。"孔颖达疏："懿者，美也。保己精粹，立行纯厚也。"

"一"是最小的正整数，引申为少许义。《广韵·质韵》："一，少也。"颜延之《庭诰文》："选书务一，不尚烦密。"《韩非子·安危》："国不得一安。""匀"，分。《说文·勹部》："匀，少也。"朱骏声《说文通训定声》："凡物分则少，二，犹分也。""酌"，少饮。《说文·酉部》："酌，少少饮也。"《玉篇·酉部》："少饮也。""匀"有少义。"酌"从匀得声，"少"为声符"匀"所载之义素。

"一"又引申出"单独"义。杜甫《咏怀古迹五首》之五："万古云霄一羽毛。"仇兆鳌详注："一，独也。"《方言》卷十二："一，蜀也。南楚谓之独。"郭璞注："蜀，犹独耳。"元萨都剌《宿经山寺》："野人一宿经山寺，十里松声半夜潮。""趬"，《广韵·清韵》："趬，独行兒。"《说文·走部》："趬，独行也。"段玉裁《说文解字注》："《唐风》：'独行茕茕'。毛曰：'茕茕无所依也。'茕声、匀声合音最近，故茕、趬同义。"

考其音，"一、壹、匀、瘦、懿、酌、趬、禹"影与群匣邻纽；余纽字与群匣纽字可以是同源关系，余章旁纽；质真对转，真元旁转，质耕通转，耕药旁对转。

例二："亩、窌、稟（禀）、食、粒、糣、饎、飤、宦、啬（嗇）、稽（穑）、韜、稙"。（卷七"亩"字条）

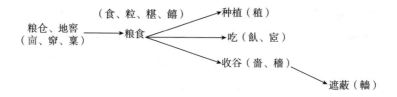

"亩"，粮仓，也指收藏宝物的仓库。《说文·亩部》："亩，谷所振入。宗庙粢盛，仓黄亩而取之，故谓之亩。从入，回象屋形，中有户牖。"《玉篇·亩部》："亩，藏米室也。亦作廪。"《通志·六书略一》："方曰仓，圆曰亩。上象其盖。""窌"，地窖。后作"窖"。《说文·穴部》："窌，窖也。从穴，卯声。"《周礼·考工记·匠人》："困、窌、仓、城，逆墙六分。"郑玄注："穿地曰窌。""稟"（禀），同"廪"，粮仓。《说文·亩部》："稟，赐谷也。从亩从禾。"《汉书·文帝纪》："今闻吏稟当受鬻者，或以陈粟，岂称养老之意哉！"

"亩"引申为粮食义，由此派生出"食、粒、糣、饎"。"食"，饭食。《说文·食部》："食，一米也。从皀人声。或说人皀也。"《左传·隐公元年》："小人有母，皆尝小人之食矣。"引申为粮食。《汉书·食货志》：

"食，谓农殖嘉谷，可食之物。"《战国策·西周策》："籍兵乞食于西周。"高诱注："食，粮也。""粒"，米粒，谷粒。《说文·米部》："粒，糳也。从米，立声。"段玉裁《说文解字注》："粒乃糳之别义，正谓米粒。"《广韵·缉韵》："粒，米粒也。"《文选·张华〈鹪鹩赋〉》："每食不过数粒。"吕延济注："粒，米也。""糂"，以米和羹，也指用米掺和其他食物制成的食品。《说文·米部》："糂，以米和羹也。一曰粒也。从米，甚声。糝，古文糂从参。"《广韵·感韵》："糂，羹糂。"《书·益稷》："烝民乃粒。"江声集注音疏："糂，即俗所呼米糁。""饎"，酒食、熟食。《说文·食部》："饎，酒食也。从食喜声。《诗》曰：'可以馈饎。'"引申为黍稷、粮食。段玉裁《说文解字注》："饎本酒食之称，因之名炊曰饎，因之名黍稷曰饎，引申之义也。"《玉篇·食部》："饎，《毛诗》又云：'大饎是承。'笺云：'饎，黍稷也。'"

由粮食义又分别派生出三个分支，分别为种植义、收谷义、吃义。

"稙"，早种、种植。《说文·禾部》："稙，早穜也。从禾直声。"钱坫《说文解字斠诠》："今种植当作种稙。"《诗·鲁颂·閟宫》："植稚菽麦。"毛传："先种曰稙，后种曰稚。"贾思勰《齐民要术·种谷》："二月三月种者为稙禾，四月五月种者为稚禾。"

"啬"（嗇），收获谷物。后作"穑"（穯）。《说文·嗇部》："嗇，爱濇也。从来从㐭。来者，㐭而藏之。故田夫谓之嗇夫。"朱骏声《说文通训定声》："此字本训当为收谷，即穑之古文也。"《说文·禾部》："穑，谷可收曰穑。从禾，嗇声。"《礼记·郊特牲》："腊之祭也，主先啬而祭司啬也。"《史记·殷本纪》："舍我啬事。"《书·洪范》："土爰稼穑。"王肃注："种之曰稼，敛之曰穑。"《诗·魏风·伐檀》："不稼不穑，胡取禾三百廛兮？"

"飤"，喂养，给人或畜吃。《说文·食部》："飤，粮也。从人、食。"段玉裁《说文解字注》："以食食人物。其字本作食，俗作飤，或作饲。"《楚辞·七谏·怨思》："子推自割而飤君兮。""宦"，屋子里的东北角。《说文·宀部》："宧，养也。室之东北隅，食所居。从宀，臣声。"《尔雅·释宫》："室东北隅谓之宧。"郝懿行《尔雅义疏》："'宧'与'颐'同。《释诂》'颐'训'养也'。云'食所居'者，古人庖厨食阁皆在室之东北隅，以迎养气。"引申为养育。陆德明《经典释文·尔雅音义》引李巡云："东北者阳气始起，育养万物，故曰宧。宧，养也。"

《文始》（1999：362）："墙字从嗇，则嗇亦有垣墙之义，即㣇墙也。"故由"嗇"又派生出"輤"。"輤"，古代车厢旁或车前曲栏上用皮革交错而成的障蔽物。《说文·车部》："轖，車籍交错也。从车啬声。"桂馥《说文解字义证》："'籍'当为'藉'，'错'当为'革'。"段玉裁《说文解字注》："交革者，交犹遮也。"朱骏声《说文通训定声》："轖，谓交结错乱也。"枚乘《七发》："意者久耽安乐，日夜无极，邪气袭逆，中若结轖。"钱谦益《太祖实录辨证一》："余以万历戊午读《夷白集》，怀疑胸臆如有物结轖者。"障蔽、遮蔽义当为啬声所载之义素。

考其音，"亩、窌、稟、食、粒、糂、饎、飤、宧、嗇、穡、轖、稙"疑晓旁纽，疑来邻纽；侵部叠韵。

例三："率、罪、羅（罗）、繂、𢿨、𤔔、𢇍、亂（乱）、纚、達、衡、述、豕、循、遵、隨（随）、捽、擳"。（卷一"率"字条）

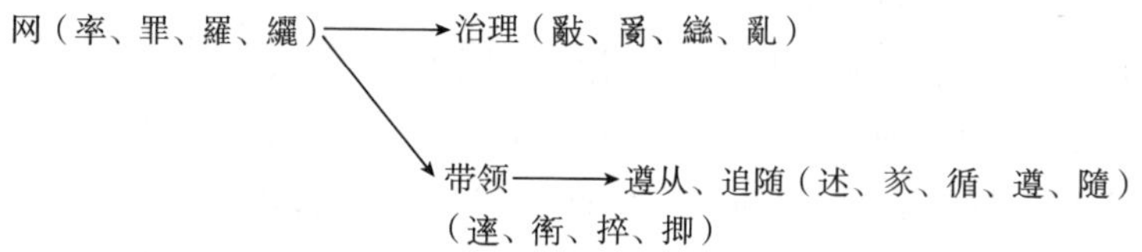

"率、罪、羅（罗）、纚"俱有"网"义。"率"，古代捕鸟用的一种长柄的网。《说文·率部》："捕鸟毕也。象丝网，上下其竿柄也。"段玉裁《说文解字注》："毕者，田网也，所以捕鸟也。亦名率。"《广韵·至韵》："率，鸟网也。"引申为用网捕捉鸟兽。《文选·张衡〈东京赋〉》："悉率百禽。"薛综注："率，敛也。""罪"，捕鱼竹网。《说文·网部》："罪，捕鱼竹网。从网、非。秦以罪为辠字。"段玉裁《说文解字注》："本形声之字。始皇改为会意字也。……《文字音义》云：始皇以辠字似皇，乃改为罪。按经典多出秦后，故皆作罪。罪之本义少见于竹帛。"《字汇补》："罪，捕鱼器。""羅"（罗），捕鸟的网。《说文·网部》："罗，以丝罟鸟也。从网从维。古者芒氏初作罗。"《尔雅·释器》："鸟罟谓之罗。"《诗·王风》："雉离于罗。"《周礼·夏官·罗氏》："掌罗乌鸟。""纚"，古代束发的布帛。《说文·糸部》："纚，冠织也。从糸，丽声。"段玉裁《说文解字注》："网有名纚者。薛综曰：'纚网如箕形，狭后广前。'"以"其形本似网"（《文始》，1999：186）而相孳乳。

《文始》（1999：185）："网丝本易乱，纲以理之则治。"故由网义衍生出治理义。"𢿨"同"𢿨"，烦乱。《说文·支部》："𢿨，烦也。从支从𤔔，𤔔亦声。"段玉裁《说文解字注》："烦曰𢿨，治其烦亦曰乱也。""𤔔"，治理，同"亂"（乱）。《说文·受部》："𤔔，治也。幺子相乱，受治之也。读若乱同。一曰理也。"段玉裁《说文解字注》："此与《乙部》'乱'音义皆同。"《说文·乙部》："乱，治也。从乙，乙，治之也；从𤔔。"《书·盘庚中》："兹予有乱政同位，具乃贝玉。"孔安国传："乱，治也。此我有治政之臣。同位于父祖。""𤔔"，治理。《说文·言部》："𤔔，乱也。一曰治也。一曰不绝也。从言、丝。"段玉裁《说文解字注》："与爪部𤔔、乙部乱音义皆同。"《玉篇·言部》："𤔔，理也。"

"率"由网义引申为带领、统率义，派生出"逵、衜、捽、揤"。"率"，《广韵·质韵》："率，领也。"《三国志·诸葛亮传》："将军身率益州之众出于秦川。""逵"，先导、引导。《说文·辵部》："逵，先道也。从辵，率声。"段玉裁《说文解字注》："道今之导字。逵，经典假率字为之。"商鞅方升铭文："十八年，齐逵卿大夫来聘。""衜"，率领。《集韵·至韵》："衜，将也。通作帅、率。""捽"，抓住头发。《说文·手部》："捽，持头发也。从手，卒声。"《淮南子·氾论训》："溺则捽其发而拯。""揤"，捽。《说文·手部》："揤，捽也。从手即声。""捽、揤"之"抓住头发"义与"统率"义相通。

由带领义引申出遵从、追随义，派生出"述、豙、循、遵、隨（随）"。"述"，遵循。《说文·辵部》："述，循也。从辵，术声。"《书·五子之歌》："述大禹之戒以作歌。"孔安国传："述，循也。""豙"，同"遂"，顺从。《说文·八部》："豙，从意也。从八，豕声。"段玉裁《说文解字注》："从，相听也。豙者，听从之意。……随从字当作豙，后世皆以遂为豙矣。""循"，顺着。《说文·彳部》："循，行顺也。从彳，盾声。"桂馥《说文解字义证》："行顺也者，当为顺行。"《庄子·天道》："循道而趋。"《庄子·列御寇》："循墙而走。""遵"，顺着。《说文·辵部》："遵，循也。从辵，尊声。"《诗·豳风·七月》："女执懿筐，遵彼微行。"陆机《文赋》："遵四时以叹逝，瞻万物而思纷。""隨"（随），跟从、跟随。《说文·辵部》："隨，从也。从辵，𡐦省声。"《玉篇·阜部》："随，从也。"引申为顺着。《广雅·释诂一》："随，顺也。"《书·禹贡》："禹敷土，随山刊木，奠高山大川。"

考其音，"率、罪、羅、𢇍、敽、𤔔、𤔔、亂、䜌、逵、衜、述、豙、循、遵、隨、捽、揤"来船与精从心邪山为邻纽；物微文对转，物月、铎职旁转，月元歌铎通转，铎支旁对转。

第六章　中国传统学术话语转型的可能：
章太炎语源学思想价值及其对现代学术的意义

第一节　《文始》语源学价值的再认识

《文始》是近代研究汉语语源的第一部专著。其以初文、准初文为系联基点，以声韵为经纬，在章太炎转注假借理论的基础上，运用"变易""孳乳"两大原则，将具有同源关系的字词系联在一起，从而展示出汉语词汇的规律性和系统性。

尽管《文始》在中国语源学史上具有开创性意义，但这部承上启下的学术巨著一直以来却未能得到充分的重视。本书围绕《文始》的相关争论展开全景式考察，尤其是首次对初文、准初文及由其系联的5910个字词进行了语源学检验，以期重新认识《文始》的学科价值和学术贡献。

具体而言，本书主要提出并论证了以下结论：

一、"最初形声字"之质疑

我们对《文始》提出的初文、准初文的定义予以考辨，继而对第三类准初文即所谓"声具而行残"的形声字予以了质疑。通观全书，仅有"氏"和"内"属于这类，且章太炎均将其称为"最初形声字"，然据考察，"氏"为合体指事字，而"内"为纯象形字，均不属于形声字，故其所谓的"声具而行残"类准初文问题较大。

二、510个初文、准初文之完整呈现及相关考辨

章太炎在《文始·叙例》中明确指出《文始》中的初文、准初文总数"都五百十字"，但长期以来学界一直未能找齐并找准这510个初文、准初文。经过我们的考察，首次全面准确地找到了章太炎所谓的510个初文、

准初文。

在此基础之上，我们对这 510 个初文、准初文予以了考察，发现只有 492 个符合初文、准初文的标准。其中有 8 个因属于会意字或形声字而不符合初文、准初文的标准，另有 10 个因属于非字也应从初文、准初文中剔除。

此外，我们借助甲骨文等出土文献研究成果发现《文始》中章太炎指明的形体结构类型的初文、准初文之中有 11 处分析有误。

三、《文始》九卷之语源学检验

基于《文始》"初文""准初文"的全面研究，我们对全书九卷系联的所有字词予以穷尽性的语源学检验。

据考察，《文始》九卷共系联 5910 个字词，其中具备语音通转关系的字词共有 5398 个，占总数的 91.3%（表 6-1）。

表 6-1 《文始》九卷语音通转检验结果

卷数	字条数	系联字词总数（个）	通转数		不通转数	
			数量（个）	比重（%）	数量（个）	比重（%）
卷一	88	947	855	90.3	92	9.7
卷二	60	741	658	88.8	83	11.2
卷三	32	519	452	87.1	67	12.9
卷四	34	492	470	95.5	22	4.5
卷五	79	819	747	91.2	72	8.8
卷六	36	540	513	95.0	27	5.0
卷七	62	878	801	91.2	77	8.8
卷八	40	485	462	95.3	23	4.7
卷九	32	489	440	90.0	49	10.0
合计	463	5910	5398	91.3	512	8.7

在语音筛选结果的基础上，采用语义标准进行再一次检验，剔除其中语义系联有误者，最终保留下来的是语音语义皆具亲缘关系的同源字词。据统计，共有 5157 个，占总数的 87.3%（表 6-2）。由此可见，章太炎《文始》所系联的同源字词大多数仍是可靠的。

表6-2《文始》九卷语源学检验结果总表

卷数	字条数	系联字词总数（个）	同源字词数		非同源字词数	
			数量（个）	比重（%）	数量（个）	比重（%）
卷一	88	947	836	88.3	111	11.7
卷二	60	741	644	87.0	97	13.0
卷三	32	519	448	86.3	71	13.7
卷四	34	492	449	91.3	43	8.7
卷五	79	819	731	89.3	88	10.7
卷六	36	540	492	91.1	48	8.9
卷七	62	878	769	87.6	109	12.4
卷八	40	485	350	72.2	135	27.8
卷九	32	489	438	89.6	51	10.4
合计	463	5910	5157	87.3	753	12.7

尽管对于章太炎上古音系统及音转理论，学界历来褒贬不一，其中《成均图》作为章太炎古音学上的重大发明和《文始》韵转的重要基础，更是成为学界争议的焦点，且总体上褒少贬多，但基于《文始》九卷的穷尽性语源学检验结果，我们认为对于章太炎上古音系统及音转说的理论贡献和《文始》的学术价值似应给予更多的肯定。

四、《文始》之语义关系及派生类型

基于《文始》九卷的全景式语源学检验，我们对《文始》内部的语义关系和语义派生类型予以了进一步的实例研究。《文始》同源词之间的语义亲缘关系可分为语义相同、语义相反相对和语义相通。语义派生类型则可分为孤立式、连锁式、辐射式和综合式。

上述研究在一定程度上说明了《文始》从方案的设计到实践操作都取得了重要成就，同时也证实了章太炎倡导"形音义三，皆得俞脉"（《论汉字统一会》）及"形体声类，更相扶胥"（《文始·叙例》）的方法论在《文始》中得以成功应用。

尽管章太炎未参照出土文献给其研究带来了局限性，其建构的古音体系尚有不完善之处，其提出的"交纽转"和"隔越转"受到学界广泛质疑，其设立的"初文""准初文"实为同源字词的系联起点而非推源起点，其具体系联的字词也有小部分（12.7%）有误，但依旧是瑕不掩瑜。

当然，目前关于《文始》和章太炎的词源研究尚存在许多有待拓展和提升的空间。

第二节　章太炎语源学思想及其对现代学术的意义

《文始》是章太炎语源学思想的重要结晶，对其学术价值和历史贡献予以再认识，有助于对章太炎的语源学思想价值乃至其整个学术思想体系作进一步的探讨。

第一，章太炎的《文始》作为近代第一部语源学专著，在确立语转说完全科学化的过程中起到了决定性作用。

汉语语源学导源于先秦名实关系的讨论及声训的使用，迄今已有两千多年的历史。自先秦至清代，据殷寄明《中国语源学史》（2002）的划分，汉语语源学经历了八个阶段、四个高峰期。纵观汉语语源学发展史，实际上"就是声训流派、语转说流派、右文说流派从合到分，又从分到合的历史"（殷寄明，2002：5）。

作为传统语源学三大流派之一的语转说流派，肇始于东汉扬雄。扬雄于《方言》中首次使用"语之转""转语"，而后晋代郭璞《方言注》亦提出"语声转""声之转""语转"。自宋代郑樵《七音略》首倡"内转""外转"之说，始开启语转说科学化之路。嗣后清代戴震于《论韵书中字义答秦尚书蕙田》中提出"义由声出"，又于《转语二十章》中提出"疑于义者以声求之，疑于声者以义正之"的"因声求义"的原则，首次将语词纳入上古声纽系统中以探求其增殖、发展之势，为语转说纳入科学化轨道做出了关键性贡献。王念孙《叠韵转语》则首次从上古声纽及韵部两个角度来确定语词的语音亲缘关系，进一步推进了语转说的科学化。而章太炎《文始》则是在戴震、王念孙等的基础上，彻底实现了语转说完全科学化的嬗变。它的问世标志着"导源于汉代扬雄《方言》的语转说经历了大约二十个世纪之后，完全走上了科学化的轨道"。（殷寄明，2002：250）

《文始》之所以能完成语转说完全科学化的历史使命，主要取决于以下几方面：

其一，受西方语言学的深刻影响。

在西学东渐的大背景下，章太炎受西方语言学思想影响，认识到"有语言然后有文字"（《訄书·订文第二十五》，1900），"文字原是言语的符号，未有文字以前，却已有了言语"（《说新文化与旧文化》，1921），特别是在西方"语根"学说的影响下明确指出"诸言语皆有根"（《语言源起说》，1910）及"语言有所起""义率有缘"（《自述学术次第》，1936）等重要观点，在汉语研究中提出了"语根""语基""语原"等概念，进而在《文始》中首创"初文""准初文"这一对重要的语源学术语。

其二，将语词纳入严密的声韵系统之中考察其语音亲缘关系。

《文始》的成就正是建构在章太炎古音学体系的坚实基础之上。有清一代，古音学成就蔚为大观，而能集清代三百年古音学之大成者，当推章太炎。其所著《成均图》《二十三部音准》《音理论》《古音娘日二母归泥说》《一字重音说》《古双声说》等集中体现了章太炎在古音学上的成就。作为第一位建立完整上古声类系统的学者，章太炎提出"古音娘日二纽归泥说"，定古声为五类二十一纽，又从脂部独立出队部，定古韵为二十三部，将清代古音学成就推向高峰。在此基础上，章太炎继承了戴震的《转语二十章》、孔广森的"阴阳对转"与严可均的"韵类旁通"学说，提出了近转、旁转、正对转、次对转等概念，揭示了阴声韵、阳声韵相互转化等现象，将语词置于严密的声韵系统之中加以考察，为语转说的完全科学化提供了坚实的基础。吴根友、孙邦金等（2015：976）指出："章氏继承了乾嘉音韵学的研究成果和研究方法，从声、韵两方面来考察同源字的语音联系，为音韵学、同源字、字义学的研究开辟了一条新的途径，而且也比较科学地说明了古音的发展规律，为中国语言文字学的研究奠定了新的语言科学的基础。"

其三，首次对字词间的亲缘关系予以了全景式考释。

"对汉语同源字作全面的研究，是章炳麟的创举。"（王力，1982：39）"《文始》之前的汉语字源（词源）研究，大都是零散随意的系流考源（如'右文说'）、连类而及的排比疏释（如王念孙的《广雅疏证》），即便是少有的字源（词源）专著（如刘熙的《释名》）或单篇的专门文章（如王念孙的《释大》、程瑶田的《果赢转语记》等），也都缺乏完整明确的理论指导和系统全面的系联求源。"（许良越，2015：367）其中就单篇的专门文章而言，清代王念孙尝作《释大》，将具有"大"义之字加以搜集梳理，声纽相同者归为一篇，每一篇实质上都是对一个同源词词族的考释。清代程瑶田的《通艺录·果赢转语记》以双声叠韵为线索，考释了200多个具有"圆"义的同源连绵词，并提出"声随形命，字依声立"之说，对于同源连绵词的研究做出了突出贡献。

《文始》与此二者相较，虽然写作动机相同，都试图通过同源词考释展现词汇增殖、发展之大势，但是《释大》仅系联"大"义同源词族，

《果蠃转语记》亦仅侧重于系联"圆"义同源词族，其涉及面均远不及《文始》。《文始》全书共四百余字条，系联近六千字，以章太炎转注、假借理论为基础，提出了"变易""孳乳"两大义转规律，以此全景式地揭示汉语词汇衍生的规律性和系统性。

其四，运用了科学的方法论。

要探寻"言语"之根，章太炎认为应"形体声类，更相扶胥"（《文始·叙例》）。此外他在继承王念孙"就古音以求古义，引申触类，不限形体"的基础上又提出了"形音义三，皆得俞脉"（《论汉字统一会》）的方法论。许嘉璐（1990：70）曾高度评价道："章氏之高于前人者，于文与字，不驻足于音同义同、音近义通、一声之转之混沌，而依文字发展演变规律以探其源，以今语言之，有历时观念也。"经考察，《文始》系联的5910 个字词中有5157 个（占总数的87.3%）属于语音、语义皆具有亲缘关系的同源字词。

以上四个方面既是章太炎《文始》得以完成语转说完全科学化的原因，也是章太炎对汉语语源学的突出理论贡献。

我们以为，重新认识《文始》的历史贡献，并由此探讨章太炎的语源学思想价值，对当代汉语语源学发展而言有着重要的学科价值。曾昭聪（2018）曾指出当代汉语词源学研究存在四大方面的不足之处，强调"面向新时代的汉语词源学研究如何总结既往并继续发展，是摆在语言学者面前的历史重任"，"从汉语汉字的基本特点，立足于中国传统词源学研究，吸收西方的词源学研究理论，进行具有中国特色、汉语特色的汉语词源学的理论建设与应用研究，是汉语词源学研究的必由之路，是语言学学科建设的需要，也是增强'文化自信'和提高'文化软实力'的重要举措，对于'构建中国特色哲学社会科学学科体系'更有深刻的时代意义"。因此，在前贤时彦的基础上，"深入总结章太炎《文始》及其相关材料词源研究的理论与实践，这是中国语言学史和汉语词源学史研究中极有现实意义的重要课题，对于现代方兴未艾的汉语词源研究也具有特殊的参考价值"。（刘丽群，2012）

第二，章太炎的《文始》研究对于中国现代语言学的建设也有不应忽视的意义。他的研究既是立足于汉语自身的发展特点，更是用现代的学术精神重新审视传统并加以合理继承，而非简单否定、替代、切割、剪裁或是全盘照搬。

1906 年，他首倡由"语言文字之学"取代传统"小学"，由此预示着中国传统学术话语实现现代转型的一种新可能。

在章太炎（2003：2）看来，传统"小学"即文字之学，"是正文字之小学，括形声义三者而其义始全"。即是围绕汉字的形音义三方面开展研究，并由此分别生出三个分支：文字学、音韵学和训诂学。因历来为解读先秦典籍服务，故被视作经学的附庸。研治"小学"是读懂读通古书群经的基础和前提，也是章太炎学术思想体系的基点所在。"小学"发展至清代已进入了鼎盛期，但作为"乾嘉以来小学的集大成者"，章太炎并"没有停留在古人基础上，他积极汲取西方文字学研究成果，特别接受了德国马格斯牟拉学说，致力于建立起具有本民族特色的语言文字学，将传统小学，一变为一门独立的有条理系统的现代语言文字学。"由此，他"使小学摆脱了经学的附庸地位"，并将"语言文字学作为宣传爱国思想，激发民族自尊心的一个重要内容，作为振兴民族文化，挽救祖国命运的一个重要手段，即他一贯提倡的'以国粹激动种性，增进爱国的热肠'"。（章念驰，1990）

这一重要学术实践不仅成为汉语语源学走向独立化、科学化的必备条件，而且标志着现代汉语言文字学学科观念的确立，更预示着中国传统学术话语向现代学术话语转型的可能。

从传统"小学"到现代"语言文字之学"（章太炎《论语言文字之学》，1906），是取代，更是发展。这种由中国传统学术话语到现代学术话语的转型显示了任何"转型/转换"都不应该是简单的西方话语的"替换"，不能用所谓的西方新近的现代学术来替换中国传统的学术，尤其当关涉到一种语言文字的研究更是如此。因为"语言文字是一个民族文化的载体，它直接影响着一个民族的思维方式和思想、情感、意志的表达方式"（姜义华，2016），故而要实现现代转型，前提是必须充分地理解传统的价值。

就"语言文字之学"这一现代术语而言，它既凸显了新知识即"语言（学）"，同时又内蕴了旧知识的内核即"文字（学）"。文字是除语言之外人类最重要的符号系统。而与拼音文字主要承担记音功能相较，汉字本身又蕴含着不容忽视的特殊性。西方后现代思想宗师朱莉娅·克里斯蒂娃（Julia Kristeva）就对汉字的特殊价值倍加推崇。2012 年她在上海发表演讲时曾指出："汉语是历史上独一无二的语言"，"继埃及、巴比伦和玛雅之后，只有中国（及身后的日本、东南亚）还继续'书写着'"。"每一个汉字都是一个意象图示，每一个汉字都或多或少地代表着中国人对于世界的认识"。也正是由于对汉字价值的清晰认识，当面对废除汉字，全面实现拼音化的主张时，章太炎专门予以批驳，"研究并制定了汉字注音的方案，讨论了汉字书写怎样更方便、普遍识读汉字如何与教育普及相结合等非常现实的问题"（姜义华，2016）。1918 年北洋政府教育部正式颁行的注音字母即是以章太炎的记音字母作为蓝本。

可见，从传统"小学"到现代"语言文字之学"，章太炎并非简单地将西方的语言学理论导入，继而用汉语事实加以填充，他的研究显然是在充分理解传统"小学"的基础上用现代语言文字之学观念加以观照的结果。

更重要的是，章太炎的《文始》研究彰显了现代语言学的方法论意识。传统语文学研究通常倾向于案例式的讨论，章太炎的全景式研究则显示了从某种限定的全部材料中抽绎出理论模型的过程，这是现代"语言文字之学"研究方法论的最重要特征之一。正如姜义华所指出的，继 1906 年首倡"语言文字之学"后，他于"1908 年前后陆续完成的《新方言》《小学答问》《文始》及《国故论衡》上卷等著述"，"标志着他不仅总清代以往学术之大成，而且使语言学作为一个全新的学术体系得以诞生"。

进而言之，在语言研究上，章太炎既注重理论模型的普遍性，也注重理论模型的有效性或适用性。由此彰显了"现代性"的内核和精髓所在。他"在语言学上的努力，所维护的不仅是汉语言文字存在与提升的必要性、合理性，而且是全部中国人文乃至社会科学以汉语言文字表达、存在、提升的必然性、合法性"。（姜义华，2016）

第三，章太炎语源学思想对于了解其学术思想乃至整个中国现代学术话语体系的建构而言，同样具有重要的方法论启示。

晚清以来，国势衰微，西学大举涌入，中国传统思想与学术受到了极大冲击。在中国传统社会向现代社会转型的历史时期，"中国学术亟需转型开新，从而在新的时代里得以自立，形成真正的中国话语，为中国未来发展提供思想资源"。对此章太炎有过深入的思考分析，他立足于"自国自心"（姜义华，2016），积极探索和构建具有鲜明现代性的新的学术体系。

晚清知识分子在救亡图存的道路上常表现为以下几种类型：一是抱残守缺、故步自封，即"照着说"；二是全面性地引进西方知识体系来替代中国传统的知识体系，即"另外说"，比如主张废除"落后"的汉字，用"代表文明和开化"的拼音文字来取代；三是借鉴西方新知来改造中国传统旧体系，用新眼光来考察旧学说，从而让旧知识、旧思想催生出新知识，即"接着说"。显然，章太炎属于第三类。他曾明确提出，中国学术"必须坚定不移地以'自国自心'为自己的基本立足点"，"强调治学应从'自国自心'出发，通过对中国历史与现状的思考，让中国学术一面具有现代品格，一面形成自身的话语特色"。（姜义华，2016）

就现代学科体系而言，除语言学外，章太炎对历史学、哲学、宗教学、文学、美学、伦理学等人文学科的现代发展乃至学科体系的构建都发挥了相当重要的推动作用。

从他宏富的著述体系也可以反映出章太炎促使中西学交融，以实现中国传统学术话语现代转型的努力。作为中国"新旧时代交替中的一个人物，他思想上有许多因袭传统的东西，也有撷取外来文化的东西，构成了他非常庞杂的思想体系和学术体系"。（章念驰，1990）（图6-1）

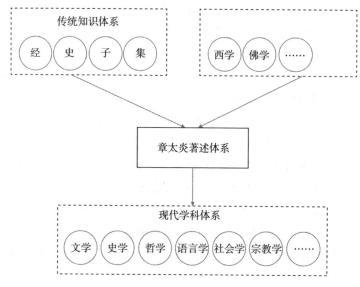

图6-1 章太炎著述体系与中国学术、思想的现代转型

"经、史、子、集"作为中国传统文化典籍按内容区分的四大部类，代表着中国传统知识体系。四部中以"经"为首。经学是中国古代学术的主体，也是"中国传统知识体系的基石"。晚清以前，章太炎的研究"还没有完全脱离原有的四部知识体系"（邓秉元，2017）。如《春秋左传读》《刘子政左氏说》等为早年致力于《春秋左传》研究的著作；《庄子解故》《管子余义》等为诸子研究的力作。"但是，随着晚清西学东渐的加深，原有知识体系迅速被西方学术体系所取代，经学也被肢解为文史哲等不同学科的对象"。这其中，对"经学观念嬗变起关键作用的是章太炎"。（邓秉元，2017）他的"六经皆史""夷六艺于古史"等观点，彻底消解了六经在传统中国的意识形态权威，使六经从不能质疑的神圣经典下降为古史资料的地位。这不仅使经学在传统学术中的神圣地位得以动摇，也使得传统中国的史学得以摆脱经学的附属地位，成为现代学术当中一门独立的学

科。因此，"按照中国学术'古今之变'的这一大线索来看，章太炎的'六经皆史'说，继承章学诚、龚自珍而翻上一层，对于中国学术、思想的现代转型，具有里程碑式的地位和意义"。（陈永忠，2013）

章太炎的诸子学研究亦"可谓独辟蹊径"。他"不仅对老子、庄子、墨子、荀子和韩非子等都作了深入的研究，而且把孔子仅当作诸子百家中的一家去加以讨论，有许多深刻的认识、卓越的见解，对清末思想界与学术界产生了巨大的影响，不仅打破了千百年来儒家独以一尊的思想地位，其所提倡的诸子平等也使得诸子学研究得以摆脱经学的附属地位"。而且他"提倡的诸子平等对现代中国思想的解放与学术的建立具有先导和启发的意义"。（陈永忠，2013）

此外，章太炎的史学立场"无疑有助他摆脱经学传统羁绊，广泛接受西学"。（邓秉元，2017）《译文集》即是他积极译介西学的产物。其中便有近代中国思想史上第一部整本引进并且首次使用"社会学"正式译名翻译出版的外国社会学著作《社会学》。章太炎十分赞赏 H. 斯宾塞的社会有机论和 F. H. 吉丁斯的同类意识论，而他翻译的这部日译西学著作即综合了这两家学说。他在《訄书》中也对不同社会制度进行了对比，提出了从政治到经济制度的社会改造设想，并从社会学的角度考察了中国人口、语言、文学、心理、宗教、风俗等社会问题。

作为晚清古文经学的最后一位大师，章太炎一方面秉承"经史同源论"，强调经学和史学的同源性，另一方面也"重视引述西方各种社会学理论作为自己经学思想与史学思想的立论依据，并且通过对孔子、儒家、'六经'及其相互关系的梳理，构筑古文学史学系统，最终将古文经学改造为史学"，从而"在推动近代经学向史学转向过程中发挥了重要作用"。（汪高鑫，2011）同样，"在《訄书》与《检论》中，章太炎把诸子（特别是儒道两家——引者注）理解为哲学，其实已经是在用西学来定义传统学术"。（邓秉元，2017）

值得注意的是，他不仅关注传统学术如何向现代学科转型，而且更在《〈社会通诠〉商兑》中强调，必须注意社会科学和自然科学的研究"对象迥然有别，两者研究的结果普适程度很不一样"。"因此，在介绍和评价西方一些社会科学成果时，便不能将它们的研究所得出的若干结论简单化地套用到中国及东方其他许多国家。""这是政治学、经济学、社会学、法学等等社会科学研究中应当尽量避免与克服的一种严重的弊端。"（姜义华，2016）在今天看来，这种观点对于学科学术的发展仍然具有相当重要的指导意义和警醒作用。

近年来，关于"如何建立起不是继续依傍他人，而是真正符合中国实际、世界实际的现代中国学术话语体系"成为一个非常热门的话题，而"国学现代化的首创人物"章太炎早在一百多年前即对此有过深入的思考和有益的探索。他所铸就的现代国学，作为一种与"盲目西化"相对立的学术主张，"具有了明确的现代意识和古为今用的品质"，因而他的"学术理念和特点"十分值得今人总结和学习。在 21 世纪的新形势下，"在国学进一步走向现代的今天，让国学在增强民族凝聚力、提升民众文化素质、推动中国社会文化建设和使中国文化走向世界的进程中发挥最大的作用时，重温章太炎国学的现代精神"，很有意义。（王宁，2017）

可以说，章太炎在近现代中国文化转型期的重大贡献是将中国学术从传统引向现代。他既是中国学术史上最后一个百科全书式的学者，也是中国学术史上第一个具有现代意识的学者；既是传统中国学术的终结者，又是现代中国学术的开启者。

参考文献

［汉］班固撰，［唐］颜师古注：《汉书》，北京，中华书局，1962 年。

曹先擢、苏培成主编：《汉字形义分析字典》，北京，北京大学出版社，1999 年。

陈复华、何九盈：《古韵通晓》，北京，中国社会科学出版社，1987 年。

［清］陈立撰，吴则虞点校：《白虎通疏证》，北京，中华书局，1994 年。

［宋］陈彭年：《广韵》，上海，上海古籍出版社，1983 年。

［晋］陈寿撰，［宋］裴松之注：《三国志》，北京，中华书局，1985 年。

陈晓强：《浅论王力先生对〈文始〉的评价》，《台州学院学报》2005 年第 4 期。

陈晓强：《词源意象与汉字形象论析》，见北京师范大学民俗典籍文字研究中心编：《民俗典籍文字研究（第 8 辑）》，北京，商务印书馆，2011 年。

陈永忠：《革命哲人：章太炎传》，杭州，浙江人民出版社，2008 年。

陈永忠：《章太炎与现代中国的学术转型》，《社会科学战线》2013 年第 8 期。

［元］戴侗撰，党怀兴、刘斌点校：《六书故》，北京，中华书局，2012 年。

邓秉元：《章太炎与近代经学一瞥》，《文汇报》2017 年 11 月 3 日。

［宋］丁度：《集韵》，北京，中国书店，1983 年。

董莲池：《说文解字考正》，北京，作家出版社，2005 年。

［清］段玉裁：《说文解字注》，北京，中华书局，1988 年。

［宋］范晔撰，［唐］李贤等注：《后汉书》，北京，中华书局，1965 年。

［唐］房玄龄等撰：《晋书》，北京，中华书局，1974 年。

［明］冯梦龙：《东周列国志》，杭州，浙江古籍出版社，2010 年。

［瑞典］高本汉著：《汉文典》，潘悟云等编译，上海，上海辞书出版社，1997 年。

［瑞典］高本汉著：《汉语词类》，张世禄译，上海，商务印书馆，1937 年。

高朝富、李义敏：《谈章太炎〈成均图〉的音转理论》，《语文学刊》2001 年第 13 期。

高明：《古文字类编》，北京，中华书局，1980 年。

［南朝·梁］顾野王撰：《大广益会玉篇》，北京，中华书局，1985 年。

［清］桂馥：《说文解字义证》，北京，中华书局，1987 年。

郭晋稀著，赵逵夫编选：《陇上学人文存·郭晋稀卷》，兰州，甘肃人民出版社，2012 年。

郭沫若：《释祖妣》，见郭沫若著作编辑出版委员会编：《郭沫若全集·考古编》第一卷

《甲骨文字研究》，北京，科学出版社，1982 年。

［晋］郭璞注，［宋］邢昺疏：《尔雅注疏》，上海，上海古籍出版社，2010 年。

郭锡良编著：《汉字古音手册（增订本）》，北京，商务印书馆，2010 年。

［战国］韩非子：《韩非子》，上海，上海人民出版社，1974 年。

汉语大字典编辑委员会编著：《汉语大字典（第二版）》，成都，四川辞书出版社，
　　2010 年。

［金］韩道昭撰，宁忌浮校订：《校订五音集韵》，北京，中华书局，1992 年。

胡适：《五十年来中国之文学》，见《胡适文集（第 2 卷）》，合肥，安徽教育出版社，
　　2003 年。

何九盈：《中国现代语言学史（修订版）》，北京，商务印书馆，2008 年。

何九盈：《中国现代语言学史（第 3 版）》，广州，广东教育出版社，2005 年。

何九盈：《上古音》，北京，商务印书馆，2001 年。

［魏］何晏注，［宋］邢昺疏，《十三经注疏》整理委员会：《论语注疏》，北京，北京
　　大学出版社，2000 年。

胡朴安：《中国文字学史》，上海，上海书店，1984 年。

胡以鲁编：《国语学草创》，上海，商务印书馆，1923 年。

黄娟娟：《章太炎〈文始〉研究》，华中科技大学硕士学位论文，2011 年。

黄侃撰：《声韵通例》，见《黄侃论学杂著》，北京，中华书局，1964 年。

黄侃撰：《说文略说》，见《黄侃论学杂著》，北京，中华书局，1964 年。

黄侃述，黄焯编：《文字声韵训诂笔记》，上海，上海古籍出版社，1983 年。

黄侃撰：《音略》，见《黄侃论学杂著》，北京，中华书局，1964 年。

黄侃：《黄侃论学杂著》，上海，上海古籍出版社，1980 年。

黄侃笺识，黄焯编次：《说文笺识四种》，上海，上海古籍出版社，1983 年。

黄易青：《上古汉语同源词意义系统研究》，北京，商务印书馆，2007 年。

黄英：《郭沫若小议章太炎治殷契》，《郭沫若学刊》2003 年第 2 期。

［北魏］贾思勰：《齐民要术》，南京，江苏古籍出版社，2001 年。

姜亮夫、王力：《民国丛书（第二编）语言文字类·中国声类学 中国音类学》，上海，
　　上海书店，1990 年。

姜义华：《章炳麟评传》，南京，南京大学出版社，2002 年。

姜义华：《章太炎与中国现代学术基础的奠定》，《史林》2016 年第 4 期。

靳华：《论章太炎的古音学》，见《研究生论文选集》，南京，江苏古籍出版社，1985 年。

靳华：《〈国故论衡〉上卷》，见周谷城、胡裕树主编，语言文字编委会编：《中国学术
　　名著提要·语言文字卷》，上海，复旦大学出版社，1992 年。

［汉］孔安国传，［唐］孔颖达正义，《十三经注疏》整理委员会：《尚书正义》，北京，
　　北京大学出版社，2000 年。

黎锦熙：《国语运动史纲》，上海，商务印书馆，1934 年。

李葆嘉：《清代古声纽学》，上海，上海古籍出版社，2012 年。

李凡：《章太炎在日本》，《东北师大学报（哲学社会科学版）》1983 年第 5 期。

李方桂：《上古音研究》，北京，商务印书馆，1980 年。

［宋］李昉等撰：《太平御览》，北京，中华书局，1985 年。

李开：《汉语语言研究史》，南京，江苏教育出版社，1993 年。

李开、顾涛编著：《汉语古音学史》，上海，上海古籍出版社，2015 年。

李开著，匡亚明主编：《中国思想家评传丛书·戴震评传》，南京，南京大学出版社，
　　2011 年。

李荣：《切韵音系》，北京，科学出版社，1956 年。

李恕豪：《中国古代语言学简史》，成都，巴蜀书社，2003 年。

李希泌：《章太炎先生致吴承仕的六封论学书——兼正〈章炳麟论学集·释文〉之误》，
　　《文献》1985 年第 1 期。

李希泌：《章太炎先生的两篇讲演记录》，《兰州大学学报》1980 年第 1 期。

李孝定：《读絜识小录》，见"中央研究院"历史语言研究所集刊编辑委员会编辑：
　　《"中央研究院"历史语言研究所集刊（35）》，台北，"中央研究院"历史语言研究
　　所，1964 年。

李孝定编述：《甲骨文字集释》，见"中央研究院"历史语言研究所集刊编辑委员会编
　　辑：《"中央研究院"历史语言研究所集刊（36）》，台北，"中央研究院"历史语言
　　研究所，1965 年。

［唐］李延寿撰：《北史》，北京，中华书局，1974 年。

李子君：《章炳麟的〈成均图〉及"音转理论"》，《山西大学学报（哲学社会科学版）》
　　2004 年第 2 期。

梁启超：《清代学术概论》，上海，上海古籍出版社，2005 年。

林义光：《文源》，民国九年（1920 年）写印本。

［西汉］刘安编：《淮南子》，北京，商务印书馆，2009 年。

刘钧杰：《同源字典补》，北京，商务印书馆，1999 年。

刘钧杰：《同源字典再补》，北京，语文出版社，1999 年。

［汉］刘熙：《释名》，上海，上海书店，1989 年。

［汉］刘向：《战国策》，上海，上海古籍出版社，2008 年。

刘晓东：《〈文始〉初探》，见《研究生论文选集·语言文字分册（一）》，南京，江苏
　　古籍出版社，1985 年。

刘艳梅：《章炳麟〈成均图〉的重新分析》，《河池学院学报》2008 年第 6 期。

刘艳梅：《章炳麟古韵学"队"部独立考论》，《东南大学学报（哲学社会科学版）》
　　2008 年第 4 期。

刘智锋：《〈文始·一〉同族词词源意义系统研究》，湖南师范大学硕士学位论文，
　　2010 年。

鲁迅：《关于太炎先生二三事》，见《鲁迅全集（第 6 卷）》，北京，人民文学出版社，
　　1981 年。

［唐］陆德明：《经典释文》，北京，中华书局，1983 年。

陆宗达：《〈说文解字〉通论》，《中国语文》1983 年第 2 期。

陆宗达、王宁：《训诂与训诂学》，太原，山西教育出版社，1994 年。

陆宗达、王宁：《训诂方法论》，北京，中国社会科学出版社，1983 年。

陆宗达、王宁：《浅论传统字源学》，《中国语文》1984 年第 5 期。

罗常培：《周秦古音研究述略》，见傅懋勣等主编：《罗常培纪念论文集》，北京，商务
　　印书馆，1984 年。

罗振玉：《增订殷墟书契考释（中卷）》，民国十六年（1927 年）东方学会石印本。

马勇编：《章太炎与朱希祖书》，见《章太炎书信集》，石家庄，河北人民出版社，2003 年。

马勇：《章太炎年谱简编》，见《民国遗民·章太炎传》，北京，东方出版社，2015 年。

孟蓬生：《上古汉语同源词语音关系研究》，北京，北京师范大学出版社，2001 年。

南怀瑾：《中国文化泛言（增订本）》，北京，东方出版社，2016 年。

［清］倪涛：《六艺之一录》，清文渊阁四库全书本。

［宋］欧阳修、宋祁等撰：《新唐书》，北京，中华书局，1975 年。

齐佩瑢：《训诂学概论》，北京，中华书局，1984 年。

［清］钱大昕：《十驾斋养新录》，上海，商务印书馆，1935 年。

钱玄同：《文字学音篇》，见《钱玄同音学论著选辑》，太原，山西人民出版社，1988 年。

钱曾怡、刘聿鑫主编：《中国语言学要籍解题》，济南，齐鲁书社，1991 年。

裘锡圭：《古代文史研究新探》，南京，江苏古籍出版社，1992 年。

裘锡圭：《谈谈〈同源字典〉》，见《纪念王力先生九十诞辰文集》编委会编：《纪念王
　　力先生九十诞辰文集》，济南，山东教育出版社，1991 年。

裘锡圭：《裘锡圭学术文集·第三卷·金方及其他古文字卷》，上海，复旦大学出版社，
　　2012 年。

任继昉：《汉语语源学》，重庆，重庆出版社，2004 年。

［清］阮元主编：《经籍籑诂》，上海，上海古籍出版社，1989 年。

商承祚：《殷虚文字类编》，民国十二年（1923 年）刻本。

沈晋华：《章太炎〈成均图〉对戴震〈转语〉的继承和发展》，《苏州教育学院学报》
　　2002 年第 4 期。

［汉］司马迁：《史记》，北京，中华书局，1987 年。

宋永培：《古汉语词义系统研究》，呼和浩特，内蒙古教育出版社，2000 年。

孙诒让：《契文举例》，民国十六年（1927 年）石印本。

汤志波编：《章太炎年谱长编》，北京，中华书局，1979 年。

汤志钧编：《章太炎政论选集》，北京，中华书局，1977 年。

汤志钧编：《章太炎年谱长编增订本（上下）》，北京，中华书局，2013 年。

唐兰：《古文字学导论》，济南，齐鲁书社，1981 年。

唐文：《成均图疏证》，《苏州科技学院学报（社会科学版）》1985 年第 1 期。

唐文：《成均图疏证（续）》，《苏州科技学院学报（社会科学版）》1986 年第 1 期。

唐作藩：《音韵学教程（第三版）》，北京，北京大学出版社，2002 年。

唐作藩：《上古音手册》，南京，江苏人民出版社，1982 年。

〔日〕藤堂明保：《汉字语源辞典》，东京，学灯社，1965 年。

田野：《〈文始〉初文考》，北京语言大学硕士学位论文，2006 年。

万献初：《论章太炎转注假借理论的实质》，《咸宁师专学报》1995 年第 2 期。

汪高鑫：《古文经学与史学的近代化——以章太炎、刘师培为考察中心》，《中国社会科学院研究生院学报》2011 年第 2 期。

汪启明：《章太炎的转注假借理论和他的字源学（上）》，《楚雄师范学院学报》1989 年第 2 期。

汪启明：《章太炎的转注假借理论和他的字源学（中）》，《楚雄师范学院学报》1989 年第 4 期。

汪启明：《章太炎的转注假借理论和他的字源学（下）》，《楚雄师范学院学报》1990 年第 1 期。

汪少华：《中国古车舆名物考辨》，北京，商务印书馆，2005 年。

汪少华：《古诗文词义训释十四讲》，北京，商务印书馆，2005 年。

〔魏〕王弼等注，〔唐〕孔颖达正义：《周易正义》，北京，北京大学出版社，2000 年。

〔东汉〕王充：《论衡》，上海，上海人民出版社，1974 年。

王贵元：《〈说文解字〉与同源字探索》，见曹先擢、董希谦、王宁等编：《许慎与说文学国际学术研讨会论文集·说文解字研究（第一辑）》，开封，河南大学出版社，1991 年。

王国维：《戬寿堂所藏殷虚文字考释》，见《王国维全集》，杭州，浙江教育出版社，2010 年。

王国维：《〈周代金石文韵读〉序》，见《观堂集林》，北京，中华书局，1959 年。

王力：《汉语音韵》，北京，中华书局，2003 年。

王力：《中国语言学史》，太原，山西人民出版社，1981 年。

王力：《中国音韵学》，上海，商务印书馆，1936 年。

王力：《新训诂学》，见《王力文集（第 19 卷）》，济南，山东教育出版社，1990 年。

王力：《同源字论》，见《同源字典》，北京，商务印书馆，1982 年。

王力：《清代古音学》，见《王力文集（第 12 卷）》，济南，山东教育出版社，1990 年。

王力：《汉语史稿》，北京，中华书局，1980 年。

王力：《上古韵母系统研究》，《清华学报》1937 年第 3 期。

王力：《汉语音韵学》，北京，中华书局，1956 年。

〔清〕王念孙：《广雅疏证》，北京，中华书局，1983 年。

王宁：《论〈说文〉字族研究的意义——重读章炳麟〈文始〉与黄侃〈说文同文〉》，《南京师范大学学报（社会科学版）》1986 年第 1 期。

王宁、黄易青：《词源意义与词汇意义论析》，《北京师范大学学报（人文社会科学版）》2002 年第 4 期。

王宁：《汉语词源的探求与阐释》，《中国社会科学》1995 年第 2 期。

王宁：《"国学"内涵的变迁与章太炎国学的现代意义》，《北京师范大学学报（社会科学版）》2017 年第 1 期。

［清］王先谦：《荀子集解》，北京，中华书局，1988 年。

王小红：《章太炎学术年谱》，《儒藏论坛》2009 年第 1 期。

［清］王筠：《文字蒙求》，清道光刻王氏四种本。

［清］王筠：《说文释例》，北京，中华书局，1987 年。

［清］王筠：《说文句读》，北京，中国书店，1983 年。

［北周］卫元嵩撰，［唐］苏源明传，［唐］李江注：《元包经传》，北京，国家图书馆出版社，2004 年。

魏建功：《古音系研究》，北京，中华书局，1996 年。

魏建功：《古阴阳入三声考》，见《魏建功文集》，南京，江苏教育出版社，2001 年。

武斌：《中医与中国文化》，沈阳，辽海出版社，2012 年。

［清］吴大澂：《说文古籀补》，北京，中华书局，1988 年。

吴根友、孙邦金等：《戴震乾嘉学术与中国文化（下册）》，福州，福建教育出版社，2015 年。

吴其昌：《金文名象疏证》，太原，三晋出版社，2009 年。

吴文祺：《上古音中的几个问题——评王力〈诗经韵读〉》，见复旦大学中文系编：《卿云集：复旦大学中文系七十五周年纪念论文集》，上海，上海古籍出版社，2002 年。

吴泽顺：《汉语音转研究》，长沙，岳麓书社，2005 年。

［南朝·梁］萧统选，李善注：《文选》，上海，商务印书馆，1936 年。

徐复：《章氏〈成韵图〉疏证》，见《徐复语言文字学丛稿》，南京，江苏古籍出版社，1990 年。

［清］徐灏：《说文解字注笺》，上海，上海古籍出版社，1995 年。

许嘉璐：《章太炎、沈兼士二氏语源学之比较》，见葛信益、朱家溍主编：《沈兼士先生诞生一百周年纪念论文集》，北京，紫禁城出版社，1990 年。

［南唐］徐锴：《说文解字系传》，北京，中华书局，1987 年。

许良越：《章太炎〈文始〉研究》，北京，中国社会科学出版社，2015 年。

徐通锵：《汉语研究方法论初探》，北京，商务印书馆，2004 年。

徐通锵：《阴阳对转新论》，见《语文新论》，太原，山西教育出版社，1996 年。

徐中舒：《汉语古文字字形表》，成都，四川辞书出版社，1981 年。

徐中舒主编：《甲骨文字典》，成都，四川辞书出版社，1989 年。

［汉］许慎撰，［宋］徐铉校定：《说文解字》，北京，中华书局，1963 年。

许寿裳：《章太炎传》，天津，百花文艺出版社，2004 年。

严修：《二十世纪的古汉语研究》，上海，书海出版社，2001 年。

杨剑桥：《汉语音韵学讲义》，上海，复旦大学出版社，2005 年。

杨润陆：《〈文始〉说略》，《北京师范大学学报（社会科学版）》1989 年第 4 期。

杨树达：《古音对转疏证》，见《积微居小学金石论丛（增订本）》，北京，中华书局，
　　1983 年。

杨树达：《积微居小学述林》，北京，中华书局，1983 年。

姚奠中、董国炎：《章太炎学术年谱》，太原，山西古籍出版社，1993 年。

姚奠中、董国炎：《章太炎学术年谱》，太原，三晋出版社，2014 年。

姚孝遂：《殷墟甲骨刻辞类纂》，北京，中华书局，1989 年。

姚孝遂：《殷墟甲骨刻辞摹释总集》，北京，中华书局，1981 年。

叶玉森：《铁云藏龟拾遗 附考释》，民国十四年（1925 年）五凤砚斋石印本。

殷寄明：《中国语源学史》，长春，吉林人民出版社，2002 年。

殷寄明：《语源学概论》，上海，上海教育出版社，2000 年。

殷寄明：《汉语语源义初探》，上海，学林出版社，1998 年。

殷寄明：《说文解字精读》，上海，复旦大学出版社，2009 年。

殷寄明：《〈说文〉研究》，香港，香港文汇出版社，2005 年。

殷寄明：《汉语同源字词丛考》，上海，东方出版中心，2007 年。

殷寄明：《论同源词的语音亲缘关系类型》，《复旦学报（社会科学版）》1998 年第
　　2 期。

殷寄明：《上古喻纽字浅议》，《杭州大学学报（哲学社会科学版）》1995 年第 3 期。

殷寄明：《本义推求方法刍议》，《杭州大学学报（哲学社会科学版）》1992 年第 3 期。

殷寄明：《“六书”的语源学透视》，《复旦学报（社会科学版）》2000 年第 2 期。

殷寄明：《汉语同源词大典》，上海，复旦大学出版社，2018 年。

俞敏：《俞敏语言学论文集》，哈尔滨，黑龙江人民出版社，1989 年。

俞敏：《〈国故论衡·成均图〉注》，见北京市语言学会编、周定一主编：《罗常培纪念
　　文集》，北京，商务印书馆，1984 年。

［清］俞樾：《诸子平议》，北京，中华书局，1954 年。

于省吾主编，姚孝遂按语编撰：《甲骨文字诂林》，北京，中华书局，1999 年。

于省吾：《甲骨文字释林》，北京，中华书局，1979 年。

于省吾：《殷契骈枝》，北京，中华书局，1996 年。

元鸿仁：《“初文”与“准初文”关系初探》，《西北民族大学学报（哲学社会科学版）》
　　1983 年第 1 期。

臧克和：《〈说文解字〉的文化说解》，武汉，湖北人民出版社，1994 年。

曾昭聪：《面向新时代的汉语词源学研究》，《湖南师范大学社会科学学报》2018 年第
　　3 期。

章炳麟：《音论》，见光华大学中国语文学会编：《中国语文学研究》，上海，中华书局，
　　1935 年。

章炳麟：《章太炎先生自定年谱》，上海，上海书店，1986 年。

张博：《汉语同族词的系统性与验证方法》，北京，商务印书馆，2003 年。

章念驰：《〈章太炎全集〉的出版历程和内容》，《中华读书报》2018 年 2 月 14 日。

章念驰：《章太炎生平与学术（上下）》，上海，上海人民出版社，2016 年。

章念驰：《论章太炎先生的学术成就》，《史林》1990 年第 1 期。

章念驰编订：《章太炎演讲集》，上海，上海人民出版社，2011 年。

张世禄：《中国音韵学史》，香港，泰兴书局，1963 年。

张世禄：《汉语同源词的孳乳》，《扬州师院学报（人文社会科学版）》1980 年第 3 期。

张世禄：《古代汉语教程（第三版）》，上海，复旦大学出版社，2015 年。

张世禄：《中国古音学》，上海，商务印书馆，1930 年。

章太炎：《小学说略》，见《国故论衡》，上海，上海古籍出版社，2003 年。

章太炎：《成均图》，见《国故论衡》，上海，上海古籍出版社，2003 年。

章太炎：《一字重音说》，见《国故论衡》，上海，上海古籍出版社，2003 年。

章太炎：《语言源起说》，见《国故论衡》，上海，上海古籍出版社，2003 年。

章太炎：《转注假借说》，见《国故论衡》，上海，上海古籍出版社，2003 年。

章太炎：《国故论衡》，北京，商务印书馆，2010 年。

章太炎：《今字解剖题词》，见《章太炎全集（五）》，上海，上海人民出版社，1985 年。

章太炎：《文始》，见《章太炎全集（七）》，上海，上海人民出版社，1999 年。

章太炎著，徐复注：《訄书详注》，上海，上海古籍出版社，2000 年。

章太炎：《自述学术次第》，《制言》1936 年第 25 期。

章太炎：《章太炎生平与学术自述》，南京，江苏人民出版社，1999 年。

章太炎：《小学略说》，见《国学讲演录》，上海，华东师范大学出版社，1995 年。

章太炎：《小学略说》，见洪治纲主编：《章太炎经典文存》，上海，上海大学出版社，
    2003 年。

章太炎著，启功标点，萧璋校：《章炳麟论学集》，北京，北京师范大学出版社，
    1982 年。

章太炎：《中华民国解》，《民报》1907 年第十五号。

章太炎口述，朱希祖、钱玄同、周树人笔记，王宁整理抄录：《章太炎说文解字授课笔
    记》，北京，中华书局，2008 年。

章太炎：《章氏丛书》，民国四年（1915 年）右文社铅印本。

章太炎：《章氏丛书》，民国八年（1919 年）浙江图书馆木刻本。

章太炎：《章氏丛书》，民国十三年（1924 年）上海古书流通处木刻本。

章太炎：《章氏丛书续编》，民国三十二年（1943 年）北平刊刻本。

章太炎：《章氏丛书续编》，台北，世界书局，1981 年。

章太炎：《章氏丛书三编》，民国二十八年（1939 年）章氏国学讲习会铅印本。

章太炎著，杨佩昌整理：《在苏州国学讲习会的讲稿》，北京，中国画报出版社，
    2010 年。

章太炎：《新方言》，见《章太炎全集（七）》，上海，上海人民出版社，1999 年。

章太炎：《国学概论》，南京，江苏人民出版社，2014 年。

章太炎著，章见伊、沈维伯校刊：《文始》，浙江图书馆校刊本。

张舜徽：《说文解字约注》，武汉，华中师范大学出版社，2009 年。

［清］张玉书等编：《康熙字典》，上海，上海书店，1985 年。

［晋］张湛：《列子注》，上海，上海书店，1986 年。

［明］张自烈：《正字通》，清康熙二十四年（1685 年）清畏堂刻本。

［宋］郑樵：《通志》，北京，中华书局，2009 年。

［汉］郑玄注，［唐］贾公彦疏，《十三经注疏》整理委员会：《仪礼注疏》，北京，北京大学出版社，2000 年。

［汉］郑玄注，［唐］贾公彦疏，《十三经注疏》整理委员会：《周礼注疏》，北京，北京大学出版社，2000 年。

［汉］郑玄注，［唐］孔颖达正义，《十三经注疏》整理委员会：《礼记正义》，北京，北京大学出版社，2000 年。

赵振铎：《论章太炎、黄季刚在中国语言学史上的地位》，见北京师范大学民俗典籍文字研究中心编：《民俗典籍文字研究（第 1 辑）》，北京，商务印书馆，2003 年。

《中国大百科全书》总编委会编：《中国大百科全书（第 28 卷）》，北京，中国大百科全书出版社，2009 年。

周大璞主编：《训诂学初稿》，武汉，武汉大学出版社，2002 年。

周法高：《论中国语言学的过去、现在和未来》，见《论中国语言学》，香港，香港中文大学出版社，1980 年。

朱芳圃：《殷周文字释丛》，北京，中华书局，1962 年。

祝鸿熹：《章黄关于汉字"变易"、"孳乳"的论述》，见《祝鸿熹汉语论集》，北京，中华书局，2003 年。

祝鸿熹编著：《古代汉语三百题》，北京，商务印书馆国际有限公司，2017 年。

［清］朱骏声：《说文通训定声》，清道光二十八年（1848 年）刻本。

朱乐川：《章太炎语源学理论研究》，南京师范大学博士学位论文，2014 年。

朱熹：《孟子集注》，上海，上海古籍出版社，1987 年。

朱希祖：《朱希祖日记（稿本）》，北京图书馆藏。

诸祖耿：《记本师章公自述治学之功夫及志向》，《制言》1933 年第 25 期。

宗福邦、陈世铙、萧海波主编：《故训汇纂》，北京，商务印书馆，2003 年。

［春秋·鲁］左丘明传，［晋］杜预注，［唐］孔颖达正义，《十三经注疏》整理委员会：《春秋左传正义》，北京，北京大学出版社，2000 年。

图书在版编目（CIP）数据

　　章太炎语源学思想及其现代意义：以《文始》为核心的考察/张虹倩著. —北京：商务印书馆，2020
　　ISBN 978 - 7 - 100 - 18982 - 8

　　Ⅰ.①章…　Ⅱ.①张…　Ⅲ.①汉语－词源学－研究
Ⅳ.①H139

中国版本图书馆 CIP 数据核字（2020）第 167421 号

权利保留，侵权必究。

章太炎语源学思想及其现代意义：
以《文始》为核心的考察
张虹倩 著

商 务 印 书 馆 出 版
（北京王府井大街 36 号　邮政编码 100710）
商 务 印 书 馆 发 行
北京顶佳世纪印刷有限公司印刷
ISBN 978 - 7 - 100 - 18982 - 8

2020 年 10 月第 1 版　　　开本 710×1000　1/16
2020 年 10 月北京第 1 次印刷　印张 28¼
定价：128.00 元